Du sens de la peine

Collection Criminologie
dirigée par Robert Cario

La criminologie apparaît comme un champ pluri et transdisciplinaire de connaissances, d'investigations, d'expertises et de traitement qui peine à être reconnu en France. Principalement mise en œuvre dans le domaine de la prévention, elle occupe également, au cas d'échec, une place prépondérante dans le procès pénal. Plus largement encore, la criminologie contribue à la restauration psychologique et sociale des protagonistes, dans l'endroit comme dans l'envers du crime.

Dans de nombreux pays, la discipline fait l'objet d'enseignements, de recherches et d'applications à la mesure de la complexité du phénomène criminel qui la nourrit. Dans d'autres encore, la profession de criminologue s'inscrit en totale harmonie avec les métiers de la justice, de la médecine, de la psychologie et du social.

La présente collection ambitionne de rassembler des ouvrages scientifiques et des travaux de terrain, appuyés tant sur les théories dominantes que sur les bonnes pratiques en agressologie ou victimologie, à l'intention de publics variés : étudiants, enseignants, chercheurs, magistrats, praticiens de toutes disciplines confrontées aux problématiques délinquantes, citoyens épris de justice.

Derniers ouvrages parus

C. Rossi, Homicides : les proches des victimes
M. Herzog-Evans, Le Juge de l'application des peines : Monsieur Jourdain de la désistance
C. Chevandier (Dir.), Enfermements, justice et liberté
J. Motte dit Falisse (Dir.), De la faute et du crime
P.V. Tournier, La naissance de la contrainte pénale

Traité de sciences criminelles

2.1. R. Cario, Victimologie. De l'effraction du lien intersubjectif à la restauration sociale (4e éd. 2012)
2.2. R. Cario, Sylvie Ruiz-Vera, Droit(s) des victimes. De l'oubli à la reconnaissance (2015)
4. R. Cario, Introduction aux sciences criminelles. Pour une approche globale et intégrée du phénomène criminel (6e éd. 2008)
8. R. Cario, Justice restaurative. Principes et promesses (2e éd. 2010)

Controverses

R. Cario (Dir.), Les rencontres détenus-Victimes : l'humanité retrouvée
C.E Laguerre, Evénements traumatiques à la Martinique
M. Herzog-Evans, Moderniser la probation française. Un défi à relever !
F. Rognon, B. Deymié (Dir.), Punir, guérir, restaurer
H. Lemaître, La prévention de la délinquance

V. également la collection Sciences criminelles

N. Pignoux, La réparation des victimes d'infractions pénales
P. Mbanzoulou, La médiation pénale (nouvelle édition)
J. Nory, Traitement des responsabilités civiles et pénales
A. Jafari, Droit bancaire islamique
H. Arbousset, C. Lacroix et B. Steinmetz (Dir.), Risques, accidents et catastrophes.
Liber amicorum en l'honneur de Madame le professeur Marie-France Steinlé-Feuerbach
Y-C Quéro, La gouvernance nodale du réseau de sécurité locale
N.Y. Doumbia, Le maintien de l'ordre en Côte d'ivoire

Série Champ pénitentiaire

P. Mbanzoulou, M. Herzog-Evans, S. Courtine (Dir.), Insertion et désistance
P. Mbanzoulou, F. Dieu (Dir)., Administration pénitentiaire et justice
H. Hedhili-Azema, Sciences et pratiques pénitentiaires en France. XIX et XXè siècles
P. Mbanzoulou, P. Pottier (Dir.), Santé et justice

Sous la direction de
Franck LUDWICZAK et Jean MOTTE dit FALISSE

Du sens de la peine

L'Harmattan

5-7, rue de l'Ecole-Polytechnique, 75005 Paris

http://www.editions-harmattan.fr

ISBN : 978-2-343-13153-5
EAN : 9782343131535

Auteurs ayant contribué à cet ouvrage :

Evry Archer, psychiatre, psychologue clinicien, ancien chef de service au CHU de Lille et du secteur de psychiatrie en milieu pénitentiaire du Nord - Pas-de-Calais.

Mikaël Benillouche, Maître de conférences HDR à la Faculté de droit d'Amiens.

Sophie Baron Laforet, Psychiatre, CH Thuir, DSAVS Perpignan CRIAVS LR, Présidente de l'AFC Association Française de Criminologie.

Alain Blanc, Magistrat honoraire, Président de la CPMS de Lille, Vice-président de l'association Française de Criminologie.

Yehuda Berdugo, Rabbin et Chantre de la synagogue ashkénaze de Vincennes. Aumônier rabbinique des prisons.

Yasmine Bouagga, Chargée de recherche CNRS, laboratoire Triangle-Lyon, Auteure de Humaniser la peine ? Enquête en maison d'arrêt, PUR, 2015.

Robert Cario, Professeur émérite de criminologie, Université de Pau et des Pays de l'Adour, Président de l'Institut français pour la Justice restaurative (IFJR).

Pierre Collart, CHU de Charleroi, Hôpital Vincent Van Gogh, Université catholique de Louvain, Faculté de Psychologie – Ecole de sexologie et des sciences de la famille, Belgique.

Michel Danti-Juan, Professeur des Universités, Directeur de l'Institut des Sciences Criminelles de Poitiers (ISC-EPRED/E.A.1228).

Jean-Yves Dartiguenave, Sociologue. Maître de conférence-HDR à l'Université Rennes 2. Chercheur au Laboratoire de Recherches en Sciences Humaines et Sociales de l'Université Rennes 2 et de l'Ecole d'Architecture de Bretagne.

Michel David, Psychiatre des Hôpitaux, Président de l'Association des Secteurs de Psychiatrie en Milieu pénitentiaire (ASPMP), Vice-président du Syndicat des Psychiatres des Hôpitaux en charge de la psychiatrie en milieu pénitentiaire.

Denis Delannoy, Centre de Recherche en Défense sociale (CRDS), 94 Rue Despars, 7500 Tournai, Belgique, Service de Psychologie Légale, UMons, Mons, Belgique.

Brice Deymié, Aumônier national des prisons, Fédération protestante de France.

Tony Ferri, Philosophe, Chercheur UMR7218/CNRS/LAVUE, Conseiller Pénitentiaire d'Insertion et de Probation – Paris.

Philippe Genuit, docteur en psychologie, CH Gérard Marchant, Toulouse.

Éric Guillon, Psychologue clinicien, Centre Hospitalier de Blois.

Marie-José Grihom, Professeur de psychologie clinique et pathologique, Université de Poitiers. Laboratoire EA4050.

Astrid Hirschelmann, Maître de conférence-HDR en psychologie clinique, psychopathologie et criminologie. Directrice adjointe du Centre Interdisciplinaire d'analyse des processus humains et sociaux de l'Université Rennes 2.

Sylvie Humbert, professeur des universités catholiques, directrice du C3RD de la faculté de droit de l'Institut catholique de Lille.

Jean-Marc Joubert, Agrégé et docteur en philosophie, Maître de conférence à l'ICES - La Roche sur Yon.

Jean-Baptiste Lecuit, Professeur de théologie, Université Catholique de Lille.

Laurence Leturmy, Professeur à la faculté de droit et des sciences sociales de l'Université de Poitiers, ISC-EPRED (EA 1228).

Franck Ludwiczak, Maître de conférences à la faculté de droit de l'Université catholique de Lille, Directeur du Master Droit de la matière pénale, membre du Centre de recherche sur les relations entre le risque et le droit (C3RD).

Blandine Mallevaey, Maître de conférences en Droit privé et sciences criminelles, Centre de recherche sur les relations entre le risque et le droit, Faculté de Droit de l'Université Catholique de Lille.

Cyril Manzarena, Psychiatre des hôpitaux, Dr en droit privé et sciences criminelles, CRIAVS Languedoc-Roussillon et DSP maison d'arrêt de VLM, CHRU de Montpellier.

Jean-Yves Maréchal, Maître de conférences HDR en droit privé et sciences criminelles, Codirecteur de l'Institut de criminologie de Lille.

Jean Motte dit Falisse, Dr en criminologie UCL, psychologue clinicien (Hopital Esquirol de Limoges), chargé de cours universitaires (Poitiers, Lille, La Roche sur Yon).

Matthieu Parneix, Psychiatre, Centre hospitalier Esquirol de Limoges, Unité de Soins de la Maison d'Arrêt de Limoges.

Thierry H. Pham, Centre de Recherche en Défense sociale (CRDS), 94 Rue Despars, 7500 Tournai, Belgique, Service de Psychologie Légale, UMons, Mons, Belgique.

Jean-Claude Planque, Docteur en droit privé et sciences criminelles, Titulaire du Certificat d'Aptitude à la Profession d'Avocat, MCF – HDR Université de Lille Droit et Santé, Codirecteur de l'Institut de criminologie de Lille.

Jean Pradel, Professeur émérite de l'Université de Poitiers, Membre titulaire de l'Académie internationale de droit comparé.

Rustam Romaniuc, Chercheur post-doctorant au Laboratoire d'Anthropologie Expérimentale, Les Facultés de l'Université Catholique de Lille.

Damien Scalia, Dr. en droit, Chercheur et professeur invité à l'UCLouvain/CRID&P.

Nicolas Vaillant, Directeur du Laboratoire d'Anthropologie Expérimentale, Les Facultés de l'Université Catholique de Lille, LEM - UMR CNRS 9221.

Aude Ventéjoux, Psychologue clinicienne à Rennes.

Avant-propos

Par Evry ARCHER

Michel David, mon distingué successeur à la présidence de l' « *Association des Secteurs de Psychiatrie en Milieu Pénitentiaire* » (ASPMP), avait bien raison d'attirer l'attention sur un décalage réel et significatif. Il y a en effet un abime entre, d'une part, le travail quotidien, concret, terre à terre même, souvent pénible et insatisfaisant, de praticiens confrontés en permanence à des besoins primaires des détenus, à des souffrances psychiques et à des douleurs physiques dont certaines – surtout lorsqu'elles sont anormalement prolongées ou réitérées – sont illégitimes, voire illicites, même pour un observateur parmi les plus loyalistes, parce que non incluses dans la peine légalement prononcée au nom du peuple français; et, d'autre part, le plaisir et la fierté évidents que suscitent en nous des échanges, en toute liberté, d'idées souvent pertinentes dont le niveau abstrait peut culminer jusqu'à l'étrangeté ou même l'hermétisme. Il était nécessaire de souligner cela, bien entendu sans aucune référence de sa part, et pour causes, à la fameuse notion de « *bavardage criminologique* » de Michel Foucault.

Cette remarque était déjà valable, il y a plus de sept décennies, même pour la psychiatrie en milieu ouvert: au congrès des médecins aliénistes et neurologistes de France et des pays de langue française, à Montpellier, en 1942, le Docteur Calvet avait souligné le décalage entre la richesse et la qualité des productions intellectuelles des psychiatres et la pauvreté de la psychiatrie au quotidien: « *La multitude des travaux que nous apportent nos revues et nos congrès ne suffisent pas à cacher à nos yeux la grande misère de l'assistance psychiatrique française. C'est pourtant là la question essentielle. Certains d'entre nous en arrivent à ne plus pouvoir soutenir une lecture savante quand ils passent chaque matin à travers nos garderies parmi une population résignée pour laquelle aucun effort d'ensemble n'est fait (...) Notre situation n'est plus tenable* ».

Je suis persuadé, néanmoins, et Michel David aussi, sans aucun doute, que de telles réunions sont indispensables, persuadés que toute personne bénévole ou amenée, par sa fonction ou son statut à prononcer ou à appliquer une peine, ou à fréquenter, pour la surveillance, l'accompagnement éducatif, l'assistance sociale, le conseil d'insertion et de probation, ou le soin, ceux qui subissent une peine, doit être informée et même convaincue que celle-ci n'a rien d'axiomatique et d'anhistorique, qu'elle ne va pas de soi, qu'elle se justifie fort mal lorsqu'elle n'entend le faire que par le seul postulat de sa nécessité, et surtout que la peine n'est et ne doit être privée d'aucun des trois sens du mot « sens« , c'est à dire que la peine n'est pas insensée, que non seulement elle a une rationalité, une finalité, un objectif, mais aussi qu'elle est ou doit être caractérisée par les deux acceptions de son synonyme « direction« , c'est à dire qu'elle doit être, d'une part, guidée, orientée par des principes éthiques et des valeurs républicaines et démocratiques incontournables, et d'autre part, gouvernée, contrôlée, dans son exécution, par des instances vigilantes (Cf. A la recherche du sens perdu- In M. Benezech, C. de Beaurepaire, C. Kottler, *Les Dangerosités*, John Libbey, 2004, p. 345).

Toute personne chargée de prononcer ou d'appliquer une peine, ou de fréquenter, par engagement humanitaire ou religieux, ou pour des raisons professionnelles ceux qui subissent une peine doit se prémunir sans cesse de la perte de la capacité d'indignation et être vaccinée contre le virus de la banalisation des écarts et des dérives. Ce qui implique de rester groupés et de se faire des piqûres de rappel. Les séances périodiques de réflexions collectives pluridisciplinaires sur le sens de la peine et sur les relations entre ceux qui l'appliquent, ceux qui la subissent et ceux qui accompagnent ces derniers au quotidien, ne sont donc pas que des moments gratifiants permettant de scruter l'horizon au-delà des murs trop proches – activité dont la prison tend à priver ses hôtes de toutes sortes. Les organisateurs de telles rencontres pluridisciplinaires sont vivement encouragés à poursuivre leurs difficiles activités, notamment par la diversité, la densité et le haut niveau de la qualité de ce colloque international, ainsi que par les traces qu'il laissera certainement dans les esprits et par l'utilité de ses retombées sur les pratiques.

Les auteurs auraient pu, en introduction par exemple, passer en revue les catégories de peines, ou les cas d'espèce qui, de toute évidence, sont dénués de tout sens, soit dès leur élaboration, soit lors de leur prononcé, soit dans leur exécution, soit même à toutes les étapes. Ou qui n'a de signification que par ce qu'elles dénoncent de la société qui les commet. Le temps aurait sans doute manqué cruellement. Ils auraient pu aussi revenir sur le sens éventuel des peines infligées à des personnes qui auraient dû, si la loi encore en vigueur était respectée, être déclarée non pénalement responsables, mais à qui des experts psychiatres, mus par leurs seules convictions personnelles, ont administré, pour le bien de la personne examinée, assurent-ils, le sacrement de responsabilisation. Ils auraient pu enfin rappeler la nécessaire lutte contre la peine de mort, la peine dite capitale (en référence sans doute à l'archaïque décapitation), mais qui, en fait, n'en est même pas une, ou alors la plus insensée : simple élimination définitive, légale. Mais ils ne l'ont pas fait sans doute parce que cette peine n'est plus - et pas encore(?) - d'actualité en France. Or, je pense que l'action du « *Collectif Octobre 2001* » contre la peine de mort mérite d'être reprise et poursuivie, indépendamment de la situation française à cet égard. Cent trois Etats ont aboli la peine de mort, six ne l'ont abolie que pour les crimes de droit commun, trente-deux respectent un moratoire sur les exécutions, cinquante-huit Etats ou territoires appliquent encore la peine capitale. En 2015, vingt-cinq Etats ont procédé à des exécutions, soit trois fois plus qu'en 2014 ; « *Amnesty International* » recense 1634 exécutions en 2015 contre 607 en 2014. Quatre-vingt-neuf pour cent des exécutions de 2015 ont eu lieu en Arabie Saoudite, en Iran et au Pakistan. Il est souvent rappelé que le chiffre total réel des exécutions est difficile à déterminer en l'absence de statistiques officielles dans certains Etats, dont la Chine.

Deux noms issus d'une grande démocratie illustrent à la fois les trois domaines non parcourus par cet important colloque (les peines sans sens, la condamnation des personnes qui ne sont pas ou qui n'auraient pas dû être pénalement responsables, la peine de mort) : Bobby Wayne Woods et John Errol Ferguson.

- Bobby Wayne Woods, dont le quotient intellectuel avait été successivement évalué au cours de son existence à 80, 78, 70 juste avant le procès et 68, a été condamné à mort le 28 mai 1998 pour meurtre, et exécuté le 3 décembre 2009, au Texas, deux mois après que la Cour Suprême des Etats-Unis d'Amérique ait estimé, contre l'avis de la cour d'appel du Texas, que la preuve de son retard mental n'était pas suffisamment établie.

- John Errol Ferguson, traité pendant plus de quarante ans pour une schizophrénie paranoïde constamment évolutive, a été condamné à mort le 25 mai 1978 pour meurtres, et exécuté le 5 août 2013 en Floride à l'âge de 65 ans, après plus de trente-cinq ans passés dans le couloir de la mort. Comme une bonne partie de l'opinion publique, l'association des avocats des Etats-Unis d'Amérique, la « *National Alliance of Mental Illness* » (NAMI), étaient choqués par la condamnation à mort d'un psychotique qui était délirant et halluciné au moment des faits. Mais leurs démarches en vue d'empêcher l'exécution étaient plutôt fondées sur l'évidence que le condamné n'était pas en mesure de comprendre non seulement le sens profond de la peine, mais aussi qu'un jury avait voté qu'il fallait le tuer. Ron Honberg, le directeur de la NAMI, avait déclaré que l'exécution de John Errol Ferguson n'était pas conforme à la constitution américaine « *car ses troubles mentaux l'empêchent de comprendre ce qui lui arrive*. Il n'a donc été tué que lorsqu'il avait fini par comprendre. Ses dernières paroles, révélées par le procès-verbal de l'exécution, était *« je suis le prince de Dieu : je ressusciterai »*.

Ce fut à l'occasion d'une visite de plusieurs jours d'un psychiatre américain exerçant en milieu carcéral, que le Service Médico-Psychologique (SMPR) de Loos avait appris que l'une des missions de nos homologues de certains Etats des USA était de rendre, par « des soins attentifs, dévoués et conformes aux données acquises de la science« (selon la formule bien française), les malades et débiles mentaux condamnés « compétents pour subir la peine de mort« , c'est à dire les rendre aptes à comprendre ce qui leur arrive. C'est peut-être pour cela que, surtout depuis le début des années 1990, ce SMPR était devenu encore plus vigilant sur les missions officielles ou implicites qui peuvent être confiées ou imposées à une équipe de soins psychiatriques en prison. (Je crois même que c'est à cette occasion qu'il avait appris le proverbe haïtien : « quand la barbe de ton voisin est en feu, commence tout de suite, à tout hasard, à tremper la tienne »). L'idée que la psychiatrie, dans le strict respect de ses missions et de son éthique, mais aussi de sa compétence juridique et technique, protège le malade mental, incarcéré ou non, des conséquences pour lui-même d'un acte violent préjudiciable à une ou plusieurs victimes, ne choque plus guère. Mais une telle participation au paroxysme de l'œuvre de défense sociale, semble bien moins légitime.

Les circonstances du prononcer d'une peine non dénuée de sens peuvent lui en enlever une grande partie, voire la dénaturer au point qu'elle ne signifie plus ce qu'elle veut dire. La pratique de soins en milieu carcéral offre l'opportunité d'accueillir souvent des détenus qui reviennent tout juste du tribunal où ils viennent d'être condamnés. Il n'est pas rare de constater chez eux, à ces occasions, une incompréhension totale ou une ignorance partielle des fondements et des objectifs de la décision judiciaire. C'est pourquoi je m'étais interrogé jadis sur la nécessité de créer un « juge d'explication des peines » (Cf. La loi pénale n'est pas thérapeutique en soi. *Journal du Droit des Jeunes*, 2001, n°201, p. 38).

L'article 130-1 du code pénal (loi n° 2014-896 du 15 août 2014) précise les trois objectifs de la peine, lesquels doivent être poursuivis dans le respect des droits reconnus aux victimes : protéger la société, prévenir la récidive, restaurer l'équilibre social ; il indique aussi ses deux fonctions : sanctionner le condamné, favoriser son amendement, son insertion ou sa réinsertion sociale. Mais les travaux, les témoignages et les réflexions présentés dans ce colloque montrent que tous les intervenants savent que l'inventaire, même exhaustif, de ces cinq entités et les seules références aux lois pénales et aux missions des tribunaux et de l'Administration pénitentiaire, ne suffisent pas pour dégager, expliciter et surtout expliquer le sens de la peine. Il importe aussi d'analyser sa genèse, son énoncé, les circonstances de ses énonciations, les réquisitoires habituels contre telle ou telle de ses différentes formes, les plaidoiries usuelles à l'appui de chacune de ces formes, ses usages, ses effets directs ou indirects, recherchés ou tolérés, et les variations de ceux-ci. Ce qui conduit donc à cheminer librement dans les sciences politiques et sociales, ou celles ayant pour objet le comportement individuel normal ou pathologique, mais aussi tantôt dans le Droit pénal spécial pour considérer le sens des modalités de répression de chaque infraction prise séparément, bien définie dans ses éléments constitutifs spécifiques et par ses qualifications concrètes et précises, tantôt, le plus souvent, dans le Droit pénal général pour rester dans le cadre commode de la « science du délit et du crime« , en référence à la très célèbre proposition princeps d'Emile Durkheim: « *nous constatons l'existence d'un certain nombre d'actes qui présentent tous ce caractère extérieur, que, une fois accomplis, ils déterminent de la part de la société cette réaction particulière qu'on nomme la peine. Nous en faisons un groupe sui generis, auquel nous imposons une rubrique commune : nous appelons crime tout acte puni et nous faisons du crime ainsi défini l'objet d'une science spéciale : la criminologie* » (*Les règles de la méthode sociologique*, 1894). Et tout cela, sans quitter cette science spéciale, puisque l'exploration de son immense champ est d'autant plus interminable que sa flore et sa faune, ses semailles et ses récoltes, ses reliefs et ses trous, voire sa surface et ses limites changent constamment.

Comme la criminologie elle-même, les fonctions de la peine sont évolutives. Cependant, en réalité, leurs étapes dans l'histoire apparaissent plutôt comme de véritables « stades de développement », puisqu'aucune ne remplace totalement la précédente, mais la supplante sans la faire disparaitre. Ainsi s'expliquent les survivances actuelles, à côté des innovations plus ou moins récentes, de toutes les fonctions de la peine dès les débuts de son histoire. Ainsi s'expliquent aussi des régressions topiques, formelles ou temporelles de la société, analogues à celles rencontrées en pathologie humaine, vers des stades antérieurs de développement lors de traumatismes sociaux peu ou mal intégrés dans des élaborations psychiques efficaces. Même la préhistoire de la peine peut alors surgir en son sein, par exemple sous la forme de vengeances individuelles, tribales, claniques, sociales plus ou moins formalisées, auxquelles pourtant la peine avait pour but et raison d'être de mettre fin. (On a même vu dans certains pays des garants de la neutralité de la Justice se déclarer résolument « du côté de la victime » et s'enorgueillir du passage de la relative absence de celle-ci dans le processus pénal à son ubiquité, tout aussi anormale). La préhistoire de la peine peut aussi se manifester par l'affirmation, péremptoire dans les médias ou plus subtiles dans les textes juridiques, que seuls les faits dans leur brutale simplicité comptent, indépendamment de la subjectivité et de la présence au monde de leur auteur au moment de ceux-ci. (On a même vu dans certains pays des autorités ayant bénéficié d'une certaine formation juridique, mais ayant sans doute oublié que le non-lieu signifie qu'il n'y a pas lieu de poursuivre, s'indigner publiquement qu'un schizophrène, délirant et halluciné au moment des faits en ait « bénéficié » : alors, les deux meurtres n'ont pas eu lieu ? Les deux femmes qu'il a tuées ne sont pas mortes ! Allez raconter cela à leurs familles ! ») N'est-ce pas régresser jusqu'à la préhistoire de la peine, comme si nous étions revenus au temps où même les êtres vivants dépourvus de raison pouvaient être condamnés, ou encore à la pratique pathétique qui consistait à punir, en la faisant brûler au soleil, la pierre sur laquelle avait buté une personne, surtout importante, de la tribu : la chute a bien eu lieu, non ? Alors ? Il faut sévir sans laxisme. D'autant plus que cette punition va permettre à la victime de faire son deuil. Des personnes, non pénalement responsables n'ont ni l'inconscience de l'animal, ni l'insensibilité de la pierre ; mais lorsqu'elles sont jugées et condamnées, leurs peines n'ont pas plus de sens.

En réponse, le 25 mai 2008, à une question du Rapporteur de la Commission d'enquête parlementaire sur le nombre élevé de malades mentaux dans les prisons françaises, le président de l'ASPMP avait déclaré : « *D'une part, une évolution idéologique consiste à dire que, malade mental ou non, la personne doit répondre de ses actes. On considère que c'est, malgré tout, prendre en considération le respect de la dignité humaine que de permettre à la personne de répondre de ses actes. D'autre part, les experts sont des psychiatres exerçant en psychiatrie générale dans les hôpitaux qui ne souhaitent pas forcément avoir dans leurs services des patients qui vont rester longtemps à l'hôpital et qui nécessitent une mobilisation importante. L'évolution de l'hôpital psychiatrique rend très difficile le séjour en milieu hospitalier des personnes qui présentent des troubles du comportement. Mais je crois surtout que les gens ont peur. On le constate notamment dans les tribunaux à propos de l'application de l'article 122-1, alinéa 2 du code pénal. Dans les cours d'assises, après le jugement, on entend des personnes dire que même les psychiatres ne veulent pas de ces personnes, ce qui explique l'aggravation des peines* ».

L'obsédant rêve éveillé dirigé d'une société d'éradiquer au plus vite et pour toujours la dangerosité, sa fascination aveuglante par la brutale simplicité des faits, la focalisation exclusive sur la nocivité potentielle de leur auteur et l'indifférence, voire le mépris et l'hostilité spontanée à l'égard de celui-ci, peuvent favoriser chez les professionnels de santé mentale une profusion de travaux et de publications statistiques sur les risques de récidives (plus aisées, favorisées encore par les outils informatiques récents) au détriment de l'intérêt pour l'exploration des causalités psychiques des infractions et des comportements violents, abordant une réalité plus complexe et moins chiffrable, nécessitant des recherches plus complexes, et de nombreux apports pluridisciplinaires. Ainsi se raréfient les études et les réflexions sur la genèse, l'émergence et la prévention des comportements violents chez l'individu et dans la société. Ce qui favorise le ralentissement de l'acquisition des connaissances, voire un recul du savoir réel, et retarde la découverte et la mise en œuvre de mesures étiologiques efficaces. Cette situation de stagnation, voire de recul, s'observe d'ores et déjà dans la clinique des auteurs d'agressions sexuelles, par exemple : se trompant fièrement sur leur vraie mission, psychiatres et psychologues multiplient les pronostics, actuariels ou autres de la récidive, et sont trop souvent incapables désormais des approfondissements psychopathologiques des auteurs d'avant l'égarement (Claude Balier qui nous manque tant, et quelques autres sont des exceptions). Par exemple, la lecture des articles d'Ernest-Charles Lasègue - surtout celui de 1877 (où il crée le néologisme « exhibitionniste ») et celui de 1884 dans l' « *Union Médicale* » en témoignent avec éclat. C'est que les priorités ont beaucoup changé. Si la prévention de la dangerosité prend toute la place, à quoi bon montrer que l'exhibitionniste qui brandit fièrement un pénis en érection n'a pas la même maladie que celui qui étale piteusement une verge flaccide, et que donc ils doivent être traités bien différemment ; à quoi bon si, en regard du code pénal, il s'agit de la même infraction entraînant les mêmes préjudices chez la victime ? Le retour à la clinique est une urgente nécessité.

Ce n'est pas être « du côté des délinquants et des criminels » que d'être à leurs côtés, que de s'intéresser à leur état, à leur situation et à leurs potentialités, afin de prévenir la récidive et favoriser la réinsertion, par exemple par la contrainte pénale et par le soin ; leur désistance garantit mieux la protection des victimes potentielles que les inadaptations sociales induites ou aggravées par une longue détention suivie d'une « sortie sèche ». C'est une simple question de « bon sens », aux quatre sens de cette notion : les trois sens de l'expression « sens de la peine », plus un, c'est à dire « *la saine et droite raison, le sens commun, l'intelligence et la lumière avec laquelle naissent la plupart des gens* » (Littré).

Introduction

Quelques réflexions relatives aux sens juridiques de la peine

Par Franck LUDWICZAK

La notion de peine est familière du pénaliste. En effet, le droit pénal lui-même est classiquement défini comme le droit de la peine. Cependant, la peine, d'un point de vue juridique, ne doit pas être confondue avec les autres notions propres au droit criminel. Ainsi, la peine ne constitue en aucun cas un élément constitutif de l'infraction. Elle n'en est que la conséquence et ainsi l'aboutissement du procès pénal [1]. A ce titre, elle peut être définie de façon générale comme une « sanction punitive, qualifiée comme telle par le législateur, infligée par une juridiction répressive au nom de la Société, à l'auteur d'une infraction en rétribution de la faute commise, l'intimidation et la réadaptation du délinquant étant les autres objectifs poursuivis [2] ». À sa lecture, la formule suffit à comprendre que la peine revêt des sens distincts. En effet, la peine est à la fois « ce que l'ont fait subir pour quelque chose jugée répréhensible ou coupable [3] » et « la souffrance physique ou morale [4] » qui est la conséquence de son infliction. La peine suppose donc deux sens élémentaires. Elle constitue, d'une part, une réponse contre celui qui, en commettant l'infraction, a trahi le pacte social tout en présentant, d'autre part, une vertu morale pour celui qui doit s'améliorer en la subissant.

Cependant, les définitions juridiques de la peine, qu'elles soient doctrinales ou légales, induisent d'autres sens, davantage techniques. Au-

1. J. Pradel, Peine, *in Dictionnaire des sciences criminelles*, G. Lopez et S. Tzistzis (Dir.), Dalloz, 2004, p. 687.

2. *Lexique des termes juridiques*, S. Guinchard (dir.), Dalloz 17e éd. 2010, p. 527.

3. Dictionnaire E. Littré, « Peine », p. 4978 et s.

4. *Idem*.

delà des formules générales consistant à définir la peine comme le « châtiment édicté par la loi à l'effet de prévenir et s'il y a lieu de réprimer l'atteinte à l'ordre social qualifié d'infraction [5] », ou encore comme « un mal infligé, au nom de la société et en exécution d'une condamnation judiciaire, à l'auteur d'une délit, parce qu'il est coupable et socialement responsable de ce délit [6] », le législateur s'est employé, depuis la loi du 15 août 2014 [7], à (re)définir les fonctions et les buts de la peine au sein d'un nouvel article 130-1 du code pénal. Il découle de ce texte qu'« afin d'assurer la protection de la société, de prévenir la commission de nouvelles infractions et de restaurer l'équilibre social, dans le respect des intérêts de la victime, la peine a pour fonctions : 1° De sanctionner l'auteur de l'infraction ; 2° De favoriser son amendement, son insertion ou sa réinsertion ». Si le mérite principal du texte réside dans sa situation au sein du code pénal [8] et non dans l'élégance littéraire de la formulation retenue, la distinction entre fonctions de la peine et buts de celle-ci laisse hésitant tant ceux-ci apparaissent entremêlés. Cependant, le texte permet d'affirmer que la peine ne dispose pas d'une seul mais de plusieurs sens, c'est-à-dire plusieurs significations, voire plusieurs orientations.

Celles-ci découlent autant des fonctions et des buts anciens que plus récents du droit pénal lui-même. Il en découle une diversité, parfois contestable, des sens de la peine (I). Par ailleurs, ces significations ou orientations prennent ancrage dans des principes directeurs du droit de la peine dont l'appréciation est source de débat (II).

I. La diversité des sens de la peine

Au fil de l'évolution de la pensée juridique, Les objectifs et les fonctions de la peine se sont diversifiés. Il convient ainsi de distinguer les fonctions anciennes (A) de celles les plus récemment affirmées (B).

A. Les fonctions anciennes de la peine

En premier lieu, c'est la fonction de rétribution de la peine qui constitue la plus archaïque. Dans cette acception, la peine est entendue comme un

5. *Vocabulaire juridique*, G. Cornu, 10e éd. Puf, 2014, p. 749.
6. G. Vidal, *Droit criminel et science pénitentiaire*, Ed. Rousseau et Cie, 1949, p.611, n° 439.
7. Loi n° 2014-896 du 15 août 2014 relative à l'individualisation des peines et renforçant l'efficacité des sanctions pénales, JO 17 août 2014, p. 13647.
8. J.H. Robert, Réforme pénale, Punir dehors, commentaire de la loi n° 2014-896 du 15 août 2014, *Dr.pén.* 2014, étude 16.

châtiment infligé en échange de ce qu'a commis l'individu [9]. La peine est alors la contrepartie de la violation du pacte social. Cette fonction rétributive découle aujourd'hui du but de protection de la Société affirmé par l'article 130-1 C. pén., mais aussi de la fonction de sanction de l'individu. Dans cette conception, la peine est entendue comme une dette due par le condamné, laquelle doit être proportionnée au mal qu'il a commis. Malgré son caractère archaïque, la jurisprudence fait parfois encore référence à cette fonction rétributive de la peine. Tel est le cas de la Cour européenne des droits de l'Homme qui a pu estimer, à l'occasion de l'arrêt Léger c/ France du 11 avril 2006 [10], que l'élément de rétribution inhérent au principe de la période punitive n'emporte pas en soi violation de l'article 3 de la Convention européenne des droits de l'Homme prohibant les traitements inhumains et dégradants. Dans cette acception, la peine est tournée vers le passé [11] et présente ainsi un double caractère afflictif et infamant. Elle a pour but de faire souffrir le condamné [12]. Classiquement, la doctrine estime que la peine dispose d'une fonction éliminatrice [13]. Il s'agir de neutraliser l'élément nuisible de la Société afin de garantir sa tranquillité. Cette fonction est alors tournée vers l'individu auteur de l'acte lui-même. Néanmoins, le fait commis étant considéré comme blâmable par la Société, la sanction pénale jette l'opprobre social sur l'individu.

C'est de ce constat que découle la seconde fonction la plus ancienne de la peine. Il s'agit de la fonction préventive. Cependant, la fonction préventive dispose d'un champ plus large. Elle est alors davantage tournée vers l'avenir. La peine dispose d'une fonction dissuasive ou intimidatrice, soit de façon spéciale en dissuadant l'auteur de l'infraction de récidiver, soit de façon générale. Dans ce dernier cas, la peine prononcée s'adresse à l'ensemble des individus afin de les dissuader d'imiter la personne condamnée.

Le texte de l'article 130-1 C. pén. conserve cette fonction et fait référence à l'objectif de prévention de la commission de nouvelles infractions et de restauration de l'équilibre social. Cependant, le code pénal actuel adjoint aux fonctions anciennes de la peine deux fonctions plus récentes.

---

9. R. Merle et A. Vitu, *Traité de droit criminel*, 6e éd. Cujas, 1984, n° 608.

10. *J-Cl.* Europe Traité, fasc. 6520, Convention européenne des droits de l'homme, Droits garantis- Libertés de la personne physique, 2009, n° 45, par P. Wachsmann.

11. J. Pradel, préc. p. 688.

12. Cependant, là encore, la Cour EDH estime que l'exécution de la peine d'emprisonnement ne doit pas soumettre le détenu à une détresse ou à une épreuve d'une intensité excédent le niveau inévitable de souffrance inhérent à la détention, CEDH, n° 19606/08, 20 janvier 2011, Payet c/ France, § 64. V. E. Dreyer, Un an de droit européen en matière pénale, *Dr. pén.* 2012, chron. 3.

13. V. not. J. Pradel, *Droit pénal général*, 21e éd. Cujas, 2016, n°620.

B. Les fonctions récentes de la peine

Il s'agit, en 1er lieu, de la fonction de resocialisation introduite largement par la doctrine de la défense sociale nouvelle [14]. L'idée est celle d'insertion ou de réinsertion sociale du condamné par la réadaptation du condamné et le reclassement de celui-ci dans la Société. Dans cette conception, la prison ne constitue plus simplement une modalité d'élimination de l'individu afin de rétablir l'ordre public troublé par la commission de l'infraction. Elle est au contraire conçue comme un moyen de réinsertion. Ce sens de la peine, tournée largement vers l'avenir, est toujours prégnant dans la législation pénale actuelle. En effet, le législateur n'envisage désormais l'incarcération qu'en dernier recours. Ainsi, une multitude de modalités permettent d'éviter l'emprisonnement. Tel est le cas du sursis ou encore des peines alternatives à l'emprisonnement comme que le travail d'intérêt général par exemple [15]. Par ailleurs, en matière correctionnelle, l'emprisonnement ne doit être retenu qu'en dernier recours depuis la loi pénitentiaire du 24 novembre 2009 [16]. Ce principe a été reconduit par la loi précitée du 15 août 2014. Egalement, ce dernier texte a créé la peine nouvelle de « contrainte pénale [17] ». Cette sanction s'inscrit dans la même philosophie en prévoyant l'exécution de la sanction en milieu ouvert afin de favoriser l'insertion ou la réinsertion du condamné.

En dernier lieu, une nouvelle fonction de la peine est aujourd'hui affirmée. Il s'agit de la fonction réparatrice. Celle-ci a été récemment affirmée par le législateur et concorde avec la prise en compte croissante des intérêts de la victime dans le processus pénal [18]. Ce sens nouveau de la peine a été consacré dès la loi du 12 décembre 2005 relative au traitement de la récidive des infractions pénales [19], laquelle avait intégré à l'article 132-24 C. pén., dont la substance est aujourd'hui transférée à l'art. 130-1 C. pén., l'objectif de satisfaction des intérêts de la victime. Cet objectif nouveau est diversement apprécié en doctrine [20], d'autant que l'objectif de satisfaction des intérêts de la victime s'entend autant au titre de la réparation du

14. F. Gramatica, *Principes de défense sociale*, Cujas, 1964 ; M. Ancel, *La défense sociale nouvelle*, 1ère éd., Cujas, 1954.

15. Art. 131-8 C. pén.

16. Loi n° 2009-1436 du 24 novembre 2009 pénitentiaire, JO 25 novembre 2009 p. 20192.

17. Art. 131-4-1 C. pén.

18. V. sur cette question, S. Humbert et F. Ludwiczak (dir.), *Juste victime dans le procès pénal*, L'Harmattan, 2015.

19. Loi n° 2005-1549 du 12 décembre 2005 relative au traitement de la récidive des infractions pénales, JO 13 décembre 2005, p. 19152.

20. E. Bonis-Garçon et V. Peltier, *Droit de la peine*, 2e éd. 2015, spéc. n° 693.

dommage qu'elle a subi qu'à la réparation morale elle-même. Le risque est alors celui de revendications vindicatoires en raison d'une prise en compte trop compassionnelle de la personne de la victime auquel s'ajouterait celui d'une confusion de l'objet du procès pénal avec celui du procès civil. Ce sens nouveau de la peine serait alors orienté, à l'instar de la fonction de rétribution, vers le passé. L'une des concrétisations de ce sens réparateur de la peine, concentré sur la satisfaction des intérêts privés, peut être observée à la lecture de l'article 131-8-1 C. pén. Créé par la loi du 5 mars 2007 [21], le texte institue la peine de « sanction réparation » n'ayant pour autre objectif que de condamner l'auteur d'un délit à indemniser le préjudice subi par la victime. L'exemple de l'article 131-8-1 C. pén. est significatif d'un morcèlement des objectifs devant en principe être poursuivis par la peine. En effet, dès lors que les termes de l'article 130-1 C. pén. apparaissent cumulatifs, il est difficile de concevoir que l'ensemble des fonctions de la peine de sanction et d'amendement du délinquant soient remplis par le prononcé de la seule sanction-réparation, ou encore que les buts de protection de la Société, de prévention de la réitération ou de restauration de l'équilibre social soient satisfaits [22]. En conséquence, il est possible d'affirmer qu'en ne remplissant pas tous les objectifs fixés par l'article 130-1 C. pén., la peine de l'article 131-8-1 du même code révèle l'incohérence du législateur lui-même contrevenant alors aux principes directeurs de la peine devant gouverner son action. Ces derniers sont multiples et leurs sens, au regard de l'application jurisprudentielle qui en découle, n'échappe pas toujours à l'obscurité.

II. Le sens de la peine au regard des principes gouvernants la matière

À l'instar du droit pénal dans son ensemble, le droit des peines est gouverné par le principe de la légalité découlant en droit interne de l'article 8 de la Déclaration des droits de l'homme et du citoyen [23]. Ce principe constitutionnel influe sur l'activité du législateur dans sa tâche d'élaboration de la norme pénale et impose à ce dernier une exigence de clarté et de précision de la loi édictant une peine. Il concerne tout autant le juge qui ne

---

21. Loi n° 2007-297 du 5 mars 2007 relative à la prévention de la délinquance, JO 7 mars 2007, p. 4297.

22. La suppression de cette peine a d'ailleurs pu être proposée par la Commission sur la refonde du droit des peines présidée par B. Cotte ; « *Pour une refonte du droit des peines* », Rapport remis au Garde des Sceaux, Ministre de la Justice, décembre 2015, La documentation française.

23. Selon lequel « « La Loi ne doit établir que des peines strictement et évidemment nécessaires, et nul ne peut être puni qu'en vertu d'une Loi établie et promulguée antérieurement au délit, et légalement appliquée ».

peut prononcer une peine que si celle-ci est effectivement prévue, antérieurement au délit, par la loi d'incrimination. Il découle toutefois de cette règle fondamentale deux principes directeurs du droit de la peine [24] permettant, à la lumière de la jurisprudence, de préciser également le sens de la peine. Il s'agit, d'une part, du principe de nécessité des peines (A) et, d'autre part, de celui de personnalisation ou d'individualisation de la sanction pénale (B).

A. La peine au sens du principe de nécessité

Le principe constitutionnel de nécessité des peines constitue une injonction faite au législateur de prendre toutes les précautions avant de décider de la création ou la modification d'une sanction pénale, dès lors que celle-ci porte atteinte aux libertés individuelles. Bien que ce pouvoir créateur de la norme pénale soit une prérogative exclusive du législateur, celui-ci est aidé dans cette tâche par le Conseil constitutionnel à qui il incombe d'estimer si la norme envisagée est indispensable à la sauvegarde des valeurs sociales fondamentales telles sur la vie, l'intégrité physique, la propriété ou encore les intérêts fondamentaux de la Nation. Cependant, le juge constitutionnel a plusieurs fois précisé qu'il ne lui appartenait pas de substituer sa propre appréciation à celle du législateur [25]. La jurisprudence constitutionnelle a pu parfois constituer une garantie pour le juge judiciaire. Ainsi, a pu être déclarée inconstitutionnelle la peine accessoire devant obligatoirement s'appliquer sans que le juge judiciaire ne la prononce et sans qu'il puisse même en éviter l'application [26]. De façon plus précise, le contrôle du principe de nécessité des peines s'apprécie davantage, à la lecture de la jurisprudence constitutionnelle française, à l'aune de l'exigence de proportionnalité. Ainsi, il y aura disproportion si la peine édictée par le législateur n'est pas adaptée à la gravité des faits [27].

Bien que le principe de nécessité des peines constitue une garantie, le sens qui lui est donné par le juge constitutionnel français n'est pas toujours très sûr en particulier lorsqu'il s'agit des sanctions ayant le caractère d'une punition. Le conseil constitutionnel a, en effet, affirmé très tôt que les

---

24. Les deux principes étant régulièrement rappelés par la jurisprudence : V. Cass. Crim. 9 mars 2016, n° 15-83.927 QPC, *Dr. Pén.* 2016, comm. 87, obs. E. Bonis-Garçon.

25. Cons. const. Déc. n° 86-215 DC du 3 septembre 1986 et n° 93-334 DS du 20 décembre 1994.

26. Cons. const., Déc. n° 2010-6/7 QPC du 11 juin 2010, *Dr. pén.* 2010, comm. 84, obs. JH Robert, *Dr. pén.* 2010, chron. 2, E. Garçon et V. Peltier ; *Rev. pénit.* 2010. 421, obs. Pin ; D. 2010. 1560, note S. Lavric, D. 2010. 2736, obs. G. Roujou de Boubée ; *Rev. sc. crim.* 2011. 182, obs. B. de Lamy ; *AJ Pénal* 2010, p. 392, note J.-B. Perrier.

27. Cons. const. Déc. n° 2011-220 QPC du 10 février 2012 et n° 2013-318 QPC du 7 juin 2013.

sanctions administratives répressives ainsi que les mesures de sûreté sont également soumises, dans leur édiction par le législateur, au principe de l'article 8 de la déclaration des droits de l'homme [28]. Il en découle une jurisprudence difficile à comprendre s'agissant de la question complexe du cumul d'une peine et d'une sanction administrative prononcée par une autorité administrative, le Conseil constitutionnel ayant pris initialement une position s'opposant au cumul [29] pour ensuite considérer que celui-ci ne serait pas contraire au principe de proportionnalité des peines dès lors que les deux sanctions découleraient de procédures distinctes et complémentaires [30]. S'agissant des mesures de sûreté, le législateur se réfère au principe de nécessité tel qu'il résulte de l'article 9 de la Déclaration des droits de l'homme [31]. Cependant, sa jurisprudence en la matière n'est pas exempte de critique. Tel est le cas à propos de la rétention de sûreté créée par la loi du 25 février 2008 [32] et qui permet le placement, pour une durée d'un an renouvelable indéfiniment dans un centre socio-médico-judiciaire de sureté, des individus condamnés à une peine d'au moins 15 ans de réclusion criminelle pour certains faits particulièrement graves et présentant, à l'issue de leur peine, une particulière dangerosité caractérisée par une probabilité très élevée de récidive [33]. La décision du Conseil constitutionnel rendue 21 février 2008 [34] fait douter de sa cohérence. En effet, celui-ci a estimé que la mesure n'apparaissait pas contraire au principe de proportionnalité des peines puisqu'elle ne constituait ni une mesure de sûreté, ni une peine. En revanche, il lui a refusé toute application rétroactive en raison de sa nature privative de liberté et en définitive d'un régime juridique trop proche de celui d'une peine [35].

L'appréciation de la proportionnalité et de la nécessité peut enfin bénéficier à l'appréciation judicaire. Le Conseil constitutionnel a pu retenir

---

28. Cons. const. Déc. n° 2010-84 QPC du 13 janvier 2011 et n° 2011-114 QPC du 1er avril 2011.

29. Cons. const. Déc. n° 2014-453/454 QPC et 2015-462 QPC du 18 mars 2015.

30. Cons. const. Déc. n° 2015-513/514/526 QPC du 14 janvier 2016, JO 16 janvier 2016, *Dr. pén.* 2016, comm. 52, obs. V. Peltier et Déc. n° 2015-545 QPC et 2015-546 QPC du 24 juin 2016, *Dr. pén.* 2016, comm. 135, obs. V. Peltier.

31. « Tout homme étant présumé innocent jusqu'à ce qu'il ait été déclaré coupable, s'il est jugé indispensable de l'arrêter, toute rigueur qui ne serait pas nécessaire pour s'assurer de sa personne doit être sévèrement réprimée par la loi ».

32. Art. 706-53-13 C. pr. pén. créé par la Loi n° 2008-174 du 25 février 2008 relative à la rétention de sûreté et à la déclaration d'irresponsabilité pénale pour cause de trouble mental, JO 26 février 2008 p. 3266.

33. V. pour l'abrogation du dispositif : Le contrôleur général des lieux de privation de liberté demande l'abrogation de la rétention de sûreté, Lexis Nexis actualités, 13 novembre 2015, CGPLP, Avis NOR CPLX1525592V, 5 nov. 2015, JO 5 nov. 2015.

34. Cons. const. Déc. n° 2008-562 DC du 21 février 2008, JO 26 février 2008, p. 3272.

35. *Idem*, consid. n°10.

que la peine est proportionnée lorsque le juge pénal peut en minorer le quantum et l'adapter ainsi à la gravité de l'acte commis [36]. Il découle donc du principe de l'article 8 DDHC celui de l'individualisation judiciaire de la peine.

B. La peine au sens du principe d'individualisation

Bien que mis en exergue par les travaux de l'Ecole de la défense sociale nouvelle, le principe d'une individualisation judiciaire de la peine n'est pas récent et avait déjà été précisé par Raymond Saleilles en 1898 [37]. L'évolution du droit pénal en la matière démontre un équilibre difficile à trouver entre la nécessité de la légalité de la peine et le rôle du juge dans le prononcé de la peine. La première étape a été celle de l'émergence d'une légalité des délits et des peines afin de lutter contre l'arbitraire des juges sous l'ancien régime dénoncé sous la Révolution. Cependant, l'entrée en vigueur du code pénal en 1810 n'a pas enfermé le juge dans des peines fixes pouvant seules être prononcée. L'élargissement, par la loi du 28 avril 1832 du mécanisme des circonstances atténuantes a, en outre, permis au juge de prononcer une peine en deçà du minimum légal. Le code pénal de 1994 a ensuite supprimé le minimum de la peine offrant au juge pénal une marge de manœuvre supplémentaire dans sa tâche de personnalisation de la sanction pénale et érigé en principe celui de la personnalisation à l'article 132-24 C. pén. dont la substance a été transférée, par l'effet de la loi du 15 août 2014, au sein d'un nouvel article 132-1 du même code.

Bien que le Conseil constitutionnel ait pu garantir le principe [38], le législateur s'est parfois montré exigeant mais aussi méfiant envers le pouvoir d'individualisation du juge. Tel a été le cas lors de l'institution des peines planchers par la loi du 10 août 2007 [39] qui imposait au juge un minimum de la peine privative de liberté en cas de récidive. Un tel minimum avait même pu être consacré, lors de la loi du 14 mars 2011 [40], pour certaines infractions énumérées à l'article 132-19-2 C. pén. et commises hors cas de récidive. Cependant, dans les deux hypothèses, le Conseil constitutionnel avait validé

36. V. not. Cons. const. Déc. n° 92-307 DC du 25 février 1992 et n° 96-377 DC du 16 juillet 1996.

37. R. Saleilles, L'individualisation de la peine, Etude de criminalité sociale, 3e éd. Alcan, 1927.

38. Cons. const. Déc. n°80-127 DC des 19 et 20 janvier 1981, JO 22 janvier 1981, p. 308 et n° 2005-520 DC du 22 juillet 2005, JO 27 juillet 2005, p. 12241.

39. Loi n° 2007-1198 du 10 août 2007 renforçant la lutte contre la récidive des majeurs et des mineurs, JO 11 août 2007 p. 13466.

40. Loi n° 2011-267 du 14 mars 2011 d'orientation et de programmation pour la performance de la sécurité intérieure, JO 15 mars 2011, p. 4582.

les dispositifs mis en place en constatant que le législateur offrait toujours au juge pénal la possibilité de prononcer une peine en dessous du plancher en se fondant sur la personnalité de l'auteur [41]. Le principe a été réaffirmé par la loi du 15 aout 2014 à l'article 132-1 C. pén. qui dispose dans son alinéa 2 que « toute peine prononcée par la juridiction doit être individualisée ». La formule constitue moins une marque de confiance faite par le législateur au juge pénal qu'une injonction. La Cour de cassation y a été attentive et a modifié sensiblement sa jurisprudence. En effet, si classiquement elle estimait que les juges, lorsqu'ils fixent une peine dans les limites posées par la loi, exercent une faculté dont ils ne doivent aucun compte [42], la chambre criminelle impose désormais aux juges du fond de motiver la peine prononcée. Depuis un arrêt du 4 mai 2016 [43], ce contrôle de motivation des peines est posé quelle que soit la nature de la peine. La chambre criminelle n'hésite pas à censurer des décisions des juges du fond qui n'expliquent pas suffisamment en quoi, lorsqu'un emprisonnement ferme a été décidé, toute autre sanction était manifestement inadéquate. Lors d'un arrêt en date du 1er février 2017 [44], la Cour de cassation a rappelé solennellement qu'en vertu de l'article 132-1 C. pén, en matière correctionnelle, toute peine doit être motivée en tenant compte de la gravité des faits, de la personnalité de leur auteur et de sa situation personnelle. Cette obligation a été étendue également aux peines d'amendes lors d'un arrêt rendu à la même date [45]. L'obligation de motivation de la peine doit être saluée en ce qu'elle permet d'expliquer la peine prononcée par le juge, c'est-à-dire celle qui sera en définitive exécutée par le condamné. Bien qu'apparaissant comme l'expression d'une technique juridique, elle concrétise la nécessité d'une dimension humaine dans le prononcé de la sanction pénale. En tant qu'expression de l'individualisation, elle ne peut cependant être sans limite au risque de violer d'autres principes fondamentaux de notre Société au premier rang desquels celui d'Egalité.

---

41. Cons. const. Déc. n° 2007-554, JO 11 août 2011, p. 13478 et n° 2011-625 DC du 10 mars 2011, JO 15 mars 2011, p. 4630.

42. Cass. crim. 3 novembre 1955, *Bull Crim.* 1955, n°540 ; 26 décembre 1962, *Bull. crim.* n° 338, 5 octobre 1977, *Bull. crim.* 1977, n° 291 . Cass. crim. 22 octobre 2008, n° 07-88.111, *Dr. pén.* 2009, comm. 1. Note M. Véron, Chron. 3, n° 8, obs. E. Bonis-Garçon.

43. Cass. crim. 4 mai 2016, n° 15-80.770, *Dr. Pén.* 2016, comm. 119, obs. E. Bonis-Garçon. V. également : Crim. 14 janvier 2015, n° 14-80.343 ; Cass. Crim. 11 mai 2016, n° 15-82.600 et n° 15-80.895 ; Cass. Crim. 18 mai 2016, n° 15-84. 531 et 15-84.748 ; Cass. Crim. 19 mai 2016, n° 14-88.387 et 15-82.047.

44. Cass. Crim. 1er février 2017, n° 15-85.199.

45. Cass. Crim., 1er février 2017, n° 15-83.984,*Dr.pén.* 2017, comm.69, note E. Bonis-Garçon.

« *Le Malheur est qu'individualiser la peine, c'est l'inégaliser pour des fautes égales* [46] ».

46. G. Tarde, Préface de la 2e édition de l'ouvrage de R. Saleilles, « L'individualisation de la peine », cité par J. Pradel *in Droit pénal général*, préc., p. 596.

I

Rétribution et expiation

A

Le temps

1

Le sens de la peine, évolution des idées

Par Sylvie HUMBERT

« *La loi en punissant les offenses envers autrui, s'est proposé un triple objet : corriger celui qu'elle frappe, rendre les autres meilleurs par l'exemple de la peine, assurer la sécurité des honnêtes gens en retranchant les malhonnêtes.* » (Sénèque, *De la clémence*) [1]

Dès l'Antiquité, les auteurs se sont intéressés au sens de la peine mais ce n'est qu'au XIXe siècle que l'on envisage son individualisation. Pourtant, elle n'était pas absente. Bérenger dans « *De la justice criminelle en France* » remonte au temps du roi de Perse Cambyse (-530 à -522) dont « une loi ordonnait aux juges d'examiner toute la vie du coupable, et si le bien l'emportait, on punissait moins sévèrement. » [2]

Paul Ricœur, dans « Le juste » articule sa pensée autour de trois mots : « sanction, réhabilitation, pardon » et présente une trajectoire qui commence avec la sanction (à savoir, quelqu'un est condamné), se prolonge dans

1. Ministère de l'intérieur, Ecole des gardiens, Dictées choisies conformément au Règlement du 10 août 1893, Melun, Imprimerie administrative, 1900, n° XXIX « But de la loi pénale », p. 38.

2. Alphonse Berenger, *De la justice criminelle en France*, (1818) dans Dictées choisies, op. cit, p. 40. Si l'on compare cette phrase avec la traduction exacte du passage qu'Hérodote, historien grec du cinquième siècle avant notre ère avait écrite, on constate que l'auteur français à fait une interprétation très large pour en tirer un argument en faveur de sa thèse toute nouvelle pour l'époque où il écrivait. « J'approuve également cette loi par laquelle le roi lui-même ne peut mettre à mort une personne pour un seul grief, pas plus qu'il n'est permis aux autres Perses d'infliger à leurs subordonnés un mal irréparable pour un sujet de plainte unique ; mais si, après examen, les méfaits sont plus grands et plus nombreux que les bonnes actions, le ressentiment peut suivre son cours. ».

certaines circonstances et dans certaines limites à préciser, par un projet de restauration, enfin, dans des circonstances encore plus spécifiques quelqu'un bénéficie d'un pardon qui ne lui est pas dû : on a renoncé à le punir, il est rétabli dans l'estime publique ou dans l'estime de soi même [3].

Cette analyse montre la complexité de la question et son étendue. La culpabilité doit d'abord être prononcée car le forfait déclenche le plus souvent une colère. Une distance est donc nécessaire entre la vengeance et la justice. Ce sera le rôle de la sanction, la punition rétablissant l'ordre. Dès le Moyen Âge, il est constant que la priorité de la peine consiste dans le rétablissement de la paix dans la société. La sévérité appartient aux juges, la clémence au Roi détenteur du droit de grâce. Mais, l'échelle des peines est alors très limitée : soit la mort, soit l'amende. De nos jours, lorsqu'on évoque le sens de la peine, c'est de la prison essentiellement qu'il s'agit, peine inscrite dans le premier code pénal de 1791.

De tout temps, le sens de la peine ainsi que le long cortège de pénalités qui l'accompagne a le plus souvent été conçu et étudié à partir de préoccupations religieuses, morales ou politiques. Envisagée comme une manifestation de mal, du péché ou comme une trahison à l'égard du corps social, la criminalité a surtout provoqué des réactions sociales plutôt d'ordre défensif ou expiatoire. Historiquement, le sens de la peine a connu une évolution qui pourrait correspondre aux différentes étapes de l'évolution des régimes politiques.

- L'ère théologique jusqu'à la fin du moyen âge.
- L'ère métaphysique caractéristique de l'absolutisme.
- L'ère positiviste où le crime et la peine sont pour la première fois étudiés sur la base d'observations scientifiques (XIXe)
- l'ère des droits de l'homme dans laquelle la peine trouve sa place dans un univers de réinsertion et de rédemption (XXe)
- le XXIe siècle verrait-il arriver l'ère juridique de la peine ?

Le point commun entre toutes ces évolutions est constitué par la place accordée à l'humanisme pénal dans la justice. L'idéologie de cette conception de la peine, apparue à une époque de grands bouleversements politiques, économiques et sociaux aura un impact considérable sur les législations, notamment à l'époque révolutionnaire, mais semble remise en question en raison d'une place plus grande accordée à la victime depuis le XXe en lien avec l'insécurité grandissante du monde actuel.

I. L'ère idéologique de l'humanisme pénal

3. Paul Ricoeur, Le juste, éditions Esprit, 1995, p. 193.

Les questions sur le sens de la peine paraissent liées aux changements de régimes évoqués et en particulier dans un souci de modération ou de sévérité des peines. C'est aussi un moyen fréquemment utilisé pour critiquer la justice et les institutions politiques. On s'interroge alors sur la meilleure pénalité. Les auteurs ne manquent pas : Montesquieu, Beccaria, Bentham, plus près de nous Foucault. Le mouvement humaniste touche toute l'Europe vers les années 1530. Thomas More est l'un des premiers à prendre en considération l'individu dans la société.

A. Naissance de l'humanisme pénal avec Thomas More (1478-1535)

Dans son ouvrage « Utopie » est exposée une pénologie adaptée à l'individu et la société [4].

Chez Thomas More la critique générale des institutions n'en appelle à aucune construction imaginaire ou extravagante : c'est bien la société anglaise qui y est représentée avec d'un côté une noblesse oisive, incapable de s'adapter à un monde du travail en pleine expansion et dérivants pour certains dans le vagabondage tout comme les soldats mercenaires [5] et de l'autre côté la misère des petites gens, paysans sans terre, victimes de l'économie et de l'industrie de la laine [6]; ils sont devenus si nombreux que la mendicité ou le vol sont pour eux le seul moyen de survivre. S'interrogeant sur la rigueur excessive de la justice, Thomas More conteste son efficacité : « *On prononce contre le voleur des sentences très lourdes, on lui inflige des châtiments horribles* » [7], et paradoxalement, le nombre des voleurs continue à croître.

La société fabrique donc des voleurs dont le seul châtiment possible est la mort. Comme Beccaria le fera plus tard, Thomas More remet en question la peine de mort qu'il estime injuste, inutile et disproportionnée en cas de vol : *« Comment peut-on « enlever la vie à un homme parce qu'il a enlevé de l'argent à quelqu'un, (...) ne faire aucune différence entre tuer un homme et*

---

4. Thomas More, Utopie par André Prévost, préface de Maurice Schuman, Ed. Mame, 1978. En 1516, l'auteur y présente un tableau critique de la société anglaise et européenne. Il imagine une terre où serait réalisée l'organisation idéale de l'Etat.

5. À partir du XVIe siècle, le vagabondage est en grande expansion et renforce le sentiment d'insécurité de la population.

6. Les pâtures ont été remplacées dans beaucoup d'endroits par des cheptels de moutons. La terre a alors été parcellée de façon à permettre l'enclosure de ces troupeaux.

7. André Prévost, *op.cit.*, p.36. Le grand nombre de pendus est un thème souvent abordé dans la littérature de cette époque. « Erasme, dans l'*Enrichidion*, paru dès 1503 formule le même grief : « *le monde est rempli de voleurs et de pillards poussés par la faim jusqu'à la potence* » (*Ench. Prinipic Christiani,* Opera, t. IV, col.581 A-b).

lui soutirer une pièce de monnaie » ? Je pense, dit Raphaël, « que toutes les richesses du monde ne peuvent égaler le prix de la vie humaine » [8].

De plus, Thomas More apporte un nouvel argument : cette loi humaine, ce droit aveugle, même consenti et accepté, s'oppose à la loi divine qui interdit à l'homme d'ôter la vie, non seulement celle de son prochain mais même la sienne. Les conséquences de ce positivisme étatique lui font craindre les pires dérives car pour lui, la loi est toujours en accord avec la loi divine or, dans une société où la loi humaine et la loi de nature ne se conforment pas à la loi divine, les dangers sont grands de voir arriver un jour des conduites inacceptables.

Mais la peine de mort est aussi une peine inutile, car l'extrême rigueur de la justice ne garantit pas son efficacité : elle n'entraîne pas la diminution du nombre de voleurs et surtout, elle ne permet pas de réparer le dommage causé à la victime : « *Le châtiment est en effet bien trop cruel pour venger le vol, et il n'est pas assez efficace pour l'empêcher* ».

Thomas More envisage un remède à cette inefficacité : *« On prononce contre le voleur des sentences très lourdes, on lui inflige des châtiments horribles, alors qu'on ferait mieux de procurer à chacun les moyens de vivre afin que personne ne soit réduit à la cruelle nécessité d'abord de se faire voleur, pour se faire mettre à mort ensuite... »* [9].

Par cette position, il s'inscrit ici contre une position communément admise selon laquelle les voleurs seraient avant tout des gens « malfaisants », naturellement dangereux pourrions-nous dire, et peu enclins au travail. Apparaissent ainsi deux idées fondamentales reprises plus tard par Rousseau et exprimées plus concrètement à l'époque de la Révolution. Il part d'une analyse sociologique de l'aliénation de l'homme par les structures économiques, du désordre économique qui engendre un désordre social. Face à cette fatalité, la peine doit donc être adaptée : il faut punir afin de prévenir la faute, d'empêcher la récidive et de provoquer, par le travail, l'amendement du criminel. Une nouvelle fonction de la peine, la rédemption ne semble possible que par la remise au travail de tous ces oisifs que la société n'arrive plus à gérer ; il faut réintégrer dans la société toute cette population misérable et non plus l'éliminer.

La peine capitale doit donc être remplacée par un châtiment mieux adapté. Dans « Utopie », More prend l'exemple des « Polylérites » dont Raphaël est censé avoir observé les usages au cours d'un voyage en Perse [10].

---

8. André Prévost, *op. cit.*, p. 44.
9. André Prévost, p. 36.
10. Dans son ouvrage, More raconte sa rencontre chez son ami pierre Gilles avec Raphaël Hytloday, navigateur ayant accompagné Amerigo Vespucci et découvreur de l'île d'Utopie.

A l'aide de cet exemple est proposé un régime qui privilégie deux aspects : tout d'abord, la restitution des biens à son propriétaire, c'est-à-dire à la victime et, d'autre part, une obligation du condamné à des travaux d'intérêt public, ou même au profit de particuliers. Pour répondre efficacement à ces deux impératifs, les « Polylérites » dont il n'approuve pas pleinement le régime, proposent la peine des travaux forcés, la prison ne devant servir que de façon exceptionnelle : « *Sauf si le vol a lieu dans des circonstances aggravantes, les condamnés ne sont ni enfermés dans une prison, ni chargé d'entraves, mais en toute liberté et sans liens ils s'adonnent aux travaux publics* » [11].

Contrairement à la cruauté des sanctions comme la peine de mort dont l'exécution suivait un rituel éprouvant ou encore la prison, lieu de souffrance et de solitude par excellence, les conditions de cette peine de remplacement sont beaucoup plus douces et donc plus humaines et plus supportables : « *On se contente, la nuit, après appel nominal, de les enfermer dans des dortoirs* ».

Il ne s'agit plus d'expier sa faute mais plutôt, et c'est en cela qu'est présenté un changement du sens de la peine, de la réparer et de s'amender par le travail. La peine capitale n'est cependant pas totalement supprimée mais elle n'intervient plus que dans les cas exceptionnels où le coupable voudrait se soustraire à l'application de sa peine. La mort et l'enfermement caractérisent donc pour More cette justice injuste, inutile, trop rigoureuse dont il n'est pas envisageable d'adoucir l'exécution. L'objectif d'une telle justice, cruelle par excellence, est davantage une thérapie sociale, servir d'exemple, et ne tient pas compte d'un possible amendement, ne laisse aucun espoir à l'homme condamné de se réinsérer. Or, pense Thomas More, le travail permettrait cette resocialisation et préviendrait toute récidive par le rôle éducatif que devrait avoir toute peine.

La modernité pénale que l'on retrouve à l'époque des Lumières repose sur une analyse comparable et prépare le terrain vers une pénologie adaptée à l'individu et la société.

B. Le courant des Lumières avec Cesare Beccaria (1738-1754) [12]

---

11. André Prévost, p. 46.

12. De nombreuses traductions ont été faites du Traité des délits et des peines dès sa publication en 1764. On compte en France sept éditions de la traduction française en six mois et l'ouvrage a été ensuite très rapidement traduit dans toutes les langues. Notamment pour la France, voir la traduction de Moerellet en 1808 qui a établi les différents chapitres sur lesquels nous nous référons. V. Beccaria, Traité des délits et des peines, éditions cujas, Paris, 1966. ; Des délits et des peines, Dei delitti e delle pene, Cesare Beccaria, ENS Editions2009 ;

Dans le sillage de Thomas More, Beccaria repense le droit de punir de l'Ancien régime. Il conteste la rigueur de la justice et la profusion des supplices qui déshumanisent le criminel sans le corriger ni prévenir le crime. Le siècle des Lumières reprend ainsi, de façon plus précise, l'idée de la prévention du crime et de la resocialisation du condamné ; cet utilitarisme pénal concerne cette fois toute l'Europe. Bentham [13] félicite d'ailleurs Beccaria pour l'originalité de sa démonstration. Il prétend que la réforme lancée empiriquement par Montesquieu culmine chez Beccaria qui pense le droit de punir en termes d'économie sociale et morale. Il ajoute : *« Beccaria ...fut le premier à examiner l'efficacité des peines, d'après leurs effets sur le cœur humain, à calculer la force des motifs qui poussent l'individu au crime, et celles des contres-motifs que la loi doit leur supposer »* [14].

Jusque vers 1750-1760, la doctrine pénale, marquée par la théologie morale du thomisme, conçoit encore le crime comme un péché : l'homme criminel est donc un pécheur endurci dans le mal. La peine capitale exprime alors la haute justice attachée à la souveraineté absolue, à la monarchie de droit divin. Le péché-crime est alors sanctionné par la terreur expiatoire des châtiments infamants et corporels qui flétrissent puis brisent le « scélérat » repenti sur l'échafaud. Cette légitimité politique est conçue dans le but de protéger la société, de purifier la société du mal social et de prévenir le crime par « la peur du gibet » [15].

Muyart de Vouglans, pénaliste célèbre énonce les trois principes de la prévention générale que doit assurer la peine capitale : exterminer le méchant afin qu'il ne fasse plus de mal, servir d'exemple pour détourner les autres de mal faire, et préserver la société de la contagion que le mélange des méchants ne manquerait pas d'y répandre.

Michel Porret, Beccaria, le droit de punir, Michalon, le bien commun, 2003 ; Michel Porret et Elisabeth Salvi, Cesare Beccaria la controverse pénale XVIIIe-XXIe siècle, PUR, Rennes, 2015.

13. Jérémy Bentham (1748 – 1832) auteur d'un projet pour l'architecture panoptique des prisons.

14. Montesquieu a lu Thomas More, on pourrait en douter en ce qui concerne Beccaria. Pourtant au § XXIII, sur le vol, il fait référence à d'autres écrivains dont il reprend les idées : *« D'autres écrivains ont démontré avant moi le désordre évident qui naît de ce qu'on ne distingue pas les peines pour vol avec violence de celles pour vols frauduleux, ce qui revient à faire l'absurde équation d'une grosse somme d'argent contre la vie d'un homme... »*. De plus, il reprend également l'argument d'un lien existant entre crime et misère (§ XXII et XXVII, p. 229 dans Beccaria C. *« Des délits et des peines »* (Introduction, traduction et notes) de Philippe Audegean, ENS Editions, 2009, 446 p.

15. Pour de nombreux pénalistes, le dernier supplice permet d'éliminer le « scélérat » ; on retrouve l'idée de thérapie sociale dans l'exemplarité et la cruauté du châtiment assorti de tortures.

C'est toute cette tradition de la rétribution pénale que récuse Beccaria et on peut dire que son ouvrage « Des Délits et des peines » ouvre ainsi la marche vers l'abolition de la peine capitale. Par ailleurs, rejetant la vertu expiatoire de la peine, et afin que le crime ne soit plus qualifié de péché, il propose de séculariser le droit pénal et de remplacer l'échafaud par les travaux forcés, voire l'incarcération : « *La peine de mort n'est plus un droit, dit-il...si je prouve que cette peine n'est ni utile, ni nécessaire, j'aurai fait triompher la cause de l'humanité* » [16].

Il trouve paradoxal que « *des lois qui sont l'expression de la volonté générale, qui détestent et punissent l'homicide, en commettent un elles-mêmes* ».

De plus, il lui paraît absurde d'ordonner un assassinat public au motif de détourner la société de la voie criminelle. Dans son projet, il envisage la modernisation de la justice criminelle : cette modernisation exige en premier lieu sa modération et également sa proportionnalité, c'est-à-dire plus d'égalité et moins de cruauté. Une peine modérée sera socialement et individuellement plus utile qu'une peine trop sévère que les juges hésiteront à prononcer, ce qui génère de l'impunité, ou qui incite à commettre de nouveaux crimes, tuer la victime pour éliminer le témoin et ne pas se faire prendre. La fonction d'une peine modérée répond à deux grands principes politiques : la correction individuelle et la prévention sociale. Pour punir efficacement avec humanité cela implique donc : « *de choisir des peines et une manière de les infliger [...] qui fasse l'impression la plus efficace et la plus durable possible sur l'esprit des hommes et la moins cruelle sur le corps du coupable...* » [17].

Le principe de la correction individuelle énonce déjà celui de la sanction carcérale.

En ce qui concerne la prévention sociale, Beccaria se distingue de la morale chrétienne des doctrinaires qui continuent à voir dans le vol le fruit de la fainéantise et de l'oisiveté. Il s'inspire de Rousseau [seconde partie de son *« discours sur l'origine de l'inégalité »*, 1754] pour qualifier socialement les causes d'une telle criminalité : *« Les racines du vol ne sont que sociales »*

Comme cette criminalité résulte d'une injuste répartition des richesses, il est nécessaire, pour répondre à ces infractions sociales, d'humaniser la sanction par une juste proportion des peines avec le crime. Avant Rousseau et Beccaria, cette absence de proportionnalité avait déjà été dénoncée par

---

16. Traité des délits et des peines, chapitre XVI : De la peine de mort.
17. Traité des délits et des peines, chapitre XV : Douceur des peines.

Montesquieu : *« c'est un grand mal, parmi nous, de faire subir la même peine à celui qui vole sur un grand chemin, et à celui qui vole et assassine »* (XVI)

Pour prévenir les crimes et corriger le criminel, Beccaria propose un mode de sanction qui sera repris par tous les pays d'Europe et qui ouvre l'ère de la révolution carcérale. Cette sanction pénale, c'est la prison assortie d'un travail carcéral qui discipline le condamné et le contraint à payer la dette sociale de son crime. L'emprisonnement permet le respect du principe de proportionnalité, étant donné qu'il se module dans le temps selon la gravité du délit. La prison devient ainsi une peine humaine et socialement efficace.

Deux auteurs, deux siècles de distance et pourtant une idéologie humaniste commune avec pour finalité le bonheur commun dans une cité idéale. Certains comme Bentham ont présenté Beccaria comme un précurseur éclairé du droit pénal moderne. Pourtant, les thèses de Beccaria s'inscrivent bien dans le contexte européen d'une modernisation de la justice pénale encore appelée justice criminelle. Beccaria rejette les thèses doctrinales et les pratiques des institutions judiciaires fondées sur les privilèges et une tradition expiatoire. Il est donc moins le précurseur du droit de punir moderne que le réformateur que la société européenne attendait. En revanche, Thomas MORE pourrait être le précurseur de la pénologie moderne car, au XVIe siècle, il s'agissait avant tout de réformer les institutions politiques et non pas les institutions judiciaires considérées comme une prérogative de la monarchie.

Que ce soit par l'abolition de la peine de mort, la modération et la proportionnalité des peines, notre justice est bien le reflet des principes humanistes élaborés dès le XVIe siècle.

II. La révolution de la peine

Avec Beccaria, la fonction d'une peine modérée répond à deux grands principes politiques : la correction individuelle et la sanction carcérale.

A. L'ère carcérale, l'histoire d'un échec

La Révolution Française a inscrit un véritable renversement des valeurs. Jusqu'alors, le crime le plus grave, le crime de lèse-majesté divine n'avait que le roi pour offensé. Dorénavant, on s'oriente de plus en plus vers un crime de lèse-majesté sociale où c'est le peuple qui demande justice.

La prison existait déjà sous l'Ancien régime. Il n'est pas tout à fait exact de faire partir l'origine de la peine de prison en 1791. Déjà au Moyen Age, époque où l'Eglise était la seule institution organisée, elle avait introduit la prison comme étant l'un des moyens les plus efficaces pour le condamné à un retour sur lui-même. La prison s'appelait le mur : devant ce mur, l'individu pouvait mieux mettre à nu son âme et cette introspection devait lui permettre de prendre conscience de sa faute et donc l'amener à résipiscence. A la même époque, dans la justice laïque, la prison a essentiellement servi à garder et non à punir suivant un principe transcrit dans le Digeste selon lequel : *« la prison doit servir à la détention, non à la punition des hommes »*. Il est incontestable que les juridictions séculières de l'Ancien régime ont utilisé les prisons à titre de sûreté et parfois de contrainte. Mais, ce principe n'a pas été sans exception. A maintes reprises, la prison est apparue complémentaire de la peine pécuniaire quand l'individu condamné à l'amende ne pouvait l'honorer. La prison perpétuelle permettait également de remplacer la peine de mort quand des circonstances particulières justifiaient cet adoucissement ; ce pouvait être en raison de la qualité du condamné : femme, enfant, vieillard, mais également les insensés et les furieux.

C'est à l'époque de la Révolution que la prison est devenue la principale forme de châtiment légal ; elle est même devenue depuis cette époque la peine par excellence. C'est alors qu'est apparue la notion de système pénitentiaire, tournée non plus tant vers le côté de rétribution de la peine que vers celui de prévention. On peut citer comme exemple de cette nouvelle philosophie pénale cette phrase de Montesquieu évoquant la situation d'un Etat modéré : « *Dans ces Etats, un bon législateur s'attachera moins à punir les crimes qu'à les prévenir* ». La punition n'est pas prononcée à cause du passé mais en prévision du futur. Cette philosophie s'inscrit bien évidemment dans le courant individualiste de l'époque des Lumières. C'est ce même objectif qui conduira à envisager dans un souci d'humanité, une amélioration de la situation dans les prisons. Mais, dès la Révolution, des circonstances économiques peu favorables retarderont considérablement de telles avancées vers une prison plus humaine et, depuis règne toujours ce que Robert Badinter appelle *« la loi d'airain des prisons »* selon laquelle les conditions des détenus ne doivent pas être meilleures que celle du plus indigent dans la société. Autrement dit, il est juste qu'un condamné à une peine de prison souffre physiquement plus que les autres hommes. Ce postulat est resté ancré dans les mentalités pendant très longtemps et subsiste visiblement encore dans nos sociétés.

De nos jours en effet, face à un populisme pénal grandissant et à un souhait de répression de plus en plus forte au nom d'une insécurité ressentie avec une plus grande acuité, la tentation carcérale devient omniprésente. Seulement, les établissements pénitentiaires sont sur-occupés et, si l'on peut juger un pays à l'état de ses prisons, la situation de certains pays d'Europe, dont la France, est des plus critiquables. Une polémique est née en l'an 2000 autour de l'état des prisons françaises. La situation carcérale y était alors dénoncée comme « *humiliante pour la République* » et « *indigne de la patrie des droits de l'Homme* ». La double mission de sécurité et de réinsertion impartie à la prison était présentée comme un échec. Depuis, sans cesse est évoqué le scandale des prisons françaises : les conditions de vie y sont toujours insupportables. Mais, paradoxalement, malgré ces conditions cruelles que tout le monde connaît maintenant, les condamnations à des peines de prison, de plus en plus longues d'ailleurs, ne cessent d'augmenter sans plus émouvoir l'opinion publique qui semble même y trouver une certaine satisfaction, l'objectif sécuritaire étant atteint pour quelques temps.

Dès le départ, la prison ne pouvant répondre aux objectifs humanistes est présentée comme l'histoire d'un échec. Les peines deviennent alors de plus en plus longues et retrouvent vite un aspect punitif et sécuritaire. On est passé de la nécessité de punir à la volonté de punir [18].

B. Le contexte néolibéral et l'ère du risque

Le droit de punir n'est plus seulement le moyen de normaliser un individu déviant mais devient partie prenante d'un dispositif de sécurité. En 1978 apparaît la « période de sûreté » dite incompressible qui ajoute à la peine d'emprisonnement l'impossibilité absolue de tout aménagement. C'est une peine sans issue pour laquelle le temps se fige vers une inexorable expiation. En 1986, les longues peines atteignent trente ans et en 1994 apparaît la peine de perpétuité « réelle », peine incompressible de trente ans pour les meurtres et les viols d'enfants.

Si l'on compare les valeurs établies par le code pénal de 1810 et le nouveau code de 1994, on est passé de la défense de l'Etat et du respect de la propriété privée à la défense de la personne humaine. Un certain nombre de lois récentes ont érigé la sécurité en un droit fondamental au sens où celui-ci est « *une condition de l'exercice des libertés individuelles et collectives* ». De ce fait, rassurer et protéger sont devenus les fonctions les plus importantes du droit de punir auxquelles s'ajoute un nouveau châtiment : la réprobation médiatique.

La sécurité est devenue une valeur cardinale des sociétés démocratiques depuis près d'un demi-siècle. Le droit de punir s'est éloigné du délinquant qui fut son objectif pendant près de deux siècles. Le rêve révolutionnaire est derrière nous selon lequel toute peine devait être afflictive mais aussi « correctionnelle » afin d'amender le coupable. Actuellement, on se met à penser la délinquance comme une maladie dont il faut endiguer la progression dans le corps social afin d'épargner de nouvelles victimes.

---

18. Denis Salas, La volonté de punir. Essai sur le populisme pénal, Paris, Hachette, 2005.

Deux sens de la peine peuvent être envisagés. Le premier correspond à ce que Paul RICŒUR présentait comme une finalité immédiate, courte : répondre au trouble à l'ordre public, à la souffrance de la victime : face à l'indignation collective, une sanction est attendue, c'est la volonté de punir. Le deuxième, c'est le temps de la peine qui doit, pour répondre au trouble occasionné être long : à l'impatience collective, en réponse, le temps de la régénération individuelle s'inverse. De nos jours, c'est essentiellement le temps de la réaction sociale qui prévaut et qui nécessite d'articuler la temporalité de la peine. [19]

Aux Etats-Unis, face aux « incapacitations » qui prouvent l'échec de la réhabilitation, une politique systématique de tolérance zéro a pris le pas. Nous n'en sommes pas encore là. En France, subsiste une sorte d'hybridation de la politique pénale avec d'une part, une tendance très forte relayée par le parquet et par le législateur de cette « incapacitation » mais en même temps subsiste une politique de réhabilitation orchestrée par de nombreux acteurs sociaux, même si cette activité est peu visible. Nos objectifs consistent à préserver la pluralité des réponses pénales. Les juges disposent d'une palette très large qu'il faudrait encore étoffer. Quel qu'il en soit, le discours politique actuel peut très vite devenir caduc [20] et l'opinion évoluer rapidement et être déconnectée du discours unitaire du tout carcéral.

Comment dès lors donner un sens à la peine qui paraît tributaire d'un sentiment victimaire qui repose sur des communautés d'émotions et des prédictibilités du danger. Il semblerait qu'on s'oriente actuellement vers une politique pénale reconstructive. La reconstruction à obtenir est double : elle porte à la fois sur la victime et le coupable. Aurait-elle aussi une fonction conjuratoire contre l'oubli ou plutôt le non oubli ? Mais pour qui ce non oubli : le coupable pour qu'il n'oublie pas ou la victime qui ne veut ou ne peut pas oublier ?

Tout le monde connaît maintenant la fameuse phrase de Churchill : « *Pour connaître l'état d'une société, il faut regarder l'état de ses prisons* ». Depuis le XVIe siècle, il est constant que le problème des prisons est indissociable de la question sociale. Mais toute autre est le sens de la peine, contrepartie de la loi outragée, de la société menacée, de l'individu éducable et peut-être maintenant d'une sorte de vengeance qu'on avait un peu oubliée et qui nous oblige à réinventer l'avenir de la peine pour laquelle il faut également justifier une durée de plus en plus longue.

---

19. Cf. Humbert S, Derasse N., Royer J.P. : « *La prison, du temps passé au temps dépassé* », L'Harmattan, à paraître en septembre 2010.

20. Cf. les peines dites « planchers » créées par la loi n°2007-1198, loi du 10 août 2007 relative à la lutte contre la récidive qui sont définitivement abrogées depuis le 1er octobre 2014.

Pour reprendre les termes de Robert Badinter : « *la prison paraît immuable et comme étrangère à l'esprit du temps* » [21].

Pourtant, à partir des années 1970, rien ne va plus, des crises apparaissent épisodiquement, les prisonniers se révoltent, montent sur les toits, saccagent leur lieu de vie.

Michel Foucault [22] publie en 1975 son fameux ouvrage : « *Surveiller et punir* » qui aura une influence considérable sur le modèle des prisons et sur aussi le sens de la peine. Il élabore une dialectique du symptôme social et de l'individu à sanctionner.

A cette époque encore, la législation pénale se durcit : en 1978 les périodes dites de sûreté pouvant aller jusqu'à trente ans font leur apparition. On en revient à un système de peines rigides, comme sous la Révolution, contraire aux principes de la transformation et de la foi en la possibilité qu'à l'homme de se réinsérer dans la société.

Avec l'abolition de la peine de mort en 1981, la prison devient le dernier échelon dans l'échelle des peines. Se pose alors, en lien avec l'allongement des peines, celui du temps indéfini des perpétuités. Pour Michel Foucault, la prison n'est pas une alternative à la mort, elle porte la mort en elle ; elle est un moment de non vie. A la peine de mort est donc substituée la peine de vie.

Les conditions de vie dans les prisons ont alors évolué de façon notable malgré le reproche constant des médias et de l'opinion publique dénonçant des prisons quatre étoiles. Les parloirs ont perdu leur séparation, la télévision, moyen pour les personnes détenues de rester en contact avec le monde extérieur qu'ils doivent un jour réintégrer, s'est généralisée. En prison, les personnes incarcérées doivent pouvoir suivre l'évolution de la société surtout que les peines sont de plus en plus longues. Beaucoup ont eu tendance à justifier cet allongement des peines par l'abolition de la peine de mort, ce que réfute Robert Badinter : la peine de mort n'a pas été remplacée par une autre peine. De nos jours, on peut se demander si c'est toujours le cas ?

Nous assistons en effet à un ébranlement de notre justice pénale qui influe directement sur la peine et le sens de celle-ci. Notre code pénal prévoit des peines privatives de liberté très longues. Avant, cinq ans était une longue peine. De nos jours, elles sont de plus en plus longues et les personnes incarcérées pour une durée supérieure à quinze ans de plus en plus nombreuses. La proportionnalité entre la faute et la peine semble de plus en

---

21. Badinter R. : « *La prison républicaine* », Fayard, 1992, 430 p.
22. Foucault M. : « *Surveiller et punir* », tel Gallimard, 1993, 360 p.

plus difficile à établir. De plus, une autre évolution est à noter : le crime est détaché de son auteur, traité comme un aléa de l'insécurité, en raison du risque que son auteur incarne. La bonne peine sera celle qui pourra stopper ce risque. De ce fait, le « droit des victimes », passe désormais en priorité [23]. La durée de la peine peut-elle être calculée par rapport au malheur des victimes et au danger que pourrait constituer la sortie, trop proche des faits, d'un condamné ? Le sentiment d'insécurité augmente cette conception d'injustice qu'un condamné libéré peut toujours recommencer et peut aussi mener une vie tranquille alors que la victime elle ne pourra jamais oublier ni même pardonner.

Pour Mireille Delmas-Marty, depuis le 11 septembre 2001, tout semble remis en question [24]. La criminalité lance un nouveau défi mondial. Le traçage du délinquant n'a plus de limite alors que la territorialité de la loi pénale continue à s'appliquer. Dans tous les pays, la justice doit s'adapter aux nouveaux outils technologiques, à la société numérique. La cybercriminalité constitue avec le terrorisme les nouveaux enjeux de ces évolutions car le recours au réseau numérique facilite le passage à l'acte et les délinquants dont la pédopornographie constitue un contentieux de masse, utilisent tous les moyens de cryptologie pour échapper aux poursuites. De nouvelles questions apparaissent : qui punir ? Comment évaluer les risques de récidive ? Quelle sanction appliquer et peut-on éviter un enfermement dont on connaît maintenant les limites ? Les alternatives à la peine se développent en lien avec cette évolution technologique et une recherche accrue de leur efficacité et de leur moindre coût est consacrée par l'Administration pénitentiaire dans leur application.

Mais la loi de 2008 sur la rétention de sûreté qui permet de maintenir en détention un détenu récidiviste sur le seul critère de sa dangerosité vient perturber ce schéma. Pour Mireille Delmas-Marty, nous nous trouvons face à une forme de déshumanisation : l'homme serait neutralisé comme un animal dangereux. On serait entré dans l'ordre du non-humain !

Le non humain qui concerne la nature, les animaux ne peut se résoudre en termes de droits mais en termes de devoirs : il n'existe pas de génocide

---

23. Ces droits des victimes sont inscrits précisément dans la loi pénitentiaire du 24 novembre 2009 au titre 1er, ch. 1er, article 2 : « *Le service public pénitentiaire participe à l'exécution des décisions pénales. Il contribue à l'insertion des personnes qui lui sont confiées par l'autorité judiciaire, à la prévention de la récidive et à la sécurité publique dans le respect des intérêts de la société, des droits des victimes et des droits des personnes détenues* ». il est intéressant de noter l'ordre des intérêts en présence : d'abord la société, puis la victime qui trouve une nouvelle place dans ce schéma et enfin la personne condamnée. V. Sylvie Humbert et Franck Ludwiczak, Juste victime, L'Harmattan, Paris 2016.

24 Mireille Delmas-Marty, Libertés et sûreté dans un monde dangereux, La couleur des idées, Paris, 2010.

chez les animaux, ni un code des animaux. De plus ajoute-t-elle, se sont développés des fichiers de données personnalisés qui permettent une traçabilité des personnes de la même façon qu'il existe une traçabilité des produits dangereux.

Comment expliquer cette situation à laquelle nous sommes arrivés ?

De nombreux pays démocratiques et Européens évoluent dans cette direction et adoptent une voie plus sécuritaire. Le premier pays à avoir institué une loi de rétention de sûreté c'est l'Allemagne sous le régime Hitlérien en 1933 [25]. Une société de la peur domine actuellement car l'imprévisible a augmenté avec ce développement des nouvelles technologies. Le monde apparaît plus dangereux que jamais tant pour les individus que pour les Etats. Les dangers sont réels mais les réponses encore incertaines. Faut-il aller vers un ordre mondial universaliste ou se retrancher vers un souverainisme ?

Pour les individus, ce n'est pas le principe du contrôle social qui est en cause. Cette culture de la peur qui se développe nous interpelle de différentes façons. Tout d'abord, elle apparaît comme sélective : ce sont les médias qui plus ou moins nous orientent en relatant les différentes formes d'insécurité. On se souvient, lors de l'affaire Patrick Henry dans les années 1970, de la formule : « *La France a peur* » lancée par le journaliste qui présentait le journal télévisé de 20 heures. La dimension de la dangerosité est surmédiatisée car c'est en fait un élément indompté de la délinquance qui nous présente à la fois une dimension de l'imaginaire du crime et de l'imaginaire de la peur. Ensuite, elle entraîne un contrôle social dans une logique infernale qui réclame toujours plus de sécurité au détriment des libertés individuelles. Or, les études des sociologues, en particulier Sonja Snacken en Belgique et Pierre-Victor Tournier en France, semblent prouver que cette politique de sévérité n'a que peu d'effets sur la criminalité qui continue à augmenter. Il semblerait d'ailleurs utopique de vouloir se débarrasser à tout prix du crime ou de vouloir une société sans risque. Durkheim et les sociologues ont analysé, à juste titre, le crime comme étant un fait de société.

Avec cette rupture, quelle vision sous-jacente du droit pénal peut-on distinguer ?

---

25. Cette loi avait en partie disparue et a été réintroduite de manière effective dans les années 1980. La CEDH vient de condamner l'Allemagne par une décision du 17 décembre 2009 pour une prolongation rétroactive de la détention de sûreté du requérant non justifiée, la période de sûreté étant en outre bien supérieure à la condamnation initiale de cinq ans et en contradiction avec l'article 5 §1 de la Convention.

A l'origine, il est constant d'établir que la notion de faute était eu cœur de la sanction pénale et il fallait donc responsabiliser le délinquant. C'est cet idéal que les attentats du 11 septembre ont abattu. Selon Mireille Delmas-Marty, depuis 2001, les dispositifs de répression risquent de conduire vers la déshumanisation du droit pénal. Cela s'est déjà traduit dans notre code pénal de 1994 par des formes insidieuses : ne pas séparer les peines et les mesures de sûreté et valoriser le concept de peine. Avec la loi de 2008, les notions de base de responsabilité et de sanction sont bouleversées au risque « *de substituer une anthropologie guerrière à une anthropologie humaniste* ».

Notre droit pénal traditionnel est fondé sur la culpabilité : une faute imputable et une liberté d'action. Nous évoluons depuis 2008 vers un refus du libre arbitre, l'individu devient prédestiné, prédéterminé à commettre une infraction. C'est une situation contraire à l'humain de l'homme, à ce qui constitue cette marge de liberté qui fait qu'on est responsable de ses actes. Face à ce qu'on appelle la dangerosité, signe d'un trouble grave de la personnalité et une probabilité très élevée de récidive, comment renverser la preuve ? Le principe de la présomption d'innocence peut-il être remplacé par une présomption d'innocuité ? Cette loi n'a pas été votée sans prendre un certain nombre de précautions : la dangerosité doit être évaluée par une commission pluridisciplinaire. Comme celle-ci est composée de façon hétérogène par des membres qui n'ont pas le statut d'expert et qui donnent donc seulement un avis, c'est au juge qu'il revient de prendre la décision.

Est-ce un moyen pour compenser une certaine incapacité à atteindre les objectifs de la peine ? La notion de sanction peut-elle être remise en cause ? Sous le terme de sûreté, ne retrouve-t-on pas la fonction dite utilitaire pour protéger la société ? La dimension punitive est, quant à elle, réelle pour le condamné qui subira cette mesure dans les mêmes établissements que la sanction pénale.

Cette évolution du droit pénal et du sens de la peine paraît inquiétante à ceux qui défendent un pôle humaniste pour lequel tout criminel reste un être humain. Ils s'opposent à ceux qui se réfèrent à l'école positiviste du criminel (Lombroso), ce pôle guerrier, comme l'appelle Mireille Delmas-Marty, pour lequel le criminel doit être éliminé car dangereux. Avec les attentats du 11 septembre, le terroriste est devenu pour tous un ennemi combattant illégal. Depuis, c'est d'une façon générale cet ennemi, ce criminel potentiel et dangereux, qu'il faut éliminer pour protéger la société.

Cette conception qui repose sur la probabilité est présentée comme une avancée vers une nouvelle pénologie qui apporterait l'illusion qu'il est possible d'évaluer les degrés de dangerosité des individus.

Après la seconde guerre mondiale, s'était élaborée une autre vision humaniste et plus modeste qui ne prédisait pas l'avenir. Son objectif était avant tout de canaliser et réduire le crime. Elle se voulait également plus ambitieuse en cherchant l'homme dans sa complexité et en renforçant l'autonomie individuelle. Pourquoi cette vision qui semblait l'emporter avec le développement des droits de l'homme est-elle contestée. Pourquoi ce revirement ? Est-ce la démonstration de la grande fragilité de l'humanisme juridique ? Faut-il avoir peur de cette rupture ?

Conclusion

Face à ce principe de précaution judiciaire, un nouveau poids pèse sur le juge. La peine prononcée doit avoir un sens pour ceux qui ne sont pas condamnés. Elle doit être lisible et comprise par l'opinion publique. La motivation des décisions apporte une certaine réponse à ces attentes de la société mais elle semble encore insuffisante : tout ce qui n'est pas la prison n'est pas une peine pour l'opinion publique.

Dans ce contexte néolibéral, une nouvelle culture partagée de la peine est mise en avant [26]. Chaque individu est tenu pour responsable. Il agit en prenant le risque de subir une peine. C'est cette prise de risque que le juge est tenu de sanctionner en tenant compte du coupable, de la victime, de l'opinion publique. Il faudrait que la peine devienne encore plus visible à l'audience comme c'est le cas en Allemagne.

Ne faudrait-il pas dès lors envisager un code de la peine ? Le XXIe siècle verrait alors s'ouvrir l'ère juridique de la peine.

26. V. Antoine Garapon, La raison du moindre Etat, le néolibéralisme et la justice, Odile Jacob, Paris, 2010.

2

Du cens de la peine aux sens pénitentiels : Principe éthique et traitement légal de la peine

Par Philippe GENUIT

I. Chercher un sens à la peine

A. La Peine et son acception juridique

Dans cet article, reprenant notre présentation au congrès, la visée épidictique est non pas de chercher « le sens de la peine » ou moins ambitieusement « un sens à la peine », voire pragmatiquement « du sens à la peine », mais de se poser la question : « Quel sens » cela a de chercher le/un/du sens à la peine ? Plus en est de questionner le rapport de la peine au pénal en son acception juridique et judiciaire [1], notamment par rapport à la pénibilité [2] et à la pénitence [3].

Chercher un sens à la peine en sa seule acception juridique (pénal) restreint le champ anthropologique plus large de la peine en tant que résultante de fonction sensorielle et sensitive ainsi que résultat de la capacité humaine de délibération, de jugement et d'action. Quelle est donc la pertinence des débats sur ce champ restreint où la métonymie juridique de la peine fait souvent office de définition sociologique ? Comme si la voile suffisait à expliquer le bateau dans l'expression : « *deux voiles cinglaient vers le couchant* », en déconsidérant la coque, le mât *et tutti quanti*.

---

1. Juridique : relatif à la justice, en tant qu'institution socio-politique, et non en tant que vertu ou valeur morale. Judiciaire : qui découle d'une décision de justice et la met en acte.
2. Qui se donne ou fait de la peine.
3. *Paenĭtentĭa* (*poenĭtentĭa*), ae, f. - **1** - repentir, regret. - **2** - pénitence, repentance, componction, contrition.

Notre objectif est de poser épistémologiquement, avec le plus de précision possible, à quoi correspond anthropologiquement la peine. Cette démarche suppose ne pas restreindre la peine à la seule acception juridique, tout en en tenant compte bien sûr ; et d'analyser ce qui fait la spécificité de la peine en tant que décision judiciaire (sentence - sanction), réalisation pénitentiaire (carcérale et alternative à la détention), introspection morale de la personne placée sous-main [4] de justice

Le fait que la peine fasse partie du champ juridique et judiciaire n'en fait pas ipso facto son lieu (*locus- topos*) de définition, dans la mesure où la « Justice » en tant qu'institution est issue du *Socius et* éminemment ethnico-politique tandis que la « Peine » est inhérente à la dialectique éthico-morale, au-delà de toute référence à l'individuel ou au collectif.

B. Il n'y a pas de sens de la peine

Disons-le sans détour, et paradoxalement au titre de cet ouvrage. Il n'y a pas ni un, ni de « sens de la peine ». C'est une illusion, certes bien partagée par un juridique qui cherche du sens à la réalisation de la sanction pénale, mais c'est une illusion. Une illusion partagée n'a jamais fait la réalité. Et pourtant il parait légitime de chercher un sens à décider et du sens à accomplir une peine, comme par ailleurs on parle de l'ambigu « sens de l'histoire » ; si ce n'est que « sens » a beaucoup de sens et ne peut se réduire hors contexte à l'un d'eux.

L'expression « sens de la peine », à l'instar du « sens de l'histoire » est une expression utopique et mythique qui semble tomber sous le sens, ce qui la rapproche de l'hypostase. Il ne s'agit pas d'une quelconque arlésienne, mais plutôt du symptôme d'une recherche de l'adéquation du mot à ce que l'on se représente être la réalité. Mais le mot se heurte toujours à une réalité polymorphe, et ne coïncide jamais à la chose qu'il nomme ; la clinique des pathologies du langage le démontre, lorsque les aphasiques cherchent vainement la coïncidence du mot et de la chose.

La dénomination « sens de la peine » ne peut pas scientifiquement se conjuguer au singulier. Elle implique un pluriel qui se décline, comme l'énonce pertinemment l'argument de ce colloque, dans la polysémie du « *sensus* » latin en : sensorialité, sentiment, signification, orientation, appréciation, jugement, opinion, raison, pensée… pour les usages et les suffrages les plus communs du vocable.

---

4. Cf. manipulation de *manipulare* « conduire par la main », et mander : de *manus* « main » et *dare* « donner » « mettre en main », « donner en main ; et amender – *emendare* (corriger) (punir).

C. La vocation du vocable « peine » et l'équivoque du « pénal »

Le vocable peine n'échappe pas à la polysémie issue des « ποινή-*poïnè* - *poena* » gréco- latins, initialement : rançon, rachat, délivrance... puis, compensation, expiation d'un crime... et par extension, châtiment, punition, affliction, souffrance.

Le fait même que le mot « pénal » ait en français signifié « pénible » (1370) avant que de signifier dans la droite ligne du latin *poenalis* « relatif à la peine juridique » (1491) nous enjoint de questionner la doxa juridique contemporaine par et pour une plus grande exigence épistémologique.

Cette exigence épistémologique, basée sur la vérification scientifique et clinique, nous oblige à différencier le « principe éthique de la peine » d'avec la « sentence juridique » ainsi que du « châtiment pénitentiaire ».

Autrement dit, il s'agit ici de rendre compte que la catégorie juridique de la peine, n'est pas au principe anthropologique de la peine. La peine n'est pas la propriété du juridique. On la retrouve dans le quotidien de la douleur physique et souffrance psychique, dans le médical, dans le religieux, dans la sanction pédagogique, la correction parentale etc.

D. La Justice en tant que traitement légal de la contrainte

Pour l'anthropologie clinique la justice pénale est un des « prédicats » ou « attributs sociaux » (socialisation de la capacité de censure et de critique – code pénal – traitement légal de la peine) du principe anthropologique d'autocensure, pour parler comme Aristote le Stagire et Jean Gagnepain.

Dans le judiciaire, le traitement pénal est l'attribut (contenu) social du principe (contenant) éthique de la peine. La justice, autrement dit, est anthropologiquement « traitement légal de la contrainte ».

E. L'analogie traitement légal – traitement logique et traitement technique de la peine

En ce sens, le traitement pénal, en tant que contenu, est analogique au « traitement logique » du principe éthique, définissant l'exigence de l'expression, nommé « discours », argumentation. Nous retrouvons ce prédicat discursif de manière polymorphique, dans le droit hellène, à côté de la *Poïnè*, dans les mots : *Krima* (objet de contestation – accusation), *katégoria* (discours de l'accusation), *homologia* (aveu), *apologia* (discours de la défense), *Krisis* (décision – sentence). Ces mots sont toujours en vigueur en français, dans des sens parfois digressés, et non retreints à l'acception juridique, dans notre actualité : crime – catégorie – homologie –

apologie – crise. Dans le discours la peine, comme contenant, est à envisager en tant que « traitement langagier de la contrainte », ou capacité à s'exprimer et s'autocensurer dans le dire ; se donner de la peine, s'efforcer, se contraindre à ne pas dire tout et n'importe quoi.

De la même façon, « le pénal judiciaire » est analogique au « prédicat technique » de la peine en tant que « traitement outillé de la contrainte » que l'on retrouve bien sûr dans la déclinaison juridique de la prison et autres condamnations pénales, jusque dans la singulière tautologie de l'actuelle « contrainte pénale ».

Au-delà du judiciaire, le pénal rencontre techniquement le pénible, dans la « torture guerrière »... mais aussi l'ambigu rapport douleur/plaisir – souffrance / jouissance dans les « artifices sadomasochistes »... ou les nombreuses salles de sport où provignent des instruments...pas très éloignés de l'*ergastule* pénitentiaire et du célèbre *tripalium*, d'où s'origine notre actuel vocable « travail ».

F. Traitement légal et traitement religieux de la peine

La justice pénale en tant que « prédicat social de la peine » et « traitement légal de la contrainte » n'est pas sans écho, ni héritage avec le « prédicat religieux » dans la théologie de la « faute – péché » et la théodicée de la « pénitence ». La pénitence, ou le pénitentiel, en tant que « traitement religieux de la contrainte » et sa « rédemption » révèlent le nouage initial de la peine, « *poïnè* - *poena* », dans le rachat, la restauration.

G. Pénal – pénitentiaire – pénitence - pardon

Les notions actuelles de résilience, de désistance, de justice restaurative sont filles voilées, refoulées dirait le psychanalyste, de la « résipiscence [5] » et de la « rédemption [6] », que s'était arrogé le religieux. Elles le sont en leur

---

5. Résipiscence : 1. 1400 « reprise de connaissance après un accès d'aliénation », ...*le Roy estant malade en son hostel de Saint Pol à Paris de la maladie de l'aliénation de son entendement, laquelle a duré dès l'an mil CCC IIIIxx et XIII, hors aucuns intervalles de resipiscence* (BAYE, I, 1400-1410, 137) ; 2. 1543 *venir en résipiscence* « se repentir » Empr. au lat. ecclés. *resipiscentia* (att. au ives. chez Lactance), dér. de *resipiscere* « reprendre ses sens, revenir à soi, se remettre, se repentir », lui-même formé de *re-* et de *sapere* « avoir du goût, de l'intelligence, du jugement » (*savoir*). CNRTL

6. Rédemption : A. -1365 « Rachat de qqc. ». B. – 1342 « Rachat d'un prisonnier, moyennant rançon ». C. – 1360 « Délivrance de qqc. ; d'une ville ». D. – *Religion.* 1337 « Rachat par Jésus-Christ du péché originel, salut, rédemption ». CNRTL. Emprunté au latin *Rĕdĭmĕre* 1 - racheter [*une chose vendue*] ; 2 - racheter [*un captif*], délivrer, affranchir ; 3 - délivrer, détourner, écarter ; 4 - racheter, compenser, effacer ; 5 - acheter en retour de qqch,

versant laïc du désir légitime du censeur juridique, de la reconnaissance de la faute avec volonté de s'amender, de rédimer, et donc de payer son dû. Ceci n'est pas sans rappeler, le *sum cuique* du *Ius-Jus* romain (à chacun son dû) et bien sûr la « *némésis* [7]» grecque antique qui signifie littéralement : « *le don de ce qui est du* » avant que de désigner la vengeance. Il n'est pas inutile de rappeler ici, que vengeance, revendication, vendetta ont la même racine que celle de vente. La rédemption (rédimer), n'était pas l'entéléchie (accomplissement) de la faute. Elle permettait de ne pas engrainer une vengeance, une punition sans fin, sans limite, démesurée ; qu'elle soit auto ou hétéro punitive.

Dans la même veine des mots que l'on restreint à tort au religieux [8], par oisiveté ou naïveté, outre la résipiscence et la rédemption, se trouve le « pardon » et son référent la « morale ». Le pardon que l'on demande ou qu'on accorde à l'autre, est la licence - la légitimation du don. Autant dans ce qu'il nomme « pénal », le juridique ressortit au « traitement légal de la contrainte », autant le « pardon » ressortit au « traitement moral de l'échange ». Le pardon moralise la négociation comme composition sociale. Pardonner en ce sens est un acte plus moral que politique ou religieux. Le pardon se distingue d'une part de l'immunité [9], fut-elle paradoxalement présidentielle, puisque celle-ci énonce une dispense de service à rendre la société, et donc est éminemment politique. D'autre part le pardon se distingue de l'amnistie qui est un acte du pouvoir législatif et qui promeut l'oubli et efface la conséquence néfaste de l'acte. Quant à la grâce présidentielle issue du grec ancien *Charisma* [10], que l'on retrouve dans l'*eucharisto* grec (merci) et l'action de grâces chrétienne (*eucharistie*), il renvoie au fait du prince (δυνάστησ-*dunastès -princeps*) ou du roi (βασυλεὺς-*basileus- rex*), que l'on retrouve dans l'expression française « être à la merci de ». La grâce se réfère au rapport sociologique de domination-soumission / pouvoir- allégeance et non comme le pardon à la morale.

---

acheter, obtenir ; 6 - prendre à ferme, affermer, être adjudicataire, se charger (*d'une entreprise*).

7. *Némésis* : déesse de la vengeance et *némésis* « don de ce qui est du », du verbe νέμω, *némô* « distribuer », même racine que νομός, *nomôs* « loi ». cf. *sum cuique* « à chacun son dû » ainsi que « rendre à César ce qui appartient à César »

8. Comme l'écrit Pascal Quignard : « *Les chrétiens n'ont pas plus inventé la morale chrétienne qu'ils n'ont inventé la langue latine : ils adoptèrent l'une et l'autre comme si Dieu les leur avaient prodiguées. La morale sexuelle cessa d'être une affaire de statut.* »... in, Le sexe et l'effroi, p 295, Gallimard Folio, 1996-201

9. Du latin *munus* « service » « obligation », d'où se déclinent : rémunération, communion, commune, municipalité...

10. Du grec ancien χάρισμα, *khárisma* « grâce accordée par Dieu », de χάρις, *Kharis*, « Grâce » - D'un radical *char* qui l'apparente au latin *gratus, gratia*.

H. L'amende honorable [11] dans la peine

Ce qu'on l'on retient de l'actualité judiciaire de l'application des peines, montre une exigence d'amendement [12] de la part du sujet du droit, tout en faisant allégeance au pouvoir juridique, sous forme de reconnaissance des actes infractionnels, et de remords d'avoir mal agi à l'encontre d'un tiers ou de la communauté – en France l'état.

Reste à savoir si la reconnaissance, le remords puissent avoir vertu de résipiscence, ce que semble, croire – attendre – espérer les tribunaux de l'application des peines ?! Rien n'est moins sûr pour les professionnels de la clinique forensique. L'aspiration à la transformation, au changement, par l'introspection et la reconnaissance des actes dans notre actualité occidentale, font écho à l'étymologie de l'aveu [13] dont le terme ὁμολογία - *Homologia (convention, accord , même parole* littéralement*)* de la justice hellène impose au « sous-main de justice » de dire la même parole qu'attend le juge.

Cela suffit-il pour rédimer ? Non sans doute, mais l'expérience des soins « pénalement ordonnés » montrent qu'avec le temps l'injonction (*imposer*) peut avoir effet sur l'obligation [14] (*engager*) en son acception latine de responsabilisation. La probabilité de l'efficience, ceci dit, est souvent tenue comme certitude ou sureté, par ceux qui prononcent et prescrivent la mesure, alors que rien n'est prouvé, ni scientifiquement, ni statistiquement, ni épidémiologiquement. C'est là que l'on saisit mieux la généalogie du *Krinein* (séparer) dans la notion actuelle de discernement, mais aussi le crédit, la croyance et la crédulité. Ainsi le possible n'est pas forcément probable et encore moins certain.

---

11. L'amende honorable fut sous l'ancien régime en termes de droit pénal une peine infamante, moins grave et pénible que les châtiments corporels ou la mise au ban de la société. « Faire amende honorable » prend un sens différent. Cela renvoie à la prise de conscience, la reconnaissance de l'offense et conséquemment du préjudice causé.

12. Fait d'amender ou de s'amender dans le sens où apparaît une résipiscence, une amélioration, un mieux. De *e-* et *menda, mendum « faute, tache » ; menda*, ae, f. : 1 - défaut physique, tache (sur la peau). 2 - faute, erreur (de copiste). - nocte latent mendae, Ov. A. A. 1, 249 : la nuit cache les défauts.

13. Aveu : 1. « Acte par lequel on reconnaît qqn pour seigneur, par lequel on se place sous sa dépendance », 1400, 2. « Reconnaissance d'un acte de justice ; demande, revendication assumée en justice », 1417, 3. « Approbation, consentement », 1445, source CNRTL.

14. *Oblĭgo, āre : 1- lier, attacher avec un lien. 2- lier fortement (par un service), obliger, engager. 3- entraver. 4- enchaîner (par un service), engager par un serment, un contrat, 5- impliquer, rendre responsable cf. obligare fidem suam* : donner sa parole. Ciceron. Phil.5 ; *injugo* : 1. Appliquer. 2. Infliger. 3. Imposer.

II. Cens et sens de la peine

Nous devons faire des catégories et ne point nous suffire de la pseudo unité du sens de la peine. Le fait que *Katégoria* signifiait « accusation » dans la justice hellène est une incitation à nous enjoindre à discriminer le principe du « cens de la peine » et l'une de ses réalisations empreinte de l'ambiguïté du/des « sens de la peine » inscrite dans un « pénitentiel » devenu « pénitentiaire » en 1806. Ce Cens de la peine recouvre le *Surveiller et « Punir* [15] », pour reprendre les mots de Michel Foucault.

Le sacré de pénitentiel perdure dans le pénitentiaire analogiquement au théologique perdurant dans le thérapeutique.

A. Sacrée peine et peine séculière

Le psychiatre Philippe RAPPARD, spécialiste du rapport du droit et du soin, du pénal et du psychiatrique, et par conséquent ce que l'on a pour coutume de nommer distinctement - soin et peine -, le faisait justement remarquer : « *La folie est sécularisée, mais non désacralisée* [16] ». Indiscutablement, le sacré et le religieux perdurent dans l'expression laïque actuelle du soin et de la sanction. Il n'est pas anodin au demeurant, de rappeler en ces temps de confusion sémantique que concernant la notion de peuple, *laïkos* [17] (peuple séculier de dieu, par rapport au clergé, et au souverain-*Basileus* souvent divinisé) entretenait des liens étroits mais différenciés avec *ethnos* (tribu, clan, sous la domination du *Pater-Kyrios - Dominus*) et *démos* (peuple de la cité, peuple souverain). Autrement dit, le terme laïc ou laïque, est lié à celui de sacré et de souveraineté, similairement qu'il en soit de la déclinaison individuelle (roi souverain de droit divin) ou de la déclinaison collective (peuple souverain de droits de l'homme).

---

15. Punition : A. -1200 « Peine, châtiment que l'on inflige ou que l'on subit » ; B. -1328 Au fig. « Chose désagréable, pénible » ; C. *-1389 Punition de Dieu/divine punition* ; D. -1407 *Punition criminelle ou civile.* « Punition qui relève de la justice criminelle ou civile ».

16. Philippe Rappard, *La Folie et l'Etat : Aliénation mentale et aliénation sociale,* Privat, 1981.

17. λαϊκός- *laikós* : « populaire » du grec ancien λαός-*laós* «peuple ». De l'indo-européen commun *leh₂wos* « peuple », apparenté à λύω, *lúô* « délier, séparer » (que l'on retrouve dans les termes « analyse » « autolyse » etc. avec la même motivation sémantique qui donne δῆμος, *dêmos* (« peuple »).Émile Benveniste constate que si les termes λαός et δῆμος cohabitent dans l'*Iliade*, une étude de la répartition de ces termes amène à la conclusion que λαός doit être rattaché à la période achéenne de la Grèce, et δῆμος à la période dorienne.

B. Le sacré et le séculier dans la peine et dans le soin

Si aujourd'hui en France le juridique et le thérapeutique sont sécularisés, ils ne sont pas désacralisés, comme le montrent les acceptions religieuses de *jaos* dans le *jus* [18] de juridique et θεός,*théos* (dieu) dans thérapeutique. Rappelons que la première acception en grec ancien de θεραπεία-*thérapéia* [19] désigne le « culte religieux ». S'il n'y a pas loin de la coupe aux lèvres, il n'y pas loin non plus de la cure analytique au curé.

Dans la doxa commune, on appareille le soin au thérapeutique et la peine au juridique. Il appert que cet appareillage n'est ni univoque, ni uniforme et ne présuppose pas d'une seule appartenance aussi spécifique et restrictive.

Il est indispensable, afin que l'expression « *sens de la peine* », tout autant que « *sens du soin* », ne se réifie point en poncif, de se poser la question : « A qui appartiennent la peine et le soin ? ». Ce avant de disserter sur le sujet, semble-t-il.

Il n'est pas anodin que le sacré religieux de la chute (amphore de *Pandora* ; négligence et perfidie d'*Eve* chassée du paradis terrestre etc.) se retrouve dans le « symptôme » médical (*sumptôma* : tomber avec) et le délit pénal (*paraptôma* : tomber contre).

Quant au Πονος - poena (ponos) : peine, épreuve, il relève à l'antiquité de la notion de rachat, de rançon, où l'on paye ses maux ; maux effectués sur soi ou sur autrui. Le rachat se conjugue à l'effort afin de le réaliser, dans le *conatus* philosophique et chrétien (se faire violence) ainsi que dans le *grand Jihad* musulman.

Reste qu'entre l'effort de « se faire violence », et la coaction de « faire violence à l'autre » (*coactio - coactus*) telle que dans le *petit Jihad* exacerbé dans notre actualité, la confusion s'installe chez quelques esprits tourmentés faisant payer à l'autre le prix de leur propre problématique morbide.

---

18. *Jus*-ius en vieux latin *jous*, correspond au Sanscrit *yaws*. Ce terme, usité dans quelques formules anciennes, a une signification religieuse. On le retrouve aussi, avec une acception sacrée, chez les Perses, sous la forme *jaos*. On en peut conclure que *jus* était à l'origine un mot qui faisait partie de la langue de la religion. Il est resté quelque chose de ce sens dans le verbe *jurare*, dans *perjurĭum* « parjure, faux serment » où *per-* est un préfixe péjoratif. *justus* est formé de *jus* comme de *fastus* de *fas*, et *honestus* de *honor*. Il est apparenté à *jungo* « joindre, lier » avec le sens initial de « lien, obligation », de même que *lex* est apparenté à *ligo* « lier ».

19 θεραπεία-*thérapéia :* 1- Culte- Soin religieux, 2- Respect pour les parents. 3- *(Par extension)* Soins attentifs, prévenances, sollicitude. 4- Soins quotidiens, entretien, traitement (d'animaux, de plantes). 5- *(Sens collectif)* Train de serviteur, suite d'un grand. Anatole BAILLY, *Abrégé du dictionnaire grec-français*, Hachette, 1901.

C. Les entrechats du juridique et du thérapeutique

Notons dans cette question, la polysémie et la proximité historique du pénal et du médical, dans l'édiction de leurs vocables. Celles-ci montrent l'ambiguïté et l'impropriété inhérentes au mot. Ainsi le médical hippocratique emprunte au droit hellène le terme, διαγνωστικός – *diagnostikos* : jugement (connaître à travers, acte de juger, trancher) ; Αγνωστίκος-*agnostikos* : négateur, *Κρίσiς-krisis* : jugement, période critique de décision.

À l'inverse, la justice emprunte au médical : Θέραπον-*Thérapon* : atténuer ou faire disparaître un soupçon, mais aussi irresponsabilité pénale ; les catégories nosologiques, Κατηγορία-*Katégoria* : discours d'accusation ; Παθον-*pathon* : victime de violence (à différencier de *thysia-thyma* : victime sacrificielle) ; *recidiva* : vocable devenu en français récidive-rechute, terme préalablement médical (1561), repris par le judiciaire en 1593 pour nommer l'action de retomber dans le même crime au sens du droit romain *iterata culpa* (faute itérative, réitérée).

La polysémie et la proximité, se retrouvent en différents concepts, tels que sacré, crise, crime, où le religieux, le médical et le pénal partagent la racine grecque *krinein* signifiant trier, séparer, que l'on retrouve dans *Κρίσiς-krisis* - crise : action de juger, *Κρίμα–krima-crimen* - crime : objet de contestation, de discussion, d'accusation, de jugement.

Notons que Raffaele Garofalo dans son néologisme de « *criminologie* [20] », ne nous a pas aidé à distinguer comme le faisait l'ancien droit, le *crimen-criminalis* (acte d'accusation –incriminé, criminalisé) du *scelus-sceleratrus* (acte-acteur infractionnel), au point où aujourd'hui criminel se confond avec scélérat ; pourtant que le droit pénal français en fait la distinction.

D. Passage à l'acte et coaction : maladresse –malencontre et malentendu

L'acte coactif est souvent une maladresse, une erreur d'adresse, au sens où la victime n'est pour rien dans le paiement de l'éprouvé d'humiliation dont l'auteur tente de se défaire souvent de manière exutoire. L'acte explicite n'est pas adressé implicitement à la victime. Il lui est destiné

20. Raffaele Garofalo, *La Criminologie : étude sur la nature du crime et la théorie de la pénalité* (Criminologia : studio sul delitto, sulle sue cause e sui mezzi di repressione), 1885.

malencontreusement, au sens de ce que l'on nommait jadis la malencontre, sous forme de « recours à l'acte », pour parler comme Claude Balier [21], ou de « compensation » comme l'indique la clinique anthropobiologique. L'effet en est dévastateur pour la victime, qui cherche en quoi elle est pour quelque chose dans l'affaire. Et si la peine judiciaire cherche la mesure, elle n'explique en rien, la malencontre et de fait reste sur un malentendu. Le pire est alors de faire croire à la victime que le procès juridique va résoudre ce malentendu, quand il lui faudrait sans doute l'exploiter, le transformer.

L'époque est semble-t-il à la confusion, où l'on entend de magistrats confondre « passage à l'acte juridique » et « coaction violente ». Ils oublient ou oblitèrent que *passage à l'acte* [22] renvoie à écrire (par greffier interposé) la procédure orale, et que *coaction* [23] signifie « acte de contraindre-forcer ». Les acteurs du juridique partagent en cela avec nombre d'acteurs du thérapeutique un mésusage des concepts dans une sorte de jurisprudence malencontreuse ; injurieuse aurait dit le droit romain, puisque *Injuria* signifiait erreur de jugement, injustement, à tort.

Afin de ne pas prendre de vessies pour des lanternes, l'exigence nous suggère de ne pas nous payer de mots, fusse celui de « peine en son acception juridique ». Pour cela nous sommes contraints d'analyser – au sens littéral et étymologique de dé-composer, le raisonnement avant que d'en imposer un sens.

III. Raisonner sur la peine

A. Raisonnement mythique et raisonnement scientifique : Sens et Cens

« Toute science débouche sur des propos explicatifs formulés en langage ». Jean Yves URIEN

---

21. Claude Balier, *La violence en abyme : essai de psychocriminologie*, (préface André Green), Paris, PUF, 2005.

22. Passage à l'acte, 1338 Droit : Document constatant un fait, consignant une convention, une décision, une obligation. « *Aujourdui Jaquet Bonacourse (...) a dit et decleré en jugement (...) que il se portoit, disoit, nommoit (...) heritier simplement et absolument dudit deffunct leur ayol, et par ce moyen vouloit et entendoit prendre et aprehender les biens de la succession d'icellui leur ayol, requerant de ce avoir acte. (Sent. Chât. Paris M., II, 1399, 495). ...et sera faicte collation de tous les procès, actes, lettres et instrumens produiz par lesdictes parties (BAYE, I, 1400-1410, 197). La Court ordonna que maistre Nicolas de l'Espoisse, qui avoit esté restitué en son office de greffier et registreur des presentacions, le IJe jour de ce moys, peust signer et signeroit toutes lettres, actes, explois qu'il devoit faire et feroit à cause de sondit office de greffier* (FAUQ., I, 1417-1420, 170) ». Sources CNRTL.

23. Coaction : 1252 « contrainte », Emprunté au latin *coactio* « nécessité, contrainte » en bas latin terme juridique en latin médiéval ixes. S'apparente au grec ancien Ἀνάγκη, *Anánkê* que l'on retrouve dans le concept psychiatrique de trouble de la personnalité anankastique.

Avoir affaire avec un mot ne peut se confondre à être témoin d'une expérience. Que cette expérience soit une expérimentation de laboratoire ou une expérience ethnologique de la peine (ici judiciaire). Il est donc fondamental d'analyser le rapport du mot et des lieux de son usage, ce que l'on nomme ordinairement contexte.

« *La théorie, c'est quand on sait tout et que rien ne fonctionne. La pratique, c'est quand tout fonctionne et que personne ne sait pourquoi* » dit Albert EINSTEIN.

Où l'on voit ici que parler du sens de la peine est confrontée à son édiction théorique et à la (aux) pratique(s) qui lui sont associées. L'illusion est dès lors de penser que ce qui marche correspond aux mots pour le dire. Ce n'est pas parce que nous observons des aménagements personnels chez une personne condamnée que cela donne du sens à la peine...ou au soin si cette personne est patiente.

Dans *Roméo et Juliette* SHAKESPEARE fait dire à Juliette: « *A rose by any other name smells just as sweet* », « *What's in a name? That which we call a rose by any other word would smell as sweet.* » Dans ce cas, le sens de la phrase de Juliette est que le nom que l'on donne n'affecte pas la nature de l'objet.

D'un côté, scientifiquement, la clinique des troubles du langage et la mythologie shakespearienne nous démontrent que le mot ne coïncide pas avec la chose qu'il nomme culturellement et que celle-ci n'est pas affectée dans sa nature par la désignation.

« *C'est l'exploitation cohérente et systématique du langage qui finalement fait penser ; et non pas, comme on dit, l'existence des choses. Car les choses, vous ne les voyez pas tant que vous n'avez pas un moyen de les parler. Le langage est une nécessité et une contrainte pour concevoir* ». Jean GAGNEPAIN, 1983 in « *Une autre conception de la recherche* ». Jean Gagnepain énonce ici dans notre contemporain, l'inactualité persistante de la maxime de PROTAGORAS « Πάντων χρημάτων μέτρον ἄνθρωπος » (*Pántôn khrêmátôn métron ánthrôpos*) « *L'homme est la mesure de toute chose* »... « *de celles qui sont, du fait qu'elles sont ; de celles qui ne sont pas, du fait qu'elles ne sont pas* ».

Cette mesure, cette acculturation (ou inculturation) est fondamentalement transformation, altération, perversion [24] de la réalité naturelle. Perversion

24. *Perversĭo, ōnis*, f. - 1 - renversement (de construction). - 2 - altération (d'un texte). - 3 – Par extension dépravation, désordre.

sans connotation négative, usitée ici en son sens étymologique et littéral de renversement, « *per verto* ».

La peine ne préexiste pas à l'humain qui l'énonce et dès qu'il la nomme, elle ne peut, hormis pathologiquement, se figer et se fixer à l'acception du contexte dans laquelle elle est dénotée.

B. Alternance du mythe et de la science dans le raisonnement

« *Le raisonnement scientifique vise à une adéquation qualitative (le juste mot) et une exactitude quantitative (en dire assez) entre la formulation et l'expérience (l'observation objective et l'expérimentation). L'exposé scientifique vise à réduire « le vague », à maîtriser la polysémie.*

L'observation objective compte pour décider du choix des termes et de leur nombre, du degré de complexité des définitions, du choix des identités et des différences, des analogies et des complémentarités.

Selon le raisonnement mythique, tout ce que l'on résume par un terme est une même réalité » Jean Yves URIEN.

Il faut se rendre à la raison que les emplois du mot « peine » dans l'appropriation restreinte du juridique sont mythiques, alors qu'ils sont présentés dans une imposition que le revenu ne renierait pas. Ils s'imposent aux contribuables du rachat, que celui-ci soit financier (rétribution), judiciaire (condamnation), religieux (pénitentiel – rédemption), si l'on s'autorise à raisonner analogiquement.

C. Le raisonnement analogique concernant la peine

Le raisonnement analogique peut être scientifique ou mythique. Il consiste à repérer dans deux réalités que l'on a déjà distinguées par des caractéristiques spécifiques une ou d'autres caractéristiques communes, qui justifient un rapprochement, et un transfert de termes…comme l'on a pu le voir dans les mots : diagnostic, crise, symptôme, peine, thérapie, pathos etc.

Perverto (arch. *pervorto*), *ĕre, perverti, perversum* : 1 - mettre sens dessus dessous, bouleverser, renverser de fond en comble. 2 - abattre, détruire, ruiner, anéantir. 3 - gâter, altérer, corrompre, pervertir. 4 - déconcerter, troubler

Perversion : 1 - 1444 « changement de bien en mal, corruption ». 2 - 1546 « altérations d'une fonction ». 3 – XVIIème s. Perversion morale (convertir au vice). 4 – 1886 Richard von Krafft-Ebing, *Psychopathia Sexualis* Perversions sexuelles (aberrations sexuelles), 1905 Sigmund Freud, *Trois essais sur la théorie sexuelle.*

L'analogie scientifique suppose que l'on ait un critère pour décider que le trait commun est de plus grande importance explicative que le trait spécifique. « *Aliquid stat pro aliquo* » « Une chose tient lieu d'une autre » nous propose l'adage.

Nous devons reconnaître que l'on pas de trait commun concernant le concept de « sens de la peine », entre signification – orientation - sensation pour le concept de sens. Les termes de douleur- souffrance – effort - punition – vertu etc. s'ils montrent une certaine coalescence ne pose pas de trait unitaire pour le concept de peine.

Aussi nous ne pouvons que déduire de cette analyse que l'analogie du « sens de la peine » est mythique, en termes de sciences du langage. C'est bien un mythe qui est discuté lors de ce colloque.

D. La peine à quel prix ? Poïnè – Poena

Rappelons, à nouveau, au risque d'ennuyer, que « peine » provient de *Ponos-Poiné-Poena* qui signifie : le paiement, la rançon… d'où vient ensuite la punition.

Il y a anthropologiquement un lien entre le paiement et la punition. Ce lien se retrouve dans le traitement judiciaire et pénitentiaire du châtiment, la punition du délinquant, mais aussi dans la vengeance de la coaction violente en tant que punition de la victime.

Dans l'acte violent et destructeur, la clinique anthropologique découvre que l'agresseur(e) trouve, inconsciemment, en la victime l'exutoire de sa problématique psychique. La victime est le moyen de se venger, par la coaction sur autrui, de ce que le/la coactant(e) a subi et de ce qui l'humilie. Autrement dit, il/elle fait payer à l'autre, ce qu'il/elle ressent légitimement ou illégitimement comme coaction sur lui/elle-même, dans une sorte de mimétisme subjectif. La coaction, le recours à l'acte, le passage à l'acte comme il est si souvent mal nommé par manque de précision, peut être aussi auto-agressif et suicidaire. Dans le suicide et l'homicide, le soi et l'autre semblent ne plus se différencier, semblent se confondre dans le fait de faire payer à soi-même ou faire à l'autre ses maux, ses fautes.

La coaction semble montrer qu'on ne discrimine (discerne) plus, qu'on perd l'esprit critique, et que moult critères de confondent ; que ce soit dans la confusion des langues, des places, des fonctions, des générations.

Reste que de la *loi du Talion* à la justice républicaine française, le droit pénal cherche une peine mesurée face à l'ὕβρις-*Hubris*, la démesure, l'excès de la coaction. Cette peine mesurée et, si possible personnalisée (individualisée) en France, passe par la « discrimination [25] » (en son acception de séparer, démêler – hors la connotation négative où le vocable est trop souvent aujourd'hui réduit) et « l'incrimination », autrement dit un tri analysé en vue d'un jugement équilibré.

L'expression souvent entendue de la part de condamné(e)s (détenu(e) ou libre) « *J'ai payé ma dette à la société* », résonne du rapport du paiement, du prix à payer, comme estimation de garantie (τιμή-*timé*) et mérite (χρῆμα-*chrèma*) de la peine.

Mais la peine judiciaire n'accomplit que rarement la dette d'une problématique actantielle emprunte de maladresse, au sens de se tromper d'adresse. La dette en somme renvoie à l'obligation sociale (le service public au sens de service rendu à la communauté) et n'a pas de prix en soi. De ce fait « payer sa dette à la société » est plus une pieuse allégorie qu'une réalité. Celui ou celle qui énonce « *J'ai payé ma dette à la société* » se convainc, se persuade, de l'adage en écho à la prescription de l'aveu qui lui est ordonnée par la justice. En ce sens l'intime conviction du juge et l'intime persuasion de l'infracteur se font écho.

Dans l'analyse axiologique (ἀξία-*axia* : « valeur ») telle que le formalise Jean Gagnepain, le prix est le sacrifice (le paiement) par lequel on obtient le bien. Il s'agit d'une souffrance de culture qui nous permet grâce à la peine, c'est-à-dire au prix que nous payons pour l'avoir, d'accéder à un « autre » plaisir, un autre bien, que la satisfaction immédiate. Comme dans le *conatus* [26] de Thomas d'Aquin revisité par Baruch Spinoza, il s'agit d'un effort à fournir pour obtenir une satisfaction légitime.

Les délinquants se donnent un mal de chien pour obtenir satisfaction, alors que par ailleurs ils vivent dans le vain espoir d'obtenir sans peine un gain immédiat. « *Même les délinquants ont une morale* » disait déjà Aristote dans l'*Ethique* dédiée à son fils *Nicomaque*.

Le latin « *labor* [27] », d'où se génère le terme « *lapsus* », de même que le grec « *poinè* », désigne la peine, l'effort, la souffrance. Cette moralisation du travail qui était dans la Rome pré impériale, un châtiment, va devenir un moyen de mérite, dans l'univers chrétien post constantinien. Le travail

25. Discrimination : 1877 Emprunté au latin *discriminatio,* terme de grammaire et de rhétorique « séparation », avec probablement influence de l'anglais.

26. Latin Conatus : a - effort [*physique, moral, intellectuel*], entreprise, tentative. b. poussée instinctive, inclination, tendance.

27. *Labor* : 1 - *lābor, lābi, lapsus sum* : - intr. - glisser, trébucher, tomber. 2 - *lăbŏr (arch. lăbōs), ōris*, m. : a-peine qu'on se donne pour faire qqch, fatigue, labeur, travail ; b-malaise, maladie, douleur physique ; c- chagrin, peine.

romain était dévolu au *proles*, la chrétienté dans l'héritage judaïque de la Genèse, « *Tu travailleras à la sueur de ton front* », va le pervertir (du latin *perversio* : renversement) en mérite [28]. L'aménagement des peines fonctionne toujours au mérite dans la droite ligne du droit canon, selon les attendus moraux de la reconnaissance du mal, par remords interposé et conséquemment le gain de la résipiscence. Cette résipiscence – retour à la raison, cette rédemption – rachat, désistement – se formalise aujourd'hui selon la position actantielle (agresseur ou victime), en résilience, désistance selon nos vocables laïcs actuels. « *Semper idem sed aliter* », toujours le même mais autrement écrivait Arthur Schopenhauer.

Nous héritons de cette double filiation dans le prononcé rhétorique et juridique de la peine, de l'effort et de la souffrance. Le matérialisme actuel de manière générale, marxiste ou libéral, est un substitut du moralisme romain impérial adopté par les premiers chrétiens.

Conclusion : du peinard au pénard

« M'entendez vous, maistre penart ? Par mon ame, il est bien cornart Et aveugle : c'est son ymaige Qui au dessus de l'ewe naige ! » (*Narcissus*, p.1426, 309).

Si au XVème siècle « *maistre peinard* » d'un vieux pleurnichard est devenu un vieux libertin se donnant beaucoup de peine dans ses prétentions amoureuses, au XIXème « *le père pénard* » est un homme combinant sagement besogne et repos. Et les délinquants qui se donnent beaucoup de peine, avant de s'en voir affliger magistralement et magistratement, si l'on permet le néologisme, devraient se rappeler qu'en 1881 Rigaud dans le dictionnaire d'argot, annonce que pénard signifie « tranquille » dans le jargon des voleurs.

Pourquoi se donner tant de mal ? Quelle est l'utilité de la peine, tant comme effort, comme sentence, comme punition, comme pénitence ? Y-a-t-il un intérêt, une finalité à la peine ? A quoi sert la peine, au-delà de la vindicte, du chagrin et de la pitié ?

En tout cas, *last but not least*, nous concluons que s'il pas de sens de la peine, ni qu'il n'y a un sens à la peine, nous notons que nous ne cessons de donner des sens à la peine…que l'on soit voleur ou juge, enfant ou parent, jeune ou éducateur, pénitente ou confesseur, patiente ou psy…chiatre-chologue-analyste-agogue etc.

---

28. *mĕrĭtum*, i, n. 1 - chose méritée, récompense, prix, gain, salaire. 2 - service rendu, bienfait, bon procédé. 3 - faute, action coupable, (Lebaigue P. 768 et P. 769).

Dans l'univers chrétien des dix commandements, des psaumes de David au Cantique des cantiques, jusqu'au chanteur Alain Souchon, nous cessons de clamer et réclamer « Ecoutes d'où vient ma peine ».

Mais chercher le sens, l'utilité, l'intérêt, la valeur, la finalité etc. de la peine ne nous en offre aucune définition qui puisse être intangible.

Reste cette dernière question à laquelle seuls peuvent répondre la lectrice et/ou le lecteur : « Est-ce que cet écrit en vaut la peine, ou se paie-t-il de mots ? »

B

L'idée

3

Peine et expiation

Par Brice DEYMIE

La fréquentation des prisons, et surtout de ceux qui vivent à l'intérieur, nous oblige à nous demander quel est le sens de cet enfermement et son utilité à terme pour l'homme ou la femme qui le subit et pour la société. La prison parait souvent l'unique réponse pénale aux crimes et aux délits. Toute peine alternative à l'enfermement n'est pas considérée comme une punition car, consciemment ou inconsciemment, on associe toujours la peine à la souffrance. Le délinquant qui n'a pas souffert dans sa chair ne peut jamais être déclaré quitte vis-à-vis de la société ou de la victime. Comme le disait très justement Robert Badinter pour l'opinion publique, un détenu doit être traité un peu moins bien que le plus pauvre des hommes libres. La souffrance est irrémédiablement associée à la peine mais sans que jamais le sens de cette souffrance ne soit explicitée ou même pensée. Le discours officiel parle de réinsertion pour se donner l'illusion que la prison construit l'avenir alors qu'elle ne fait bien souvent que gérer du temps arrêté. Ne jetons cependant pas la pierre trop rapidement à l'Administration pénitentiaire à qui l'on demande de faire des miracles là où souvent les autres institutions, en commençant par la famille, ont échoué.

Je souhaiterai interroger dans cet article le sens de la souffrance de la peine de prison : Cette souffrance vécue dans le corps et l'âme du détenu est-elle l'expiation nécessaire de la faute ? Cette souffrance conduira-t-elle à une véritable rédemption ou bien sera-t-elle toujours secrètement et honteusement portée par l'homme redevenu libre ? L'institution de la prison a beaucoup emprunté au principe de la pénitence religieuse et de l'expiation des fautes. Aujourd'hui la laïcisation de notre société a conduit à un changement de vocabulaire. Le code pénal de 1810, par exemple, déplace l'accent de l'expiation sur l'amendement du coupable, mais nous continuons à évoluer entre, d'une part, la conception expiatoire de la peine et, d'autre part, sa valeur utilitariste, c'est-à-dire sa vision sociale, sans que ni l'une, ni l'autre ne soit parfaitement satisfaisant.

Platon (427 av. J.C.), est le premier qui pense le châtiment comme une nécessité ontologique seul remède à la faute de l'homme. Face à Polos dans le Gorgias, Socrate soutient que l'injustice est un des pires maux de l'âme comme peut l'être la fatigue, la maladie, la laideur pour le corps [1]. Si la médecine peut nous délivrer de la maladie, « *le châtiment légitime* » guérira l'âme de l'injustice et de la méchanceté. Et comme il est « *agréable d'être soigné* » , il est agréable d'être puni : « *si l'injustice que l'on a commise mérite des coups, il faut se laisser frapper, si elle mérite des chaînes, il faut se faire enchaîner, si c'est une amende, il faut être prêt à payer* » [2]. La punition ne se pense à l'aune d'une société mais d'un individu qui doit « *se forcer (..) à ne pas être épouvanté à l'idée de la punition* » [3]. Ce ressort individuel de la peine sera repris par les pères de l'Eglise chrétienne comme St Augustin (400 ap. J.C.) qui affirme que le châtiment n'est juste qu'autant qu'il frappe une faute. Il assimilera la peine à la pénitence. St Augustin définissait la peine comme une souffrance qui punit et expie la faute. La peine a alors une fonction morale et la faute est une tâche à l'intérieur de l'homme que celui-ci doit chasser grâce au châtiment [4]. C'est à Saint Anselme (1033-1109) que l'on doit, dans le christianisme, la conceptualisation de la théorie de l'expiation. Pour Anselme, Dieu a créé l'homme pour une vie de béatitude éternelle, mais cette vie de béatitude implique que l'homme se soumette de son plein gré à la volonté de Dieu. Or l'homme a choisi de désobéir à Dieu et ce péché de désobéissance est transmis héréditairement à tout le monde. Il est impossible pour le coupable d'expier adéquatement sa faute de quelque manière que ce soit et l'homme ne peut rien offrir d'autre à Dieu que sa souffrance. Le Châtiment, bien que toujours imparfait, est considéré comme la meilleure manière de lui faire recouvrir sa dignité. Comment l'homme peut-il payer le péché originel ? Le péché originel sera payé par Jésus-Christ qui peut et doit se sacrifier pour payer le prix de ce péché, réconcilier l'humanité avec Dieu et rétablir son projet originel. Anselme distingue alors le péché originel, dont l'homme peut se libérer par le baptême et ses fautes personnelles, sorte de péché secondaire. Pour ces fautes personnelles, la satisfaction donnée à Dieu par la seule pénitence n'est pas suffisante, la justice divine exige le châtiment. Apparaît donc l'idée de l'obligation de punir. Ce raisonnement va être laïcisé

1. Platon, *Gorgias*, Flammarion, Paris, 1987, p. 199.
2. Platon, op.cit. p. 210.
3. Platon, op.cit. p. 209.
4. V. St Augustin, *Du libre arbitre, livre III, chap. 15* et *De vera et falsa paenitentia, chap. XIX.*

à partir du XVIIIème siècle : on glissera du péché ordinaire au « crime », au sens juridique, et on ajoutera que la victime doit trouver sa satisfaction personnelle via la justice civile, tandis que le prince ou la société sont obligés d'imposer une peine criminelle pour mettre en ordre leur univers ou « faire » justice. Pour Anselme, Dieu ne peut pas simplement pardonner, il est obligé de châtier les péchés pour rétablir l'ordre de l'univers et affirmer sa droiture, la punition devient alors une dignité. Le philosophe allemand Kant (1724-1804) laïcisera la théorie d'Anselme au XVIIIème siècle. Pour Kant l'idée de désobéissance à la loi pénale est en quelque sorte un mal séparé du tort causé à une victime spécifique et ce mal ne saurait être payé que si l'autorité (qui représente la loi) punit le coupable. Il n'y a rien que l'individu fautif puisse offrir à sa victime qui aurait assez de valeur pour réaffirmer la valeur de la loi transgressée. La seule façon de rétablir l'ordre troublé est de punir le coupable. Pour Kant, le droit de punir puise alors son fondement dans une sorte d'obligation morale qu'aurait l'autorité de rétablir l'ordre en imposant une souffrance au coupable.

La machine punitive ne s'est pas contentée du « *châtiment légitime* » qu'évoque Socrate et a développé tout un arsenal de supplices dont l'objet était moins de faire expier le coupable que d'imposer un ordre visible et implacable sur le corps de l'homme coupable supplicié. La disproportion des peines par rapport à la faute a fait réagir certains penseurs du XVIIIème siècle comme Jeremy Bentham (1748-1832), père du courant que l'on a appelé « l'utilitarisme ». Bentham pense que la peine a plus une utilité sociale qu'individuelle : « *La peine, moyen vil en lui-même, qui répugne à tous les sentiments généreux s'élève au premier rang des services publics lorsqu'on l'envisage, non comme un acte de colère ou de vengeance contre un coupable (...) mais comme un sacrifice indispensable pour le salut commun* » [5]. Avec Cesare Beccaria [6], Jérémy Bentham va militer pour une juste proportion du châtiment et de la faute. « *La punition, écrit-il, doit être ajustée à chaque infraction particulière* » [7]. Le système des peines, selon Bentham, doit permettre d'abord d'empêcher quiconque de tirer profit d'une infraction et, pour cela : « *le quantum de la punition doit augmenter avec le*

---

5. Et. Dumont, *Théorie des peines et des récompenses*, extraits des manuscrits de Jérémie Bentham, Tome1, Bruxelles, 1840, p. 23.

6. Cesare Beccaria : juriste italien (1738–1794) auteur de *Des délits et des peines*, ouvrage majeur qui influencera la politique pénale de l'Europe de manière décisive. Lorsque Beccaria commence à écrire son livre, la justice criminelle en Europe est à ses balbutiements. Les châtiments étaient atroces, on ne se bornait pas à frapper de mort la plupart des crimes mais on aggravait cette peine par d'horribles supplices. Le juge avait des pouvoirs quasi illimités en matière d'application des peines, aucun droit à la défense, ni l'équité d'une proportion entre les délits et les peines.

7. Jérémy Bentham, *Introduction aux principes de morale et de législation*, Vrin, 2011, p. 207.

profit de l'infraction » [8]. La peine n'a pas de valeur expiatoire en soi, mais elle est référée à un bien-être social qui doit seul être la mesure de la peine. L'homme puni ne cesse d'ailleurs pas de faire partie de la communauté : « *il ne faut pas oublier, quoique trop souvent on l'oublie, que le délinquant est membre de la communauté, comme tout autre individu, comme la partie lésée elle-même, et qu'il y a même raison pour consulter son intérêt que tout autre* » [9]. Ce système, qui repose en fait sur un équilibre des intérêts, fonctionne davantage dans les sociétés anglo-saxonnes que dans nos sociétés latines où la conscience individuelle prime sur la conscience collective et où la punition ne sert pas directement le retour à l'harmonie sociale que le crime ou le délit a perturbé. Dans un cas, la société est au centre du système pénal, dans l'autre, c'est l'individu. Même s'il ne fait aucun doute que tout individu est membre d'une communauté et qu'il est appelé à y vivre encore, ne faut-il voir dans la peine qu'un moyen de sauver la structure et les liens sociaux qui fondent la société ?

Au XVIIIème siècle les penseurs, de la nouvelle théorie pénale ont heureusement voulu atténuer la dureté des peines d'avant en rationalisant le système punitif, mais, du même coup, ils n'ont pas pris en compte les conséquences de la peine pour l'individu lui-même, en dehors de son rapport social. La souffrance d'un homme a peut-être un sens collectif, mais, rapporté à l'individu, elle n'en a parfois aucun. Personne ne veut interroger le sens de la souffrance quand elle se dit et s'exprime chez l'homme coupable, dans sa nudité, dans son rapport à rien. Comme le dit Alain Cugno, le pénitent au Moyen-Age était « *conformé à la figure la plus haute de sa culture : le Christ souffrant, innocent supprimant toutes les fautes, y compris celles des pêcheurs* » [10]. La disparition de la chrétienté a définitivement ruiné la possibilité de penser la punition, poursuit l'auteur. Faute de figure transcendante pour justifier la souffrance, on la voile sous des discours convenus de thérapie sociale ou, pire, on nous dit qu'elle est nécessaire pour satisfaire la vengeance des victimes.

Quand on parle de sens de la peine, on le situe souvent entre ces deux alternatives que sont l'expiation (la pénitence) et la réparation (peine utile pour la société). Dans une formalisation, la peine restaure quelque chose du droit de la personne, dans l'autre, elle restaure la forme de la structure sociale. Aujourd'hui les raisons que l'on invoque pour justifier la peine, la peine de prison en particulier, se situent à la croisée des chemins des deux conceptions. D'un côté, il y a l'homme condamné comme être autonome et responsable, et, de l'autre côté, l'homme pris dans la structure sociale dont la

---

8. Jérémy Bentham, *op. cit.*, p. 205.
9. Et. Dumont, *op. cit.*, p. 26.
10. Alain Cugno, *Foi et Vie*, Hiver 2005, n°1, p. 36.

condamnation a une vocation contributive à celle-ci. La souffrance causée par la peine doit être à la fois émancipatrice et à la fois faire re-découvrir les vertus d'un vivre ensemble. Dans cette tension du sens, on assigne à l'homme (à l'homme puni) une posture délicate puisqu'on le reconnait, d'un côté, comme tout à fait maître de son destin et capable d'intégrer naturellement et raisonnablement les normes en cours dans notre société et, de l'autre côté, on prend acte de la faiblesse de la nature humaine qui n'est pas nécessairement à la hauteur des exigences de la raison. Cette tension peut se résumer dans un conflit entre liberté morale et probabilité de la faute. Le résultat un peu trivial de ce conflit, est que la peine perd son sens dans l'incapacité des structures juridiques et pénitentiaires de notre pays à faire fonctionner ces deux pôles en cohérence. Ainsi, comme le disait la Garde des Sceaux Christiane Taubira, « *nos prisons sont pleines et vides de sens* ». La philosophie de la peine en France est restée très dépendante de l'idée kantienne d'un concept transcendantal de la raison pratique qui implique la punition comme une nécessité anthropologique et qui fonde la morale sur un principe absolu.

Les aumôniers, qui fréquentent quotidiennement les établissements pénitentiaires de France, ne peuvent que s'interroger sur ce qui fonde aujourd'hui la morale car, pour qu'une peine soit comprise, il faut que l'homme puisse rattacher son infraction à l'intention, l'élément moral, qui la fonde. C'est en travaillant avec les personnes détenues sur cette intention que nous pouvons les faire passer d'une culpabilité légale (c'est la loi qui m'accuse) à une culpabilité morale (c'est à l'autre que j'ai fait du mal). Sans ce franchissement du gué, aucune responsabilité n'est possible. Ce fondement de la morale est plus à rechercher dans les relations intersubjectives qui constituent le tissu relationnel et émotionnel de l'homme que dans un principe absolu, du moins dans un premier temps. Les éléments de la punition, dont la souffrance, doivent donc être systématiquement assignés à une double tâche : premièrement, faire prendre conscience de la faute et, en deuxième lieu, donner les moyens de dépasser une culpabilité mortifère. La peine n'a aucune valeur si elle ne fait pas grandir l'homme, et pas simplement l'homme social, mais, aussi et surtout, l'homme intérieur.

4

Généalogie nietzschéenne du châtiment

Par Jean-Marc JOUBERT

Nous sommes certes conscient du fait que, d'une part, certains aspects de la pensée de Nietzsche peuvent constituer pour certains – des âmes sensibles en somme ! – un caractère provocant, bien qu'elle ne vise nullement à choquer, mais à analyser et à « évaluer » – ; d'autre part, que ses thèses encourent le risque de susciter d'emblée, pour cette raison de scandale même, toutes sortes de réfutations de principe, la « raison » étant, comme le disait Montaigne, « ployable à merci », c'est-à-dire ployable aux affects et aux intérêts intellectuels.

Pour ce qui est du sujet lui-même, la « peine », il faut noter qu'il n'est pas, pour Nietzsche, de soi immédiatement intéressant. S'il l'est, c'est surtout à titre de « symptôme » et en tant qu'il peut s'inscrire dans une problématique morale qui, pour le coup, fait bien partie de ses sujets d'investigation préférés. La question, pour Nietzsche, ne serait pas celle du « sens de la peine », mais plutôt celle du « sens de ce sens » dans un registre moral. Entendons par là : ce que notre civilisation décadente – comme il le pense [1] – exige qu'elle soit pour être non seulement efficiente, mais légitime – moralement parlant.

Or Nietzsche s'est, de fait, beaucoup intéressé à la morale [2], nous venons de le dire. Et cela de deux points de vue principaux :

---

1. Cf. Patrick Wotling, *Nietzsche et le problème de la civilisation,* Paris, PUF, 1995.
2. Pour une approche d'ensemble, dans une perspective interprétative matérialiste, nous renvoyons à Yvon Quiniou, *Nietzsche ou l'impossible immoralisme,* Paris, éd. Kimé, 1993.

1) *du point de vue historique,* d'abord, pour constater que les sentiments et justifications moraux ont beaucoup varié et ont été promus, de façon antagoniste, par des groupes sociaux ou ethniques très différents (c'est l'aspect « généalogique ») ;

2) *du point de vue d'une évaluation axiologique,* ensuite, la question essentielle étant pour lui non pas seulement celle de l'origine de la morale et de ses différentes traductions, notamment judiciaires, mais de sa « valeur ». Est-elle bonne pour l'homme ? En favorise-t-elle la « santé » *?* (– Une catégorie nietzschéenne essentielle).

Imaginons que nous trouvions un sens à la peine – un sens qui la justifierait aux yeux des hommes d'un certain groupe et d'une certaine civilisation : la question de savoir si ce sens est positif dans l'intérêt vital le mieux compris de ce groupe, mais aussi de l'humanité – cette espèce en cheminement plus qu'incertain, et sur le destin de laquelle Nietzsche médite constamment – devrait être posée.

Dernière remarque introductive : nous nous servirons essentiellement de ses *Éléments pour la généalogie de la morale* [3], de forme – en apparence du moins – systématique, bien que ses réflexions autour du thème de la morale et du châtiment soient anciennes et soient égrenées, sous forme aphoristique, dans de nombreux ouvrages. Infidèle à l'ordre analytique complexe des « dissertations », nous aborderons quelques thèses ou thèmes en ne perdant pas de vue que nous n'intervenons pas dans le cadre d'un ouvrage philosophique consacré à Nietzsche, mais dans un autre, pluridisciplinaire, portant sur la question du « sens de la peine ». Cela conduira inévitablement à quelques distorsions qui ne seront excusables que si elles aident, de fait, à susciter quelques pistes de réflexion ou à inquiéter quelque bonne conscience, morale ou pénale [4].

Institution et sens de l'institution

Nietzsche insiste beaucoup sur la nécessité d'adopter un point de vue historique, attentatoire à l'esprit métaphysique en quête d'une vérité éternelle. La raison en est d'abord qu'il correspond à la réalité des choses, lesquelles sont en devenir intrinsèque. Cette perspective permet donc

---

3. Nous nous servons, pour des raisons de familiarité, de l'édition plus ancienne de Gallimard, avec la traduction de Henri Albert, *La Généalogie de la morale,* idées, Gallimard, Paris, 1973 (1964), citée dorénavant *GM.* Celle, plus récente, de Patrick Wotling, est excellente et comporte une très bonne préface : *Éléments pour la généalogie de la morale,* Paris, coll. « Las Classiques de la philosophie », Le Livre de Poche, 2015 (2000).

4. Nous ne prétendons pas au rôle avantageux, à moins qu'il ne soit ridicule, d'éveilleur de conscience. Le fait est que la pensée de Nietzsche est de nature à produire ces effets-là.

d'éviter une approche intellectuelle de type essentialiste : comme s'il existait une nature éternelle du bien et du mal, du juste et de l'injuste – et par conséquent de la peine qui viendrait réparer l'injustice. Pour Nietzsche, il n'existe rien qui serait une loi ou un droit « naturels », et pas davantage un « Homme » (avec un grand « h »).

Pour autant, un certain « esprit historique » ne suffit pas à garantir une bonne compréhension des choses, comme en témoigne à leur détriment tel ou tel généalogiste anglo-saxon mentionné par lui. Par exemple, c'est une erreur de penser que le « véritable foyer d'origine du concept 'bon' » pourrait « émaner de ceux à qui on a prodigué la bonté [5] » comme le pose le docteur Rée. À cette thèse, Nietzsche oppose ce qui suit : « *Ce sont bien plutôt les « bons » eux-mêmes, c'est-à-dire les hommes de distinction, les puissants, ceux qui sont supérieurs par leur situation et leur élévation d'homme qui se sont eux-mêmes considérés comme 'bons', qui ont jugé leurs actions 'bonnes', c'est-à-dire de premier ordre, établissant cette taxation par opposition à tout ce qui était bas, populacier* » [6].

Pour adopter une bonne perspective généalogiste, plusieurs choses sont en fait nécessaires : 1) Il faut prendre conscience du fait qu'il existe de véritables *« transformations d'idées »* dont témoigne notamment l'étymologie des mots [7] (Or, comme on sait, Nietzsche est d'abord un philologue.). 2) Comme nous venons de le signaler, de même que pour Marx les idéologies présentent un caractère de classe, de même pour Nietzsche revêtent-elles un caractère de groupe, de caste, d'ethnie voire de « race ». Aussi souligne-t-il à ce propos *« l'obstacle »* que constitue, *« au sein du monde moderne », « le préjugé démocratique » « pour toute recherche touchant la question des origines »* [8]. Il s'agit même là, dit-il, d'*« un point*

5. *GM*, p. 28. Cf. Paul Rée, *De l'origine des sentiments moraux*, Paris, PUF, 1982.

6. *Ibid.*

7. Sous ce rapport, notons que Nietzsche paraît s'inscrire par avance en faux avec la thèse du fondateur de l'histoire des idées, O. Lovejoy, qui affirmait la permanence d'un invariant dans les idées que des modifications affecteraient au cours de temps)... et avec celle de Marx contestant qu'il puisse y avoir une histoire *interne* des idées qui ne soit (seulement) déterminée par des modifications de l'infrastructure : « La morale, la religion, la métaphysique, et toutes les autres formes de conscience qui leur correspondent, ne peuvent donc plus conserver l'apparence de l'autonomie. *Elles n'ont pas d'histoire*, elles n'ont pas de développement, mais les hommes qui développent leur production matérielle et leurs échanges matériels modifient, en même temps que cette réalité, qui est la leur, également la pensée et les produits de leur pensée » (cité par Louis Althusser *in Pour Marx,* La découverte/Poche, Paris, 2010 (Maspero, 1965), p. 80, note 48. Les remarques les plus abouties de Nietzsche sur l' « évolution des idées » sont à trouver dans le § 12 de la deuxième partie de la *Généalogie de la morale* (*GM,* p. 107-111).

8. *GM*, p. 32 : *« Voilà une constatation qui me paraît être essentielle au point de vue de la généalogie de la morale ; si elle a été faite si tard, la faute en est à l'influence enrayante*

capital de la méthode historique », tant prévaut aujourd'hui *« l'aversion pour tout ce qui commande et veut commander, cette idiosyncrasie de démocrates »* [9]. 3) Plus précisément, Nietzsche oppose aux institutions et aux protocoles à peu près stables les *interprétations* qu'on leur donne et qui peuvent être extrêmement variées : « *Pour revenir à notre sujet, c'est-à-dire au* châtiment, *il faut distinguer deux choses en lui : d'une part ce qu'il a de relativement* permanent, *l'usage, l'acte, le « drame », une certaine suite de procédures strictement déterminées ; d'autre part la fluidité, le sens, le but, l'attente, toutes choses qui se rattachent à la mise en œuvre de ces procédures* [10] ».

Attardons-nous sur cette troisième condition. On trouve dans la *Généalogie* un texte qui est à la fois de nature à nous combler et à nous accabler...

En effet, dans le § 13 de la seconde dissertation Nietzsche ne recense pas moins de onze *sens* possibles du châtiment. Et il ajoute au début du paragraphe suivant (§ 14) que la liste n'est pas close et qu'il en existe de mixtes, des *« synthèses de sens »* [11]... Voici le texte de la recension, forcément très long : *« Pour qu'on puisse se représenter quelque peu combien incertain, surajouté, accidentel est le « sens » du châtiment, combien une même procédure peut être utilisée, interprétée, façonnée dans des vues essentiellement différentes, voici l'aperçu que j'ai pu donner grâce à des matériaux relativement peu nombreux et tous fortuits : Châtiment, moyen d'empêcher le coupable de nuire et de continuer ses dommages. Châtiment, moyen de se libérer vis-à-vis de l'individu lésé et cela sous une forme quelconque (même celle d'une compensation sous forme de souffrance). Châtiment en tant que restriction et limitation d'un trouble d'équilibre pour empêcher la propagation de ce trouble. Châtiment, moyen d'inspirer la terreur en face de ceux qui déterminent et exécutent le châtiment. Châtiment, moyen de compensation pour les avantages dont le coupable a joui jusque-là (par exemple lorsqu'on l'utilise comme esclave dans une mine). Châtiment, moyen d'éliminer un élément dégénéré (dans certaines circonstances toute une branche, comme le prescrit la législation chinoise : donc moyen d'épurer la race ou de maintenir un type social). Châtiment, occasion de fête pour célébrer la défaite d'un ennemi en*

---

qu'exerce au sein du monde moderne, le préjugé démocratique, mettant obstacle à toute recherche touchant la question des origines. Et cela, jusque dans le domaine qui semble le plus objectif, celui des sciences naturelles et de la physiologie, un fait que je me contenterai ici ».

9. *GM*, p. 110.
10. *GM*, p. 111.
11. *GM*, p. 114.

l'accablant de railleries. Châtiment, moyen de créer une mémoire, soit chez celui qui subit le châtiment, – c'est ce qu'on appelle la « correction », – soit chez les témoins de l'exécution. Châtiment, paiement d'honoraires fixés par la puissance qui protège le malfaiteur contre les excès de la vengeance. Châtiment, compromission avec l'état primitif de la vengeance, en tant que cet état primitif est encore maintenu en vigueur par des races puissantes qui le revendiquent comme un privilège. Châtiment, déclaration de guerre et mesure de police contre un ennemi de la paix, de la loi, de l'ordre, de l'autorité, que l'on considère comme dangereux pour la communauté, violateur des traités qui garantissent l'existence de cette communauté, rebelle, traître et perturbateur, et que l'on combat par tous les moyens dont la guerre permet de disposer » [12].

La conclusion qu'on en peut tirer est : 1) qu'il n'existe pas de châtiment auquel on ne prête de signification - comme s'il n'était jamais un fait nu (ce point paraît d'ailleurs évident) ; 2) que la *« fluidité* [13] *»* des significations pourrait laisser penser à un certain *arbitraire*, ou en tout cas à l'absence d'un *sens essentiel*, intemporel et lié à une « nature » éternelle du châtiment (avec, en amont, une morale fondatrice elle-même éternelle) ; 3) que cette diversité ne fait que traduire une variété de figures historiques... voire *anthropologiques*. Pour utiliser un concept wittgensteinien, on pourrait se demander en effet si le châtiment ne s'inscrirait pas dans une diversité de *« formes de vie »* humaines, en ajoutant que ces différentes formes de vie ne s'expliquent pas, mais sont *sui generis* ou autofondatrices et *ce à partir de quoi* tous les actes de ce genre s'expliquent.

Ce qui paraît certain, en tout cas, c'est : 1) que trop de sens « tue » le *sens* (même si nous venons de dire qu'un sens accompagne toujours une procédure, laquelle tient cependant pour elle-même puisqu'elle se maintient quelles que soient les interprétations) ; 2) qu'il ne conviendrait pas, pour en revenir au fondement moral des choses, de parler de *généalogie* au singulier, mais au pluriel. Il en existe en fait autant que d'intuitions ou de systèmes moraux ; 3) que s'il y a des *« transformations d'idées »*, de sens ou de représentations, ces dernières transformations – qui peuvent être des mutations pures et simples – ne paraissent pas s'inscrire dans un processus linéaire ou en tout cas nécessaire.

Insistons également sur une remarque que Nietzsche fait comme en passant, mais qui est de grande portée : « *Tout le passé historique du châtiment, l'histoire de son utilisation à des fins diverses, se cristallise finalement en une sorte d'unité difficile à résoudre, difficile à analyser, et,*

---

12. *GM*, p. 113-114.
13. *GM*, p. 109 ; 111.

appuyons sur ce point, absolument impossible à définir. *(Il est impossible de dire aujourd'hui pourquoi l'on punit en somme : tous les concepts où se résume un long développement d'une façon sémiotique échappent à une définition ; n'est définissable que ce qui n'a pas d'histoire) »* [14].

Comme on le voit, l'exigence de sens – ou en tout cas d'*un* sens – pourrait donc bien être déçue (et notre propre quête avec…).

Pour autant, Nietzsche affirme que *« le châtiment trouve son utilité dans toutes les circonstances* [15] *»*. – Cette *« utilité »* ne serait-elle pas alors ce qui, justifiant la punition, lui donnerait à la fois *« sens »* et *« valeur »* ? Cela paraît évident. Et il *nous* semble que même que seul ce caractère d'utilité sociale pourrait garantir qu'on évitera : a) toute dérive d'un type moral suspect ; b) tout présupposé anthropologique douteux ; toute affectivité ou pulsion punitive répréhensible.

Nietzsche, pourtant, résiste à fonder les choses par là. L'*« utilité »*, en somme, est pour lui quelque chose de vulgaire – de *proprement* vulgaire – et étranger à ce qui est pour lui à la fois la norme universelle et la valeur : ce qu'il appelle la *« volonté de puissance* [16] *»* qui est l'énergie de la vie ou, en termes spinozistes, l'affirmation des *conatus* [17]. Punir par intérêt, par simple prudence, par peur, cela *ne vaut rien.* Cela sert, sans doute, mais cela ne fait pas un beau châtiment…

C'est sans doute une des raisons pour lesquelles Nietzsche se plaît à détruire cette *« foi au châtiment »* – relevons l'expression – qui, dans la *« conscience populaire »*, suppose que la punition permettrait… *utilement* à celui qui en fait l'objet de prendre conscience de sa *« faute »* [18].

Le fait est que cela ne marche même pas… Et ici, Nietzsche trouve un malin plaisir, dans un texte particulièrement puissant, à montrer que la punition, loin de racheter et de socialiser, *corrompt* sa victime : « *En thèse générale, le châtiment refroidit et endurcit (...) il augmente la force de résistance. S'il arrive qu'il brise l'énergie et amène une pitoyable prostration et une humiliation volontaire, un tel résultat est certainement encore moins édifiant que l'effet moyen du châtiment : c'est le plus généralement une gravité sèche et morne. Si nous nous reportons*

---

14. *GM,* p. 112.
15. *GM,* p. 114.
16. *GM,* p. 114.
17. Sur Nietzsche et Spinoza, cf. Shai Frogel, *Éthique : Spinoza et Nietzsche* (en hébreu), Tel-Aviv, 2009.
18. À dire vrai, on pourrait se demander si, le *« sentiment de la faute »* que l'on cherche à faire intérioriser au condamné relève du désir de la rédimer ou bien de s'en venger – mais nous n'avons pas le temps d'approfondir.

maintenant à ces milliers d'années qui précèdent *l'histoire de l'homme, nous prétendrons hardiment que c'est précisément le châtiment qui a le plus puissamment* retardé *le développement du sentiment de culpabilité – du moins chez les victimes des autorités répressives* [19] ».

Nietzsche poursuit en disant qu'en réalité rien ne dispose moins à un tel sentiment de culpabilité que les procédures judiciaires et exécutives : « *Et ne négligeons pas de rendre compte que c'est l'aspect des procédures judiciaires et exécutives, qui empêchent le coupable de condamner* en soi *son méfait et la nature de son action : car il voit commettre au service de la justice ; commettre en bonne conscience, puis approuver la même espèce d'actions : savoir l'espionnage, la duperie, la corruption, les pièges tendus, tout l'art plein de ruses et d'artifices du policier et de l'accusateur, puis encore ces actions essentiellement criminelles qui n'ont même pas pour excuse la passion : le rapt, la violence, l'outrage, l'incarcération, la torture, le meurtre, tels qu'ils sont marqués dans les différentes sortes de châtiments, – tout cela n'est donc pas condamné par le juge et réprouvé* en soi, *mais seulement dans certaines circonstances et sous certaines conditions* [20] ».

Il convient d'ailleurs d'ajouter que pour Nietzsche, il est fort heureux que la victime du châtiment n'intériorise pas la moindre culpabilité, cette *« "mauvaise conscience", cette plante la plus étrange et la plus intéressante de notre flore terrestre »*, laquelle pousse sur un autre *« sol »* [21], on le verra. En effet, selon lui, il est indécent de se désolidariser de ce que l'on a fait, que son soi actuel réprouve son soi passé : celui que l'on a été.

Reprenons le fil. Une utilité quelconque, donc, ne saurait justifier la peine pour la double raison de sa vulgarité et de son inefficience. Mais en fait il y a pire : il s'avère que le châtiment *avilit*.

C'est pourquoi celui qui ne se repend pas est certainement plus estimable, d'abord par la force d'âme dont il témoigne, ensuite « moralement » parlant, que celui qui se laisse aller à macérer dans un sentiment de culpabilité auquel, fort heureusement, les procédures judiciaires et punitives ne disposent pas, ainsi que Nietzsche l'a subtilement analysé.

On le devine sans peine : derrière ces analyses, affleurent aussi des jugements de valeur : à savoir cette évaluation axiologique de toutes choses que Nietzsche estime nécessaire, *vitalement* nécessaire pour préserver la pleine santé de l'humanité.

---

19. *GM,* p. 115.
20. *GM,* p. 116.
21. *Ibid.*

Approfondissons donc ce point. On trouve chez Nietzsche une notion ou expression- clef, celle d'*« innocence du devenir »* : c'est l'idée selon laquelle l'être et le monde, qui sont en devenir perpétuel, réalisent ou inventent des formes multiples sans poursuivre une fin et sans appeler ni être tributaire d'un jugement moral quelconque. La seule chose qui ne puisse être *appréciée* ou *jugée*, c'est la vie [22]. Et, dès lors, la seule attitude à la fois raisonnable et congruente à l'*« innocence du devenir »* – qu'il appelle parfois *« destin »* – est d'y consentir avec la même *« innocence »*, c'est-à-dire sans démarche justificatrice [23]. Tout ce qui existe est donc *bon* quant bien même ce serait sur un mode cruel [24]. Cette vision des choses, Nietzsche a pensé en trouver un équivalent chez Spinoza... et c'est justement ce dernier philosophe que l'on trouve cité dans les passages qui nous occupent (au § 15 de la deuxième partie).

Spinoza, nous dit Nietzsche, s'est intéressé à ce *« fameux* morsus conscientiae *» : « lui* <Spinoza> *qui avait rangé le bien et le mal parmi les imaginations de l'homme et avait défendu son Dieu 'libre' contre ces blasphémateurs qui prétendent que Dieu n'agit que* sub ratione boni [25]. *»*

La *« mauvaise conscience »* – c'est-à-dire cette culpabilité ou cette humble (?) reconnaissance de la faute qu'une certaine interprétation historique (et contingente) du châtiment avait imposée à ceux qui en étaient les victimes – était donc pour Spinoza une *erreur*, un produit malheureux de l'imagination (et en même temps un produit *nécessaire* qui prévaudra aussi longtemps que le *conatus* ne se sera pas élevé au deuxième ou au troisième genre de connaissance). Soit une *erreur*, pour Spinoza. À quoi Nietzsche ajoutait pour sa part : une faute « morale » contre la *« vie »* qui ne s'embarrasse pas d'être bonne ou pas, justifiable ou pas !

Or qui échappait à cette *« morsure »* malsaine d'une *« conscience »* chargée et encombrée ? Qui s'inscrivait spontanément dans l'*« innocence* <nietzschéenne> *de l'avenir »* et dans une absence totale de *jugement ?* Réponse : les « coupables », les condamnés, ceux auxquels on inflige des peines ! *« Les malfaiteurs ne soumettaient au châtiment,* écrit en effet Nietzsche, *comme on se soumet à une maladie ou bien à la mort, sans révolte, avec ce fatalisme courageux, par quoi, aujourd'hui encore, les Russes l'emportent sur nous autres Occidentaux sur les choses de la vie* [26]. *»*

---

22. C'est un thème que l'on rencontre notamment dans *Le Crépuscule des idoles* (1889).

23. Sur toutes ces notions, cf. Clément Rosset, « Notes sur Nietzsche », *in La Force majeure,* coll. « critique », Les éditions de Minuit, Paris, 1983.

24. Sur ce thème nietzschéen, cf. encore Clément Rosset, *Le Principe de cruauté,* coll. « critique », Les éditions de Minuit, Paris, 1988.

25. *GM,* p. 117.

26. *GM,* p. 118.

Donnons une dernière citation qui va nous rétablir à la fois dans la perspective historique et également introduire, en plus de celle du condamné, le point de vue du *juge*, de l'appareil judiciaire : « *Pendant bien longtemps, en effet, dans l'esprit de celui qui juge et punit, ne s'est même pas glissée l'idée qu'il pourrait avoir affaire à un « coupable ». Le malfaiteur était pour lui l'auteur d'un dommage, une parcelle irresponsable de la destinée. Et ce malfaiteur sur qui tombait alors le châtiment, comme une autre parcelle de la destinée, n'en éprouvait pas plus de « peine intérieure » que s'il était victime d'une catastrophe imprévue, d'un phénomène terrifiant de la nature, d'un bloc de rocher qui roule et qui écrase tout sur son passage, sans qu'il y ait contre lui possibilité de lutte* [27] ».

Nietzsche distingue plusieurs *moments* – si l'on insiste sur la linéarité d'un processus qui n'a rien de « dialectique » – ou *figures* – si l'on insiste au contraire sur leur hétérogénéité – du châtiment. Présentons brièvement chacun(e) d'entre eux.

A. Le châtiment comme cruauté

Nietzsche revient souvent sur ce thème de la cruauté – d'une cruauté *innocente,* s'entend [28]. La raison de ce choix et de cette insistance n'est nullement d'ordre morbide. C'est tout simplement un bon moyen de penser la vie qui sait – ou « s'entend » à être cruelle, comme on dit – la cruauté en faisant partie intrinsèque ; or, c'est à cette part là qu'il s'agit aussi de *consentir*, et d'approuver comme à un *« destin »*.

La cruauté – un premier genre de cruauté en tout cas – est l'apanage des ceux qui, à l'origine, ont su imposer leur échelle de valeurs, à savoir ces nobles qui se sont qualifiés eux-mêmes de *« bons »*, ainsi que nous l'avons vu. En effet, ils étaient les seuls à en avoir la puissance et donc le pouvoir. Dans leur cas, le châtiment n'a pas d'autre finalité que faire souffrir parce que la chose offre une satisfaction psychique : *« Voir souffrir fait du bien, faire souffrir plus de bien encore – voilà une vérité, mais une vieille et puissante vérité capitale, humaine trop humaine (...)* [29] ». C'est même une

---

27. *GM,* p. 116.

28. *« Il répugne, à ce qu'il me semble, à la délicatesse, ou plutôt à la tartufferie d'animaux domestiqués (lisez : les hommes modernes, lisez : nous-mêmes) de se représenter, avec toute l'énergie voulue, jusqu'à quel point la* cruauté *était la réjouissance préférée de l'humanité primitive et entrait comme ingrédient dans presque tous ses plaisirs ; combien naïf, d'autre part, combien innocent apparaît son besoin de cruauté, combien justement la 'méchanceté désintéressée' (ou pour employer l'expression de Spinoza, la* sympathia malevolens*) apparaît chez elle, par principe, comme un attribut* normal *de l'homme – : donc comme quelque chose à quoi la conscience puisse hardiment répondre 'oui' »* (*GM,* p. 89-90).

29. *GM, p. 91.*

« fête[30] *»* à laquelle les dieux de la Grèce eux-mêmes, nous dit Nietzsche à plusieurs reprises, prenaient un plaisir raffiné[31].

Comme on le voit, on ne trouve ici aucun projet de *punir*, au sens de réparer, et certes pas de *culpabiliser* une victime dont on se moque bien de savoir ce qu'elle en pense, étant une pure et simple victime de hasard sur laquelle exercer sa puissance. C'est que, pour Nietzsche, la cruauté est une expression nécessaire de la force, laquelle ne peut que s'exercer – de la même façon que l'oiseau de proie dévore la chair délicieuse d'un agneau qui ne saurait s'en plaindre : *« - Exiger de la force qu'elle ne se manifeste* pas *comme telle, qu'elle ne soit pas une volonté de terrasser et d'assujettir, une soif d'ennemis, de résistance et de triomphes, c'est tout aussi insensé que d'exiger de la faiblesse qu'elle manifeste de la force*[32]*. »*

Faut-il culpabiliser *a posteriori* ces fêtes cruelles auxquelles les dieux mêmes étaient conviés ? – Sans doute pas, dussions-nous ne plus être en état de les supporter : « *Ces réflexions, soit dit en passant, n'ont point pour but d'amener de l'eau nouvelle au moulin grinçant et discordant du dégoût de la vie, pour la plus grande satisfaction de nos pessimistes ; au contraire, j'atteste ici expressément qu'au temps où l'humanité n'avait pas encore honte de sa cruauté, la vie sur terre s'écoulait avec plus de sérénité qu'à notre époque de pessimisme. L'assombrissement de la voûte céleste au-dessus de l'homme a toujours grandi en proportion avec la honte que l'homme éprouvait* à la vue de *l'homme*[33] *»*.

B. Le châtiment comme justice

Une deuxième forme – et interprétation – du châtiment répond à celle, *politique et non* strictement *morale*, de *« justice »*.

Une *« communauté »* évalue le prix des choses de sorte que l'on peut offrir une compensation pour une perte, un bris, un vol, *etc.* (Nietzsche note d'ailleurs que c'est là un voire le caractère propre de l'*« esprit »* humain – *Mensch* en allemand – que d'être capable de telles évaluations et mesures : *« Toute chose a son prix, tout peut être payé*[34]*. »*) On ne peut pas dire, cependant, que la communauté qui ordonne un système de compensations,

---

30. *GM,* p. 89 ; 96.

31. *GM,* p. 96 : *« Toute l'humanité antique est pleine de tendresse et d'égards pour le 'spectateur', puisque c'est là un monde vraiment fait pour les yeux et qui ne pouvait concevoir le bonheur sans spectacles et sans fêtes. – Et, je le répète, le* châtiment *aussi a de telles allures de fête ! (...) »*

32. *GM,* p. 57.

33. *GM,* p. 91-92.

34. *GM,* p. 97.

via notamment des peines, soit une pure communauté rationnelle et assoiffée de *« justice »* d'un point de vue éthique. Et, sous ce rapport, l'emploi du qualificatif « moral » dans la citation qui va fait suivre ne doit pas nous tromper : *« Ce fut le canon moral de la justice, le plus ancien et le plus naïf, le commencement de toute 'bonté', de toute 'équité', de tout 'bon vouloir', de toute 'objectivité' sur terre*[35]. » En fait, poursuit Nietzsche : *« La justice, à ce premier degré, c'est le bon vouloir entre gens de puissance à peu près égale, de s'accommoder les uns aux autres, de ramener l'"entente" au moyen d'un compromis, - quant aux moins puissants on les* contraignait *à accepter entre eux ce compromis*[36] ».

Comme on le voit, le compromis est bien de nature politique, et établi entre *« puissants »*. Il s'agit d'un rapport entre *« créanciers »* et *« débiteurs*[37] *»* dans le cadre d'un ordre social qui se comprend comme protecteur. Dès lors, tout manquement à cet ordre paraîtra comme étant non seulement un dommage à l'endroit d'un créancier, mais comme un manquement et même une trahison *« envers la communauté qui lui assurait les avantages et les agréments dont il avait jusqu'alors eu sa part*[38] ». – D'où la férocité bien compréhensible des punitions : « *La colère des créanciers lésés et de la communauté le rend à l'état sauvage, le met hors la loi, lui refuse sa protection, – et toute espèce d'acte hostile peut se commettre contre lui. Le châtiment, à ce degré des mœurs, est simplement l'image, la* mimique *de la conduite normale à l'égard de l'ennemi détesté, désarmé, abattu, qui a perdu tout droit non seulement à la protection, mais encore à la pitié ; c'est donc là le droit de guerre et le triomphe du* vae victis ; *dans toute son inexorable cruauté*[39] ».

On retrouve donc bien la cruauté, primitive et essentielle... Pour autant, Nietzsche remarque que cette structure est susceptible de connaître une évolution dont il n'y a d'ailleurs pas lieu de penser qu'il la mésestime pour lui préférer la figure de la *« superbe brute blonde*[40] *»* châtiant cruellement sa victime...

---

35. *GM*, p. 98.
36. *Ibid.*
37. *GM*, p. 96 : *« Le sentiment du devoir, de l'obligation personnelle a tiré son origine, nous l'avons vu, des plus anciennes et des plus primitives relations entre individus, les relations entre acheteur et vendeur, entre créancier et débiteur : ici la personne s'opposa pour la première fois à la personne,* se mesurant *de personne à personne ».*
38. *GM*, p. 99.
39. *GM*, p. 99.
40. *GM*, p. 51 : *« Au fond de toutes ces races aristocratiques, il est impossible de ne pas reconnaître le fauve, la superbe* bête blonde *rôdant en quête de proie et de carnage ; ce fond de bestialité cachée a besoin, de temps en temps, d'un exécutoire, il faut que la brute se*

Cette évolution a cependant une condition : que la communauté croisse en puissance et se juge suffisamment *« forte »* et *« riche »*. Alors son *« courroux »* aura tendance à s'affaiblir ; le malfaiteur ne sera plus *« chassé et privé de paix »* (exil) ; la communauté *« isolera » « du moins dans une certaine mesure, le délinquant de son délit* [41] *»*.

Nietzsche écrit : « *Le créancier » s'est toujours humanisé dans la même proportion qu'il s'est enrichi ; en fin de compte, on* mesure *même sa richesse au nombre de préjudices qu'il peut supporter sans en souffrir* [42] ». – Et de prophétiser pour ainsi dire : « *Il n'est pas impossible de concevoir une société ayant* conscience de sa puissance *au point de se payer le luxe suprême de laisser* impuni *celui qui l'a lésée. "Que m'importe en somme mes parasites ? pourrait-elle dire alors. Qu'ils vivent et qu'ils prospèrent ; je suis assez forte pour ne pas m'inquiéter d'eux !"... La justice qui a commencé par dire : "tout peut-être payé, tout doit être payé", est une justice qui finit par fermer les yeux et par laisser par courir celui qui est insolvable, – elle finit, comme toute chose excellente en ce monde, par* se détruire elle-même. *Cette autodestruction de la justice, on sait de quel beau nom elle se pare – elle s'appelle la* grâce*, elle demeure, quand l'on pense, le privilège des plus puissants, mieux encore son "au-delà" de la justice* [43] ».

On peut douter cependant que cette prophétie se réalise un jour… Car il faudrait pour cela que la prospérité fût générale. Et l'on ne voit d'ailleurs que des sociétés où elle règne, par exemple grâce à certaines sources naturelles, soient particulièrement amènes avec ceux qui dérogent à la règle imposée. Mais là n'est pas le plus intéressant… Comme nous l'avons déjà suggéré, ceux qui voudraient faire de Nietzsche un pur… « nietzschéen » – entendons par là un adorateur païen de la force brutale – penseront que ce dernier mépriserait une telle justice.

Or tel n'est pas le cas, et cela pour plusieurs raisons.

---

montre à nouveau, qu'elle retourne à sa terre inculte ; – aristocratie romaine, arabe, vikings scandinaves – tous se valent pour ce qui est de ce besoin » (p. 51-52).

41. *GM,* p. 100.

42. *GM,* p. 101.

43. *Ibid.* Il est intéressant de noter que Nietzsche fait, de la faculté d'oublier (dommages et injures) – soit l'exact opposé du *« ressentiment »* – le propre des *« natures fortes »* : *« Ne pas pouvoir prendre longtemps au sérieux ses ennemis, ses malheurs et jusqu'à ses* méfaits *– c'est le signe caractéristique des natures fortes (...) »* Et introduisant l'exemple de Mirabeau, il écrit : *« Un tel homme, en une seule secousse, se débarrasse de beaucoup de vermine qui chez d'autres s'installe à demeure ; c'est ici seulement qu'est possible le véritable* 'amour *pour ses ennemis', à supposer qu'il soit possible sur terre. Quel respect a de son ennemi l'homme supérieur ! »* (*GM,* p. 49). C'est là une version fort peu chrétienne de l'amour des ennemis !

Premièrement, on a vu que la justice en question, pour être « politique » ne se recommande pas de la morale au sens religieux du terme, lequel comprend tout l'univers de culpabilité qui l'accompagne ; elle est une puissance si ce n'est rationnelle, du moins raisonnable et prudente d' *« accommodement » et de « compromis* [44] *».*

Deuxièmement, Nietzsche ne croit pas que cette justice procède de ce qu'il exècre profondément, à savoir le *« ressentiment »,* ce carburant extrêmement puissant dont il accuse les *« anarchistes »* et les *« antisémites »* de son temps de faire usage, jusqu'à justifier un esprit *« réactif »* de *« vengeance* [45] *».* La justice, pour Nietzsche, n'est donc pas une sorte de « ruse » par laquelle les faibles viendraient se revancher des forts, mais l'institution salutaire de ces derniers. L'interprétation par le ressentiment *paraît* « nietzschéenne » – elle ne l'est pas en fait !

Troisièmement : au contraire, Nietzsche se félicite que l'esprit de justice puisse conquérir ce mauvais *« instinct »* qui est l'envers négatif de l'action innocente de la force : « *(...) Je dirai qu'au point de vue historique le droit sur la terre est précisément l'emblème de la lutte* contre *les sentiments réactifs, de la guerre que livrent à ces sentiments des puissances actives et agressives qui consacrent une partie de leur force à arrêter ou à entraver le débordement de la passion réactive et à la réduire à un accommodement. Partout où la justice est exercée, où la justice maintient son pouvoir, on voit une puissance forte, vis-à-vis d'autres puissances plus faibles et dépendantes (que ce soient des groupes ou des individus), chercher à mettre un terme aux fureurs insensées du ressentiment (...)* [46] *».*

Quatrièmement, Nietzsche valorise la *« loi »* qui permet justement cette répression *« active »,* voire *« agressive »* des puissances mauvaises du ressentiment qui est au principe de l'esprit de vengeance. Pour autant, cette *« loi »* n'a rien d'une vérité éternelle ; elle n'est pas un absolu – ce qui a pour effet qu'on ne doit pas tenir pour un coupable absolu celui qui viendrait à la transgresser : « *Parler de justice et d'injustice* en soi *n'a point de sens ; une infraction, une violation, un dépouillement, une distinction en soi ne pouvant être évidemment quelque chose d'"injuste", attendu que la vie procède* essentiellement, *c'est-à-dire dans ses fonctions élémentaires, par infraction, violation, dépouillement, destruction et qu'on ne saurait l'imaginer procéder autrement* [47] *».*

---

44. *GM,* p. 100.
45. *GM,* p. 102.
46. *GM,* p. 104-105.
47. *GM,* p. 106.

Malheureusement nous n'avons pas le temps d'analyser en détail ni de commenter cette dernière assertion, laquelle est de grande portée... Notons simplement que, dans la suite de cette citation, Nietzsche affirme que la *« loi »*, positive comme elle l'est, peut *paraître* contraire à la logique de la *« vie »*, qui n'a rien de juste et est contraire à tout ordre, qu'elle ne cesse d'enfreindre.

Cela ferait-il « passer » Nietzsche du côté de la loi... « *contre la nature ?* » Assurément non ! La loi ne *saurait valoir* en effet *que* comme lutte contre *certaines* puissances négatives – et encore une fois, négatives *parce que « réactives »*. Mais que si cette loi instituée voulait annuler toute *« lutte »*, constitutive de la vie – comme dans le *« cliché communiste de Dühring »* selon lequel toutes les volontés sont réputées *« égales »*, – elle se rendrait insupportable, contraire à la vie et *axiologiquement* condamnable, car contraire aux intérêts de l'espèce [48]...

Comme on le voit, la bonne loi, pour Nietzsche, n'est pas vraiment démocratique et égalitaire.

C. Le châtiment comme domestication

Nous mentionnerons plus rapidement un thème qui, pour être important chez Nietzsche, puisqu'il revient de façon récurrente, s'inscrit dans la continuité de ce qui a été dit précédemment au sujet de l'*avilissement* dont le châtiment est l'occasion. Nous voulons parler de la *« domestication »* de l'homme. Partons de la citation suivante : « *Ce que l'on atteint, en somme, par le châtiment chez l'homme et chez l'animal, c'est l'augmentation de la crainte, l'affinement de la perspicacité, la domination sur les appétits : en ce sens, le châtiment dompte l'homme, mais ne le rend pas « meilleur » ; – on pourrait, avec plus de raison, prétendre le contraire ("Dommage rend sage", dit le peuple ; mais dans la mesure qu'il rend sage il rend mauvais »*. Et Nietzsche d'ajouter avec humour, à moins que ce ne soit sérieusement : « *Par bonheur, il arrive souvent qu'il rende stupide)* [49] ».

Ce texte est éloquent, mais il ne permet pas à lui seul d'en saisir toute la portée. En réalité, la domestication de l'homme châtié par la justice s'inscrit dans un procès général qui engage le destin de l'espèce tout entière : « *Ces formidables bastions que l'organisation sociale a élevés pour se protéger contre les vieux instincts de liberté – et il faut placer le châtiment au premier rang de ces moyens de défense – ont réussi à faire se retourner tous les*

48. Cf. *GM*, p. 107.
49. *GM*, p. 118.

instincts de l'homme sauvage, libre et vagabond, contre l'homme lui-même [50] ».

À dire vrai, on ne voit pas ici que les types de châtiments que l'on a analysés jusqu'à présent peuvent produire un tel effet cataclysmique. *Châtier*, pour l'homme fort, c'est exercer sa puissance naturelle, de façon parfois cruelle parfois – mais toujours *« innocente »*, on l'a vu. L'homme qui châtie est encore un homme et il l'est même pleinement ! *Être châtié*, pour celui qui subit la violence d'un fort, ce n'est pas être avili ni perdre sa qualité d'homme dès lors que ce *malheur* est pensé par lui comme un *événement* contingent de l'existence : un coup du sort ou la réalisation d'un destin. *Être châtié* encore par le système judiciaire peut-être cruel, mais si la communauté est *« forte »* elle saura être mesurée dans la *« compensation »* qu'elle impose en matière de *« compromis ».* Là encore l'humanité de l'homme puni est préservée et c'est plutôt le *« créancier »* vengeur qui pourrait paraître comme déchu [51].

En réalité, aucun de ces cas ne constitue pour l'homme une déchéance. C'est la raison pour laquelle la *« domestication »* ne saurait être comprise comme une simple contrainte exercée de l'extérieur et qui aurait pour effet de créer des *habitus* d'obéissance laissant l'homme libre intérieurement. L'homme *« domestiqué »* n'est donc pas seulement et simplement l'homme *socialisé* qui ne jouirait plus de toutes ses libertés originelles. Il n'est pas davantage celui qui est devenu *« craintif »* par peur d'être puni (cf. *infra).*

Qu'est-il alors ? Il est quelque chose de bien pire – une véritable loque – sur lequel nous allons conclure, péniblement il faut bien le dire ! – cette théorie des figures de châtiment...

D. Le châtiment comme culpabilisation (la « mauvaise conscience »)

L'effet le plus pervers et catastrophique pour l'homme de cette domestication est qu'elle suscite et établit, à l'intime de lui-même, une *« mauvaise conscience »*, qui est une conscience aliénée. Nous avons déjà eu l'occasion de dire combien Nietzsche la réprouvait. Elle n'en reste pas moins constitutive, selon lui, de notre civilisation décadente et, plus généralement, d'une véritable – et non mythologique, elle – *chute* de l'homme...

Ce n'est pas le lieu d'en suivre ici avec lui la généalogie. Disons seulement qu'elle a été inventée par les *« aristocraties sacerdotales »* qui, *« hostiles à l'action »*, morbides, impuissantes, trop sensibles, méchantes,

---

50. *GM*, p. 120.
51. Cf. *supra.*

vengeresses, ont *« renversé toutes les valeurs »* [52]… La pire parmi elles aura été ce peuple clérical par excellence qu'est le peuple juif [53], tant par radicalité de son « sacerdotisme », si l'on peut se permettre ce néologisme, que par l'efficacité de son œuvre destructive – puisqu'on peut dire qu'elle a, grâce au christianisme qui en procède tout en le réfutant *en apparence* (Nietzsche y insiste) – complètement réussi [54]. Quel est le ressort de ce *« renversement des valeurs »* qui substitue au *« bon »* aristocratique des forts le *« bien »* moral des faibles ? Davantage que le simple ressentiment, aussi efficient soit-il, on l'a vu, *d'abord*, l'intériorisation et la justification maladive de sa propre impuissance transfigurée en vertu éminente ; laquelle vertu sera *ensuite* opposée à la violence présumée vicieuse des forts – enfin ! dès le moment que ces derniers commenceront à douter d'eux-mêmes. (Il semble que Nietzsche incrimine les forts de ne pas l'avoir été jusqu'au bout.) Toujours est-il que c'est l'impossibilité foncière d'imiter les forts, c'est-à-dire d'en devenir soi-même, qui déclenche un processus de conquête par le bas – lequel processus, on le voit, n'a rien de « dialectique » comme chez Hegel par exemple (pensons à la *« dialectique du maître et de l'esclave »* [55]) : *« Lorsque les opprimés, les écrasés, les asservis, sous l'empire de la ruse vindicative de l'impuissance, se mettent à dire : « Soyons le contraire des méchants, c'est-à-dire bons ! Est bon quiconque ne fait violence à personne, quiconque n'offense, ni n'attaque, n'use pas de représailles et laisse à Dieu le soin de la vengeance, quiconque se tient caché comme nous, évite la rencontre du mal et du reste attend peu de choses de la vie, comme nous, les patients, les humbles, et les justes. » Tout cela veut dire, en somme, à l'écouter froidement et sans parti-pris : « Nous, les faibles, nous sommes décidément faibles ; nous ferons donc bien de ne rien faire* de tout ce pour quoi nous ne sommes pas assez forts [56] ».

Nous n'avons pas le temps de présenter dans le détail les tenants et aboutissants de cette *« fabrication »* d'un *« idéal* [57] *»* pseudo-moral. Notons

---

52. *GM*, p. 32.

53. *GM*, p. 40 : *« Seul un peuple de prêtres pouvait agir ainsi, ce peuple qui vengeait d'une façon sacerdotale sa haine rentrée. Ce sont des Juifs, qui, avec une formidable logique, ont osé le renversement de l'aristocratique équation des valeurs (bon, noble, puissant, beau, heureux, aimé de Dieu.) Ils ont maintenu ce renversement avec l'acharnement d'une haine sans borne (la haine de l'impuissance) (…) »* Sur Nietzsche et les Juifs, cf. l'ouvrage novateur de Yirmiyahu Yovel, *Les Juifs selon Hegel et Nietzsche : la clef d'une énigme*, éd. du Seuil, Paris, 2000.

54. Cf. *GM*, p. 42.

55. Cf. Alexandre Kojève, *Introduction à la lecture de Hegel : leçons sur le Phénoménologie de l'Esprit professées de 1933 à 1939 à l'Ecole pratique des Hautes Études*, Gallimard, Paris, 1980.

56. *GM*, p. 53.

57. *GM*, p. 60.

seulement qu'elle requiert la croyance – absurde selon Nietzsche qui rejoint, là encore, Spinoza – dans le *« libre-arbitre* [58] ». – Une croyance qui est cependant nécessaire à plus d'un titre : pour que les faibles puissent se persuader qu'ils sont bons (selon leur sens) par vertu, c'est-à-dire par *choix* ; pour que les forts puissent être persuadés qu'ils sont en fait méchants et méritent leur punition ; pour, surtout, que ces derniers intériorisent une *« mauvaise conscience »* qui leur liera définitivement les mains et qui sera, en vérité, le pire des châtiments.

La nouvelle échelle de valeurs instituée et établie par les faibles – d'abord en tremblant, ensuite avec de plus en plus de morgue et le courage que donne le ressentiment – suppose également, en milieu chrétien, la conscience d'une *« dette* [59] ». Laquelle ? Celle infinie, comme Dieu est infini, de la créature pécheresse. – Une dette qui est un nouveau moyen de se faire souffrir comme l'établit le texte suivant : « *(...) Cette tendance à se torturer soi-même, cette cruauté rentrée de l'animal-homme refoulé dans sa vie intérieure, se retirant avec effroi dans son individualité, enfermé dans l'"État" pour être domestiqué, et qui inventa la mauvaise conscience pour se faire du mal, après que la voie* naturelle *de ce désir de faire le mal lui fut coupée, – cet homme de la mauvaise conscience s'est emparé de l'hypothèse religieuse pour pousser son propre supplice à un degré de dureté et d'acuité effrayant. Une obligation envers* Dieu : *cette pensée devint pour lui un instrument de torture. Il saisit en "Dieu" les derniers contrastes qu'il peut imaginer à ses propres instincts animaux irrémissibles, il transmue ces instincts mêmes en fautes envers Dieu (hostilité, rébellion, révolte contre le "maître", le "père", l'ancêtre et le principe du monde), il se plante au beau milieu de l'antithèse entre "Dieu" et le "diable", il jette hors de lui-même toutes les négations, tout ce qui le pousse à se nier soi-même, à nier la nature, le naturel, la réalité de son être pour en faire l'affirmation de quelque chose de réel, de vivant, de véritable Dieu, Dieu saint, Dieu juste, Dieu bourreau, l'Au-delà, le supplice infini, l'enfer, la grandeur incommensurable de la punition et de la faute. C'est là une espèce de démence de volonté dans la cruauté psychique, dont à coup sûr on ne trouvera pas d'équivalent : cette* volonté *de l'homme à se trouver coupable et réprouvé jusqu'à rendre l'expiation impossible, sa* volonté *de se voir châtié sans que jamais le châtiment ne puisse être l'équivalent de la faute, sa* volonté *d'infester et d'empoisonner le sens le plus profond des choses par le problème de la punition et de la faute, pour se couper une fois pour toutes la sortie de ce labyrinthe d' « idées fixes », sa* volonté *enfin d'ériger un idéal –*

58. Cf. *GM*, p. 95 : Nietzsche parle de *« cette invention de philosophes, si téméraire et si néfaste » « de l'absolue spontanéité de l'homme dans le bien et dans le mal ».*

59. *GM*, p. 129.

celui du "Dieu très saint" - pour bien se rendre compte en présence de cet idéal de son absolue indignité propre ». Et Nietzsche de s'exclamer : « *O triste et folle bête humaine ! À quelles imaginations bizarres et contre-nature, à quel paroxysme de démence, à quelle* bestialité de l'idée *se laisse-t-elle entraîner dès qu'elle est empêchée quelque peu d'être* bête de l'action (…) *Tout cela est intéressant à l'extrême, mais, à trop regarder dans cet abîme, on se sent envahi par une tristesse poignante, et énervante, c'est pourquoi il faut s'arracher avec violence à ce spectacle. Il n'est pas douteux que nous ne nous trouvions en présence d'une* maladie, *la plus terrible qui ait jamais sévi parmi les hommes : – et celui qui est encore capable d'entendre (mais de nos jours on n'a plus d'oreilles pour entendre où il faudrait –), d'entendre retentir dans cette nuit de torture et d'absurdité, le cri d'*amour, *le cri de l'extase, enflammé de désir, le cri de la rédemption par l'*amour, *celui-là se retournera saisi d'une invincible horreur (...) En l'homme, il y a trop de choses effroyables ! – Trop longtemps, la terre fut un asile d'aliénés*[60] ».

On notera, pour conclure ce point, que Nietzsche ne peut s'empêcher de s'émerveiller devant la floraison de cette *« plante horrible »* qu'est la *« mauvaise conscience*[61] », laquelle est en définitive pour l'humanité *le pire des châtiments qu'elle s'est à elle-même infligés* – Dieu n'existant pas… – par l'entremise des *« faibles »*, premiers coupables, assurément, mais aussi en raison de la faiblesse des forts, trop innocents et *« naïfs »*, en somme, pour éviter de se laisser gruger, c'est-à-dire culpabiliser. Avant qu'une humanité régénérée – ou un autre type d'humanité en fait, celle du *« surhomme »* – ne vienne à son tour renverser toutes ces valeurs, *« par delà le bien et le mal »*, Nietzsche ne se lasse pas d'admirer cette manifestation improbable et cependant réelle de l'universelle *« volonté de puissance »*, donc, et il trouve même à cette dernière une sorte de fécondité.

Lisons par exemple ce texte : « *Cette secrète violation de soi-même, cette cruauté d'artiste, cette volupté à se façonner comme on ferait d'une matière résistante et sensible, à se marquer de l'empreinte d'une volonté, d'une critique, d'une contradiction, d'un mépris, d'une négation, ce travail inquiétant, plein d'une joie épouvantable, le travail d'une âme volontairement disjointe qui se fait souffrir par plaisir de souffrir, toute cette « mauvaise conscience » agissante, en véritable génératrice d'événements spirituels et imaginaires, a fini par amener à la lumière – on le devine déjà –*

---

60. *GM*, p. 133-134.

61. *GM*, p. 124. La métaphore intervient également p. 116 où Nietzsche parle de *« cette plante la plus étrange et la plus intéressante de notre flore terrestre »*.

une abondance d'affirmations, de nouvelles et d'étranges beautés, et peut-être lui doit-on la naissance de la beauté même[62] *(...) ».*

Quelle beauté ? Dans l'expression littéraire des tourments de l'âme par exemple.

Conclusion

Que conclure de ces perspectives vertigineuses qui, à la fois dépassent notre sujet et l'incluent (nous mettent au défi de l'inclure) ?

Nous croyons que, par-delà ses analyses généalogiques et psychologiques, l'on peut tirer *a minima* de la pensée de Nietzsche quelques principes ou lignes de conduite suivants : il ne faut pas *criminaliser* les « coupables » ; il faut plutôt les *considérer* pour ce qu'ils ont de rebelle et de fort – eux qui à l'image des forçats de Russie rencontrés par Dostoïevski apparaissent comme *« taillés du meilleur bois » ;* n'étant pas libres, leur responsabilité ne doit pas être engagée moralement (on pourrait donc faire l'économie de tous les psychologues et autres spécialistes qui tentent d'évaluer précisément le degré de responsabilité présumé des prévenus !) ; il ne faut pas s'efforcer de leur instiller, de façon aussi obscène et lâche que contre-productive, quelque remords ou mauvaise conscience que ce soit (et par conséquent interdire l'entrée des prisons aux aumôniers qui ne parlent de « miséricorde divine » et de « non-jugement » qu'après avoir culpabilisé et jugé !); il faut s'efforcer de traiter les intéressés sans ressentiment aucun, en simples *malfaiteurs* qu'il convient seulement de mettre hors d'état de nuire ; enfin : il faut contraindre ces derniers à réparer les dommages qu'ils ont occasionnés selon une évaluation objective établie par consensus.

Quel serait donc en définitive le sens de la peine – et son sens authentique et légitime s'entend ? Celui d'être l'acte *politique* et de justice d'une société régulée par la loi et qui protège ses membres, et non l'expression d'une *vengeance* pour l'affront qui lui serait fait ou la traduction d'une *pulsion* de punir qui n'aurait de valeur (« passéiste », en somme) que si elle était le fait d'un individu puissant se donnant le plaisir cruel de « châtier ». Et, en toutes choses, ce qui importe est de prendre en considération les intérêts de la vie et non pas ceux d'une morale qui la mortifie.

---

62. *GM*, p. 125.

C

Le sujet

5

Que faire des criminels dangereux ? Quelques réponses judiciaires en droit comparé

Par Jean PRADEL

Peut-on définir le criminel dangereux ? Faut-il s'attacher à la commission d'un certain nombre d'infractions ou à la gravité de celles-ci ? L'expression de criminel dangereux fait peur, mais manque de précision en elle-même. Jadis Garofalo voyait dans la dangerosité « la perversité constante et agissante du délinquant et la quantité de mal que l'on pouvait redouter de sa part [1]. Affinant le concept, les auteurs modernes distinguent entre dangerosité psychiatrique (risque de passage à l'acte lié à un trouble mental) et dangerosité criminologique (simple risque d'une récidive ou réitération d'une infraction). C'est cette dernière seule que doit retenir le pénaliste, notamment le législateur et le juge. Et de cette forme de dangerosité, le Conseil de coopération pénologique du Conseil de l'Europe (PC-CP) donne la définition suivante : « Est un délinquant dangereux celui qui a causé un dommage physique ou psychologique très sérieux et qui est susceptible avec un haut de degré de probabilité d'en causer un autre similaire » [2]. Trois éléments constituent donc l'état de dangerosité : un premier acte délictueux, très dommageable, révélateur d'une personnalité : susceptible d'entraîner cet auteur à commettre des actes du même type. La faiblesse de la définition est que les auteurs d'infractions mineures peuvent se révéler à l'occasion d'un

---

1. R. Garofalo, *La criminologie*, éd. Alcan, Paris, 1890, éd. française, p. 332.
2. Traduction de N. Padfield, The sentencing management and treatment of dangerous offenders PC-CP 2010, 10 rev., cité par A. Valloton, L'importance de la notion de risque de récidive dans la détemination du type et de la durée de la sanction, in *Prevention of reoffending / Prévention de la récidive*, IPPF/FIPP, Intersentia, 2014, p. 170.

passage à l'acte postérieur d'une grande dangerosité alors qu'à l'inverse les auteurs d'un acte grave peuvent très bien ne jamais recommencer [3].

Les droits positifs, de leur côté, consacrent de plus en plus souvent l'idée de dangerosité, soit par utilisation de ce mot, soit même en définissant les conditions pour qu'un délinquant puisse être considéré comme dangereux par le juge. Dans ce cas, on retrouve deux éléments : d'abord l'existence d'une infraction grave, celle-ci étant déterminée souvent sur la base d'une liste ; ensuite la déduction à partir de cette infraction et/ou d'une expertise mentale que l'auteur est susceptible de recommencer.

Ainsi l'article 753 du Code criminel canadien décide que le juge peut qualifier l'accusé d'individu dangereux aux conditions suivantes :

« a) L'infraction commise constitue des sévices graves à la personne aux termes de l'alinéa a) de la définition de cette expression à l'article 752 [4] et le délinquant auteur de celle-ci constitue un danger pour la vie, la sécurité ou le bien-être physique ou mental de qui que ce soit en vertu de preuves établissant selon le cas :

(i) que par la répétition de ses actes (…) le délinquant démontre qu'il est incapable de contrôler ses actes et permet de croire qu'il causera vraisemblablement la mort de quelqu'autre personne ou causera des sévices ou des dommages psychologiques graves à d'autres personnes ;

(ii) que, par la répétition continuelle de ses actes d'agression (…) le délinquant démontre son indifférence marquée quant aux conséquences vraisemblablement prévisibles que ses actes peuvent avoir pour autrui (…).

b) (…) »

Ce début de l'article 753 canadien prouve le souci du législateur d'être aussi précis que possible dans le but de ne pas trop étendre la qualification de personne dangereuse. Pour simplifier, le législateur canadien s'attache à la fois à la nature des infractions (essentiellement des infractions de violence) et aux dispositions psychologiques de l'auteur (incapacité de se contrôler ou indifférence marquée aux effets de ses actes). Cela dit, le juge est obligé de déclarer le prévenu comme dangereux, si ces conditions se réalisent.

On pourrait multiplier les exemples. On se contentera de celui-ci car ce sont toujours les mêmes données qui se retrouvent plus ou moins dans la caractérisation de la dangerosité.

---

3. A. Valloton, *précité*, p. 178.
4. Il s'agit d'infractions punissables d'au moins 10 ans d'emprisonnement impliquant une violence contre une personne ou une conduite dangereuse ayant infligé ou étant susceptible d'infliger des dommages psychologiques graves à un tiers.

La question se pose alors : quelles sont les réponses données à l'étranger au phénomène des délinquants dangereux ? Il est difficile de les traiter comme des délinquants ordinaires. Le Code pénal français de 1810 – largement imité par beaucoup de législateurs d'Europe continentale – avait prévu une aggravation de la peine, la récidive étant une circonstance aggravante et étant conçue comme un fait nouveau postérieur à une condamnation définitive punissant une infraction précédente. Et le législateur avait imaginé beaucoup de distinctions entre récidive générale (peu importe la nature de la seconde infraction) et récidive spéciale (la seconde infraction devant être de la même nature que la première), entre récidive perpétuelle (peu importe le délai entre la première condamnation et la seconde infraction) et récidive temporaire (le délai ne devant pas dépasser telle durée) etc... L'idée du législateur était que la première condamnation constituait un avertissement en sorte qu'en récidivant, l'agent mépriserait les injonctions de la justice et mériterait un sort plus dur, d'autant plus qu'en recommençant à agir, l'agent troublait à répétition l'ordre public [5]. Cette analyse, séduisante à première vue, ne résistait pas à la critique car le premier fait peut déjà laisser deviner une répétition et appeler en conséquence une sanction adaptée, sans attendre la survenance d'un second fait.

C'est si vrai que l'examen d'un certain nombre de droits positifs étrangers font apparaitre de grandes différences entre les délinquants présumés non dangereux et ceux qui sont présumés l'être. La répression de ces derniers témoigne d'un choix de politique criminelle autoritaire, relativement peu sensible à la resocialisation et à la réhabilitation. On parle de gestion des risques, d'un droit de défense sociale, d'une neutralisation des personnes dangereuses. Ortolan est sans doute le premier auteur à avoir entrevu la nature particulière des personnes dangereuses, lui qui avait écrit que « les récidivistes appellent une justice absolue comme en intérêt social une aggravation et surtout une modification de la peine (...). Du moment qu'il s'agit de récidivistes dangereux qui ouvrent comme une hostilité permanente contre les lois et les intérêts de la société, l'inefficacité de la peine ordinaire démontre la nécessité de recourir vis-à-vis d'eux à une transformation des mesures qui puissent les mettre dans d'autres conditions de réforme et délivrer la société du péril qu'ils lui font courir (...) » [6]. Quelques années après, l'Allemand Listz distinguera les délinquants ordinaires et les délinquants dangereux. Et au milieu du XXème siècle, un

---

5. Il semble que dans la pensée des rédacteurs de 1810, l'aggravation de la peine était obligatoire. Tel ne fut pas la solution des juges qui dès le début du XIXème siècle prirent de grandes libertés avec la loi.

6. *Eléments de droit pénal*, 4ème éd., par M.-E. Bonnier, 1871, I, n° 1192.

autre Allemand, G. Jackobs parlera d'un « droit pénal de l'ennemi » pour lequel les garanties de l'Etat de droit (principe de la légalité, droits de la défense, liberté de principe avant jugement...) n'ont pas lieu de s'appliquer[7].

Concrètement, la réaction pénale à l'égard des criminels dangereux se traduit certes par une répression plus forte que selon le droit commun applicable aux délinquants non dangereux. Mais en outre, cette réaction se veut différente en nature. C'est donc à la fois sur le plan quantitatif et sur le plan qualitatif qu'apparait le particularisme du statut des délinquants dangereux : ils sont sanctionnés fortement et autrement.

I. Sanctionner fortement les criminels dangereux

Les législateurs jouent sur une arithmétique pénale. Alors que pour les criminels ordinaires, les législateurs ont prévu très souvent un maximum et un minimum (système de la fourchette) ils prévoient pour ceux qui sont dangereux un minimum plus élevé. En outre, pour ces derniers, le maximum est rehaussé. Ce sont de toutes façons les peines ordinaires qui sont appliquées, seuls les minima et les maxima étant affectés sans que le principe d'individualisation soit atteint[8].

A Prévision d'un minimum

L'idée de peine minimale (ou peine plancher) témoigne assurément d'une certaine méfiance du législateur à l'égard des juges, présumés trop laxistes dans certaines situations. Cela rappelé, une certaine diversité règne au sein de la question des peines plancher : parfois, le juge peut descendre au-dessous du plancher, mais en motivant son choix alors que d'autres fois tout abaissement est exclu. Parfois aussi, la sévérité ne joue qu'en cas de récidive alors que d'autres fois le juge est tenu à s'en tenir à un minimum même pour les criminels primaires. Apportons quelques précisions sur cette seconde distinction.

1. Quand le législateur fait appel aux peines plancher dès la première infraction, il le fait sur la base de l'idée que l'agent, dès son premier acte, laisse supposer qu'il récidivera. Ce sont les droits de common law qui sont

---

7. G. Jackobs, Aux limites de l'orientation par le droit : le droit pénal de l'ennemi, *RSC*, 2009, pp. 7 et s.

8. Ce principe se décline aussi bien dans le sens de la sévérité que dans celui de l'indulgence, v. C. Ribeyre, Réflexions sur l'individualisation de la peine, *in Faut-il « regénéraliser » le droit pénal ?* Université Rabelais de Tours, LGDJ, 2015, p. 220.

les plus attachés à ce concept[9]. En droit anglais, un minimum de trente ans d'emprisonnement est prévu dans certains cas, par exemple quand la victime est un policier ou un gardien de la paix ou si l'auteur a agi avec arme à feu (*Criminal Justice Act.* 2003).

Le Code criminel canadien, dès ses origines en 1892, connaissait des peines plancher pour délinquants primaires.

Dans les droits romano-germaniques, les exemples sont peut-être plus rares encore que l'on rencontre deux applications de l'idée de peines plancher.

La première, classique, est fondée sur les idées de fourchette et de circonstances atténuantes. Italie et Espagne autorisent bien le juge à descendre au-dessous du minimum en visant des circonstances atténuantes, mais de façon méthodique. Lisons l'article 66 CP espagnol relatif à ces circonstances atténuantes : s'il n'y a en l'espèce qu'une seule circonstance, le juge retiendra la peine en sa moitié inférieure à celle prévue par la loi et s'il y a deux circonstances, le juge retiendra la peine inférieure d'un ou deux grades à celle prévue par la loi. On est très loin des systèmes français où les juges peuvent osciller entre le maximum prévu et quasiment rien (un jour ! ...).

La seconde forme de peine plancher est l'institution d'un minimum chiffré en deçà duquel le juge ne peut pas descendre, quelle que soient les circonstances. Ainsi le CP allemand prévoit une peine de « trois ans au moins » en cas de coups ayant entraîné la mort (§ 236 St GB). Plus intéressante est la réforme espagnole du 30 mars 2015. Pour des infractions d'une gravité exceptionnelle, même non commises en récidive (assassinat d'un mineur de seize ans, homicide d'un chef d'Etat, génocide, crime contre l'humanité...), les juges peuvent prononcer la peine privative de liberté permanente révisable (*pena de prision permanente revisable*). Il s'agit d'une peine à durée indéterminée, avec révision possible après exécution d'une partie de la peine selon le régime fermé (le plus sévère). Il y a donc application d'un minimum incompressible, passé lequel les autorités d'exécution peuvent accorder certaines faveurs aux condamnés, étant rappelé qu'il existe quatre stades successifs dans l'exécution de la peine (ou grades).

- L'accès au troisième grade (régime ouvert) ne peut intervenir qu'après vingt ans en cas d'action terroriste ou quinze ans dans les autres cas (art. 36 CP) ;

---

9. J. Pradel, *Droit pénal comparé*, 20ème éd., 2016, n° 609.

- La suspension de l'exécution (quatrième grade) ne peut survenir qu'au bout de vingt-cinq ans, si le condamné a déjà été admis au troisième grade et enfin si le tribunal estime que les données de fait (personnalité et antécédents du condamné) militent en faveur de la libération.

Conscient de son audace certes nécessaire, le législateur espagnol indique dans le Préambule de la loi qu'il ne renonce pas à l'objectif de resocialisation, « qu'un horizon de liberté pour le détenu peut apparaitre et que les droits comparé et européen sont à l'unisson ». Le Préambule note encore que, selon la CEDH dont plusieurs arrêts sont cités, une peine très longue est conventionnellement admissible dès lors qu'il existe une possibilité de révision [10].

2. Plus souvent, la peine minimale s'applique en cas de récidive. Alors en effet, l'intéressé a déjà eu un avertissement de la justice. Tout le monde connait la règle des « trois coups » (*three strikes and you'r out*) du droit californien. Cette loi avait été adoptée à la suite du meurtre après agression sexuelle d'un jeune garçon de douze ans commis en 1993 par un criminel au passé chargé et qui avait pourtant obtenu sa libération conditionnelle. Près de trente Etats des USA ont adopté à leur tour cette disposition. La Cour suprême fut amenée à statuer sur la constitutionnalité de la loi à propos d'un individu, *Leandro Andrade* qui, déjà condamné, avait commis des vols insignifiants d'un montant de 150 dollars. A ce titre, il fut poursuivi pour vol qualifié (*felony*) [11] et se trouva condamné à deux peines de vingt-cinq ans [12]. Y avait-il eu en l'espèce « peine criminelle et inusité » au sens du 8° Amendement ? Pour la Cour suprême, cette punition n'était ni excessive, ni grossièrement disproportionnée et le 8° Amendement n'était donc pas violé [13]. On reste confondu devant un tel droit. Se trouvent ainsi condamnés à de très longues peines les auteurs de fait souvent bénins. Il a été calculé qu'il y dans les prisons de Californie un tiers des 3 000 *third strikers* qui sont punis pour des faits pas graves du tout [14].

Le droit canadien a multiplié ces dernières années les sanctions minimales pour des faits commis en récidive, surtout en matière de drogue ou de délits commis contre des mineurs. Cependant la forme la plus dure de

---

10. Préambule de la loi 1/2015 du 30 mars 2015, *Boletin oficial del Estado*, pp. 2 et 3.

11. En droit californien, le vol est qualifié soit *felony*, soit *misdemeanur*, cette dernière qualification étant moins grave que la première.

12. Ce qui fait une peine de 50 ans d'emprisonnement en raison du cumul des peines et comme il avait 37 ans lors des deux condamnations, il devait statistiquement passer toute sa vie en détention, du fait de l'absence de libération conditionnelle.

13. Affaire *Lackjeer v. Andrade*, 536 US 63 (2003).

14. E. Viano, The « other » death penalty, life in prison in the United States, in *Prevention of reoffending / Prévention de la récidive*, Fondation internationale pénale et pénitentiaire, 2014, p. 215.

sévérité n'est pas dans l'institution d'un plancher plus ou moins transgressable, mais dans le dépassement du maximum normalement prévu par la loi.

B. Dépassement du maximum

1. Dans les pays romano-germaniques, la récidive est très souvent une cause d'aggravation : la grande circonstance aggravante générale dont l'effet est de permettre au juge de dépasser le maximum, mais dans des limites établies par la loi. On sait qu'en France, la récidive a pour effet de doubler le maximum (art. 132-8 et s. CP). Des modalités voisines existent ailleurs. En Espagne, à une aggravation de la durée de la peine, peut s'ajouter la non-suspension de l'exécution (art. 87-7 CP). Au Portugal, la limite maximale concrète est élevée d'un tiers, sans cependant pouvoir dépasser le plafond légal (art. 76 CP).

Quelques législations ont toutefois supprimé la récidive comme cause légale d'aggravation à travers l'idée d'une circonstance aggravante. C'est le cas de l'Allemagne. Toutefois, la récidive est conservée pour le calcul du montant de la peine, le tribunal en la fixant devant tenir compte de certains éléments dont la récidive (art. 46 StGB). En somme, l'article 47 CP décide que « le juge fixe la peine d'après la culpabilité de l'auteur. Il prend en considération les antécédents et la situation personnelle de ce dernier ». Ainsi la récidive et plus précisément tous antécédents sont pris en considération, comme circonstance, et sans qu'il soit parlé de circonstance aggravante. Le point de vue adopté en France et en Ibérie est donc proche de celui du voisin allemand !

De toutes façons le juge dispose d'une grande liberté car il n'est jamais tenu d'aggraver les peines pour cause de récidive. En fait, les peines sont rarement alourdies.

2. Dans les pays de *common law*, la sévérité est plus nette encore. On en donnera deux exemples, l'un concernant le Royaume-Uni et l'autre le Canada.

a. Selon le *Criminal Justice Act* 2003 anglais, est créé à certaines conditions une extension de la durée de la peine (*the extended period*). Les conditions sont les suivantes : le prévenu doit être poursuivi pour une infraction spécifiée et punie légalement d'un emprisonnement compris entre deux et dix ans ; le tribunal doit considérer qu'il y a chez le prévenu un risque significatif de commission d'une nouvelle infraction spécifiée ; le prévenu doit avoir été déjà condamné pour une infraction spécifiée ; enfin la peine appropriée serait celle de quatre ans d'emprisonnement au plus. Ces conditions remplies, le tribunal peut allonger la durée de la peine dans la mesure qu'il estime nécessaire pour protéger la population d'un possible nouveau passage à l'acte. Le maximum de la période supplémentaire est cependant chiffré, avec un maximum de cinq ans pour un délit de violence spécifique et de huit ans pour un délit sexuel spécifié [15].

b. Royaume-Uni et Canada ont adopté de façon très proche une peine très longue et à durée indéterminée.

Le *Criminal Justice Act. 2002* anglais avait prévu que dans les délits spécifiés et entrainant une peine abstraite d'un moins dix ans, le tribunal pourrait *prononcer l'imprisonment for public protection* (IPP). Il fallait que le tribunal considère que le prévenu présente un risque significatif de rechute, que le défendeur ait déjà été condamné pour une infraction spécifique et que l'infraction poursuivie mérite en soi une peine concrète d'au moins quatre ans d'emprisonnement, ce qui montre que les conditions sont les mêmes que pour la peine étendue (art. 225). La jurisprudence de la cour d'appel ajoute qu'il fallait pour prononcer l'IPP une culpabilité très élevée et une infraction particulièrement grave. Alors le tribunal devait prononcer une IPP. La conséquence fut mécaniquement un énorme accroissement de la population pénale : entre 1997 et 2007, le nombre de condamnés passa de 60 000 à 80 000. Il fallut même reconvertir des cellules de garde à vue dans des locaux de police en cellules de condamnés. Ainsi en 2008, l'IPP devint facultative. C'était insuffisant. Ainsi le législateur en 2012 abolit l'IPP [16]. Pourtant est alors créé une nouvelle peine automatique d'emprisonnement perpétuel à certaines conditions (infraction justiciable d'un emprisonnement concret de dix ans, notamment), ou facultatif en cas de circonstances particulières rendant injuste la perpétuité [17]. Enfin n'oublions pas que de toutes façons le juge, en prononçant une peine privative de liberté fixe une période de sûreté (*tariff*) qui doit nécessairement être exécutée avant que le condamné puisse prétendre à sa libération conditionnelle, ce qui rappelle la période de sûreté du droit français (art. 132-23 CP).

De son côté, le Code criminel canadien en son article 753-4 (intitulé « Peine pour délinquant dangereux ») décide que « s'il déclare que le délinquant est un délinquant dangereux, le tribunal a) soit lui inflige une peine de détention dans un pénitencier pour une période indéterminée ; b)

---

15. Stephen C. Shute, Managing the risk posed by offenders after the espiny of sentence : the british experience in *Prevention of reoffending / Prévention de la récidive*, précité, pp. 235 et s.

16. *Legal Aid Sentencing and Punishment of Offenders Act. 2012.*

17. J. Sprack, *A Pratical Approach to Criminal procedure*, 14ème éd., Oxford University Press, 2012, p. 420 ; J. Spenar, chronique de droit anglais, *Rev. pénit.*, 2008, p. 612, et 2012, pp. 476 et s. ; D.-A. Thomas, The Legal Aid, Sentencing and Punishment of Offenders Act. 2012, Crim. LR 2012, pp. 572 et s.

soit lui inflige une peine minimale d'emprisonnement de deux ans pour l'infraction dont il a été déclaré coupable et ordonne qu'il soit soumis, pour une période minimale de dix ans, à une surveillance de longue durée(...) ». Ce qui est remarquable, c'est l'existence de cette peine à durée indéterminée dans un pénitencier. Il est vrai que le prononcé d'une telle peine n'est pas obligatoire car l'article 753-1 évoque l'idée que le tribunal peut être convaincu « que l'on peut vraisemblablement s'attendre à ce que le fait d'infliger une peine moins sévère (...) protège de façon satisfaisante le public contre la perpétration par le délinquant d'un meurtre ou d'une infraction qui constitue des sévices graves à la personne ». Donc l'emprisonnement à durée indéterminée ne concerne que des délinquants présentant un risque grave pour la société. En pratique, si elle est rarement prononcée, cette peine dure très longtemps car la libération conditionnelle est très difficile à obtenir, plus encore qu'en cas de condamnation à l'emprisonnement perpétuel [18].

Il apparait que ces peines privatives de liberté de très longue durée s'assimilent à des sanctions éliminatrices. Elles consacrent bien l'idée que les législateurs sanctionnent davantage les criminels dangereux que les autres. Mais elles suggèrent aussi que les législateurs sanctionnent ces criminels différemment des autres. La sanction différente apparait plus encore avec des réponses autres que celles appliquées aux délinquants ordinaires. Bref les criminels dangereux sont sanctionnés autrement.

II. Sanctionner autrement les criminels dangereux

Pour protéger la société des méfaits commis par des individus dangereux, les Positivistes avaient imaginé des mesures que l'on appela plus tard mesures de sûreté. Il ne s'agissait plus de répondre aux agissements d'un auteur coupable et donc responsable. Il s'agissait de répondre à la dangerosité de certains individus. A la responsabilité succédait la dangerosité, comme fondement de la réponse sociale à l'infraction [19]. Ces mesures de sûreté étaient conçues surtout comme des mesures d'élimination. Même si le concept de mesure de sûreté a survécu jusqu'à aujourd'hui, l'élimination est mâtinée de mesures de surveillance et de soins.

Mais de toutes façons, les mesures de sûreté aujourd'hui se présentent sous un double visage. Tantôt elle s'ajoute à la peine (aggravée comme il a

---

18. H. Parent et J. Desrosiers, *La peine. Traité de droit criminel*, tome 3, éd. Thémis, Montréal, 2012, pp. 440 et s.

19. R. Merle et A. Vitu, *Traité de droit criminel*, 7ème éd., 1997, éd., Cujas, n° 74 et s. ; L. Grégoire, *Les mesures de sûreté. Essai sur l'autonomie d'une notion*, thèse dactyl. Aix-en-Provence, 2014, sous la direction de Ph. Bonfils.

été dit), tantôt elle est prononcée seule, ce qui constitue plus encore à isoler les malfaiteurs dangereux pour en faire une catégorie juridique autonome. Ce sont des deux concepts qu'il nous faut rappeler.

A. Prononcé de mesures de sûreté s'ajoutant à la peine aggravée

On mesure aussitôt la dureté des législateurs : non seulement ils édictent une aggravation de la peine (par fixation d'un minimum ou par élévation du maximum), mais en outre, ils font appel, à l'occasion d'une même condamnation, à des mesures autonomes. On peut en donner quelques exemples.

1. Le premier, connu de tous les criminologues, est constitué par la trilogie italienne des délinquants d'habitude, professionnels et par tendance (art. 101 et s. CP italien). Il faut de suite rappeler que le Code pénal italien date de 1930 et qu'il subit l'influence fasciste, dérivée de la doctrine positiviste[20]. Ces trois figures criminelles sont soigneusement décrites par le Code de 1930 :

- Le délinquant d'habitude est celui qui après avoir été condamné à la réclusion à plus de cinq ans pour trois délits intentionnels de même nature commis dans un délai de dix ans subit une nouvelle condamnation pour délit identique, commis dans les dix ans à partir du dernier délit précédent (art. 102) ;
- Le délinquant professionnel est celui qui au regard de la nature des délits commis, de sa conduite, de son genre de vie, vit habituellement ou de façon partielle des produits du délit (art. 105) ;
- Le délinquant de tendance est celui qui, même sans qu'il y ait récidive, ou sans être un délinquant d'habitude ou professionnel commet un délit intentionnellement contre la vie qui révèle une inclination particulière au délit trouvant son origine dans un comportement spécialement mauvais (art. 108).

Or ces personnages, ainsi décrits, encourent non seulement l'aggravation prévue pour la récidive[21], mais en outre une mesure de sûreté (art. 109 et 199 et s. CP). La déclaration d'habitude ou de professionnalisme peut être prononcée en tout temps, même après l'exécution de la peine, encore que si elle est prononcée après exécution de la peine il n'est pas tenu compte de la conduite ultérieure du coupable. En revanche, la déclaration de délinquant par tendance ne peut être prononcée qu'à l'occasion de la condamnation, pas après.

---

20. E. Ferri, figure de proue du positivisme, finira en 1926 député fasciste.
21. Alors pourtant que le délinquant par tendance n'est pas forcément un récidiviste.

2. Notre second exemple, anglais celui-là, est celui des *civil orders* qui s'appliquent, à l'issue de la peine privative de liberté, qui sont des mesures civiles, mais qui peuvent déboucher sur une condamnation pénale si le condamné en méconnait les obligations. Les plus connus sont les *Sexual Offencer Prevention Orders (SOPO)*, prévus par le *Sexual Offences Act. 2003*. Un SOPO peut être utilisé par le juge soit juste après une condamnation pour délit spécifique, soit sur demande d'un chef de police s'il considère qu'une personne vivant en communauté, et déjà condamnée est susceptible de commettre une nouvelle infraction sexuelle. L'ordre peut être de durée indéterminée, mais doit être prévu pour au moins cinq ans. Il s'applique au majeur et même au mineur de dix-huit ans. Ses modalités sont variées : ainsi un SOPO peut interdire à l'intéressé de fréquenter sa victime ou de vivre dans un immeuble où se trouvent des enfants mineurs de seize ans. La violation d'un ordre constitue un délit pénal passible d'une peine d'emprisonnement.

Les juges prononcent très souvent un SOPO. Depuis 2006, cette mesure n'a cessé de progresser. Entre 2006 et 2013, environ 14 000 SOPO ont été prononcés, dont 8 000 entre 2012 et 2013 [22].

3. Enfin, dernier exemple, un nombre assez important de législations consacrent une mesure de sûreté privative de liberté, appelée détention de sûreté (par ex. en Allemagne) ou rétention de sûreté (par ex. en France) ou encore mise à la disposition du gouvernement (par ex. en Belgique). Cette mesure qui n'est certes ni obligatoire, ni perpétuelle a donné lieu à de vives critiques d'une partie de l'opinion. La CEDH a même condamné l'Allemagne [23] et conduit ce pays à réécrire en partie les articles 66 et s. StGB sur la détention de sûreté, la Cour constitutionnelle allemande ayant de son côté obligé le législateur à réécrire ces articles.

Les Etats-Unis connaissent également, pour les délinquants sexuels, le placement en établissement spécialisé après expiration de la peine. Et la Cour suprême n'y a pas vu d'atteintes au principe *Ne bis in idem* car l'hospitalisation est considérée comme un internement administratif.

Il arrive enfin que le côté rétributif s'efface complètement devant le côté défense sociale. Alors les législateurs créent des mesures de sûreté en tant que réponse unique à la dangerosité.

---

22. Stephen C. Shite, *précité*, pp. 240 et s.

23. CEDH, 5ème section, 17 décembre 2009, *M. c./ Allemagne*, *D.* 2010, 737, note Pradel ; *AJ pénal* 2010, 129, note Leblois-Happe ; du même auteur, La détention de sûreté en droit allemand et la CEDH, *Rev. pénit.*, 2011, pp. 773 et s.

B. Prononcé de mesures de sûreté à titre exclusif

Il est assez rare qu'une juridiction de jugement n'ait à sa disposition qu'une seule mesure à appliquer lorsqu'elle se trouve face à un délinquant dangereux.

L'exemple des Pays-Bas est connu avec la création en 1928 de la mise sous tutelle judiciaire (*Terbeschikkungstelling*) (ou TBS). La mesure de TBS est une mesure de sûreté destinée à protéger la société des personnes considérées comme dangereuses notamment en raison de troubles mentaux, encore qu'elle s'applique aussi à des personnes responsables. Elle a pour objet de protéger la société par des mesures de suivi ou de resocialisation. Il existe trois sortes de TBS (art. 37 et s. CP) :

- TBS à durée illimitée pour les auteurs de crimes graves, prononcé pour deux ans avec reconductions possibles, sauf cessation de la dangerosité ; il consiste en un internement en centre fermé avec obligations de soins ;
- TBS limité à quatre ans, réservé aux cas moins graves et à raison de deux ans, plus deux ans ; on retrouve l'internement avec soins obligatoires ;
- TBS sous condition, applicable aux infractions encore moins graves, sans placement dans un centre fermé de soins ; il s'apparente au système français de sursis avec mise à l'épreuve, avec obligation de soins et sa durée peut atteindre quatre ans.

Des garanties sont prévues avec notamment des expertises et l'audition de l'intéressé en présence de son avocat. Un appel est possible.

Dans l'application, le TBS s'avère onéreux. Mais les résultats sont bons puisque la récidive baisse.

En conclusion, on observera que les réponses pénales sont variées, sévères et sont faites surtout pour les violents et sexuels car pour les terroristes la réponse principale est l'emprisonnement de longue durée. Mais de toutes façons, la réhabilitation du coupable est recherchée et les législateurs opèrent un dosage entre neutralisation et réhabilitation.

6

Récidive et emprisonnement

Par Mikaël BENILLOUCHE

« *Un bon délinquant, un homme qui a commis une série de petits vols, de petites escroqueries, de petits attentats aux mœurs* (...), *quoiqu'il n'ait peut-être encore assassiné personne ni volé sur les grands chemins, un récidiviste en un mot, mérite un traitement privilégié de la part des tribunaux correctionnels. On le punit alors, non à cause de ses délits passés, remarquons-le, mais bien en raison des délits futurs qu'il commettrait si on ne le punissait pas* » [1].

La récidive est avant tout une réalité sociale.

D'un point de vue statistique, le fait de récidiver est influencé par deux facteurs majeurs : l'âge et la présence d'antécédents judiciaires. Plus un condamné est jeune [2], plus il aura de risques de récidiver et plus il le fera rapidement. De même, un condamné déjà récidiviste sera aussi plus enclin et plus prompt à récidiver.

La récidive des personnes condamnées est par ailleurs influencée par la nature de l'infraction qu'elles commettent. La condamnation en récidive sanctionnerait souvent [3] le même type d'infraction que la condamnation

1. G. Tarde, La Philosophie pénale, Cujas, Paris, 1972 (1re éd. : 1890).
2. En l'occurrence, moins de 26 ans.
3. 38 %.

initiale. Il s'agit la plupart du temps d'une condamnation pour vol, recel ou dégradation [4].

La sévérité a été accrue à l'égard des personnes condamnées en situation de récidive légale par l'effet des peines plancher : crimes et délits confondus, la durée des peines de prison prononcées à leur encontre a augmenté de 73 % entre 2004 et 2010, elle est passée de 9 à 15,6 mois. En comparaison, la durée des peines prononcées à l'encontre des personnes non-récidivistes est restée stable puisque, sur la même période, elle est passée de 5,7 à 5,9 mois. Enfin, dans 80 % des cas de récidive légale, la justice ordonne une peine de prison ferme [5].

Une approche statistique de la récidive des personnes condamnées a été publiée par le secrétariat général du Ministère en juin 2013 [6]. Elle relève que 4 condamnés sur 10 avaient déjà des antécédents judiciaires en 2010. 45 % des condamnés de 2004 ont récidivé. Le risque de récidive diminue avec le temps.

D'un point de vue juridique, traiter des liens entre récidive et emprisonnement, c'est s'interroger sur le rôle de l'emprisonnement et donc sur les fonctions de la peine [7]. A ce titre, il convient de relever l'existence d'un flottement terminologique entre la peine, la mesure de sûreté et la sanction ayant le caractère d'une punition. Le terme « *peine* » sera donc employé dans son sens le plus large, à savoir la réponse pénale à l'infraction. La première fonction de la peine est une fonction rétributive. Selon la doctrine libérale, la peine est également à juguler la délinquance en pacifiant la société. La théorie utilitariste adoptée par l'ancien code pénal prône une fonction intimidatrice de la peine laquelle doit dissuader de passer à l'acte. La défense sociale nouvelle prône de soigner le délinquant, ce malade social qu'il est nécessaire de guérir. Toutefois, cette présentation laisse transparaitre que la lutte contre la récidive est recherchée par l'ensemble de ces doctrines. Là où apparaissent les divergences, c'est concernant le moyen d'atteindre cet objectif. Plus encore, la peine a également des fonctions de réparation, de dissuasion et de réinsertion.

---

4. Infostat 227, avril 2014, http://www.justice.gouv.fr/budget-et-statistiques-10054/infostats-justice-10057/une-approche-statistique-de-la-recidive-des-personnes-condamnees-27086.html.

5. Prévention de la récidive et chiffres-clés, juin 2014, http://www.justice.gouv.fr/include_htm/reforme_penale_chiffres_cles_plaquette.pdf.

6. http://www.inhesj.fr/sites/default/files/files/ondrp_ra-2013/02_DIII_recidives%281%29.pdf.

7. Etude par les étudiants du Master 2 Droit pénal et sciences criminelles de l'université Toulouse 1 Capitole, Les fonctions de la peine, Dr. pénal n° 9, septembre 2015, dossier 8.

C'est le législateur qui a fait le lien initial entre la récidive et l'emprisonnement. Ainsi, plusieurs lois portent sur la récidive et développent les peines privatives de liberté à l'instar de la loi n° 2005-1549 du 12 décembre 2005 relative au traitement de la récidive des infractions pénales, de la loi n° 2007-1198 du 10 août 2007 renforçant la lutte contre la récidive des majeurs et des mineurs ou encore de la loi n° 2010-242 du 10 mars 2010 tendant à amoindrir le risque de récidive criminelle et portant diverses dispositions de procédure pénale pour ne citer que les lois récentes dans lesquelles le terme « *récidive* » apparaît dans le titre.

Pourtant, les fonctions de la peine demeurent multiples. Juridiquement les fonctions de la peine ressortent de l'article 132-24 alinéa 2 du code pénal. Ces fonctions sont reprises dans l'article 130-1 du code. Ainsi, aujourd'hui, la conception des fonctions de la peine, est axée autour de deux points : l'amendement et la réinsertion afin de « *d'assurer la protection de la société, de prévenir la commission de nouvelles infractions et de restaurer l'équilibre social, dans le respect des intérêts de la victime* ».

Le nouvel article 130-1 du code pénal mentionne les fonctions suivantes : la protection de la société qui renvoie à la fonction d'éloignement, d'exclusion de l'agent, la prévention de la commission de nouvelles infractions qui renvoie à la dissuasion, la restauration de l'équilibre social qui évoque un principe propre à la justice restaurative, la sanction de l'individu, et enfin, la réinsertion, l'insertion ou l'amendement.

De même, pour le Conseil constitutionnel, les peines sont conçues « *non seulement pour protéger la société et assurer la punition du condamné, mais aussi pour favoriser l'amendement de celui-ci et préparer son éventuelle réinsertion* » [8].

Le Conseil constitutionnel a employé un raisonnement similaire pour démontrer que les mesures de sûreté échappent aux garanties prescrites par l'article 8 de la Déclaration des droits de l'homme et du citoyen. Ainsi, le Conseil se fonde sur la finalité des mesures de sûreté qui serait « *d'empêcher et prévenir la récidive par des personnes souffrant d'un trouble grave de la personnalité* », parfaitement distincte de la finalité de la peine et de la modalité d'exécution de la peine privative de liberté [9]. Il existerait ainsi une dissociation entre la lutte contre la récidive et la peine. C'est davantage à la mesure de sureté que cette tâche serait assignée.

Quoiqu'il en soit, la matière a été profondément affectée par la loi n° 2014-896 du 15 août 2014 relative à l'individualisation des peines et

---

8. Décision n° 2013-320/321 QPC du 14 juin 2013, considérant n° 5.
9. Décision n° 2008-562 DC du 21 février 2008, considérant n°9.

renforçant l'efficacité des sanctions pénales. Tournant le dos au courant « *classique* » fondé surtout sur la rétribution et l'intimidation, notamment à l'égard des récidivistes, la loi adopte les idées de la défense sociale nouvelle de M. Ancel [10], qui avaient été relayées par le rapport de la conférence de consensus et par l'avis de la Commission consultative des droits de l'homme [11]. Pourtant, cette réforme en appelle de nouvelles comme celle proposée par le rapport sur la refonte du droit des peines qui propose notamment la création d'un code pénitentiaire et la création d'une nouvelle peine : la « *libération contrôlée* » [12].

La matière ayant été transformée, elle permet de réitérer la réponse à une question classique à savoir la peine permet-elle de lutter contre la récidive ? Plus encore, il convient de mettre en exergue le rôle ambivalent des mesures de sureté.

Dès lors, si classiquement, il fallait punir sans surveiller (I), désormais lutter contre la récidive passe également par surveiller mais sans punir (II).

I. La lutte contre la récidive par l'emprisonnement : punir pour surveiller

Pour lutter contre la récidive, le législateur a initialement opté pour la voie de répression en instaurant notamment des « *peines plancher* » (A), ce qui a conduit à développer le prononcé de courtes peines (B).

A. Les « peines plancher » : l'emprisonnement comme traitement de la récidive

La loi n° 2007-1198 du 10 août 2007 renforçant la lutte contre la récidive des majeurs et des mineurs instaure les « *peines plancher* » [13] pour les récidivistes rétablissant ainsi un minimum légal pour les infractions [14].

Le Conseil constitutionnel, dans sa décision portant sur la loi, rappelle préalablement que le Conseil n'a pas reçu « *un pouvoir général d'appréciation et de décision de même nature que celui du Parlement* », est

10. M. Ancel, La défense sociale nouvelle, éd. Cujas, 3e éd., 1982.

11. Avis 27 mars 2014, Journal Officiel 12 Avril 2014.

12. Rapport remis le 18 décembre 2015 à la Garde des sceaux, http://www.justice.gouv.fr/art_pix/rapport_refonte_droit_peines.pdf.

13. J.-H. Robert, Le plancher et le thérapeute. - Commentaire de la loi n° 2007-1198 du 10 août 2007 renforçant la lutte contre la récidive des majeurs et des mineurs, Dr. pénal n° 10, octobre 2007, étude 20.

14. Articles 132-18-1 et 132-19-1 ancien CP.

conforme à cette jurisprudence. Elle observe, pour ce qui est des nombres, que le quantum des *minima* n'est que d'environ le sixième des *maxima* encourus par les récidivistes, et que par conséquent, le principe de nécessité n'a pas été manifestement méconnu. De plus, les juges peuvent prononcer des peines qui sont inférieures à ces *minima* [15].

Mais les limitations apportées à l'exercice de ce pouvoir aussi étaient contestées par les parlementaires requérants sur le fondement du principe à valeur constitutionnelle de l'individualisation des peines [16]. Le Conseil, dans sa décision du 9 août 2007, énonce la portée du principe qui « *ne saurait faire obstacle à ce que le législateur fixe les règles assurant une répression effective des infractions* » et qui « *n'implique pas davantage que la peine soit exclusivement déterminée en fonction de la personnalité de l'auteur de l'infraction* » [17]. Les dispositions de la loi déférée, en ce qu'elles visaient la première récidive, étaient à l'abri du danger d'une censure puisqu'elles invitent expressément le juge à prendre en considération « *la personnalité de l'auteur* » [18].

Mais c'est justement cette référence qui disparaît lorsque la loi énonce l'unique condition qui permet, en cas de nouvelle récidive, de prononcer une peine inférieure au minimum, savoir « *les garanties exceptionnelles d'insertion ou de réinsertion* ». Ces données, si étroites qu'elles soient, sont encore pour partie des signes de la personnalité du délinquant, mais ce n'est pas à cela que s'attache le Conseil pour valider la disposition contestée : il la replace dans l'ensemble du droit préexistant pour en constater et même en établir les limites. La constatation porte sur la possibilité du sursis avec mise à l'épreuve qui reste possible même après deux récidives, pourvu que cet aménagement ne porte que sur une partie de la peine.

Pourtant, la doctrine pénaliste ou non, juridique ou non s'entend pour considérer que les trajectoires criminelles sont complexes et que le rôle de la prison a un effet ambivalent [19].

B. Les courtes peines : l'emprisonnement vecteur de récidive

Le législateur a laissé en théorie une grande latitude au juge correctionnel dans le choix de la peine. Or, les peines alternatives prévues par le code

---

15. Décision n° 2007-554 DC du 9 août 2007, considérant n° 11.
16. Décision n° 2005-520 DC du 22 juillet 2005, considérant 3.
17. Considérant 13.
18. Articles 132-18-1 al. 6 et 132-19-1 al. 6 anciens CP.
19. M. Mohammed (sous la dir. de), Les Sorties de délinquance, La Découverte, coll. « Recherches », Paris, 2012.

pénal n'ont donc pas rencontré le succès escompté. En outre, la place de la peine d'emprisonnement a été confortée par l'accumulation de textes répressifs de lutte contre la récidive dont la comparution immédiate a été la grande pourvoyeuse de récidive correctionnelle. Pour les récidivistes, l'emprisonnement est, en effet, la peine de référence. C'est ainsi que l'immense majorité [20] des peines minimales prononcées à la suite de leur introduction par la loi n° 2007-1198 du 10 août 2007 renforçant la lutte contre la récidive des majeurs et des mineurs se sont traduites par le prononcé d'une peine d'emprisonnement [21]. Le système pénal a contribué à multiplier mécaniquement les condamnations à l'emprisonnement ferme pour les petites infractions et à asphyxier le système carcéral. Au 1er janvier 2013, l'administration pénitentiaire comptait 10 800 condamnés à moins de six mois [22], 11 161 condamnés de six mois à moins d'un an [23] et 18 169 condamnés de un an à moins de trois ans [24].

Toutefois, loin de lutter contre la récidive, de telles peines seraient en réalité un facteur de récidive. C'est du moins en ce sens que l'adage attribué à Badinter s'explique « *on entre en prison délinquant, on en sort criminel* ». C'est également le point de vue défendu par le Contrôleur général des lieux de privation de liberté avant la réforme de 2014. Pour autant, « *faut-il en finir avec la prison ?* » [25]. Si, dans les années 1830, P. Rossi parlait de l'emprisonnement comme de « *la peine par excellence dans les pays civilisés* » [26], dès la fin du XIXe siècle, une offensive apparaît contre la prison. La doctrine a critiqué l'efficacité de l'emprisonnement. Plus précisément, Litz critique la courte peine et Saleilles s'interroge sur la légitimité de la prison dans le processus d'amendement du criminel.

Toutefois, pour J. Pradel, ce n'est pas parce que les conditions de détention sont mauvaises et sont susceptibles d'être criminogènes qu'il faut pour autant remettre en cause l'emprisonnement dans son ensemble. De plus, il n'est pas démontré que la prison ait un effet criminogène [27]. Pour lutter contre la récidive, il est davantage évoqué l'idée de développer le suivi post-carcéral.

---

20. 92,6 %.

21Dont un emprisonnement ferme en totalité pour 38,7 % et 53,9 % sous forme de peines mixtes, avec une sur-représentation des infractions d'atteintes aux biens.

22. 17,9 %.

23. 18,5 %.

24. 30,1 %.

25. Tiré de M. Cusson, La délinquance, une vie choisie, Cahier du Québec, 2005, p. 206 et s.

26. P. Rossi, Traité de droit pénal, 1829, III, p. 169.

27. J. Pradel, Un législateur bien imprudent. - À propos de la loi n° 2014-896 du 15 août 2014, JCP éd G, n° 38, 15 septembre 2014, doctr. 952.

Mais dès lors une question se pose : qui va en prison ? La question est provocatrice et simpliste d'un point de vue juridique. Irait en prison l'auteur d'un crime ou d'un délit, mais une approche sociologique permet de dresser d'autres contours.

Ainsi, selon le sociologue Aubusson de Cavarlay pouvait ainsi énoncer en 1985 : « *Veut-on caricaturer ? L'amende est bourgeoise et petite-bourgeoise, l'emprisonnement ferme est sous-prolétarien, l'emprisonnement avec sursis est populaire.* »[28] En 2013, au terme d'une vaste enquête sur la réponse pénale, ses confrères Gautron et Retière posaient le même constat et concluaient : « *Trente ans plus tard, la sociologie pénale bégaie* »[29].

Ils récidivent car ils vont en prison et ils vont en prison en raison de leurs caractéristiques sociales, psychologiques ou ethnoculturelles, voire biologiques, comme le font certains avec les neurosciences.

Toutes ces interrogations vont conduire à un changement de politique criminelle, du moins dans les textes.

II. Le rejet de l'emprisonnement pour lutter contre la récidive : surveiller sans punir

Emprisonner pour lutter contre la récidive n'est donc pas nécessairement efficace, c'est pourquoi le législateur a également opté pour d'autres solutions, notamment surveiller après avoir emprisonné (A) et surveiller à la place d'emprisonner (B).

A. Surveiller après avoir emprisonné

En raison des atermoiements législatifs, il est parfois dénoncé une certaine forme de « *schizophrénie* »[30], le droit subissant les influences de deux mouvements en apparence contradictoires, d'un côté le développement de techniques d'individualisation essentiellement articulées autour du maintien en liberté du condamné et de l'autre le développement de moyens

---

28. Bruno Aubusson de Cavarlay, « Hommes, peines et infractions : la légalité de l'inégalité », L'Année sociologique, vol. 35, n° 2, Paris, 1985.

29. Jean Danet (sous la dir. de), La Réponse pénale. Dix ans de traitement des délits, Presses universitaires de Rennes, 2013.

30. M. Herzog-Evans, Le JAP. Monsieur Jourdain de la désistance, L'Harmattan, 2013 p. 133 et s.

de contrôle accrus du condamné, jusqu'aux frontières de la peine, dans une optique sécuritaire [31].

En effet, des mesures ont toujours été destinées à maintenir la surveillance sur le condamné après sa sortie, pour éviter les « *sorties sèches* » dont le caractère criminogène est connu.

Ainsi, la loi n° 98-468 du 17 juin 1998 relative aux infractions sexuelles et à la protection des mineurs a créé la peine de suivi sociojudiciaire emportant pour le condamné « *l'obligation de se soumettre, sous le contrôle du juge de l'application des peines et pendant une durée déterminée par la juridiction de jugement, à des mesures de surveillance et d'assistance destinées à prévenir la récidive* » [32].

La surveillance électronique mobile peut être une modalité d'exécution d'une peine privative de liberté [33], une composante du suivi sociojudiciaire [34] ou un élément de la surveillance judiciaire [35].

Par la suite, ces mesures se sont développées avec la loi n° 2008-174 du 25 février 2008 relative à la rétention de sûreté et à la déclaration d'irresponsabilité pénale pour cause de trouble mental qui prévoit la rétention et la surveillance de sûreté.

Le dispositif a été complété par la loi n° 2010-242 du 10 mars 2010 tendant à amoindrir le risque de récidive criminelle et portant diverses dispositions de procédure pénale.

Le placement en rétention de sûreté d'une personne après l'exécution de sa peine suppose que l'intéressé ait été mis en mesure, pendant sa détention, de bénéficier d'une prise en charge médicale, sociale ou psychologique adaptée au trouble de la personnalité dont il souffre.

Concernant une mesure proche de la rétention de sûreté, la « *détention de sûreté* », la Cour européenne des droits de l'homme a estimé qu'il s'agissait d'une peine et a donc appliqué les garanties inhérentes à cette qualification [36].

La rétention de sûreté est le placement d'une personne « *en centre socio-médico-judiciaire de sûreté dans lequel lui est proposée, de façon perma-*

---

31. E. Senna, Les ambiguïtés de l'individualisation des peines, in « Peines prononcées, peines appliquées » : Les cahiers de la justice, ENM/Dalloz, 2010/4, p. 47 et s.

32. Article 131-36-1 CP.

33. Articles 132-26-1 à 132-26-3 CP et articles 723-7 à 723-14 CPP.

34. Article 131-36-9 CP.

35. Article 723-29 CPP.

36. CEDH, M. c. Allemagne, 17 décembre 2009, requête no 19359/04.

nente, une prise en charge médicale, sociale et psychologique destinée à permettre la fin de cette mesure »[37].

La mesure ne peut être appliquée qu'aux personnes dont il est établi, à l'issue d'un réexamen de leur situation intervenant à la fin de l'exécution de leur peine, qu'elles présentent une particulière dangerosité caractérisée par une probabilité très élevée de récidive parce qu'elles souffrent d'un trouble grave de la personnalité[38]. La mesure peut alors être prononcée à titre exceptionnel[39].

Pour que la mesure soit prononcée, un an avant la libération du condamné, la commission pluridisciplinaire des mesures de sûreté, après avoir sollicité une évaluation et une expertise médicale, peut proposer, en raison de la particulière dangerosité du condamné, une rétention de sûreté.

Il est alors nécessaire d'établir que l'inscription dans le fichier judiciaire national automatisé des auteurs d'infractions sexuelles ou violentes et les obligations susceptibles d'intervenir dans le cadre d'un suivi sociojudiciaire ou d'une surveillance judiciaire apparaissent insuffisantes, mais aussi et surtout, que la rétention constitue l'unique moyen de prévenir la commission, dont la probabilité est très élevée, d'une infraction. La commission vérifie également que la personne condamnée a été mise en mesure de bénéficier, pendant l'exécution de sa peine, d'une prise en charge médicale, sociale et psychologique adaptée au trouble de la personnalité dont elle souffre.

La décision est prise par la juridiction régionale de la rétention de sûreté. Elle est susceptible de faire l'objet d'un recours devant la juridiction nationale de la rétention de sûreté qui statue par une décision motivée susceptible d'un pourvoi en cassation[40].

La décision de rétention de sûreté est valable pour une durée renouvelable de deux ans.

---

37. Article 706-53-13 CPP.

38. Il ne peut s'agir que d'une personne condamnée à une peine de réclusion criminelle d'une durée égale ou supérieure à quinze ans pour les crimes, commis sur une victime mineure, d'assassinat ou de meurtre, de torture ou actes de barbarie, de viol, d'enlèvement ou de séquestration.

Il en est de même pour les crimes commis sur une victime majeure, les infractions devant alors avoir été commises avec aggravation.

Dans les deux cas, la cour d'assises doit avoir expressément prévu dans sa décision de condamnation la possibilité d'une rétention de sûreté.

39. Article 706-53-13 CPP.

40. Article 706-53-15 CPP.

Toutefois, la rétention de sûreté peut également prendre fin sur décision de la juridiction régionale de la rétention de sûreté prise d'office ou sur demande du retenu [41].

La surveillance de sûreté est susceptible d'être prononcée soit à la place de la rétention, soit, à l'issue de celle-ci, pour en prolonger certains effets.

Si la personne présente des risques de commettre de nouvelles infractions, la juridiction régionale de la rétention de sûreté peut placer celle-ci sous surveillance de sûreté pendant une durée de deux ans renouvelable.

La surveillance de sûreté comprend des obligations identiques à celles prévues dans le cadre de la surveillance judiciaire [42].

En cas de non-respect des obligations faisant apparaître que la personne surveillée présente à nouveau une particulière dangerosité caractérisée par une probabilité très élevée de commettre à nouveau l'une des infractions visées par la rétention de sûreté, le président de la juridiction régionale peut ordonner en urgence son placement provisoire dans un centre socio-médico-judiciaire de sûreté. Ce placement doit être confirmé dans un délai maximal de trois mois par la juridiction régionale selon une procédure identique à celle d'un placement initial.

La surveillance de sûreté peut prolonger des obligations prononcées au titre d'un placement sous surveillance judiciaire. Dans ce cas, la juridiction régionale de la rétention de sûreté peut décider de prolonger tout ou partie des obligations auxquelles est astreinte la personne, au-delà des limites normalement prévues, en la plaçant sous surveillance de sûreté pour une durée de deux ans renouvelable [43]. De la même façon, un placement sous surveillance électronique mobile prononcé dans le cadre d'une surveillance judiciaire ou un suivi sociojudiciaire peut être prolongé à la faveur d'un placement sous surveillance de sûreté.

Le Parlement avait souhaité que les dispositions relatives à la rétention et à la surveillance de sûreté soient applicables aux personnes faisant l'objet d'une condamnation prononcée après la publication de la loi pour des faits commis avant cette publication, mais le Conseil constitutionnel a censuré cette disposition. Le Conseil constitutionnel a estimé que la nature privative de liberté, la durée et le fait que la rétention de sûreté soit prononcée après une condamnation par une juridiction, justifient qu'elle ne puisse être appliquée à des personnes condamnées avant la publication de la loi ou

---

41. Articles 706-53-17 et 706-53-18 CPP.
42. Article 706-53-19 CPP.
43. Article 723-37 CPP.

faisant l'objet d'une condamnation postérieure à cette date pour des faits commis antérieurement.

Il est prévu que les personnes exécutant, à la date du 1er septembre 2008, une peine de réclusion criminelle d'une durée égale ou supérieure à quinze ans au titre des infractions visées par la rétention de sûreté, peuvent être soumises, dans le cadre d'une surveillance judiciaire, à un suivi sociojudiciaire ou à une surveillance de sûreté, à une obligation d'assignation à domicile sous le régime du placement sous surveillance électronique mobile.

Par ailleurs, si la personne ne respecte pas les obligations qui lui sont imposées au titre d'une surveillance, de sorte qu'elle présente une particulière dangerosité caractérisée par la probabilité très élevée de commettre une infraction visée par la rétention de sûreté, elle peut être placée jusqu'au 1er septembre 2008 dans un établissement public de santé accueillant des détenus selon la procédure d'urgence instituée par la loi [44].

Il est donc possible de placer en rétention de sûreté en cas de méconnaissance de la surveillance de sûreté. A ce titre, il convient de relever l'avis particulièrement critique du Contrôleur général des lieux de privation de liberté du 6 février 2014. Il relève que des aspects punitifs et préventifs sont indissolublement liés. De plus, la « *dangerosité* », ne saurait résulter de la seule inobservation des obligations dont est assortie une surveillance de sûreté ainsi que l'illustre la situation de deux des personnes rencontrées lors de la visite des lieux, l'une ayant méconnu sciemment les obligations de la surveillance de sûreté parce qu'elle estimait elle-même, pour des raisons liées à sa psychologie, que sa place était en rétention de sûreté, tandis que les facultés de compréhension de l'autre étaient telles qu'elle mesurait sans aucun doute assez mal la portée des contraintes qui lui étaient imposées. Le contrôleur ajoute que, sur les quatre personnes placées en rétention de sûreté, la commission pluridisciplinaire des mesures de sûreté prévue à l'article 763-10 du code de procédure pénale, dont l'avis est nécessairement requis avant tout placement [45], s'était prononcée dans la moitié des cas défavorablement quant à la perspective d'un placement. De plus, les durées de séjour en rétention de sûreté ont été respectivement de 41 jours (deux fois), 86 jours et 88 jours, « *autrement dit des durées pendant lesquelles il était vain d'espérer une modification de leur état constaté avant le placement* ».

L'avis s'interroge ensuite sur le régime de la rétention de sûreté qui, selon la loi, doit prendre la forme d'un placement dans un centre socio-médico-judiciaire dans lequel est proposée à la personne « *une prise en charge*

44. Article 706-53-19 dernier alinéa CPP.
45. Article 706-53-19 CPP.

médicale, sociale et psychologique destinée à permettre la fin de cette mesure ». Autrement dit, loin d'être une fin en soi et, par conséquent, une privation de liberté perpétuelle, la rétention de sûreté est un instrument d'évolution destiné à mettre fin au caractère « *dangereux* » de la personne.

Le nouveau Contrôleur des lieux de privation de liberté a rendu un avis similaire le 5 novembre dernier.

Si la surveillance de sûreté n'est pas critiquée, il semble que la rétention de sûreté, en pratique trop proche de l'emprisonnement n'ait pas les effets escomptés sur la récidive. Pourtant, le législateur ne l'a pas encore supprimé alors même que l'occasion s'est présentée à l'occasion de la loi n° 2014-896 du 15 août 2014 relative à l'individualisation des peines et renforçant l'efficacité des sanctions pénales.

B. Surveiller au lieu d'emprisonner

Le droit de la peine a donc été fortement modifié par la loi n° 2014-896 du 15 août 2014 relative à l'individualisation des peines et renforçant l'efficacité des sanctions pénales [46].

La raison d'être de cette mesure réside dans le constat de l'inefficacité des courtes peines et de la volonté de lutter contre la surpopulation carcérale. Cette réforme se situe dans le droit prolongement de la Conférence de consensus selon laquelle les peines subies en dehors de la prison doivent être développées aux dépens de l'incarcération qui peut accroître la dangerosité du condamné mais n'en épouse pas exactement les contours. Ainsi, n'est pas retenue l'instauration d'une libération conditionnelle « *d'office* » quand les deux tiers de la peine privative de liberté ont été subis.

La loi s'oriente dans deux directions : la personne condamnée pour un délit puni d'une peine maximale de cinq ans d'emprisonnement ira moins facilement en prison. Quant au délinquant détenu, il sortira plus facilement. De la sorte, le détenu ayant exécuté les deux tiers de sa peine verra sa situation examinée par un juge de l'application des peines. Plus encore, tous les détenus ont vocation à bénéficier d'une libération conditionnelle quand ils ont subi la moitié de leur peine.

La contrainte judiciaire qui consiste en l'application de nombreuses interdictions et obligations subies en milieu libre et qui sont celles du sursis avec mise à l'épreuve ; la juridiction de jugement ou le juge de l'application

---

46. J. Pradel, Un législateur bien imprudent. - À propos de la loi n° 2014-896 du 15 août 2014, JCP éd G, n° 38, 15 Septembre 2014, doctr. 952.

des peines peuvent même les aggraver en y ajoutant le travail d'intérêt général et l'injonction de soins.

La contrainte pénale est une peine que le juge peut, discrétionnairement, substituer, ou non, à un emprisonnement égal ou inférieur à cinq ans [47].

La contrainte pénale est présentée par la circulaire n° 2014-18/E8 du 26 septembre 2014. Après avoir rappelé que la contrainte pénale se présente comme une peine de probation directement influencée par les Règles européennes relatives à la probation adoptées par le Conseil de l'Europe en 2010, la circulaire en prévoit l'application rétroactive parce qu'en ajoutant une nouvelle peine alternative à l'emprisonnement, la loi serait plus douce. Il est permis de douter de ce raisonnement dans la mesure où l'auteur d'un délit commis avant le 1er octobre 2014, date d'entrée en vigueur de la contrainte, encourra une peine supplémentaire à toutes celles – y compris alternatives – qu'il était susceptible de se voir infliger et dotée d'un régime présenté par la circulaire comme extrêmement contraignant [48] : un condamné préfèrera-t-il subir un travail d'intérêt général ou une contrainte pénale comprenant un travail d'intérêt général ?

Quant aux modalités de mise en œuvre de la contrainte, la circulaire distingue selon les attributions relevant de la compétence de la juridiction de jugement ou du juge de l'application des peines.

Le tribunal doit la prononcer en se fondant, non seulement sur des facteurs juridiques mais aussi criminologiques, inspirés des Règles européennes relatives à la probation, à savoir l'analyse des risques de récidive, les besoins de la personne condamnée, l'évaluation de son adhésion au suivi renforcé dont elle va faire l'objet. Son contenu ne devra être déterminé par le tribunal que s'il dispose de ces informations. A défaut, il est encouragé à recourir à l'ajournement prévu à l'article 132-70-1 CP. En l'absence d'ajournement, le tribunal fixe les durées de la contrainte et de l'emprisonnement susceptible d'être mis en œuvre à titre de sanction. Il convient de relever que si la contrainte est préconisée dans le cadre d'une comparution sur reconnaissance préalable de culpabilité, sa durée ne devra alors pas être supérieure à un an, pour respecter les dispositions de l'article 495-8 alinéa 2 du code de procédure pénale.

La décision de recourir à la contrainte s'accompagne d'une convocation à comparaître devant le service pénitentiaire insertion et probation dans un délai préconisé ne devant pas être supérieur à huit jours pour décider des modalités d'exécution de la peine. Le procureur de la République est chargé

---

47. Dix ans à partir du 1er janvier 2017.

48. Multiplication des entretiens individuels comme collectifs avec le SPIP, par exemple.

dans ce laps de temps de transmettre au JAP et au SPIP l'ensemble des documents nécessaires pour assurer l'efficacité d'une contrainte pénale, exécutoire par provision.

Si la fixation du contenu de la contrainte a été renvoyée au JAP, celui-ci doit prendre sa décision après le rapport du SPIP qui devra lui être transmis dans les trois mois de la décision du tribunal. Il aura un mois pour statuer [49]. Le dépassement de ce délai n'est pas sanctionné. Le JAP statue par ordonnance motivée, exécutoire par provision [50] susceptible d'un appel devant le président de la chambre de l'application des peines. Cette voie de recours peut être exercée par le condamné, le procureur de la République et le procureur général dans les vingt-quatre heures. Il fixe des orientations générales et des instructions particulières s'agissant de la finalité de la mesure et du contenu des obligations à respecter, le SPIP et le JAP étant tenus d'en dresser un bilan tous les ans, pour adapter le régime de la contrainte à la capacité d'évolution du condamné.

A défaut de respecter le contenu de la mesure, le JAP dispose d'une réponse graduée. Il peut procéder au rappel des obligations, les modifications puis mettre à exécution l'emprisonnement si les mesures précédentes ont échoué. La mise à exécution de l'emprisonnement, sollicitée par le juge de l'application des peines, est accordée ou refusée par le président du tribunal. Elle peut être motivée par le non-respect de ses obligations par le condamné qui peut alors faire l'objet d'une incarcération provisoire décidée par le JAP. La mise en exécution de l'emprisonnement, décidée par le tribunal après avis du JAP, peut encore résulter de la commission d'une infraction par le condamné.

Le législateur a souhaité encourager le condamné à observer les mesures prescrites dans le cadre de la contrainte pénale. En effet, l'article 713-45 du code de procédure pénale permet au JAP de mettre fin de manière anticipée à la contrainte pénale. Cette faveur nécessite la réunion de plusieurs conditions de fond et de forme.

Trois conditions sont requises par le législateur. Tout d’abord, le condamné doit avoir satisfait aux mesures, obligations et interdictions imposées par la juridiction de jugement ou le JAP. Ensuite, l'achèvement anticipé de la peine nécessite que le reclassement de l'auteur de l'infraction paraisse acquis et qu'aucun suivi ne paraisse plus nécessaire. Enfin, le condamné doit avoir respecté les obligations qui la composent pendant au moins un an [51]. Le juge peut mettre fin à la contrainte pénale par une

49. Article 713-43 dernier alinéa CPP.
50. Article 712-14 CPP.
51. Article 713-45 CPP.

ordonnance rendue sur réquisitions conformes du procureur de la République. Le JAP, s'il persiste à penser qu'il est opportun de mettre fin à la contrainte pénale malgré les réquisitions contraires du procureur, saisit, par requête motivée, le président du tribunal.

En cas d'inobservation par la personne condamnée des mesures de contrôle et d'assistance ou des obligations ou interdictions imposées dans le cadre de la contrainte pénale, le JAP peut procéder à un rappel à l'intéressé desdites mesures et obligations. Il n'est soumis à aucune condition de forme particulière puisqu'elle ne constitue pas une décision du juge.

Le JAP peut aussi changer le contenu de la contrainte pénale en modifiant ou complétant les obligations ou interdictions particulières imposées au condamné.

La juridiction correctionnelle qui prononce cette peine fixe la durée maximale de l'emprisonnement encouru par le condamné en cas d'inobservation des obligations et interdictions auxquelles il est astreint, cet emprisonnement ne pouvant excéder deux ans, ni le maximum de la peine d'emprisonnement encourue [52].

Le président du tribunal fixe la durée de l'emprisonnement à exécuter, laquelle ne peut excéder celle fixée par la juridiction de jugement qui ne détermine donc qu'un maximum. Cette décision doit être individualisée en indiquant que la durée de l'emprisonnement est déterminée en fonction de la personnalité et de la situation matérielle, familiale et sociale du condamné, de la gravité de l'inobservation des mesures, obligations et interdictions, ainsi que du délai pendant lequel la contrainte pénale a été exécutée et des obligations qui ont déjà été respectées ou accomplies. Le jugement du magistrat saisi par le JAP peut faire l'objet d'un appel du condamné et du Ministère public. L'appel est porté devant la chambre de l'application des peines.

La contrainte pénale implique non seulement que le condamné respecte les obligations imposées mais aussi qu'il ne persiste pas dans la délinquance. Par conséquent, le législateur prévoit que si l'intéressé commet, pendant la durée d'exécution de la contrainte pénale, un crime ou un délit de droit commun suivi d'une condamnation à une peine privative de liberté sans sursis, la juridiction de jugement peut, après avis du JAP, ordonner la mise à exécution de tout ou partie de l'emprisonnement fixé par la juridiction de jugement [53].

---

52. Article 131-4-1 alinéa 10 CP.
53. Article 713-48 CPP.

En cas d'incarcération, la contrainte n'est pas suspendue de plein droit, mais sur décision du JAP. Le condamné doit donc, en principe, continuer à respecter les obligations et interdictions compatibles avec sa détention.

En conclusion, le législateur se cherche, l'absence de cohérence de la loi pénale est le plus grand frein à son effectivité. Toutefois, supprimer la récidive est utopiste. Ainsi, Durkheim relève « *[l]e crime est normal, parce qu'une société qui en serait exempte est tout à fait impossible. Le crime* (...) *consiste dans un acte qui offense certains sentiments collectifs, doués d'une énergie et d'une netteté particulières. Pour que, dans une société donnée, les actes réputés criminels puissent cesser d'être commis, il faudrait donc que les sentiments qu'ils blessent se retrouvassent dans toutes les consciences individuelles sans exception* (...). *Or, à supposer que cette condition pût être effectivement réalisée, le crime ne disparaîtrait pas pour cela, il changerait seulement de forme* » [54].

Le crime apparaît donc consubstantiel à la construction de tout ordre social, dont il contribue à dessiner les frontières.

---

54. E. Durkheim, Les Règles de la méthode sociologique, Presses universitaires de France, Paris, 1996 (1re éd. : 1937).

7

Les personnes morales : les oubliées de la réforme pénale

Par Jean-Claude PLANQUE

Il est curieux de constater que dès que l'on évoque la question de l'introduction de la responsabilité pénale des personnes morales, la question des peines arrive très rapidement dans la discussion et de voir qu'une fois le principe de cette responsabilité pénale adoptée, et quelques peines spécifiques jetées dans un article, le législateur y prête si peu d'intérêt.

En effet, Achille MESTRE, en 1889 [1], dans sa thèse consacrée à l'opportunité d'introduire une responsabilité pénale des personnes morales en droit français, abordait déjà la problématique des peines, pour préciser que l'impossibilité d'appliquer une peine d'emprisonnement à un être moral ne constitue pas un obstacle dirimant à l'introduction de cette responsabilité nouvelle et qu'il suffit de prévoir, des peines adaptées aux personnes morales.

De la même manière, lors des discussions des différents projets et avant-projets de réforme du Code pénal français l'argument reposant sur les peines « classiques », inadaptées aux êtres moraux, était l'un des principaux, voire le principal argument en défaveur de la reconnaissance de la responsabilité pénale des personnes morales. Au final, cette responsabilité pénale fut introduite dans notre Code pénal, de manière assez minimaliste tant sur le

---

1. A. MESTRE, Les personnes morales et le problème de leur responsabilité pénalé, Thèse Paris, 1889.

fond [2] que sur la forme [3]. Concernant les peines, il est inutile de chercher dans les discussions parlementaires des échanges sur le sujet. Le mécanisme mis en place avait des allures de « laboratoire juridique » et pouvait laisser penser que le législateur remettrait son ouvrage sur le métier après quelques années afin de le faire évoluer au regard des propositions doctrinales et des avancées jurisprudentielles. En réalité, il n'en fut rien puisque les interventions législatives furent peu nombreuses et de portée relativement limitée. La plus spectaculaire étant la suppression du principe de spécialité et la création d'une amende d'un million d'euros en répression des crimes pour lesquels aucune amende n'est prévue pour les personnes physiques [4].

Dans le domaine spécifique des peines [5], on note seulement l'ajout de quelques nouvelles peines complémentaires au sein de l'article 131-39 du Code pénal. Ainsi, en 2007 furent introduites la confiscation d'un animal et l'interdiction de détenir un animal [6] et en 2014, l'interdiction de percevoir des aides publiques [7]. Nous ne ferons qu'évoquer, enfin, la loi de simplification du droit du 12 mai 2009 qui, en ce qui concernait la responsabilité des personnes morales, a modifié les articles qui précisaient que telles infractions étaient imputables aux personnes morales, rendus inutiles par l'abandon du principe de spécialité, pour ne laisser subsister que la liste des peines applicables aux dites infractions et qui, par une « bévue législative » [8] avait, par la même occasion abrogé la peine de dissolution en cas d'escroquerie quelques jours avant le début du procès de l'église de scientologie [9]. Cette peine de dissolution a d'ailleurs été réintroduite depuis.

Le constat qui s'impose est donc bien l'absence de réflexion d'ampleur sur la question des peines applicables aux personnes morales depuis l'entrée en

---

2. Avec ce que la doctrine a appelé le principe de spécialité (seules certaines infractions étaient imputables aux personnes morales) supprimé en 2004.

3. Le Code pénal contient peu de textes spécifiques à cette responsabilité pénale des personnes morales ce qui laisse penser que la quasi-totalité des règles, spécialement de droit pénal général, pourra être appliquée aux personnes morales.

4. Art. 54 et 55 de la loi n°2004-204 du 9 mars 2004 portant adaptation de la justice aux évolutions de la criminalité, JORF 10 mars 2004.

5. Pour une étude complète des peines applicables aux personnes morales : J. -Y. MARECHAL, Peines applicables aux personnes morales, Jclasseur Pénal, fasc 28-75 et 28-80.

61. 0° et 11° de l'article 131-39 du CP introduits par la loi n°2007-297 relative à la prévention de la délinquance

7. 13° de l'article 132-39 du CP introduit par la loi n°2014-790 du 10 juillet 2014 visant à lutter contre la concurrence sociale déloyale.

8. B. BOULOC, Responsabilité des personnes morales : une bévue législative ?, D. 2009, p,2286.

9. J.C. PLANQUE, L'Eglise de scientologie miraculeusement sauvée de la dissolution, D. 2009, p.2287.

vigueur du Code pénal. Et ce n'est pas la loi dite « Taubira » du 15 août 2014 [10], dernière loi en matière de peines qui nous démentira. Le texte est relatif à l'individualisation des peines, ce terme renvoie uniquement aux personnes physiques puisque ce terme avait, lors de la réécriture du Code pénal, été remplacé par celui de personnalisation en raison de l'introduction de la responsabilité pénale des personnes morales.

Il est donc nécessaire d'examiner le système actuel de répression des personnes morales pour s'interroger sur le sens des peines prononcées à l'encontre des êtres moraux reconnus coupables d'infractions pénales (I). A l'issue de cet examen du droit existant, nous présenterons quelques pistes de réformes visant à aboutir à un système plus cohérent et plus efficace de répression des personnes morales (II).

I. Le système actuel a-t-il un sens ?

Il convient, pour répondre à cette question, de se reporter au nouvel article 130-1 du Code pénal issu de la loi 15 août 2014 déjà évoquée. Si ce texte vise, comme on l'a dit, les personnes physiques, il n'en reste pas moins un texte général qui, en l'absence de précision contraire vaut pour la responsabilité pénale des personnes morales. Aux termes de ce texte, la peine doit assurer la protection de la société, prévenir la commission de nouvelles infractions et restaurer l'équilibre social, dans le respect des intérêts de la victime. Pour ce faire, la peine doit sanctionner l'auteur de l'infraction et favoriser son amendement, son insertion ou sa réinsertion. Ces objectifs ne semblent que très partiellement atteints, pour les êtres moraux, que ce soit en raison de l'organisation actuelle de la répression des personnes morales (A) ou en raison de l'efficacité toute relative de ces peines (B).

A. L'organisation de la répression des personnes morales

La responsabilité pénale est avant tout conçue pour les personnes physiques. Il est donc logique de se demander ce qui fait le lien entre la répression des personnes physiques et celle des personnes morales. La lecture des textes révèle que le référentiel choisi par le législateur est l'amende. En particulier, le législateur n'a pas cru utile de reprendre la distinction entre les crimes et les délits pour les personnes morales. L'amende, peine principale applicable aux personnes morales, voit son maximum calculé en fonction de celui retenu pour les personnes physiques. Le Code pénal prévoit que ce

---

10. Loi n°2014-896 relative à l'individualisation des peines et renforçant l'efficacité des sanctions pénales, JORF 17 août 2014, p. 13647.

maximum est égale au quintuple de celui prévu pour les personnes physiques [11].

L'amende ici remplit bien la première fonction de la peine c'est-à-dire sanctionner l'auteur de l'infraction. Ce qui ne peut se faire par la privation de liberté se fait en s'en prenant au patrimoine de l'être moral. On peut déjà mettre un bémol ici puisque cette fonction sera plus certainement remplie en ce qui concerne les personnes morales à but lucratif que pour la plupart des êtres moraux à but non lucratif. De plus, le quintuplement de l'amende est un choix contestable dans la mesure ou le montant ainsi obtenu ne présente pas la même « intensité répressive » selon la capacité financière de la personne morale. On pourrait objecter que le même reproche peut être fait concernant les personnes physiques mais c'est oublier que pour ces dernières, en matière de crimes et de délits, existe aussi la privation de liberté pour laquelle l'étendue du patrimoine du condamné n'a pas d'influence.

Le fait d'avoir choisi comme référentiel le montant de l'amende encourue par une personne physique engendre une autre conséquence qui est la quasi disparition de l'échelle de gravité des infractions pour les personnes morales. En effet, outre l'amende le législateur peut décider qu'une infraction donnée fait encourir à son auteur personne morale tout ou partie des peines qualifiées de complémentaires par l'article 131-39 du Code pénal. Or, on s'aperçoit que certaines infractions, de gravité relativement moyenne au regard des peines encourues par les personnes physiques font encourir la totalité des peines prévues par l'article 131-39 du Code pénal. C'est par exemple le cas de l'omission de porter secours qui fait encourir 5 ans d'emprisonnement et 75 000 € d'amende aux personnes physiques et qui, aux termes de l'article 223-7-1 du Code pénal fait encourir, outre l'amende, la totalité des peines de l'article 131-39 du Code pénal, en ce compris la dissolution qui est comparée par certains auteurs, de manière sans doute excessive, à la peine de mort. A l'inverse, l'escroquerie, délit puni d'une amende de 375 000 € pour les personnes physiques, fait encourir une amende de 1 875 000 € à la personne morale soit un montant bien supérieur à l'amende encourue pour le meurtre, l'assassinat ou l'empoisonnement [12]. De tels exemples pourraient être multipliés à l'envie. On pourrait toujours rétorquer que l'amende sert ici de référence à la gravité de l'infraction. Pour autant, l'argument ne convainc que partiellement. En effet, le législateur s'étant aperçu tardivement que certains crimes ne prévoyaient pas d'amende pour les personnes physiques s'est empressé de prévoir que, dans ce cas, les personnes morales encourent une amende pouvant atteindre 1 000 000

11. Art. 131-8 al. 1 du C.P.

12. Cf *infra*.

d'euros [13]. Or, c'est bien le cas du meurtre et de l'assassinat. L'un est passible de 30 ans de réclusion criminelle et l'autre de la réclusion criminelle à perpétuité. Pour ce qui est des personnes morales, elles encourent, dans les deux cas, l'amende d'un million d'euros et toutes les peines de l'article 131-39 du Code pénal.

Pour achever la démonstration il est encore possible d'évoquer les infractions pour lesquelles des circonstances aggravantes sont prévues et n'ont pour effet que d'alourdir la peine privative de liberté sans modifier le montant de l'amende. Pour ces infractions, l'existence ou non de circonstances aggravantes n'a aucune incidence pour les personnes morales puisque le montant de l'amende encourue ne varie pas et que les peines complémentaires prévues pour l'infraction simple sont généralement l'intégralité de celles contenues à l'article 131-39 du Code pénal [14]. Et donc la gravité intrinsèque de l'infraction n'est plus en rapport avec les peines encourues ce qui peut incontestablement être un frein pour atteindre le but fixé à l'article 130-1 du Code pénal.

Un autre point mérite encore d'être abordé. Il s'agit des incohérences dans la rédaction de certains textes. Nous en prendrons deux exemples.

Le premier concerne la peine de dissolution prévue au 1° de l'article 131-39 du Code pénal. Le texte précise que la dissolution pourra être prononcée lorsque la personne morale a été créée pour commettre l'infraction ou lorsque l'objet de celle-ci a été détourné pour commettre l'infraction. Le dernier alinéa de l'article 131-39 exclut cependant la dissolution pour les personnes publiques, les partis politiques, les syndicats et les institutions représentatives du personnel. On comprend aisément cette exclusion. Il n'y aurait effectivement aucun sens à prononcer la dissolution d'une collectivité territoriale. De la même manière on comprend que la prudence commande d'exclure cette peine pour les partis politiques et les syndicats. Mais, en y réfléchissant de plus près, on constate que certaines personnes morales sont susceptibles, en théorie, d'être condamnées à la dissolution alors que leur existence est rendue obligatoire par la loi. Il en est ainsi en matière de copropriété. En effet, la loi rend obligatoire la création d'une personne morale, le syndicat de copropriété [15]. Dès lors, on peut se demander pourquoi la dissolution n'est pas aussi exclue pour cette dernière. En réalité il aurait fallu prévoir que la dissolution était exclue, outre pour les entités déjà visées, pour toute personne morale dont la création est rendue obligatoire par la loi.

---

13. Art. 131-38 al. 2 C.P.

14. C'est par exemple le cas des crimes contre l'espèce humaine : Art. 214-1 et s. du C.P.

15. Art. 14 de la loi n°65-557 du 10 juillet 1965 fixant le statut de la copropriété des immeubles bâtis.

Le second exemple d'incohérence concerne le 2° de l'article 131-39 du Code pénal. Il s'agit ici de l'interdiction à temps ou définitive d'exercer directement ou indirectement une ou plusieurs activités professionnelles ou sociales. Pour cette peine il n'y a aucune exclusion. Or, interdire, à titre définitif en particulier, l'exercice de l'activité unique d'une personne morale revient à sa disparition. Il aurait donc fallu au moins prévoir les mêmes exclusions que pour la dissolution puisque ses effets peuvent être similaires.

Pour terminer nous ne ferons qu'évoquer très brièvement l'intérêt très limité de certaines peines de l'article 131-39 du Code pénal. C'est ainsi le cas de l'interdiction d'émettre des chèques et d'utiliser des cartes de paiement qui sont des outils bien peu utilisés par les personnes morales.

Au delà de ces imperfections, il faut aussi noter que pour que les peines aient un sens il faut encore qu'elles soient efficaces ce qui semble contestable pour les personnes morales.

B. L'efficacité relative de la répression des personnes morales

Pour avoir un sens la sanction prononcée doit être utile, en particulier à celui qui la subit. C'est pourquoi le maître mot en la matière, encore rappelé par la loi Taubira, est l'individualisation (ou la personnalisation pour les êtres moraux) de la sanction. Pour ce faire, le juge doit rechercher, dans les différentes possibilités mises à sa disposition par les textes applicables, la peine la plus adaptée que ce soit dans sa nature ou dans son quantum. Or, la première constatation qui s'impose est que les orientations données aux juges par le Code pénal sont avant tout pensées pour les personnes physiques. Et comme nous l'avons déjà signalé les récents ajouts en la matière concernent uniquement les personnes physiques. Néanmoins, ce premier constat doit être atténué dans sa portée par le fait que les critères légaux ne sont qu'indicatifs et que les juridictions dans les faits prennent en compte les éléments propres à la personne morale.

Mais, encore faut-il que la juridiction soit mise en capacité, par le législateur, de mener à bien sa mission d'individualisation. Or ce n'est pas toujours le cas pour la personne morale reconnue coupable. En effet, la généralisation de la responsabilité pénale a engendré un bouleversement dans le système des peines applicables aux personnes morales. En effet, à l'entrée en vigueur du Code pénal, seules certaines infractions étaient imputables aux personnes morales et un texte prévoyait expressément cette imputabilité et listait les peines complémentaires applicables. Lors de la généralisation de la responsabilité des êtres moraux le législateur n'a pas jugé utile de modifier l'article 131-39 du Code pénal qui précise que les peines en question sont applicables « lorsque la loi le prévoit » [16]. Autrement dit, la généralisation à créer un système dual. Pour les infractions qui étaient imputables avant la généralisation, le juge disposait et dispose toujours, outre l'amende, d'un panel de peines permettant au mieux de personnaliser la sanction. Pour les autres infractions, devenues imputables par l'effet de la généralisation, seule l'amende peut être prononcée [17]. Le seul levier d'action pour le juge est alors la modulation du montant de l'amende. Si cette peine remplit la fonction punitive, on peut douter de son intérêt réel pour ce qui est d'éviter la récidive ou pour assurer la « resocialisation » de la personne morale. On notera d'ailleurs que les choses se sont encore compliquées puisque depuis la généralisation le législateur est intervenu très ponctuellement pour prévoir des peines complémentaires pour des infractions devenues imputables aux personnes morales. Le tout sans réelle logique. Pour le dire clairement, pour certaines infractions, la personnalisation de la sanction est possible et passablement satisfaisante mais pour d'autres se réduit à la modulation du montant de l'amende.

Enfin, pour remplir les fonctions qui lui sont assignées la peine doit pouvoir être prononcée (c'est un truisme) et pouvoir être exécutée. Or, le droit pénal applicable aux personnes morales ne permet pas toujours de s'en assurer. En effet, le droit pénal français a pris le parti d'admettre la responsabilité pénale des « personnes morales ». La Chambre criminelle a considéré que cette expression signifie groupement doté de la personnalité juridique par la loi. Dès lors, la répression se trouve fragilisée par la possibilité de recourir à certaines techniques juridiques propres aux personnes morales. Au premier rang de ces techniques, on trouve la dissolution. En effet, les associés ou les membres de la personne morale peuvent à tout moment décider de mettre fin à l'existence de l'être moral. Si cette dissolution intervient avant jugement, la juridiction ne pourra que constater l'impossibilité de juger. Mais la dissolution peut aussi être décidée postérieurement au jugement. Dans ce dernier cas, hormis l'amende (qui devient une dette sociale), les peines prononcées ne pourront pas s'exécuter. En matière de société le même constat peut être fait en ce qui concerne la fusion, l'absorption et la fusion absorption qui font disparaître la personnalité morale et donc réduisent à néant l'intérêt de la responsabilité pénale [18]. La Chambre criminelle a eu l'occasion de le rappeler à plusieurs reprises et ce

---

16. J. -C. PLANQUE, Plaidoyer pour une suppression réfléchie de la spécialité de la responsabilité pénale des personnes morales, G.P. 7 janvier 2004, p.3.

17. J. -Y. MARECHAL, *op, cit,*, fasc. 28-75, n°4.

18. M. SEGONDS, Frauder l'article 121-2 du Code pénal, Droit pénal 2009, n°9, étude n°18 et les réf. citées.

n'est pas un arrêt de la CJUE du 5 mars 2015 [19] qui prône la solution contraire qui soit susceptible de modifier la solution en droit français comme le souligne justement certains auteurs [20] en raison de la valeur constitutionnelle du principe de personnalité des poursuites et des peines. Certes le recours à ces techniques restent très exceptionnel mais sa seule possibilité fragilise le sens éventuel de la sanction et ce d'autant que ces techniques sont plutôt l'apanage des personnes morales de grande ampleur.

A la lumière de ces constats il convient dorénavant de lancer quelques pistes de réformes envisageables afin de donner ou redonner un sens à cette responsabilité pénale des personnes morales.

II. Quelques propositions de réformes possibles

Les propositions qui seront faites concernent d'abord les peines elles-mêmes (A) mais aussi les moyens d'assurer l'efficacité des sanctions et donc de leur conférer un sens (B).

A. Une réforme des peines applicables aux personnes morales

En premier lieu, il conviendrait de reprendre la classification tripartite des infractions comme pour les personnes physiques et donc de distinguer les peines contraventionnelles, délictuelles et criminelles.

En ce qui concerne les contraventions, il conviendrait de conserver le référentiel actuel c'est-à-dire l'amende encourue par les personnes physiques. Pour autant, on peut s'interroger sur la pertinence du quintuplement du maximum pour les raisons déjà évoquées. Il conviendrait sans doute de remplacer le quintuplement ou à tout le moins de lui adjoindre la possibilité de prendre en compte des éléments tels que le chiffre d'affaires ou les bénéfices ou encore le profit réalisé grâce à l'infraction pour l'établissement du montant maximum de l'amende à l'image de ce qui se fait déjà pour certaines infractions comme le recel, la corruption ou le trafic d'influence. Ce mode de calcul pourrait naturellement être retenu pour toutes les amendes (contraventions, délits et crimes). Il serait alors souhaitable que les règles de calcul soient définies de manière précise par le législateur. En particulier, il faudra éviter l'interrogation actuelle sur le montant maximum de l'amende encourue par les personnes morales dans ce genre d'hypothèses.

---

19. CJUE, 5 mars 2015, aff ; C-343-13, Modelo continente hipermercadosc/ autoridade para as condicôes de trabalho.

20. A. DETHOMAS, Fusion. Vers la fin du décès par fusion ?, JCP G.2015, doctrine, p. 1022.

Ainsi, pour le recel, le Code pénal [21] prévoit que le maximum de l'amende, pour les personnes physiques, peut dépasser le montant de 375 000 € prévu pour être porté jusqu'à la moitié de la valeur du bien recélé. Les personnes morales, qui encourent une amende de 1 875 00 €, peuvent-elle voir ce montant porté au même niveau que les personnes physiques ou, plus logiquement, à cinq fois la moitié de la valeur de ce bien, c'est-à-dire deux fois et demi sa valeur [22] ? Notre préférence va à la seconde solution qui, comme le souligne un auteur [23], permet d'éviter un traitement plus favorable des personnes morales que des personnes physiques.

Pour ce qui est des délits et des crimes, en revanche, il serait intéressant de prendre comme référentiel la peine privative de liberté encourue par les personnes physiques. Il serait alors possible de dresser un tableau général permettant la conversion de cette peine privative de liberté [24]. Ainsi pour les crimes qui prévoient la réclusion criminelle à perpétuité les personnes morales encourraient toutes les peines actuellement prévues par l'article 131-39 du Code pénal. Les crimes passibles de trente ans de réclusion criminelle encourraient les mêmes peines mais en modulant leur sévérité ainsi la dissolution ne serait encourue qu'à la condition que la personne morale ait été créée pour commettre les faits. Pour les peines d'interdiction elles ne seraient alors qu'à temps. On pourrait alors bâtir ce tableau en se fondant sur l'échelle des peines applicables aux personnes physiques en matière criminelle [25] et délictuelle [26]. L'intérêt serait double. En premier lieu, se trouverait rétablie l'échelle de gravité des infractions en ce qui concerne les personnes morales. En second lieu, toutes les infractions de même gravité feraient encourir les mêmes peines quel que soit le moment où l'infraction est devenue imputable aux êtres moraux mettant ainsi fin au système dual décrit précédemment qui limite, pour une partie des infractions, la personnalisation de la peine applicable à la personne morale.

On ajoutera que l'amende et les peines prévues par l'article 131-39 du Code pénal seraient alors sur un pied d'égalité c'est-à-dire seraient toutes des peines principales.

Toujours concernant les peines, il est envisageable d'ajouter de nouvelles peines à celles déjà existantes. Ainsi on peut citer l'injonction de faire. Grâce à cette peine la juridiction pourrait s'assurer d'une part de la disparition de

---

21. Art. 321-3 C.P.
22. Par application de l'article 131-38 du C.P. Qui prévoit de manière générale le quintuplement du maximum de l'amende encourue par les personnes physiques.
23. J. -Y. MARECHAL, *op, cit,,* fasc. 28-75, n°22.
24. J. -C. PLANQUE, *op, cit,* spéc. n°14.
25. Art. 131-1 C.P.
26. Art. 131-4 C.P.

l'une des causes de la commission de l'infraction commise, en particulier en cas de délits non-intentionnel, mais aussi mettre en place un cadre contraint permettant de limiter les risques de récidive.

Il est encore nécessaire d'évoquer ici le mécanisme qui a cours dans beaucoup de systèmes pénaux anglo-saxons et qui vise à prendre en compte l'existence de mesures visant à éviter les risques de commission d'infractions et désigné par le terme *compliance* qui peut se traduire par « mise en conformité » ou « vigilance ». La juridiction de jugement pourrait prononcer une obligation de mettre en place ces mesures de « vigilance » (avec un contrôle par le juge d'application des peines, sous la menace du prononcé d'une peine d'interdiction ou d'amende). Ce mécanisme s'apparenterait alors aux obligations de soin qui peuvent être prononcées à l'égard des personnes physiques. Si la *compliance* n'est pas encore courante dans notre système juridique, elle n'en est pas pour autant totalement absente puisque, par exemple, l'Autorité de la concurrence l'utilise déjà [27]. On notera également que l'application de la *compliance* pourrait aussi permettre de prendre en compte l'existence de ces mesures visant à prévenir la commission d'infractions comme possible cause d'atténuation de la responsabilité pénale ou de la peine prononcée par la juridiction de jugement.

L'introduction de ce type de mesures irait incontestablement dans le sens des objectifs fixés par l'article 130-1 du Code pénal et aurait pour conséquence d'améliorer le sens de la responsabilité pénale des personnes morales. De plus, on peut penser qu'une simplification du système de répression des personnes morales tel que l'établissement du tableau de correspondance avec les peines applicables aux personnes physiques serait de nature à amener les juridictions à mieux utiliser les possibilités de sanction et à ne pas, comme c'est actuellement le cas, recourir de manière quasi systématique au prononcé de l'amende et ainsi opérer une personnalisation de la peine plus à même de remplir les objectifs poursuivis par la sanction pénale.

Pour terminer, il faut évoquer quelques mesures qui seraient de nature à améliorer l'efficacité des sanctions prononcées à l'encontre des personnes morales.

B. Une amélioration de l'efficacité de la responsabilité pénale des êtres moraux

---

27. A. MIGNON COLOMBET et F. BUTHIAU, Le *differed prosecution agreement* américain une forme inédite de justice négociée, JCP éd. G. 2013, étude, p.621, spéc. n° 25.

La première modification qui peut être envisagée serait d'introduire dans le Code pénal une distinction très nette entre la fonction d'individualisation de la peine et la personnalisation de la peine. Ainsi un article du Code pénal serait consacré à la personnalisation des peines prononcées à l'encontre des personnes morales. Cet article serait alors un guide pour le juge. Certains critères pourraient être repris de l'individualisation tel que le critère de possibilité financière de la personne morale mais pourraient y figurer aussi des critères propres tels que le domaine d'activité de la personne morale ou encore le critère social (nombre d'emploi, état du tissu économique...). L'application de ces critères propres aux personnes morales permettrait d'assurer au mieux la protection des intérêts de la société en prenant en compte, au moment du choix de la peine, à la fois la nécessité de protéger la société contre les faits commis par la personne morale reconnue coupable son utilité sociale tout en réduisant les risques de récidive.

Enfin, pour améliorer l'efficacité et donc le sens de la responsabilité pénale des personnes morales il conviendrait de limiter les effets néfastes du recours à certaines techniques évoquées précédemment (dissolution, fusion, fusion absorption...). Pour ce faire, il faudrait, en matière criminelle et délictuelle pouvoir limiter, voire empêcher, le recours à ces techniques dès le début des poursuites. On peut penser d'abord à interdire purement et simplement le recours à ces techniques dès que les poursuites sont entamées. De manière plus modérée on peut aussi évoquer la possibilité de les interdire uniquement en matière criminelle et seulement à l'initiative du Parquet ou du juge d'instruction en matière délictuelle. Notre préférence va plutôt à un système dans lequel la liberté de recourir à ces méthodes reste le principe et que ce n'est qu'à la demande du parquet ou du juge d'instruction que l'interdiction soit prononcée. Il semble que cette mission revienne naturellement au juge des libertés et de la détention. Il est entendu qu'il faut réserver les hypothèses de « nécessité économique » c'est-à-dire la disparition de la personne morale liée à une liquidation judiciaire.

Afin d'assurer cette fois non plus la possibilité de prononcer une peine mais son exécution il conviendrait sans doute de prévoir aussi la possibilité pour la juridiction de jugement de prononcer l'interdiction du recours à ces techniques pendant un temps donné avec la possibilité d'en demander la levée, par exemple, au juge d'application des peines.

Nous avons pu constater que l'examen du système actuel de peines applicables aux personnes morales n'est que bien peu satisfaisant et mériterait une réforme d'ampleur. Il convient d'ajouter que cette nécessité de réforme d'ampleur dépasse, sans nul doute, la question de la sanction des êtres moraux. En effet, on peut se demander si ce n'est pas l'ensemble de cette responsabilité pénale qui devrait être repensée. Plus exactement, ne faudrait-il pas revisiter l'ensemble du droit pénal général pour l'adapter au plus près de la réalité que représente ces êtres souvent qualifiés de fictifs ?

En effet, actuellement on peut se demander si la responsabilité pénale des personnes morales est une vraie responsabilité pénale ou juste un accessoire de celle des personnes physiques destiné avant tout à satisfaire la volonté d'avoir un responsable pénal [28] ou faciliter l'indemnisation des victimes auquel cas il s'agit seulement d'une « super responsabilité civile », un succédané de responsabilité pénale et dans ce cas inutile de lui chercher un sens et si elle est dénuée de sens à quoi bon la maintenir en vigueur ?

28. En particulier dans les hypothèses de faits non intentionnels qui, en vertu de la loi du 10 juillet 2000, ne peuvent pas donner lieu à la responsabilité pénale d'une personne physique.

D

La norme

8

Infliger et subir une peine : questions communes au délinquant, à sa victime et à son juge

Par Jean MOTTE dit FALISSE

Introduction

Parler de la peine, c'est bien sûr évoquer la souffrance. C'est aussi parler d'un lieu de rencontre entre l'expérience du manque ou de la privation d'une part, de ce qui fait défaut d'autre part, expérience par conséquent aussi de la faute, du rapport à la limite et à ce qui fait Loi. La peine est donc la question du défaut (au sens du *missing* anglais) aussi bien que de la faute (au sens de *mistake*). La notion de peine renvoie à l'idée de prendre et d'ôter au regard de l'acte délictueux, tout autant qu'à celle de rendre ou de restaurer au regard de l'action judiciaire. Elle est porteuse de la question de la rétribution aussi bien que de celle de la réparation et de la restauration.

Notre réflexion portera alors à examiner ces liens de sens au fil d'un processus en cinq étapes, incluant en lui-même les notions de l'intervention judiciaire au croisement de ce qui renvoie à la compréhension de l'auteur comme de la victime dans l'expérience de la peine (1).

Premier temps

Perte de sens : confusion de perte et de manque, ou la peine antérieure

Ce premier temps est celui du maintenant, du présent du passage à l'acte. Il est le temps d'une expérience individuelle et personnelle, tant pour l'auteur que pour sa victime. Cette expérience singulière est à la fois celle d'un contact avec un réel violent et douloureux, en même temps qu'elle est celle d'un hors de soi : l'auteur de l'acte est « sorti de ses gonds », tandis que la personne blessée se voit perdue, déboussolée, désorientée... Les notions de manque et de peine se conjuguent sur le seul mode d'une souffrance silencieuse et aveugle. D'une souffrance sans limite, tout comme l'acte transgressif a récusé les limites de la légalité et de la normalité.

Considéré en ce qu'il était avant la commission de l'acte délictueux, l'auteur de cet acte fut très souvent l'objet de manques divers, tant éducatifs que matériels ou affectifs. Tandis qu'au moment de la commission de l'acte, il devient sujet du manque à la Loi, du manque au respect de l'autre. Dès avant de devenir victime de ce même acte, la personne qui en sera l'objet s'est alors trouvée elle-même sujet du manque à être ailleurs, à prévoir et à pouvoir contrôler, d'un manque de capacité à éviter la souffrance de la privation que lui causera cet acte. Par le fait de l'acte, elle devient à son tour aussi objet d'un manque, de ce qui lui est ôté par l'auteur (2).

Au regard de la compréhension d'un sens commun de la peine au cœur de ce temps initial de l'expérience de l'acte délictueux, délinquant et victime sont donc convoqués à répondre à une question commune : « *qui est qui ?* » ou, en d'autres termes, « *qui a fait quoi* ? » Cette question supporte la compréhension du rapport entre l'auteur et la victime dans la mesure où il est question aussi de rapporter les actes aux différents acteurs, et de juger dès lors les intentions de chacun d'eux au regard de leurs actes respectifs. Cette question initiale est donc celle de la causalité tout autant que de la culpabilité, dans leurs dimensions linéaires et fonctionnelles. Si l'auteur est coupable de son acte dans la mesure où il le devient aussi au regard de sa victime, cette dernière se trouve quant à elle confrontée à un sentiment de culpabilité auquel il lui faut trouver sens pour s'en dégager. Les processus de différenciation et d'imputation supportent en cela le sens et la pertinence de ces questions.

Si l'on fait à présent référence à l'identité culturelle occidentale pour appréhender la portée des réponses possibles à cette question initiale, on comprend très vite qu'on se trouve, dans l'Histoire, au cœur d'une « civilisation de la culpabilité » (3). Cette civilisation repose en effet sur une pensée causaliste en fonction de laquelle il est nécessaire de prendre la faute sur soi. Cette nécessité est fondée par la croyance en la valeur ultime du sujet puisqu'il est porteur de l'idée et de l'idéal, de cette part d'abstraction par laquelle réside la vérité au regard de la philosophie grecque. Le sens ultime du sujet existe en cela dans l'interne du soi. Et il n'est pas anodin de constater que les sciences humaines nées de cette civilisation occidentale ont abouti à la définition de formes psychopathologiques spécifiques en fonction de cette référence au monde interne de la pensée : l'obsession ou la mélancolie par exemple...

Si l'on considère à présent le sens des réponses à donner à ces mêmes questions initiales dans le contexte d'une identité culturelle arabo-musulmane, il faut tenir compte de ce que la culpabilité se trouve orientée en direction des droits et devoirs de l'individu envers autrui de manière prédominante, de telle manière aussi que le sentiment personnel de culpabilité se trouve censuré par le groupe social ou familial. En effet, chaque membre de la communauté est animé par la croyance en la valeur ultime du groupe en ce qu'il est représentatif d'une altérité et d'une extériorité à lui-même. En fonction de cette croyance, le mal est aussi le fait de *la faute de l'autre*, qu'il soit naturel ou surnaturel et, en cela, toujours extérieur au moi. La question de la relation auteur - victime, dans ses dimensions de différenciation et d'imputation, renvoie par conséquent au thème de la persécution plus qu'à celui de la culpabilité. Et la réponse à la question initiale se trouve éventuellement biaisée par une identification à la victime plus facilement qu'au coupable.

En conséquence de quoi on observe l'influence de cette logique de persécution sur le processus de différenciation et d'imputation. En effet, le sentiment ou la conviction de persécution, corollaire de cette identification à la victime, constitue un mécanisme de défense psychique de manière universelle. Ce mécanisme consiste dans le fait des projections d'intentions négatives en direction de l'autre. Il s'agit d'un processus psychique archaïque mais aussi de ce fait, dans le champ de l'Inconscient collectif, d'un mode d'expression culturelle et morale traditionnelle. C'est aussi pourquoi la méfiance et la projection interprétative d'intentions négatives se retrouvent dans des attitudes fondamentales au sein des relations sociales. Cette méfiance et ces projections interprétatives viennent ici expliciter plus encore la tendance universelle à l'identification victimale et la difficulté à se différencier d'une peine existentielle.

Deuxième temps

Perte de temps : rupture et individualité du manque qui peine à l'instant.

Nous en sommes au temps de l'après du passage à l'acte lui-même. Mais c'est aussi le temps de la perte de contact à soi et à l'autre. En ce deuxième temps, déjà évoqué en son amorce au stade précédent, nous abordons l'expérience intrapsychique de la honte et/ou de la culpabilité, de l'incompréhension, du malentendu quant aux intentions de l'autre et d'une profondeur personnelle autant que culturelle et commune. C'est de ce fait le temps d'un isolement relationnel, d'une rupture d'une cohérence interne ainsi que du sens de la situation. C'est en effet le sens, faisant lien entre les réactions de l'autre et les intentions qui lui avaient été prêtées, qui se trouve de la sorte rompu. Chacun des acteurs fait l'objet, en cette perte de sens intérieur, d'une perte de synchronie qui va de pair avec une expérience de doute de soi et de la réalité. Expérience d'un soi privé de cette part de l'autre qui le constitue.

Ce deuxième temps est dès lors aussi fréquemment celui de l'expérience de lien d'articulation entre la honte et la culpabilité. Il s'agit avant tout d'une expérience intrapsychique, trouvant source au cœur des enjeux narcissiques et archaïques de la personnalité profonde. De telle sorte que chacun des acteurs est alors confronté à sa solitude, en même temps qu'à l'ignorance du sens de sa situation nouvelle. La désubjectivation, la réduction du moi à l'objectivité de la situation factuelle, la perte de logique et le besoin de s'y rapporter se comprennent comme une suite de revirements intérieurs sans direction claire et définitive.

La question commune aux acteurs du passage à l'acte semble alors pouvoir être posée en termes de « *quoi est quoi ?* ». C'est la question du rapport entre les faits et leur qualification. C'est aussi la question du recueil des faits objectivables autant que répréhensibles, par les acteurs de la Justice. La question enfin de leur qualification juridique.

Dans cette perspective, le rapport du sujet à la culpabilité apparaît bien fondé sur le mode d'un rattachement défensif à l'autre, dans la mesure d'un mode de sentiments de colère et d'injustice subie. Ce rapport à la culpabilité paraît de ce fait inscrit également sous la tendance au déni de la perte et du trauma tout autant que de la faute.

Cependant, dans la culture arabo-musulmane, on observerait la primauté culturelle de la honte plutôt que de la culpabilité, honte entendue en tant que conscience d'un agir inapproprié par rapport au contexte social. Ainsi, cette honte constitue aux yeux de l'individu la mesure de la peine causée au groupe social. Le sujet se trouve par conséquent soumis à une peine de honte qui correspondrait à la mesure intérieure ou subjective de la gravité du tort fait au groupe et à la famille, peine de honte qui génère le sentiment personnel d'une gêne et d'une humiliation de nature morale.

En ce sens, la honte constituerait bien un état émotionnel, en même temps qu'elle se trouve vécue devant et par rapport au regard des autres. Elle correspond, dans le vécu psychique individuel, au sentiment d'être exposé au regard désapprobateur ou persécuteur de l'autre. Elle est un sentiment d'avilissement et d'indignité. Cependant, dans cette mesure, la honte n'est plus le seul rapport du sujet à sa toute-puissance narcissique, le seul enjeu de l'Inconscient personnel, ainsi que l'entend la pensée psychanalytique classique en Europe. Elle devient au contraire l'enjeu direct d'une dimension relationnelle et d'un inconscient collectif. Par conséquent, la honte constitue aussi, dans cette culture arabo-musulmane, un médiateur entre moi et moi-même par le fait du lien culturel. Elle est le reflet interne d'une image visuelle de soi par l'autre.

Cette explication anthropologique nous permet de comprendre le désir d'éviter le regard critique de l'autre. Le sujet, qu'il soit auteur ou victime, se trouve animé d'une tendance à nier l'évidence d'une faute publiquement visible pour préserver l'honneur familial ou collectif. Chacun se trouve soumis à cette tendance à craindre la honte d'une faute publiquement découverte plutôt qu'à craindre la culpabilité d'une faute qui peut rester secrète. Et cette crainte deviendrait alors caractéristique d'une société de la honte et de l'honneur plutôt que de la culpabilité. Cette même crainte conduit naturellement à la tendance individuelle à refuser l'aveu d'un acte qui conduirait au déshonneur collectif. Cependant, un tel refus d'aveu opposé à des acteurs de Justice dans le monde occidental fait apparaître l'auteur comme plus dangereux parce que plus coupable encore de ne pas accéder au sens de sa culpabilité individuelle et, dans cette mesure, lui fait courir le risque d'être plus souvent et plus lourdement condamné encore.

La primauté de la honte, entendue au cœur de cette deuxième étape du lien auteur - victime, semble accentuer dès lors la dynamique de rupture de ce lien, en même temps qu'elle accentue le poids d'une peine morale indicible à titre personnel. Enfin, elle peut compliquer les processus de témoignage et de qualification de l'acte qui renvoient quant à eux au principe de la culpabilité factuelle.

Troisième temps

Perte de puissance : tiercité, infliction de la peine subjective commune.

Nous en sommes au temps de l'enquête, de l'instruction et des expertises. C'est donc le temps d'intervention des acteurs sociaux et de l'instance pénale. C'est aussi le temps de la remise en présence de l'auteur et de la victime dans le champ social et, de ce fait, de la prise de paroles successives. C'est le temps d'une recherche de cohérence sociale nouvelle, d'une tentative pour donner sens à la situation antérieure par le moyen de la parole. C'est le temps de redéfinition des intentions antérieures et respectives de chacun.

Les initiatives sociales et pénales d'évaluation et de reconstitution, d'anamnèse et d'analyse, constituent par ailleurs autant de mouvements de retour au passé. Mais ces initiatives poursuivent dans le même temps le but de renouer un lien de sens entre le déroulement factuel de l'agir et les intentions des acteurs de sa scène. En cela, on peut comprendre qu'il s'agit aussi de rétablir un lien de sens entre l'élément matériel et l'élément moral de l'infraction pour l'auteur, entre la gravité du dommage visible et celle du trauma psychique pour la victime.

La question commune à l'auteur et à sa victime semble fondée par la nécessité d'une prise de conscience de la réalité, de l'altérité et du sens de l'acte commis ou subi. C'est une question qui renvoie à la capacité à prendre intérieurement distance avec soi-même. C'est donc une question commune porteuse d'un enjeu de pertinence, de sens et d'efficacité de la réaction sociale à une situation duelle. Une telle question pourrait être formulée en termes de « *pour qui est le pourquoi ?* ». Nous entendons qu'il s'agit de la question du rapport entre les faits et leur imputation morale. C'est donc la question du recueil de l'élément moral par les acteurs de Justice. C'est donc aussi le temps d'une mise en rapport de la situation et de la personnalité. Cette mise en rapport permettra de définir la mesure de la responsabilité au sens du droit classique.

Cependant, que peut-on en comprendre sous l'éclairage spécifique d'une tradition arabo-musulmane sans faire référence à la notion culturelle et religieuse particulière du « Mektoub », à l'idée du destin et de la fatalité ? Car poser la question de la responsabilité nécessite ici d'évoquer le sens de ce qui est écrit par avance, de ce que l'on ne peut par conséquent ni prévoir ni maîtriser. Une telle notion est porteuse d'une explication de tout ce qui peut survenir dans l'existence. De telle sorte que le « Mektoub » correspond à une dynamique de la relation du sujet à lui-même aussi bien qu'à l'autre et à la société. Dans cette perspective, on y observe le plus souvent le sens d'une tendance au fatalisme.

Ce qu'il est important d'en retenir ici, c'est qu'une telle notion est porteuse d'une influence sur le mouvement de prise de conscience de soi, sur le mouvement par conséquent d'intériorité et de délibération avec soi-même au regard de la faute aussi bien que du manque. C'est en cela qu'on peut y trouver le sens d'un mouvement d'attribution de la responsabilité à Dieu ainsi qu'un mouvement de soumission à la volonté de ce dernier. Le « Mektoub » suppose de ce fait une capacité d'abandon (*tawakkul*) qui s'oppose au mouvement d'orgueil (*takabour*). Et cette capacité d'abandon constitue précisément le moyen de parer à l'intensité des séparations, du manque et du deuil. Car une telle capacité laisse entendre que toute peine peut être prévue et la rend en cela plus supportable.

Quatrième temps
Perte d'innocence : infliction de la peine objective personnelle

Nous sommes parvenus au temps du procès pénal et de la condamnation du coupable. Temps aussi de la circularité de la parole, du passage du présent à l'avenir, de l'opposition et de la concurrence en tant que nouveaux modes de relations entre l'auteur et la victime, de la mutualisation de la peine.

On ne peut que relever ici l'importance croissante accordée à la victime en tant qu'actrice du débat pénal. Ainsi, sur le plan législatif, il est à présent donné droit à la volonté de la victime de s'opposer à certains modes de prononcé ou d'exécution de la peine. De même, sur le plan judiciaire, on peut observer un alourdissement de cette peine en mesure des interpellations de la victime quant à sa satisfaction au regard de celle-ci.

La question commune à l'auteur et à la victime réside donc dans le fait d'une recherche de sens de la peine judiciaire au regard de la peine vécue. Du point de vue de la victime, la question de la peine donne par conséquent lieu à un accrochage à une nécessaire projection de sens et d'intention. Ce serait alors pour elle un moyen de pouvoir se soustraire à l'accidentel et à l'arbitraire de cette peine vécue. Du point de vue de l'auteur, la peine peut être le moyen de rupture avec l'assimilation qui est faite de lui à son acte et à l'antériorité du mal. De telle sorte qu'il pourrait ainsi rompre avec son enfermement dans une logique de causalité et de culpabilité. La peine lui ouvre l'entrée dans un nouveau lien de dette à l'égard de la société pour laquelle il devient un nouveau débiteur.

La question commune à l'auteur et à la victime pourrait donc se formuler en termes de *« quoi coûte quoi ? »*. C'est la question du rapport entre l'infraction et la peine, question donc de la gravité de l'atteinte aux valeurs en termes de sanction. Répondre à cette question consiste à relativiser en étalonnant la gravité - valeur du mal causé ou subi. En d'autres termes, il s'agit de convertir et de permuter une peine en une autre. On comprendra que cette démarche suppose donc déjà une capacité à se projeter dans le futur, à s'ouvrir à l'avenir.

Parler de la sorte, c'est cependant rester inscrit dans une logique du contexte culturel occidental, en fonction des principes de la rationalité pénale. C'est par conséquent rester partie prenante d'une culture du soi et considérer l'importance centrale de la personne.

Or, ainsi qu'il en a déjà été fait mention, la référence aux valeurs de vérité et de justice au sein du monde arabo-musulman semble présumer l'absence de la personne et du sujet et, qui plus est, une détermination du sujet par ses rôles sociaux (de père ou de fils de...) tout autant que par son appartenance à la communauté et à la religion. Une telle culture est dont porteuse de mouvements de défiance à l'encontre de la subjectivité. (« *Que Dieu nous protège du mot je* »). Il est donc question d'une prédominance du groupe sur l'individu, de la vie sociale sur la vie privée.

Cette représentation des rapports entre sujet et collectivité entraîne des effets particuliers au regard de la considération de la peine :

1. L'étalonnage de la gravité - valeur de la peine est fonction de la référence aux valeurs communautaires et religieuses, d'une référence à des critères culturels et symboliques.

2. La conversion-permutation de la peine est complexifiée en ce qu'elle est fonction de la référence aux conséquences de cette peine individuelle sur la communauté. En effet, la peine infligée à l'auteur devient plus encore ici une peine à la communauté. C'est en cela qu'on peut parler d'une intensification du caractère infamant de la peine judiciaire, parallèlement à une intensification de cette logique d'une honte de la honte.

Cinquième temps

Perte et profit : affliction dans la peine réciproque reconnue.

Nous sommes ici parvenus au dernier temps de notre réflexion, à celui de l'audience en réparation civile, au temps d'un nouveau partage entre l'auteur et la victime dans le champ social. C'est ici le temps de l'interdit de la vengeance rendue impossible pour l'auteur tout autant que pour sa victime, interdit dans le départage des intentions et des affects.

À ce stade de résolution des enjeux de peine au cœur de la relation auteur-victime , on peut observer que chacun d'eux se voit ouvrir un accès nouveau à un principe de plaisir, autant qu'à une attitude socialement efficace. Chacun d'eux retrouve de la sorte accès à une nouvelle symétrie dans le rapport au désir aussi bien qu'à la loi. Chacun d'eux se trouve autorisé à un mouvement de libération de l'emprise des passions.

En ce qui concerne l'auteur, la peine judiciaire qui lui est infligée, et la perte qui en est son corollaire, ouvrent en lui la voie à un désir de vengeance à l'encontre de la dureté de cette peine privative, en écho symbolique au manque vécu en conséquence de la loi œdipienne. Quant à la victime, la perte de ce qui lui a été ôté par l'auteur et la peine qui en découle, ont ouvert en elle le désir de voir la peine judiciaire correspondre aux dimensions de son désir personnel de réparation. Cependant, tous deux se trouvent alors réunis dans un partage de l'impossibilité et de l'illicéité de la vengeance. Tous deux partagent ensemble de ce fait la peine d'un désir refoulé, de l'obligation d'une peine oubliée. Et ce partage devient celui d'une permission de mémoire. Auteurs et victimes retrouvent donc accès à une nouvelle synchronie, une nouvelle vérité du sentir qui atteste de l'authenticité de leur existence individuelle tout autant que de leur inscription dans le lien social.

La question commune aux deux acteurs du drame, question également posée par les acteurs du champ pénal, pourrait être alors formulée de la sorte : « *qui mérite quoi ?* » ou, en d'autres termes, *« quoi compense quoi ? ».* C'est évidemment la question du rapport entre le préjudice et l'indemnisation. Poser cette question revient à poser celle d'une estimation et d'une limitation du préjudice dans sa gravité et dans sa durée. Cela revient aussi à poser la question d'une conversion de cette estimation du dommage en une autre valeur.

Qu'en est-il alors de la signification d'une telle question dans la logique de pensée arabo-musulmane où il est fait droit à une réponse collective aux aléas du destin individuel. On s'aperçoit que c'est la société qui protège l'individu du conflit personnel et, ce faisant, qui le protège du poids de sa culpabilité individuelle tout autant que du vide et du manque qui résultent de la perte causée par la peine. De ce fait, nous serions ici en présence d'une société qui projette un individu dans un au-delà de lui-même et du temps.

Bibliographie

Nous nous inspirerons ici très largement du travail de Pascal Pignol qui ne retient cependant que quatre temps distincts.

Pascal PIGNOL et D. GOUENARD, *Etre victime : « Travail de victime » et accompagnement psycho-judiciaire,* Colloque « Temps psychique, temps judiciaire », décembre 2001, L'Harmattan, Coll. Sciences Criminelles, pp. 261–270.

Jean KINABLE, *Les rapports entre responsabilité et culpabilité à propos/au jour de la,* Ed. Larcier – de Boeck, Perspectives criminologiques, Bruxelles, 2006.

Ali AOUATTAH, « Symptôme, culture et migration. La culpabilité dans la clinique transculturelle », *In De la Faute et du Crime. Natures et cultures,* Jean Motte dit Falisse (Dir.), Co-édition L'Harmattan – Criminologie et ICES, Paris 2014. pp. 305-319.

9

La peine : le prix du crime ?

Par Nicolas VAILLANT, Rustam ROMANIUC et Blandine MALLEVAEY

Résumé. Les économistes dits du crime, inspirés du travail de Becker (1968), focalisent leur attention sur les effets dissuasifs de la justice pénale. Ils montrent qu'une hausse de la sévérité de la peine ou de son degré de vraisemblance agit comme une incitation à réduire la fréquence des comportements illégaux, de la même manière qu'une augmentation du prix de marché d'un bien ou d'un service tend à en réduire les quantités demandées. Le choix de la peine encourue et celui de la peine prononcée doivent toutefois être cohérents avec les communautés de référence auxquelles les criminels sont susceptibles d'appartenir et de se référer, potentiellement multiples, mais aussi avec les motivations qui peuvent préexister aux incitations - comme la motivation intrinsèque à se comporter de façon « socialement responsable ».

1. Introduction

La loi Taubira du 15 août 2014, qui avait notamment pour objet de renforcer l'efficacité des sanctions pénales [1], a créé au sein du Code pénal un nouvel article, en vertu duquel la peine a pour fonctions, outre de sanctionner l'auteur de l'infraction et de favoriser son amendement, son insertion ou sa réinsertion, « d'assurer la protection de la société, de prévenir la commission de nouvelles infractions et de restaurer l'équilibre social » [2].

---

1. Loi n° 2014-896 du 15 août 2014 relative à l'individualisation des peines et renforçant l'efficacité des sanctions pénales (*JO* n° 0189 du 17 août 2014, p. 13647).

2. Article 130-1 du Code pénal.

Ainsi, la sanction pénale n'est pas envisagée uniquement du point de vue du condamné et de l'infraction qu'il a commise. Il ne s'agit pas seulement de punir le criminel pour l'acte dont il s'est rendu coupable et de le mettre à l'écart de la société de sorte de protéger celle-ci de toute nouvelle infraction qu'il pourrait réaliser. Les dispositions nouvelles, qui introduisent le Titre III du Code pénal consacré aux peines, expriment très distinctement le fait que la sanction pénale a également, et sans doute principalement, pour but de favoriser la protection de la société dans son ensemble, en dissuadant tant les criminels « avérés » de commettre de nouvelles infractions, que chaque citoyen d'emprunter la voie de la délinquance. Dans cette optique, la nature et le *quantum* de la peine encourue apparaissent comme des critères déterminants dans les choix de politique pénale. Pourtant, l'explication du phénomène criminel appréhendé du point de vue économique montre que d'autres éléments sont susceptibles d'influer sur le comportement des criminels et des criminels potentiels.

L'analyse économique des comportements criminels a été développée à la fin des années 60 par plusieurs économistes américains, en particulier Fleisher (1966), Tullock (1967), Rottenberg (1968) et Becker (1968). La contribution de ce dernier (*Crime and punishment: An economic approach*) est souvent citée comme le travail fondateur de « l'économie moderne du crime » (Eide, 1994). Elle entend la notion de crime dans son acception anglo-saxonne, c'est-à-dire comme une violation de la loi pénale au sens large, ce qui correspond au concept d'infraction en droit français, lequel recouvre aussi bien les crimes que les délits et les contraventions [3].

Becker actualise les prémices de Beccaria (1764) et de Bentham (1789) à l'aide d'une théorie utilitariste formalisée du comportement criminel. Son analyse, inscrite dans le *corpus* des théories dites de l'acte rationnel, traite n'importe quel type d'infraction indépendamment du passé de son auteur et comme n'importe lequel de ses autres actes. L'approche économique ne nie pas l'influence que peuvent avoir l'environnement, la personnalité, les motivations internes, la conscience ou les goûts de l'auteur d'un crime sur ses choix, mais ces facteurs ne sont pas considérés comme la cause de l'activité criminelle [Chapman (1976), Opp (1989)].

A l'instar de nombreux chercheurs en sciences sociales, les criminologues ont souvent reproché aux économistes la spécificité de cette hypothèse, c'est-à-dire de ne prendre en compte que les attributs de l'acte criminel lui-même (les gains du crime et le risque de sanction pénale qui lui est associé) et de négliger les autres facteurs, notamment sociologiques ou biologiques (Dilulio, 1996). Certains économistes ont toutefois tenté

3. Article 111-1 du Code pénal.

d'élargir le prisme du raisonnement économique en montrant que les relations d'un criminel (potentiel) avec d'autres individus peuvent affecter ses croyances ou sa perception de ce qui est socialement acceptable, et donc influencer sa décision de commettre un crime (Sacerdote et Scheinkman, 1996). Il est par conséquent crucial de prendre en compte les déterminants de la motivation humaine à agir dans l'intérêt général, hétérogènes, pour comprendre la propension d'un individu à agir de manière illégale (Meier, 2007). Plus précisément, les décisions et actions des individus, criminelles ou non, sont affectées par des valeurs et besoins qui leurs sont propres : conscience (individuelle et sociale), morale, générosité, réciprocité, conformisme ou encore recherche de prestige social. De nombreux travaux expérimentaux, en laboratoire et sur le terrain, ont ainsi montré qu'une motivation intrinsèque préexiste à l'incitation monétaire, ce qui peut expliquer pourquoi la commission d'actes coûteux et ne rapportant pas un bénéfice pécuniaire élevé peut être observée (Bazart et Romaniuc, 2015).

D'un point de vue normatif, l'élargissement du cadre strict de l'analyse économique offre la perspective d'une approche plus complète des motivations et des facteurs susceptibles d'influencer les comportements humains, en jouant plus particulièrement sur la perception que les délinquants avérés et potentiels peuvent avoir de leurs actions et de leurs conséquences. L'incitation monétaire, l'amende notamment, peut ainsi à la fois affecter l'intérêt de l'acte illégal *stricto sensu*, mais aussi la signification sociale qu'elle peut avoir pour l'individu lui-même (Romaniuc, Farrow, Ibanez et Marciano, 2016). Il s'ensuit que l'effet des sanctions monétaires sur les comportements est double : les sanctions changent l'intérêt matériel de certaines actions, à l'instar d'un effet de prix classique, mais aussi leurs perceptions sociales et morales. Toute analyse de l'effet dissuasif des peines doit donc s'appuyer sur ces deux aspects : intérêt matériel (1) et effet motivationnel (2).

2. Le rôle des incitations légales

A. L'analyse économique du crime

Le raisonnement économique suppose qu'un individu commet un crime parce qu'un tel acte lui semble être la meilleure solution, et non en raison d'une pathologie, héréditaire ou non, ou bien parce qu'il naît ou est victime d'un milieu ou d'une pression sociale. La décision d'être criminel résulterait ainsi de la comparaison des gains attendus de l'acte délinquant avec ce qu'il coûte ou pourrait en coûter de le commettre, et donc de la comparaison d'un tel acte avec des actes alternatifs, « légaux ». Ils définissent la valeur de ce qui est sacrifié de manière certaine, c'est-à-dire le coût d'opportunité de l'activité illégale.

De manière immédiate, il existerait donc un lien entre la criminalité et les conditions économiques, celles-ci déterminant assez largement le coût d'opportunité à être délinquant. Ce lien est toutefois ambigu. En particulier, le chômage diminuerait les opportunités à violer la loi, la valeur des cibles étant moindre dans les zones les plus pauvres ; on parle d'*opportunity effect* (Cantor et Land, 1985). Toutefois et dans le même temps, le chômage accroîtrait les motivations à commettre une infraction, ce que rapporte l'alternative légale étant moindre pour les plus pauvres ; on parle de *motivation effect* (Becker, 1968). En outre, durant une récession économique, si les personnes au chômage restent chez elles le jour, la surveillance de leur propriété est accrue, ce qui réduit le risque d'infractions commises à leur domicile ; on parle alors de *guardianshipeffect* (Cook et Zarkin, 1985). Selon Field (1990), ce troisième effet porte sur les victimes du crime plutôt que sur le criminel lui-même : ce phénomène prend le nom de *lifestyle effect*, en ce sens que les changements des conditions économiques peuvent modifier les modes de vie des victimes potentielles.

Dans l'analyse économique de la criminalité, le rôle de la politique pénale peut être considéré comme une politique d'incitation. Une incitation se définit comme tout changement dans l'environnement de l'individu, de nature à modifier les gains nets des activités dans lesquelles il peut s'engager ou les bénéfices nets des actions qu'il peut entreprendre : soit en les améliorant (incitation positive), soit en les détériorant (incitation négative). En matière pénale, la politique d'incitation relève de la sanction, une incitation négative, qui consiste à affecter l'attractivité de l'acte criminel en jouant sur le coût (qu'il soit monétaire ou qu'il s'agisse d'une peine privative ou restrictive de droits) que le délinquant supporte en se comportant de manière illégale, ou est susceptible de supporter, celui-ci n'étant pas systématiquement appréhendé, jugé et condamné.

Les autorités publiques peuvent affecter le comportement d'un délinquant, potentiel ou affirmé, de deux façons. La première est de jouer sur les technologies et budgets accordés aux forces de dissuasion, afin de modifier la probabilité d'arrestation (résultant de l'effort des forces de police), de jugement et de condamnation (résultant de l'effort des tribunaux). Le deuxième levier est de modifier l'importance des peines encourues. Selon Dittmann (2000), dans de nombreux pays il est plus aisé pour les autorités publiques de modifier les budgets des forces de dissuasion ou leur allocation, que la nature et l'ampleur des peines. Ainsi, la probabilité d'arrestation et de condamnation serait plus flexible que la sanction elle-même.

B. Détermination d'une politique pénale optimale

L'implication centrale de l'analyse économique du crime est donc que si le montant de la sanction augmente et/ou si s'élèvent le risque d'arrestation, le risque conditionnel de jugement et/ou le risque conditionnel de condamnation, alors l'attractivité du crime devrait diminuer, réduisant ainsi le nombre d'individus adoptant un comportement illégal ou la fréquence avec laquelle ils commettent des infractions ou pourraient les commettre. L'idée est clairement que le crime a un prix pour le criminel, et que la pratique criminelle tend à être délaissée lorsque ce prix augmente (Gneezy et Rustichini, 2000) ; à l'instar de n'importe quelle entreprise, les quantités offertes s'ajustent à la baisse avec une hausse du coût, même si, en l'occurrence, le prix du crime est implicite (Ehrlich, 1996).

Au niveau individuel, les criminels effectifs et potentiels sont soumis à un certain niveau de « sanction espérée ». En langue française, le terme « espéré » est ambigu : il ne s'agit pas d'un désir de punition de la part de celui qui viole la loi, mais d'une notion mathématique correspondant à l'intensité de la peine à laquelle le criminel s'expose, pondérée du risque qu'il a de la subir dans l'hypothèse où il serait effectivement arrêté et condamné. Le délinquant est ainsi supposé ne pas tirer de satisfaction de la prise de risque elle-même.

Si théoriquement un même niveau de dissuasion peut être produit à partir de différentes « combinaisons » (alternativement augmenter la sévérité des peines ou accroître leur risque d'occurrence), celles-ci correspondent à des coûts différents et ne sont donc pas neutres sur le plan budgétaire. Parmi différentes politiques pénales produisant le plus haut niveau de dissuasion, la politique efficiente est celle qui est la moins coûteuse à mettre en œuvre. Puisque les amendes sont une recette, tandis que les peines privatives de liberté ou les actions sur la probabilité d'arrestation sont une dépense, un résultat élémentaire de l'économie de crime est qu'il faut prévoir une amende d'un montant maximal, c'est-à-dire qui épuise la richesse du délinquant, pour un niveau donné de probabilité conditionnelle de condamnation.

Ce résultat de base sera modulé dans différentes circonstances. Notamment, bien que relativement simple à exprimer d'un point de vue théorique, le concept d'efficience peut se révéler complexe à mobiliser, car différentes politiques pénales correspondant à un même niveau de sanction espérée peuvent ne pas concerner la même « population » de criminels ou avoir les mêmes effets à travers le temps (Vaillant et Wolff, 2010). Par exemple, les délinquants dont les préférences se caractérisent par une goût pour le risque sont susceptibles d'être plus sensibles à un changement du risque d'être sanctionné qu'à une modification du *quantum* de la sanction (Vaillant et Dervaux, 2011).

L'efficacité de la peine peut également être modulée en fonction de l'environnement et des interactions sociales du criminel, potentiel ou avéré. En d'autres termes, ne prendre en compte que les attributs de l'acte criminel lui-même (les gains du crime et le risque de sanction pénale qui lui est associé) est une lecture à laquelle on peut reprocher d'être partielle, voire partiale (Dilulio, 1996). Les relations d'un criminel ou d'un criminel potentiel avec d'autres individus peuvent avoir un impact sur son comportement, par les informations qu'elles véhiculent et les normes sociales dont elles peuvent être porteuses. Ces normes constituent les règles de conduite qui ne sont ni le fait d'un organe officiel (législateur ou juridiction), ni appliquées par la menace de sanctions pénales. Leur existence peut contribuer à réduire la criminalité et les comportements violents ou, au contraire, « enraciner » leur présence.

3. Motivations externes et internes : le rôle des interactions sociales

A. Les effets de pair

Les théories de la motivation, notamment cognitivistes, soulignent que les sanctions et les menaces de sanction imposées par l'Etat, en particulier les sanctions monétaires, peuvent avoir un effet limité pour des raisons liées aux motivations des criminels potentiels et avérés. Plus précisément, la question de l'articulation entre motivation intrinsèque et motivation extrinsèque est en jeu [Deci (1971, 1972, 1975), Ryan (1982), Deci et Flaste (1995)]. La motivation externe ou extrinsèque est celle qui affecte l'individu « de l'extérieur », elle relève du contexte ; les leviers de la politique pénale ou la pression sociale en font partie. Les motivations intrinsèques, quant à elles, sont internes, personnelles ; ce sont en quelque sorte les valeurs propres des individus.

S'agissant des motivations externes, les échanges d'un individu avec son entourage, notamment avec d'autres individus ayant été confrontés à la justice répressive et ayant été arrêtés et sanctionnés, lui permettent d'obtenir une information sur les issues et les risques associés à la réalisation d'un crime. L'observation de certains proches, l'expérience récente ou les informations en provenance des médias, peuvent d'ailleurs avoir plus d'impact sur la prise de décision (Nisbett et Ross, 1980). Le comportement criminel peut ainsi être particulièrement affecté dans les situations où l'information n'existe pas ou ne semble pas pertinente au délinquant, et dans les situations au sein desquelles l'individu ne peut acquérir d'information de ses expériences passées.

Dans la mesure où tous les individus ne se réfèrent pas aux mêmes communautés et n'ont pas la même capacité à acquérir de l'information (ou n'ont pas la même disposition à payer l'information), tous n'ont pas la même perception de la sanction et de son degré de vraisemblance (Sah, 1991). Une large variance des perceptions peut ainsi apparaître au sein d'un même groupe sociétal ou encore des différences dans la distribution de ces perceptions entre plusieurs groupes, d'autant que les criminels peuvent être mal informés sur la vraisemblance de leur détection et sur leur propre capacité à éviter d'être détecté (Levitt, 1998). En d'autres termes, les criminels peuvent souffrir d'une certaine forme de « myopie rationnelle », si bien que d'importantes sanctions peuvent ne pas influer la décision de s'engager dans une activité délictueuse (Wilson et Herrstein, 1985) : les effets des changements de la sanction pénale ne dépendent pas tant de ses changements vrais que des croyances individuelles à son sujet (Simon, 1955).

La demande de prestige, ou réciproquement le désir de ne pas subir l'opprobre « des autres », peut également influencer le comportement individuel à travers la réputation et l'acceptation sociale, aussi bien que par le biais des opportunités « marchandes » résultant des interrelations avec les pairs (Williams et Sickles, 2002). Les bénéfices qu'un individu peut anticiper de ces interactions dépendent de son capital social. Ce capital est généralement défini en relation à l'ensemble des règles, normes, obligations qui régissent les interactions sociales, dans le contexte des arrangements institutionnels de la société permettant à ses membres d'atteindre leurs objectifs individuels et communs (Lederman, Loayza et Menéndez, 2000). Becker et Murphy (1988) soulignent que le stock de capital social d'un individu est proportionnel à l'effort qu'il engage pour l'améliorer, mais dépend également des positions sociales héritées (Coleman, 1990).

L'idée selon laquelle le capital social réduirait le nombre de crimes violents commis dans une société repose sur deux arguments (Lederman, Loayza et Menéndez, 2000). D'abord, favorisant la diminution des coûts de transaction sociale, le capital social faciliterait ainsi la résolution pacifique des conflits [Voir Fukuyama (1995) et Robison et Siles (1999)]. Ensuite, les sociétés dans lesquelles le capital social joue un rôle important sont mieux équipées pour s'organiser à l'encontre des problèmes de passager clandestin, c'est-à-dire pour lutter contre celles et ceux qui cherchent à bénéficier des ressources communes sans en supporter une partie du coût. Il y a donc moins de bénéfices potentiels pour les comportements opportunistes, ce qui tend à diminuer les risques de conflits sociaux et de comportements violents. Néanmoins, même si le capital social facilite la coordination intra-groupe, en promouvant l'identité dudit groupe, il favorise également l'hostilité entre différentes communautés. Esteban et Ray (1994) parlent également de « polarisation » à ce sujet : il s'agit du degré de séparation entre l'homogénéité large et interne de groupes.

La compréhension du phénomène de polarisation peut être améliorée en intégrant l'idée que le capital social d'un individu n'existe pas exclusivement en relation à une seule société, « honnête ». En effet, au sein d'un même espace géographique, un individu peut rechercher la considération des membres de communautés de référence différentes, pratiquant chacune des activités honnêtes, criminelles, voire les deux en même temps. Ce phénomène a été décrit par la théorie dite « des groupes de référence » du sociologue Clark (1972) ; ce dernier insiste sur le rôle de l'ensemble des groupes réels ou imaginaires auxquels le criminel se réfère (et qu'il peut choisir). Cette théorie généralise la « théorie des associations différentielles » de Sutherland et Cressey (1966), reprise par Akers (1985). Elle explique l'hétérogénéité spatiale de la criminalité par des différences d'organisation et de cohésion sociale. Dans cette perspective, un individu peut simultanément se référer à une communauté criminelle (un gang par exemple) et à une communauté sanctionnant la pratique d'actes délinquants et violents (comme sa propre famille). L'influence de l'une relativement à l'autre dans l'échelle des valeurs d'un individu peut expliquer une partie de l'intensité ou de la fréquence de son activité criminelle.

Notons, enfin, que l'existence d'un capital social relatif à une communauté criminelle, un gang par exemple, peut conduire à la réalisation de crimes plus violents si l'usage de la violence est perçu comme un signe de reconnaissance, ou de valorisation (Vertinsky, 1999). Glaeser, Sacerdote et Scheinkman (1996) expliquaient que de telles interactions sociales, « perverses » selon leurs termes, peuvent être une cause de l'inertie observée du taux de crimes dans certaines grandes villes.

B. Le rôle des motivations internes

Motivation interne et motivation externe sont susceptibles d'être interactives et non pas simplement additives : les motivations extrinsèques peuvent rétroagir sur les motivations intrinsèques et réciproquement. C'est ce que Bowles (2011) appelle la thèse de l'inséparabilité. Lorsque les incitations extrinsèques et les motivations intrinsèques agissent dans un même sens, l'effet général sur la décision de l'individu va être clair et prévisible. Ce sont les effets de renforcement de la motivation interne par les incitations externes qui dominent (« *crowding in* ») ; l'inverse est néanmoins possible. Si l'incitation externe, telle que générée par la politique publique, contrarie les motivations internes des individus, alors le résultat final dépend de l'intensité des deux effets opposés. Dans ce contexte, l'effet négatif du mécanisme de prix, la sanction notamment, peut contrebalancer la tendance positive naturelle liée à la motivation interne et mener à un effet total négatif, ce que l'on appelle l'éviction de la motivation (« *crowding out* »). Tirole ([2009] p. 578) définit les effets d'éviction en lien avec les situations dans lesquelles des « formes extrêmes d'incitation n'engendreraient pas les effets recherchés ». Dans ce cas de figure, la structure des motivations peut avoir une importance telle qu'elle pourrait amenuiser les schémas d'intervention classiques [Bénabou et Tirole (2006), Tirole (2013)]. Mac Coun (1993) suggère ainsi que la criminalisation de certains comportements, comme la consommation de marijuana, peut donner l'impression aux citoyens qu'ils ne peuvent pas se contrôler eux-mêmes. Il s'ensuit une perte de confiance et une augmentation, plutôt qu'une baisse, de la consommation de marijuana en réaction à la sévérité accrue de la peine. A elles seules et dans des circonstances très particulières, les motivations internes peuvent générer des effets potentiellement indésirables qui résultant des sanctions monétaires. Lepper et Greene (1978) parlent d'un « coût caché ».

Différentes explications des comportements socialement responsables, comme l'abstention de commettre un crime, émergent ; elles vont de l'éthique personnelle à la pression sociale, en passant par des niveaux intermédiaires d'internalisation de préceptes moraux de coopération. Ces déterminants, hétérogènes, sont souvent analysés comme une opposition entre des incitations externes et internes. Cependant, dans le cadre d'une expérience de laboratoire, Romaniuc, Farrow, Ibanez et Marciano (2016) ont montré que les deux types de motivation ne sont pas toujours en conflit : les sanctions monétaires peuvent renforcer l'effet d'autres types de motivations, sociales. Plus spécifiquement, le groupe qui coopère le plus est celui où il y a une sanction monétaire. Les auteurs ont néanmoins identifié des effets pervers des sanctions monétaires : sur le long terme, elles réduisent l'efficacité de la désapprobation sociale. En effet, une fois la sanction monétaire enlevée, la coopération diminue fortement, en comparaison du niveau de coopération atteint dans le groupe qui n'a jamais connu de sanction monétaire.

4. Conclusion

D'un point de vue économique, la politique pénale peut être analysée comme un mécanisme d'incitations négatives à l'encontre des criminels, avérés et potentiels. Les effets et l'ampleur de cette politique peuvent toutefois être modulée en fonction des motivations extrinsèques et intrinsèques des délinquants (Vaillant, 2005). En particulier, les interactions sociales peuvent avoir trois effets pouvant jouer en sens opposé sur le crime : un effet préventif, à travers les bénéfices sociaux dont peuvent profiter ceux qui respectent la norme « honnête » ; un effet dissuasif, à travers la sanction encourue en cas de sa violation ; un effet ambigu sur le crime, *via* les informations qu'elles transmettent, les normes sociales « perverses » qu'elles peuvent générer, comme la promotion de la violence au sein d'un gang par exemple, et leur influence sur la formation des préférences et des normes individuelles (Andenaes, 1974). Or, les progrès techno-scientifiques sont de nature à promouvoir l'émergence de réseaux communautaires, maillés et coopératifs, au niveau global aussi bien qu'on niveau local [Giorgini (2014), Giorgini et Vaillant (2016)]. Ces nouvelles interactions humaines promeuvent alternativement ou simultanément des normes plus ou moins en phase avec le cadre légal. Dans ce contexte, il deviendra de plus en plus difficile pour les autorités publiques d'utiliser les ressorts « classiques » de la politique pénale contre le crime, sans intégrer de nouvelles formes d'intervention, plus locales, et capitalisant sur ces formes émergentes d'interaction sociale.

Références

AKERS, R.L. (1985) Deviant behavior. A social learning approach. Belmont, CA, Wadsworth.

ANDENAES, J. (1974) Punishment and deterrence. University of Michigan Press.

BAZART, C., ROMANIUC, R. (2015) Intrinsic and extrinsic motivation. In: A. Marciano, G. B. Ramello (eds.), Encyclopedia of Law and Economics. Springer NY.

BECCARIA, C. (1963, [1764]) On crimes and punishments. Bobbs-Merril, Indianapolis.

BECKER, G.S. (1968) Crime and punishment: An economic approach. Journal of Political Economy, 78(1), 169-217.

BECKER, G.S., MURPHY, K.M. (1988) A theory of rational addiction. Journal of Political Economy, 96(4), 675-699.

BENABOU, R., TIROLE, J. (2006) Incentives and Prosocial Behavior. American Economic Review, 96(5), 1652-1678.

BENTHAM J. (1970, [1789]) An introduction to the principles of morals and legislation. The Athlone Press, London.

BOWLES, S. (2011) Machiaveli's Mistake. Mimeo, Santa Fe Institute.

CANTOR, D., LAND, K.C. (1985) Unemployment and crime rates in the Post-World War II United States: A theoretical and empirical analysis. American Sociological Review, 50, 317-332.

CHAPMAN, J.I. (1976) The demand for police. Public Finance Quarterly, 4(2), 187-204.

CLARK, R.E. (1972) Reference group theory and delinquency. New York.

COLEMAN J.S. (1990) Foundations of social theory. Harvard University Press, Cambridge, MA.

COOK, P.J., ZARKIN, G.A. (1985) Crime and the business cycle. Journal of Legal Studies, 14, 115-128.

DECI, E.L. (1971) Effects of Externally Mediated Rewards on Intrinsic Motivation. Journal of Personality and Social Psychology, 18(1), 105-115.

DECI, E.L. (1980) The effects of contingent and noncontingent rewards and controls on intrinsic motivation. Organizational Behavior and Human Performance, 8, 217-229.

DECI, E.L. (1975) Intrinsic Motivation. New York: Plenum Press.

DECI, E.L., RYAN, R.M. 1980) The empirical exploration of intrinsic motivational processes. In R. Bergowitz (ed.), Advances in experimental social psychology. New York: Pergamon Press.

DECI, E.L., RYAN, R.M. (1985) Intrinsic Motivation and Self-determination in Human Behavior. New York: Plenum Press.

DECI, E.L., FLASTE, R. (1995) Why We Do What We Do: Understanding Self-Motivation. Penguin Books.

DILULIO, J.J.Jr. (1996) Help wanted: Economists, crime and public policy. Journal of Economic Perspectives, 10(1), 3-24.

DITTMANN, I. (2000) Imprisonment versus fines: A theoretical perspective. In: MacDonald Z., Pyle D. Illicit Activity. The Economics of Crime, drugs and Taxe Fraud. Ashgate, Dartmouth.

EHRLICH, I. (1996) Crime, punishment, and the market for offenses. Journal of Economic Perspectives, 10(1), 43-67.

EIDE, E. (1994) Economics of crime: Deterrence and the rational offender. Amsterdam, North-Holland.

ESTEBAN, J.-M., RAY, D. (1994) On the measurement of polarization. Econometrica, 62(4), 819-852.

FIELD, S. (1990) Trends in crime and their interpretation. A study of recorded crime in Post-War England and Wales. Home Office Research Study n°119, Home Office, London.

FLEISHER, B.M. (1966) The economics of delinquency. Quadrangle, Chicago.

FUKUYAMA, F. (1995) Social capital and the global economy. Foreign Affairs, 4, 89-103.

GIORGINI, P. (2014) La transition fulgurante. Bayard.

GIORGINI, P, VAILLANT, N. (2016) La fulgurante recréation. Bayard.

GLAESER, E.L., SACERDOTE, B., SCHEINKMAN, J.A. (1996) Crime and social interactions. The Quarterly Journal of Economics, 111(2), 507-548.

GNEEZY, U., RUSTICHINI, A. (2000) A fine is a price. Journal of Legal Studies, 29(1), 1-17.

LEPPER, M.R., GREENE, D. (1978) The Hidden Costs of Reward: New Perspectives on Psychology of Human Motivation. Hillsdale, NY: Erlbaum.

LEVITT, S.D. (1998) Why do increased arrest rates appear to reduce crime: Deterrence, incapacitation, or measurement error? Economic Inquiry, 36, 353-372.

Mac COUN, R.J. (1993) Drugs and the law: A psychological analysis of drug prohibition. Psychological Bulletin, 113, 497.

MEIER, S. (2007) A survey of economic theories and field evidence on prosocial behavior. In: Bruno S. Frey and Alois Stutzer (eds.), Economics and Psychology:

A Promising New Cross-Disciplinary Field. CESifo Seminar Series. Cambridge and London: MIT Press.

NISBETT, R.E., ROSS, L.D. (1980) Human inference: Strategies and shortcomings of social judgment. Englewood Cliffs, NJ, Prentice-Hall.

OPP, K.D. (1989) The economics of crime and the sociology of deviant behaviour. A theoretical confrontation of basic propositions. Kyklos, 42(3), 405-430.

ROBISON, L.J., SILES, M.E. (1999) Social capital and household income distributions in the United States: 1980, 1990. Journal of Socio-Economics, 28, 43-93.

ROMANIUC, R.R., FARROW, K., IBANEZ, L., MARCIANO, A. (2016) The perils of government enforcement. Public Choice, 166(1-2), 161-182.

ROTTENBERG, S. (1968) The clandestine distribution of heroin, its discovery and suppression. Journal of Political Economy, 76(1), 78-90.

RYAN, R. (1982) Control and information in the intrapersonal sphere: An extension of cognitive evaluation theory. Journal of Personality and Social Psychology, 43, 450-461.

SAH, R.K. (1991) Social osmosis and patterns of crime. Journal of Political Economy, 99, 1272-1295.

SIMON, H. (1955) A behavioral model of rational choice. The Quarterly Journal of Economics, 69, 99-118.

SUTHERLAND, E.H., CRESSEY, D.R. (1966) Principles of criminology. J.B. Lippincott, New-York.

TIROLE, J. (2009) Motivation intrinsèque, incitations et normes sociales. Revue économique, 60(3), 577-589.

TIROLE, J. (2013) Rationalité, psychologie et économie. Revue Française d'Economie, 33, 9-33.

TULLOCK, G. (1967) The welfare costs of tariffs, monopolies, and theft. Economic Inquiry, 5, 224-232.

VERTINSKY, L. (1999) A law and economics approach to criminal gangs. Ashgate, England.

VAILLANT, N. (2005) Do legal sanctions reinforce social sanctions? An economic analysis of infanticide. Homo Oeconomicus, 22(3), 333-346.

VAILLANT, N., WOLFF, F.C. (2010) Broken windows theory and marginal deterrence: Does the punishment of minor sexual offences deter rapes? Evidence from French panel data. European Journal of Law and Economics, 30(1), 59-71.

VAILLANT, N., DERVAUX, B. (2011) La dissuasion des homicides volontaires. La Revue Economique, 62, 237-254.

WILLIAMS, J., SICKLES, R.C. (2002) An analysis of the crime as work model: Evidence from the 1958 Philadelphia Bithe cohort study. Journal of Human Resources, 37(3), 479-509.

WILSON, J.Q., HERRSTEIN, R. (1985) Crime and human nature. Simon and Schuster, New-York.

10

« Peines perdues » en droit international pénal

Par Damien SCALIA

La peine est le point d'orgue du processus pénal : il s'agit de sa finalité première, de ce vers quoi il tend et l'étape par laquelle il se termine – l'après a longtemps été secondaire voire accessoire (sauf *a priori* pour le condamné bien entendu). En droit international pénal la peine ne déroge pas à la règle, l'accessoire, le secondaire, a, pendant longtemps, commencé avec le prononcé de la peine et s'est logiquement poursuivi avec son exécution. Le colloque qui nous a réuni à Lille en novembre 2015 [1] nous donne l'occasion de revenir sur cet aspect du processus pénal international : quel sens peut avoir une peine pour crime de masse ? Quel sens la communauté internationale et les juges internationaux ont donné aux peines prononcées à l'encontre de criminels de masse ? Pour répondre à ces questions, nous présenterons tout d'abord la manière dont les principes qui la gouvernent traditionnellement, en droit national, semblent mis à mal au niveau international (I). Nous analyserons ensuite les finalités qui sont attribuées à la peine (c'est-à-dire le sens qui lui est donné) : ces dernières permettant de comprendre pourquoi les principes sont peu respectés. En effet, nous verrons que cette branche du droit possède une approche classique de la peine : la rétribution restant la principale finalité des peines prononcées (II). Nous conclurons en mettant en exergue très brièvement quelques pistes de réflexions qui permettrait de respecter les principes gouvernant la peine – donnant ainsi un autre sens à la peine, respectueux des libertés individuelles.

---

1. Nous tenons à remercier les organisateurs, F. Ludwiczak et Jean Motte dit Falisse.

Avant d'entamer notre développement, permettons-nous trois propos liminaires. Premièrement, il sied de préciser la branche de droit que nous abordons ici, c'est-à-dire le « droit international pénal ». Il s'agit du droit pénal relatif aux crimes internationaux (crimes de guerre, crimes contre l'humanité et génocide) tel qu'appliqué par les juridictions internationales pénales, c'est-à-dire pour ce qui nous intéresse, le Tribunal pénal international pour l'ex-Yougoslavie (TPIY), le Tribunal pénal international pour le Rwanda (TPIR) et la Cour pénale internationale (CPI). Deuxièmement, mentionnons dès à présent que la seule peine que les tribunaux pénaux internationaux et la CPI peuvent prononcer à titre principal est l'emprisonnement [2] ; nous ne traiterons dès lors que cette peine [3]. Enfin, nous concentrerons notre développement sur la peine prononcée et non exécutée ; même si les arguments que nous avançons ici peuvent s'appliquer *mutatis mutandis* à cette dernière

I. Principes et perte de sens

Deux principes gouvernent traditionnellement la peine : le principe de légalité (A) et le principe de proportionnalité (B). En droit international pénal, si leur applicabilité n'est pas remise en cause [4], leur application, comme nous allons le voir, soulève plus de questions ; leur respect est relatif et semble symptomatique de la perte de sens des peines en droit international pénal.

A. Principe de légalité des peines

---

2. Art. 77 du statut de la CPI (StCPI).

3. Schabas W., « Chap. 35 : Penalties », *in* Cassese A., Gaeta P. et Jones J.R.W.D., *The Rome Statute of International Criminal Court: a commentary*, Oxford [etc.], Oxford University Press, 2002, pp. 1497-1534, p. 1513.

4. Pour le principe de légalité: voy. CPI, *Le Procureur c. Katanga,* Décision relative à la peine (article 76 du Statut), Chambre de première instance, 23 mai 2014, §§ 33-34; Secrétaire général des Nations Unies, *Rapport établi conformément au paragraphe 2 de la résolution 808 (1993) du Conseil de Sécurité*, 3 mars 1993, S/25704, § 111 ; Art. 23 StCPI; TPIY, *Le Procureur c. Erdemović*, Jugement portent condamnation, Chambre de première instance, 29 novembre 1996, § 38 ; TPIY, *Le Procureur c. Tadić*, Arrêt concernant les jugements relatifs à la sentence, Chambre d'appel, 26 janvier 2000 - Opinion individuelle du Juge Cassese, § 4ss.

Pour le principe de propotionnalité : voy. TPIY, *Le Procureur c. Blaskić,* Arrêt, Chambre d'appel, 20 juillet 2004, § 683 ; TPIY, *Le Procureur c. Delalić*, Arrêt, Chambre d'appel, 20 février 2001, § 731; TPIY, *Le Procureur c. Kupreškič et al.*, Arrêt. Chambre d'appel, 23 octobre 2001, § 442.

Principe général de droit reconnu par l'ensemble des systèmes juridiques ainsi que par la grande majorité des Etats [5], le principe de légalité des peines est fondamental à tout Etat de droit et société démocratique [6]. Il énonce qu'il ne peut y avoir de peine sans loi (*nulla poena sine lege*), à tout le moins sans droit (*nulla poena sine jure*). Sur le plan international, la jurisprudence constante de la Cour européenne des droits de l'Homme (concordante avec la jurisprudence de la Cour interaméricaine relative aux droits de l'Homme ainsi que celle du Comité des Nations unies pour les droits de l'Homme en charge du respect du Pacte international relatif aux droits civils et politiques de 1966) énonce que pour respecter le principe de légalité, le droit (entendu au sens de droit écrit mais aussi non écrit) doit respecter trois critères : la qualité (qui passe par sa clarté et sa précision), l'accessibilité et la prévisibilité [7] ; ce dernier étant le critère le plus important. Même si la Cour de Strasbourg use là d'une définition large desdits critères [8], les peines en droit international pénal sont *a priori* encore en-deçà des minima établis par la Cour européenne.

En effet, en droit international pénal, les textes constitutifs des juridictions internationales pénales ne mentionnent qu'une seule peine (l'emprisonnement pouvant aller jusqu'à la perpétuité [9]) ; il revient au juge de l'individualiser. Il est dès lors difficile de prévoir, sur la base des textes constitutifs des juridictions internationales pénales, la peine à laquelle une personne condamnée pour crimes de guerre, crimes contre l'humanité ou génocide, peut être punie. De surcroît, les critères permettant de fixer la peine sont énoncés, là encore, de façon peu rigoureuse par les textes constitutifs des juridictions internationales pénales. Les dispositions idoines [10] ne mentionnent que quelques critères, non exhaustifs, permettant de guider la fixation de la sanction pénale : la gravité du crime, la grille générale des peines d'emprisonnement appliquée par les tribunaux internes

---

5. Scalia D. *Du principe de légalité des peines en droit international pénal*, Bruylant, Bruxelles, 2011.

6. CrEDH, *Groppera Radio AG et autres c. Suisse*, requête 10890/84, 28 mars 1990, § 71 ss ; CPJI, *Compatibilité de certains décrets-lois dantzikois avec la constitution de la ville libre*, Série A/B, 4 décembre 1935, pp. 14-15 et 20.

7. CrEDH, *Sunday Times* c. *Royaume-Uni*, requête 6538/74, 26 avril 1979; CrIDH, *Ricardo Canese c. Paraguay*, 31 août 2004, § 174.

8. En effet, les juges de Strasbourg ont donné une définition toute relative des critères. Ils estiment notamment que le droit doit être compréhensible en s'entourant de « conseils éclairés », que l'accessibilité n'est que relative et que la prévisibilité se définie *a contrario* : ce qui est déraisonnable ou imprévisible viole le principe de légalité, tandis que ce qui pouvait être envisagé ne le viole pas. Voy. Zerouki D., *La légalité criminelle, Enrichissement de la conception formelle par une conception matérielle*, Lyon, Université Jean Moulin – Lyon 3, 2001, p. 311.

9. Art. 24 StTPIY, art. 23 StTPIR et art 77 StCPI.

10. Art. 24 StTPIY, art. 23 StTPIR et art. 78 StCPI.

(de l'ex-Yougoslavie pour le TPIY et du Rwanda pour le TPIR), la situation personnelle du condamné ou encore les circonstances atténuantes ou aggravantes.

La jurisprudence des TPI aurait pu combler ce manque – ça n'a malheureusement pas été le cas. D'une part, devant les tribunaux pénaux internationaux, aucune hiérarchie claire n'existe entre les crimes. Ainsi, même si, dans certaines décisions le crime de génocide est analysé comme le « crime des crimes » [11], certains génocidaires ont été condamnés à des peines inférieures à celles prononcées à l'encontre d'individus reconnus coupables de crimes contre l'humanité [12]. De plus, entre les crimes de guerre et les crimes contre l'humanité, les tribunaux ont erré [13] jusqu'à établir qu'il n'existait pas de hiérarchie *a priori* [14]. D'autre part, les juges ont interprété les critères permettant de fixer la peine de façon très large, voire contradictoire (et donc incompréhensible et imprévisible) : à l'image des grilles générale des peines d'emprisonnement appliquée par les tribunaux internes qui devaient servir comme sources des peines et donc auraient permis le respect du principe *nulla poena sine lege*, les juges internationaux ont opté pour une interprétation floue de ce critère estimant que ce renvoi au droit interne n'était qu'indicatif, et que les juridictions internationales pénales n'étaient pas tenues de respecter le droit national en matière de pénalité [15].

---

11. TPIR, *Le Procureur c. Serushago*, Sentence, Chambre de première instance, 5 février 1999, § 15.

12. TPIR, *Le Procureur c. Serushago*, Sentence, Chambre de première instance, 5 février 1999 en comparaison avec TPIY, *Le Procureur c. Vasiljević*, Arrêt, Chambre d'appel, 25 février 2004. Voy. aussi: TPIY, *Le Procureur c. Stakić,* Arrêt, Chambre d'appel, 22 mars 2006, § 375. Pour une analyse détaillée de ce problème, voy. Olusanya O., *Sentencing war crimes and crimes against humanity under the International Criminal tribunal for the Former Yugoslavia*, Groningen, Europa Law Publishing, 2005.

13. Contre une hiérarchie : TPIY, *Le Procureur c. Stakić,* Arrêt, Chambre d'appel, 22 mars 2006, § 375; TPIY, *Le Procureur c. Aleksovski,* Arrêt, Chambre d'appel, 24 mars 2000, § 69 ; TPIY, *Le Procureur c. Kunarac,* Jugement, Chambre de première instance, 22 février 2001, § 851 ; TPIY, *Le Procureur c. Furundžjia*, Arrêt, Chambre d'appel, 21 juillet 2000, §§ 242-243.

Pour une hiérarchie : TPIY, *Le Procureur c. Tadić*, Jugement relative à la sentence, Chambre de première instance, 11 novembre 1999, § 27-29 ; TPIR, *Le Procureur c. Kambanda*, Jugement et Sentence, Chambre de première instance, 4 septembre 1998, § 12 ; TPIR, *Le Procureur c. Akayesu*, Sentence, Chambre de première instance, 2 octobre 1998 ; TPIR, *Le Procureur c. Serushago*, Jugement et Sentence, 5 février 1999, § 14.

14. TPIY, *Le Procureur c. Tadić,* Arrêt concernant les jugements relatifs à la sentence, Chambre d'appel, 26 janvier 2000, § 69.

15. TPIY, *Le Procureur c. Delalić et consorts*, Jugement, Chambre de première instance, 16 novembre 1998 § 1192 ; A titre d'exemple : TPIR, *Le Procureur c. Kambanda*, Jugement et Sentence, Chambre de première instance, 4 septembre 1998, § 23 ; TPIY, *Le Procureur c. Furundžjia*, Jugement, Chambre de première instance, 10 décembre 1998, § 285 ; TPIR, *Le*

Il en est de même pour les circonstances aggravantes ou atténuantes devant être prises en compte par les juges lors du prononcé de la sanction pénale : à titre d'exemple, la « bonne moralité » a été utilisée tantôt comme circonstance aggravante (arguant que les victimes avaient, avant le conflit en ex-Yougoslavie, confiance en l'accusé et qu'il a abusé de cette confiance) [16] tantôt comme circonstance atténuante (arguant que l'accusée était une bonne personne avant le conflit) [17], voire n'a pas été prise en considération (« la bonne moralité de l'accusé avant les faits n'a généralement que peu d'incidence sur la fixation de la peine » [18]). Il en est de même de la prise en considération du plaidoyer de culpabilité qui, au titre de circonstance atténuante est censé atténuer la peine, mais n'a parfois entraîné aucune diminution de peine, les accusés ayant été condamné à la privation de liberté à perpétuité [19].

Force est ainsi de constater une absence de respect du principe de légalité. Cette absence de respect n'étant cependant pas acceptée, le principe est redéfini et perd son sens : arguant que celui-ci ne s'applique pas strictement en droit international pénal, les juges ne l'ont pas appliqué ou, à tout le moins, concèdent implicitement qu'il s'applique sans réellement d'effet.

B. Principe de proportionnalité

Le principe de proportionnalité semble lui aussi perdre sens en droit international pénal. Ce principe doit s'analyser principalement dans l'adéquation entre la peine et le crime [20]. En droit international pénal, il n'est pas expressément mentionné par les textes fondateurs des juridictions

---

Procureur c. Serushago, Jugement et Sentence, Chambre de première instance, 5 février 1999, § 30 ; TPIY, *Le Procureur c. Jelisić*, Arrêt, Chambre d'appel, 5 juillet 2001, § 117 ; TPIY *Le Procureur c. Hadžihasanovi et Kubura*, Jugement, Chambre de première instance, 15 mars 2006, § 2075 ; TPIY, *Le Procureur c. Staki*, Arrêt, Chambre d'appel, 22 mars 2006, § 398 ; TPIY, *Le Procureur c. Milutinović et al.*, Jugement, Chambre de première instance, 26 février 2009, § 1160 ; TPIY, *Le Procureur c. Milutinovi et al.*, Jugement, Chambre de première instance, 26 février 2009, § 1160 ; TPIY, *Le Procureur c. Popović et al.*, Jugement, Chambre de première instance, 10 juin 2010, § 2142.

16. TPIY, *Le Procureur c. Tadić*, Jugement relative à la sentence, Chambre de première instance, 14 juillet 1997 § 59.

17. TPIY, *Le Procureur c. Plavsić*, Jugement portant condamnation, Chambre de première instance, 27 février 2003, § 65.

18. TPIR, *Le Procureur c. Barayagwiza, Nahimana, Ngeze*, Arrêt, Chambre d'appel, 28 novembre 2007, § 1069.

19. TPIR, *Le Procureur c. Rutaganda*, Jugement et Sentence, Chambre de première instance, 6 décembre 1999 (jugement confirmé en appel).

20. Cusson M., *Pourquoi punir ?*, Paris, Dalloz, 1987, pp. 87-88.

internationales pénales ; il y est néanmoins implicitement présent. Tant les statuts des TPI que celui de la CPI prévoient que les juges doivent prendre la gravité du crime en considération lorsqu'ils imposent une peine [21]. La jurisprudence des Tribunaux va suivre cette insistance sur la gravité du crime, et en faire « l'élément principal à prendre en compte dans la sentence » [22]. Aujourd'hui, la vision qui prévaut de la proportionnalité en droit international pénal est celle d'une peine qui doit être méritée, c'est-à-dire en lien avec la gravité du crime. Elle est devenue un « blâme moral » [23]. « L'accent est donc mis sur la *gravité*, impliquant la *sévérité* pénale, plutôt que sur une *proportionnalité* de/dans la réaction pénale [24] » [25]. Cela étant, il semble illusoire de croire qu'il est possible de condamner proportionnellement (ou de façon appropriée [26]) des personnes qui ont planifié un génocide, tuant des milliers de personnes, ou un crime contre l'humanité, torturant des centaines d'individus. A ce stade de criminalité, même la perpétuité ne saurait être proportionnelle. C'est d'ailleurs bien ce que visait H. Arendt lorsqu'elle écrivait « que l'on ne peut ni punir ni pardonner ces crimes » [27]. Le principe de proportionnalité est dès lors difficilement applicable en droit international pénal, à tout le moins tel qu'il est connu en droit national.

Ainsi, alors que, en créant le droit international pénal, les Etats ont gardé les référents nationaux en matière de pénalité (les travaux préparatoires du Statut de la CPI sont ici révélateurs), il apparaît que ceux-ci ne sont pas transposables en droit international. « En posant le principe qu'il s'agit des crimes les plus odieux et qu'ils doivent tous être punis de façon exemplaire et très sévèrement, la communauté internationale s'est privée de la possibilité de réellement aménager les peines, de les proportionner aux crimes jugés » [28]. Les juridictions internationales pénales auraient dû

---

21. Art. 78 StCPI.
22. TPIY, *Le Procureur c. Delalić*, Arrêt, Chambre d'appel, 20 février 2001, § 731.
23. Poncela P., *Droit de la peine*, 2ème édition, Paris, PUF, 2001, p. 70.
24. Parmi les rares renvois explicites à la notion de proportionnalité, voir TPIY, *Le Procureur c. Mrda*, Jugement portant condamnation, 31 mars 2004, § 14 : « En tant que forme de rétribution, la sanction (…) doit être proportionnelle à la gravité des crimes ».
25. Bernard D. et Scalia D., « Retour à Beccaria : proportionnalité et peines internationales en question », *in* Porret M. et Salvi E., *Cesare Beccaria. La controverse pénale (XVIIIe-XXIe siècles)*, Rennes, PUR, 2015, pp. 313-322.
26. Harhoff F., « Sense and Sensibility in Sentencing – Taking stock of international criminal punishment », Engdahl O. et Wrange P. (ed.), *Law at war: the law as it was and the law as it should be: liber amicorum Ove Bring*, Leiden, Nijhof, 2008, pp. 121-140 (pp. 1-22), p. 5.
27. Arendt H., *La condition de l'homme moderne*, Paris, Calmann-Lévy, 1961, p. 271.
28. Bernard D. et Scalia D., « Retour à Beccaria : proportionnalité et peines internationales en question », *in* Porret M. et Salvi E., *Cesare Beccaria. La controverse pénale (XVIIIe-XXIe siècles)*, Rennes, PUR, 2015, pp. 313-322.

aménager les sanctions en fonction des crimes auxquels ils sont confrontés. Cela n'a néanmoins pas été totalement possible parce que les référents utilisés pour sanctionner les crimes internationaux sont les mêmes que ceux existant pour les crimes nationaux (ou de droit commun – hors crimes internationaux) [29]. Or l'incompréhension qui naît à la lecture des peines prononcées pas les juridictions internationales est la conséquence des hésitations liées à la prise en considération de la gravité des crimes, et donc au principe de proportionnalité. Si les juges avaient clairement rompu avec les droits nationaux, s'ils avaient « monétarisé » les sanctions pénales en droit international pénal, l'incompréhension aurait à tout le moins été diminuée – encore aurait-il fallu que la proportionnalité ordinale [30] soit respectée et qu'une échelle graduée des peines [31], propre au droit international pénal, soit créée. Ce n'est pas le cas.

Ainsi, comme l'écrit A. Garapon : « Le juge anglais est très puissant, mais il est tenu par des précédents comme le juge continental est tenu par la loi. Or, dans la culture de synthèse, sorte de mixte de droit anglo-saxon et continental, qui caractérise les juridictions internationales, le juge [s'est vu] émancipé aussi bien du précédent – il n'y en a pas – que de la loi, qui est très pauvre. La juridiction internationale, qui prend place dans une communauté internationale en voie de structuration, ne se voit bridée ni par l'extériorité du législateur ni par l'antériorité du précédent. Les juges sont encadrés par une coutume internationale qui n'a ni la tradition ni l'abondance de précédent, et par quelques textes qui n'ont ni la cohérence ni la précision du droit interne » [32]. Les principes de légalité et de proportionnalité semblent perdre sens en droit international pénal. Il sied dès lors d'essayer de comprendre pourquoi ces principes sont redéfinis en droit international pénal. Une des raisons résident dans les finalités attribuées à la peine. En effet, tant la vision de la proportionnalité comme reflet de la gravité que l'application toute relative du principe de légalité peuvent se comprendre à la lumière des objectifs de la justice internationale pénale et des peines

---

29. Harhoff F., « Sense and Sensibility in Sentencing – Taking stock of international criminal punishment », Engdahl O. et Wrange P. (ed.), *Law at war: the law as it was and the law as it should be: liber amicorum Ove Bring*, Leiden, Nijhof, 2008, pp. 121-140 (pp. 1-22), p. 1.

30. Hirsch (von) A., *Censure and Sanctions*, Oxford, Clarendon Press, 1993, pp. 15-18.

31. D'Ascoli S., *Sentencing in International Crimnal Law,* Londres, Hart, 2011. Cette cohérence est d'ailleurs prônée par la Recommandation R(92)17 du Comité des Ministres du Conseil de l'Europe sur la cohérence dans le prononcé des peines (Conseil de l'Europe, Comité des ministres, Recommandation R(92) 16 du Comité des Ministres aux Etats Membres relative aux règles européennes sur les sanctions et mesures appliquées dans la communauté, adoptée le 19 octobre 1992, Point A).

32. Garapon A., *Des crimes que l'on peut ni punir ni pardonner*, Paris, Odile Jacob, 2002, p. 60.

qu'elle impose. « En effet, aux termes des résolutions du Conseil de Sécurité ayant créé les Tribunaux pour l'ex-Yougoslavie et le Rwanda, comme dans le Préambule du Statut de Rome, l'objectif est d'abord de '*lutter contre l'impunité*' pour les crimes les plus graves : 'leur répression doit être effectivement assurée'» [33].

II. Finalités de la peine en droit international pénal

Quatre finalités principales sont énoncées par la jurisprudence de la CPI et des TPI : la rétribution (qu'il serait néanmoins plus juste d'analyser comme un fondement que comme une finalité [34]), la dissuasion (ou prévention générale et prévention spéciale) et la réhabilitation. Il faut ajouter à cela la réparation au profit des victimes, ainsi que le renforcement symbolique des valeurs. Comme nous allons le voir, c'est principalement la rétribution, ainsi que son corolaire qu'est le renforcement symbolique des valeurs, qui est visée par les peines au niveau international. Cela donne le véritable sens aux peines prononcées par les juridictions internationales pénales et expliquent la redéfinition des principes énoncés précédemment. Après avoir présenté les finalités secondaires attribuées à la peine (A), nous analyserons la place de la dissuasion, de la rétribution et du renforcement symbolique des valeurs (B) en droit international pénal, mettant ainsi en exergue l'écart entre le discours de la justice et la réalité de sa mise en œuvre.

A. Finalités reconnues mais secondaires

Parmi les finalités secondaires de la peine en droit international pénal, il sied de relever la réhabilitation (ou réinsertion) et la réparation des victimes.

Tout d'abord, même si la jurisprudence a évolué quant à la prise en considération de la finalité de réinsertion [35], les juges du TPIY ont estimé que « cette préoccupation doit s'effacer derrière celle visant à stigmatiser les atteintes les plus graves au droit international humanitaire pour en prévenir

33. Bernard et Scalia

34. Van de Kerchove M. *Sens et non-sens de la peine, entre mythe et mystification*, Bruxelles, Saint-Louis, 2009, pp. 159-180.

35. TPIY, *Le Procureur c. Krstić*, Jugement, 2 août 2001, § 704 ; TPIY, Le Procureur c. *Momir Nikolić*, Jugement portant condamnation, 2 décembre 2003, § 93.

notamment la répétition »[36]. La Cour pénale internationale n'a pas non plus jugé utile de prendre en considération la réinsertion dans la condamnation de Thomas Lubanga Diylo (première condamnation de la CPI) ni dans la condamnation de Germain Katanga (deuxième et dernière condamnation de la Cour). En effet, en l'affaire *Lubanga,* alors que le Procureur avait mis en avant la possibilité de requérir une peine plus faible que celle requise si le condamné s'engageait à œuvrer pour la paix et à se réinsérer[37], la Chambre de première instance n'a pas jugé utile de relever ce point[38]. Et en l'affaire *Katanga,* la CPI ne fait que mentionner la réinsertion sans la prendre en considération[39]. La réhabilitation va par contre être prise en considération dans les décisions de libération anticipée – sans pour autant se voir attribuer un rôle important – mais ces décisions interviennent après le prononcé de la peine.

En plus des objectifs traditionnels, la peine privative de liberté vise un autre objectif : celui de satisfaire les victimes. Les victimes ne sont pas présentes dans les procédures ouvertes devant les Tribunaux pénaux internationaux (sauf à titre de témoin) comme elles le sont dans le cadre des procédures ouvertes devant la Cour pénale internationale[40]. L'absence des victimes des procédures des tribunaux *ad hoc* ne signifie cependant pas qu'elles sont entièrement absentes des objectifs assignés aux peines. La maxime qui se trouvait sur la page d'accueil du site Internet du TPIY le rappelait explicitement : « Les criminels de guerres devant la justice, La justice pour les victimes ». La Cour pénale internationale, pour sa part, offre de nombreuses opportunités aux victimes de pouvoir participer aux procédures et procès, qui se déroulent devant elle[41]. Cela étant, en plus du

---

36. TPIY, *Le Procureur c. Erdemović*, Jugement portant condamnation, 29 novembre 1996, § 66 ; argument qui n'a pas été infirmé en appel ; TPIY, *Le Procureur c. Blaski*, Jugement, 3 mars 2000, § 782 ; TPIY, *Le Procureur c. Kunarac*, Jugement 22 février 2001, § 844.

37. Retranscription de l'audience du 13 juin 2012, *Le Procureur c. Thomas Lubanga Dyilo*, pp. 37-38.

38. Scalia D., « Première condamnation prononcée par la CPI : quel avenir pour les peines ? », *in Journal des Africanistes* Vol. XLV, n° 1, mars 2014, pp. 67-83.

39. CPI, *Le Procureur c. Katanga,* Décision relative à la peine (article 76 du Statut), 23 mai 2014, § 38.

40. McCarthy C., « Victim Redress and International Criminal Justice : Competing Paradigms, or Compatible Forms of International Criminal Justice ? », *Journal of International Criminal Justice*, 2012, vol. 10, p. 351-372; Chung C. H. « Victim's Participation at the International Criminal Court: Are Concessions if the Court Clouding Promise », *Northwestern University Journal of International Human Rights*, 2007-2008, vol. 6, n° 3, 459-545; Scalia D., « La place des victimes devant la CPI », *in* R. Kolb, *Droit international pénal*, Bâle, Bruxelles, Helbing Lichtenhahn, Bruylant, 2008, pp. 311 et s.

41. Bitti G. « Les victimes devant la Cour pénale internationale : Les promesses faites à Rome ont-elles été tenues ? », *Revue de science criminelle et de droit pénal comparé*, 2011,

sens symbolique attaché à la participation des victimes aux procédures internationales pénales ouvertes devant la CPI, c'est surtout les réparations qui permettent de répondre aux attentes des victimes. Ces réparations font l'objet d'une procédure spécifique après que la condamnation de l'accusé ait été prononcées ; dès lors, la peine proprement dite ne vise les victimes que subsidiairement et non comme finalité principale.

Ainsi, même si elles tiennent une place non négligeable dans la jurisprudence des juridictions internationales pénales, ces finalités restent secondaires.

B. Finalités principales

A priori, deux finalités principales sont reconnues par les juridictions internationales pénales : la dissuasion et la rétribution. Les juridictions internationales pénales l'ont d'ailleurs reconnu : le TPIY énonce que « de manière générale, le châtiment et la dissuasion sont les principaux objectifs à prendre en considération en matière de fixation de la peine » [42] ; la CPI estime aussi que « « la peine a (...) deux fonctions importantes : le châtiment d'une part (et) la dissuasion d'autre part » [43]. Il faut cependant en ajouter une troisième, corollaire de la rétribution ; il s'agit du renforcement symbolique des valeurs. Le fait que ces finalités soient reconnues ne signifie néanmoins pas qu'elles soient « appliquées ». En effet, la dissuasion, bien que mentionnée, n'est en réalité pas fondamentale.

Ainsi, les textes constitutifs et la jurisprudence des juridictions internationales pénales énoncent la dissuasion, soit la prévention générale et la prévention spéciale [44], comme finalité de la peine. L'importance de cette finalité a été soulignée lors de la création du TPIY [45] et réaffirmée à de nombreuses reprises par les juges internationaux. Ceux-ci ont défini ce qu'ils entendaient par dissuasion spéciale et générale : la première « renvoie à l'effet précis de la peine sur l'accusé : elle doit le décourager de récidiver

---

vol. 2, p. 293-342 ; Moffett L., *Justice for victims before international criminal court*, Abingdon, Routledge, 2014 ;

42. TPIY, *Le Procureur c. Kupreškic et al.*, Jugement, 14 janvier 2000, § 848.

43. CPI, *Le Procureur c. Katanga,* Décision relative à la peine (article 76 du Statut), 23 mai 2014, § 38.

44. TPIY, *Le Procureur c. Staki*, Jugement, 31 juillet 2003, § 900. Le Tribunal énonce que « La dissuasion individuelle et collective est une fonction primordiale et constitue l'un des objectifs essentiels de la peine. Tout aussi importante est la fonction de rétribution de la peine. Il ne s'agit pas ici d'assouvir un désir de vengeance mais d'exprimer l'horreur de la communauté internationale face à des crimes odieux comme ceux dont connaît le Tribunal ».

45. SGNU, R*apport du Secrétaire Général établi conformément au § 2 de la Résolution 808 (1993) du Conseil de Sécurité*, doc NU CS/25704, 1993.

lorsqu'il aura purgé sa peine et aura été mis en liberté »[46], tandis que la seconde « est un principe fondamental, en ce que les peines infligées par le Tribunal international doivent, en règle générale, avoir un pouvoir de dissuasion suffisant pour détourner de leur projet les personnes qui envisageraient de commettre des crimes similaires »[47]. Malgré l'importance affirmée de la dissuasion, le TPIY a estimé que cette finalité ne doit « pas se voir accorder un poids excessif dans l'évaluation générale des sentences à infliger aux personnes condamnées par le Tribunal international »[48].

Ensuite, le droit international pénal en général, mais aussi la peine privative de liberté en particulier, visent aussi le renforcement (ou raffermissement) symbolique des valeurs[49]. Comme l'écrit D. Bernard, « la nature *symbolique* que TPI et CPI peuvent attendre des peines qu'ils prononcent ou requièrent est illustrée par la différence entre leur objectif de lutte contre l'impunité et le nombre de procès effectivement ouverts et conduits »[50]. L'exemplarité visée par les peines prononcées par les juridictions pénales internationales, que nous avons pu décrire par ailleurs sous l'appellation de « théorie du bouc-émissaire »[51] empruntée à R. Girard et plus directement à C.-N. Robert[52], démontre cette volonté de renforcement des valeurs. S. Manacorda écrit à ce sujet que les TPI ont « pour mission de contribuer à l'affirmation et au renforcement d'un système de valeurs communes à l'humanité toute entière »[53]. Le TPIY énonce lui-même « qu'un autre objectif important de la peine est de montrer aux populations d'ex-Yougoslavie et du monde entier que ces crimes ne restent pas impunis. Il s'agit là de renforcer la volonté de tous les intéressés, (...) de favoriser la confiance et le respect envers le système de justice pénale internationale »[54] ; ou encore « l'infliction d'une peine permet de conforter

46. TPIY, *Le Procureur c Nikolić,* Jugement portant condamnation, 18 décembre 2003, § 135.

47. TPIY, *Le Procureur c. Todorović*, Jugement portant condamnation, 31 juillet 2001, § 30.

48. TPIY, *Le Procureur c. Tadić*, Arrêt concernant les jugements relatifs à la sentence, 26 janvier 2000, § 48 ; TPIY, *Le Procureur c. Delalić et cst*, Arrêt, 20 février 2001, §§ 800-801.

49. Bernard D., *Trois propositions pour une théorie du droit international pénal*, Bruxelles, FUSL, 2014.

50. *Idem.*

51. Scalia D., *Du principe de légalité des peines en droit international pénal*, Bruxelles, Bruylant, 2011.

52. Girard R., *Le bouc émissaire*, Paris, Grasset, 1982 ; Robert C.-N., *L'impératif sacrificiel : au-delà de l'innocence et de la culpabilité*, Lausanne, Edition d'en Bas, 1986.

53. Manacorda S., « Les peines dans la pratique du Tribunal pénal international pour l'ex-Yougoslavie : l'affaiblissement des principes et la quête de contrepoids », *in* E. Fronza et S. Manacorda, *La justice pénale internationale dans les décisions des tribunaux ad hoc, Etudes des Law clinics en droit pénal international*, Paris-Milan, Dalloz-Giuffrè, 2003, p. 175.

54. TPIY, *Le Procureur c. Kupreškic et al.*, Jugement, 14 janvier 2000, § 848.

l'ordre juridique, au sein duquel le comportement considéré est défini comme criminel, et de rassurer la société sur l'efficacité de son système pénal »[55]. Le renforcement symbolique des valeurs est bien un des objectifs de la peine privative de liberté prononcée par les juridictions internationales pénales. Cependant il n'est, *in fine*, que le corolaire de la finalité principale de la peine en droit international pénal : la rétribution. La CPI le reconnaît elle-même en définissant la rétribution comme « l'expression de la réprobation sociale qui entoure l'acte criminel et son auteur »[56]. Les juges des TPI estiment « qu'en faisant de la gravité du crime l'élément essentiel à prendre en considération dans la sentence, le libellé même de l'article 24-2) du Statut et la jurisprudence du Tribunal qui en découle ont fait de la rétribution ou du juste châtiment la première des finalités de la peine [...]. Compte tenu de la mission dévolue au Tribunal, la rétribution s'entend comme l'expression de la réprobation et de l'indignation de la communauté internationale face aux violations d'une telle gravité et au mépris des droits fondamentaux de l'homme dans des situations où les populations sont particulièrement exposées, à savoir en temps de conflits armés »[57].

La place importante de la rétribution dans la jurisprudence des TPI va aussi se retrouver dans les décisions de libération anticipée, d'abord rendues par les présidents des TPI, puis par celui du Mécanisme pour les TPI (MTPI), à l'image de la récente décision dans l'affaire Galić. En l'espèce, le président du MTPI devait répondre à une question nouvelle : à partir de quand une personne condamnée à l'emprisonnement à perpétuité peut-il demander une libération anticipée ? Si de jurisprudence constante une telle demande peut être faite après 2/3 de la peine exécutée, en cas de perpétuité aucun précédent n'avait répondu à la question. Or, alors que tout laisse à penser que ce délai aurait dû être fixé à 25 ans[58], le juge estime que ce délai doit être fixer à 30 ans ; le choix réside ici principalement sur la gravité des crimes et donc à la rétribution.

---

55. TPIY, *Le Procureur c. Češić*, Jugement relative à la sentence, 11 mars 2004, § 26.
56. CPI, *Le Procureur c. Katanga,* Décision relative à la peine (article 76 du Statut), 23 mai 2014, § 38.
57. TPIY, *Le Procureur c. Obrenovi*, Jugement portant condamnation, 10 décembre 2003, § 50; TPIY, *Aleksovski*, Arrêt, 24 mars 2000, § 185 ; TPIY, *Le Procureur c. Kupreski* et cts, Jugement, 14 janvier 2000, § 848 ; TPIY, *Le Procureur c. Delali et cts*, Jugement relatif à la sentence, 9 octobre 2001, § 806 ; TPIY, *Le Procureur c. Popovi et cst,* Jugement, 10 juin 2010, § 2128.
58. Scalia D., « Chronique de droit international pénal », *in Revue de droit pénal et de criminologie,* 2, 2015, pp. 1266-1281.

La CPI mentionne aussi que la gravité du crime comme élément premier à prendre en considération pour fixer la peine [59]. Dans le jugement *Lubanga*, la Cour précise aussi que l'appréciation de la gravité de l'infraction implique notamment la prise en considération de circonstances telles que l'étendue du dommage causé, et en particulier le dommage causé aux victimes et à leurs familles, la nature du comportement illicite et les moyens utilisés pour exécuter l'infraction [60]. Tout en soulignant la dissuasion comme un des objectifs importants (mais sans néanmoins se concentrer sur cette finalité dans sa décision), la CPI réitère l'importance de la rétribution dans le jugement *Katanga* relatif à la peine : « la peine a (...) deux fonctions importantes : le châtiment d'une part, c'est-à-dire l'expression de la réprobation sociale qui entoure l'acte criminel et son auteur et qui est aussi une manière de reconnaître le préjudice et les souffrances causées aux victimes ; la dissuasion d'autre part, dont l'objectif est de détourner de leur projet d'éventuels candidats à la perpétration de crimes similaires » [61]. Suivant cette approche, la majeure partie du jugement relatif à la peine concerne le lien entre gravité des crimes et punition.

Ainsi, le fait de viser principalement la rétribution laisse aux juges peu de place pour prendre en considération les autres finalités attribuées traditionnellement aux peines. Il n'est dès lors pas étonnant de constater un certain « chaos » dans les peines prononcées par les juridictions internationales pénales – au sein de chacune d'elles, mais aussi entre elles : ni le principe de légalité ni le principe de proportionnalité ne sont réellement respectés, à tout le moins ils se redéfinissent de façon partielle et sans clarté. Les principes fondamentaux relatifs aux peines semblent donc s'être perdus en droit international pénal entre une non-application et une redéfinition qui semblent perdre de vue l'objectif principal qui leur est attribué : la protection des libertés individuelles.

Conclusion

En conclusion, nous souhaitons mettre en avant brièvement quelques éléments qui permettraient de respecter les principes qui gouvernent la peine – à tout le moins de redonner un sens aux peines en droit international pénal. Une première piste pourrait être la mise en place d'un véritable code pénal

59. CPI, *Situation en République démocratique du Congo, Affaire Le Procureur c. Thomas Lubanga Dyilo, Décision relative à la peine, rendue en application de l'article 76 du Statut*, Chambre de première instance, 10 juillet 2012, § 35.

60. CPI, *Situation en République démocratique du Congo, Affaire Le Procureur c. Thomas Lubanga Dyilo, Décision relative à la peine, rendue en application de l'article 76 du Statut*, Chambre de première instance, 10 juillet 2012, §§ 36-56.

61. *Ibid.*, § 38.

international, calqué sur les systèmes de droits romano-germaniques. Il permettrait de créer *a priori* une échelle des peines, répondant au respect des principes de légalité et de proportionnalité. Celui-ci est cependant impossible en droit international pénal, où les Etats s'opposent sur les peines, comme l'a prouvé les négociations qui ont menée à la rédaction du Statut de la CPI. Le second élément, peut-être plus réaliste, résiderait dans l'établissement d'une échelle des peines propre au droit international pénal, c'est-à-dire une échelle des peines « dénationalisée ». Cette échelle, qui interviendrait dans une construction prétorienne, devrait, comme nous avons pu le souligner, respecter une proportionnalité ordinale, c'est-à-dire une proportionnalité entre les peines elles-mêmes. Une prévisibilité existerait entre les différentes peines prononçables pour les différents crimes et le principe de légalité en serait respecté ; une proportionnalité – définie peut-être autrement qu'en droit national – verrait le jour. Cela nécessiterait néanmoins un abandon de la rationalité qui prévaut aujourd'hui en droit international pénal, et nécessiterait de mettre en exergue d'autres finalités que la rétribution et le renforcement symbolique des valeurs.

II

Réparation et individualisation

A

Le temps

11

Temps carcéral : le faire, le passer, le perdre ?

Par Matthieu PARNEIX

Introduction

Intimement lié au sens de la peine, le temps d'incarcération est devenu une donnée cruciale dans la réponse pénale aux infractions. Il est parfois au centre de polémiques animées dans les prétoires et les médias. Que représente-t-il ? Une protection de la société, un espoir de réinsertion et de rééducation sociale, un temps de soin ? S'il peut, pour les visiteurs, sembler s'écouler de façon constante et perpétuelle, il revêt, pour les détenus, des masques divers, en fonction de la situation pénale (détention provisoire, longues peines), des conditions d'incarcération (cellule disciplinaire, isolement, travail, activités), de facteurs propres au détenu (troubles mentaux, personnalité, étayage relationnel, situation sociale avant l'incarcération, etc.). Peu étudiée, la question du temps détermine pourtant les comportements des détenus, souvent demandeurs de drogues et médicaments psycholeptiques qui, en altérant la conscience de soi et la perception de l'écoulement du temps, atténuent la souffrance de l'incarcération. Dans l'étude de ce sujet, nous ne pouvons faire l'économie de quelques prolégomènes philosophiques et scientifiques sur le temps. Nous parlerons ensuite du temps de la justice et de celui des détenus, sous leurs différents aspects.

Le temps des philosophes et des physiciens

Il serait long d'énumérer toutes les théories philosophiques du temps, tant elles sont nombreuses et complexes. Evoquons donc les principaux apports de ceux qui ont abordé le sujet.

Dans la logique aristotélicienne, le temps est intimement lié au *mouvement* : le temps est, selon l'expression d'Aristote, « le nombre du mouvement ». Mais il n'a par ailleurs qu'une « existence imparfaite et obscure » [1].

Dans la vision platonicienne, reprise par Plotin, le temps est bien une *idée* à part entière, qui résulte de l'âme du monde et des âmes individuelles qui, imparfaites, contemplent l'éternité immobile. Pour Platon, en effet, le temps est « l'image mobile de l'éternité immobile ».

Dans la « taxinomie » complexe du temps, il est habituel de distinguer :

- une conception linéaire, finaliste, irréversible, qui serait plus fréquente en Occident
- une conception circulaire, répétitive et cyclique, sans fin, qui serait plus marquée en Orient.

En réalité, dès l'antiquité grecque, plusieurs conceptions du temps coexistent : à côté du *chronos,* temps linéaire, existait d'une part le *kairos,* l'opportunité, l'occasion qu'on peut saisir ou rater, et l'*aion,* ensemble naturel immanent, forme d'éternel temporel sans fin ni commencement, plus « circulaire ».

Une autre façon, opérationnelle et relativement classique, de concevoir le problème est d'opposer :

- le temps physique, celui des horloges, dont l'écoulement est censé être uniforme, mesurable, et
- le temps subjectif, celui de la conscience, à l'écoulement non homogène.

En ce qui concerne le temps de la conscience, et en laissant de côté les apports de Kant ou de Heidegger, reconnaissons le remarquable concept philosophique de *durée,* défini par Bergson comme cette « forme que prend la succession de nos états de conscience quand notre Moi se laisse vivre, quand il s'abstient d'établir une séparation entre l'état présent et les états antérieurs », ces états antérieurs étant organisés avec l'état présent comme « les notes d'une mélodie », cette mélodie de notre « vie intérieure » supposant à la fois une *succession* et une *conservation* par la conscience [2]. Le *présent de la conscience* occupe nécessairement lui-même une durée [3]. C'est une intuition qui trouve d'ailleurs écho – nous le verrons – dans

1. Aristote. IV,19,217b29. Physique.
2. Bergson H, Worms F, Bouaniche A. Essai sur les données immédiates de la conscience, Paris, PUF, 2013.
3. Bergson H, Worms F, Riquier C., Matière et mémoire : essai sur la relation du corps à l'esprit, Paris, Presses universitaires de France, 2012.

certains travaux de neurophysiologie. Par ailleurs, l'action du présent est précisément de sélectionner des souvenirs.

La succession des événements, suivant une logique diachronique, suppose l'usage de la *mémoire*. Dans la vision augustinienne, la mémoire est la présence du passé au présent. Mais Merleau-Ponty [4], par exemple, propose de s'abstraire de la ligne du temps, et de lui préférer un « réseau d'intentionnalités » dans lequel la conscience se « tourne » vers le passé ou l'avenir. Pour cet auteur (*Phénoménologie de la perception*), il faut voir la *permanence* du moi présent dans sa *dispersion* (entre un « avoir-été » et un « avoir-à-être »).

Nous ne nous appesantirons pas sur le temps de la physique, tant sa compréhension est complexe. Pour Einstein, « la distinction entre passé, présent et futur n'est qu'une illusion, même si elle est tenace ». Quoi qu'il en soit, le temps de la physique classique, newtonienne, est unidimensionnel, universel, absolu, et s'écoule uniformément [5]. La théorie de la relativité restreinte, quant à elle, établissant que des horloges en mouvement rapide ralentissent, a mis à mal la notion de simultanéité. La théorie de la relativité générale a soumis l'espace-temps à une courbure liée à la masse et à l'énergie. Quant à la mécanique quantique, après avoir admis pendant longtemps l'invariance du temps, elle lui a finalement trouvé des exceptions. L'irréversibilité du temps, au niveau microscopique, reste une question incertaine.

Quelle que soit la façon dont on aborde le concept, on peut trouver, avec le philosophe et physicien Etienne Klein, dans « deux façons de penser, celle qui se fonde sur l'histoire et le temps, et celle qui se fonde sur l'éternité et l'absence de temps, deux composantes contradictoires mais inséparables de notre effort pour comprendre le monde » [6].

Le temps de la conscience

Attachons-nous maintenant au temps de la conscience, tel que la psychologie expérimentale, les neurosciences nous aident à le comprendre [7].

Il est difficile de « situer » la perception du temps dans le cerveau. Lors d'une tâche de reproduction de durée, par exemple, de nombreuses régions

---

4. Merleau-Ponty M. La phénoménologie de la perception. Gallimard; 1945.
5. Klein E, Cazenave M. Le temps de la physique. Dictionnaire de l'ignorance. 1998.
6. Klein E, Cazenave M. Le temps de la physique. Dictionnaire de l'ignorance. 1998.
7. Eagleman DM, Tse PU, Buonomano D, Janssen P, Nobre AC, Holcombe AO. Time and the Brain: How Subjective Time Relates to Neural Time. The Journal of Neuroscience. 2005 Nov 9;25(45):10369–71.

sont impliquées : l'insula postérieure, le cortex cingulaire postérieur dans la phase d'encodage, le cortex frontal, cingulaire antérieur, l'insula antérieure dans la phase de reproduction [8]. Les modèles actuels, dont la plupart sont fondés sur l'hypothèse de l'existence de systèmes oscillatoires et de structures d'accumulation, restent des conjectures.

La littérature distingue au moins trois systèmes d'évaluation du temps en fonction des durées considérées. Ainsi, dans la bande des durées allant des heures aux journées, le noyau suprachiasmatique, impliqué dans les rythmes circadiens, aurait un rôle prédominant ; dans la bande des durées des millisecondes, qui correspond à l'ajustement moteur, le cervelet joue un rôle central ; et dans la bande des secondes, une boucle fronto-striato-thalamique complexe est évoquée [9].

La durée existe-t-elle en physiologie ? Probablement sous la forme de plusieurs seuils (simultanéité, ordre temporel, fenêtres d'intégration sensorielle) [10], susceptibles de varier selon les modalités sensorielles. Une durée semble mériter un intérêt particulier : un intervalle de l'ordre de trois secondes, évoqué par plusieurs études, qui constituerait la « brique » élémentaire de la perception du temps, et de l'intégration du rythme. Au-delà de ce seuil, la durée serait, non plus perçue, mais estimée [11] et, entre plusieurs stimuli, la perception de l'écoulement du temps disparaîtrait [12]. Ces travaux confirmeraient-ils l'intuition du *specious present* de William James ?

Une distinction importante doit être faite entre *l'évaluation prospective* du temps (lorsque l'attention est affectée consciemment à la mesure du temps avant même le début de la tâche) et *l'évaluation rétrospective* du temps [13], lesquelles sont liées par une relation souvent inverse.

Dans le cas de l'évaluation *prospective*, c'est-à-dire dans les situations dans lesquelles le sujet est placé *a priori* en situation de mesure du temps, il faut prendre en compte la quantité d'information *temporelle* et la quantité d'information *non temporelle*. Plus le traitement de l'information *non tempo-*

---

8. Wittmann M, Simmons AN, Flagan T, Lane SD, Wackermann J, Paulus MP. Neural substrates of time perception and impulsivity. Brain Res. 2011 Aug 11;1406:43–58.

9. Gorwood P. Depressed patients and their notion of time. Medicographia. 2010;32(2):133–7.

10. Block RA, Gruber RP. Time perception, attention, and memory: A selective review. Acta Psychologica. 2014;149:129 – 133.

11. Wittmann M. Time perception and temporal processing levels of the brain. Chronobiol Int. 1999 Jan;16(1):17–32.

12. Block RA, Gruber RP. Time perception, attention, and memory: A selective review. Acta Psychologica. 2014;149:129 – 133.

13. Zakay D. Psychological Time as Information: The case of Boredom. Frontiers in Psychology [Internet]. 2014;5. Available from: http://www.frontiersin.org/Journal/Abstract.aspx?s=851&name=perception_science&ART_DOI=10.3389/fpsyg.2014.00917.

relle est simple, plus le temps paraît long. Inversement, plus il est complexe, plus les ressources attentionnelles sont « consommées » et moins elles sont allouées à l'évaluation du temps. Si l'on imagine un « pacemaker » interne, comme les théories du *gating* attentionnel ou la Scalar Expectancy Theory de Gibbon le supposent, il est possible de considérer que l'attention opère comme un interrupteur (*switch*), ou un filtre (*attentional gate*), qui laisse passer les pulsations en fonction des ressources allouées à la mesure du temps, permettant ensuite une forme « d'accumulation » permettant de chiffrer le nombre de pulsations et le temps écoulé en le comparant à une valeur mémorisée [14]. Les structures impliquées sont le cortex frontal, la *substantia nigra*, le striatum et le thalamus. Et le tonus dopaminergique striatal semble déterminer la vitesse de l'horloge interne.

Les émotions, via l'amygdale, auraient pour effet d'augmenter l'information liée à ces situations et de faciliter leur fixation. Lors de la réévocation, la densité importante d'information donnerait l'impression d'une durée plus longue. Inversement, le relatif appauvrissement du contenu des représentations des événements avec l'âge expliquerait, par exemple, l'impression d'un écoulement plus rapide du temps avec l'âge, contrairement à l'enfance, temps de tous les émerveillements [15].

Le temps de la justice et de la prison

La justice pénale, en ce qu'elle représente la norme sociale du bien et du mal, ainsi que celle de la liberté, ne peut se dispenser d'une référence normative au temps. Dans toutes les sociétés, elle doit à la fois *prendre son temps* pour instruire en maîtrisant les ardeurs vengeresses des foules, et coordonner la réponse de la société aux transgressions et infractions.

La lecture du Code de Procédure Pénale ressemble à un catalogue de durées. Pour les détenus qui ont déjà des difficultés à appréhender le temps, cette myriade de périodes et de rebondissements a priori assez imprévisibles quoique si codifiés, est parfois déroutante, désarmante, voire désespérante.

L'enfermement

---

14. Meck WH, Benson AM. Dissecting the brain's internal clock: how frontal-striatal circuitry keeps time and shifts attention. Brain Cogn. 2002 Feb;48(1):195–211.

15. Eagleman DM, Tse PU, Buonomano D, Janssen P, Nobre AC, Holcombe AO. Time and the Brain: How Subjective Time Relates to Neural Time. The Journal of Neuroscience. 2005 Nov 9;25(45):10369–71.

Si l'on revient à la logique aristotélicienne, on comprend que les détenus, privés de mouvement, le sont aussi de temps. Et cette privation est d'autant plus cruelle que l'époque exalte la mobilité des personnes, la mobilité de l'information, et qu'eux sont précisément privés de la mobilité, mais surtout du temps utile.

Lors de l'arrivée en prison, le choc carcéral est souvent immédiat, dans les premières heures, parfois dans les jours qui suivent, les trois premières semaines étant à risque. Cette période d'arrivée fait souvent suite à des heures d'audition stressante et, du fait de la modification des *Zeitgebers* (synchroniseurs temporels), qui sont inhabituels (ouverture de portes, promenades, extractions, journaux télévisés, séries), elle est particulièrement déstructurante. Elle conduit le sujet à une certaine perplexité, à un déréalisation telle que des épisodes d'altération de la conscience de type crépusculaire oniroïde, caractérisés par cette déstructuration *temporelle-éthique* que décrivait Henri Ey, peuvent survenir. On peut également observer à ce moment des effondrements dépressifs voire des passages à l'acte suicidaire.

Par la suite, l'expérience de la prison est celle de la *monotonie*. Dans une telle situation, l'expérience primaire du temps est lente (le temps s'écoule a priori lentement), tandis que l'expérience secondaire (rétrospective) est rapide (il ne s'est pas passé grand-chose pendant toute cette période).

Les mesures d'*isolement* poussent la logique de la monotonie à l'extrême [16]. Et en cas de confinement en *quartier disciplinaire,* la limitation importante des stimulations, comparable aux expériences de privation sensorielle des années 1950, l'absence d'informations apportées au cerveau conduisent à l'hyperesthésie auditive, à l'hallucination, à l'hypersensibilité, à la sensitivité et à la distorsion du temps [17]. Ce « temps dans le temps », passé en quartier disciplinaire, censé redonner la notion du temps qui passe et circonscrire la transgression dans un temps et un espace encore plus contenant, limitant les surstimulations du milieu carcéral, conduirait finalement à une forme de confusion mentale hautement déréalisante et, partant, inutile sur le plan disciplinaire. Parfois, une *psychose carcérale* peut en résulter, à la faveur de l'isolement sensoriel, des changements de la situation carcérale, de traits de personnalité particuliers, etc.

---

16. Nenez L. Psychose carcérale : état des lieux. [Lyon]: Claude Bernard - Lyon 1er; 2014.

17. Woodburn H. The pathophysiology of boredom. Scientific American. 1957;196:52–6 ; Crank BR. Adapting to Incarceration: Inmate Perceptions o Prison Life and Adjustment. Georgia State University; 2010 ; Ey H, Bernard P, Brisset C. Manuel de psychiatrie. Paris: Masson; 1989.

Ceux qui ont la chance d'échapper à ces états psychotiques éprouvent en revanche le sentiment d'*ennui*, qui naît de l'extrême liberté des ressources attentionnelles, lesquelles sont essentiellement assignées à des informations non temporelles et donc à l'évaluation prospective du temps, qui paraît de ce fait incroyablement long.

Ce présent permanent et circulaire semble ne pas s'écouler et laisse la vie intérieure du sujet, dans toute la noirceur potentielle de ses ruminations, ou dans la volupté de ses fantaisies imaginatives, s'épanouir à l'écart de toute influence extérieure.

Temps de l'extérieur, temps de l'intérieur

Une partie de la souffrance des détenus provient de l'opposition permanente entre temps de l'intérieur et temps de l'extérieur. De fait, dans le quotidien des détenus [18], l'angoisse provient en priorité de pensées et ruminations concernant le monde extérieur, les proches. Le temps extérieur continue à s'écouler, tandis que le temps intérieur paraît bloqué.

Il existe bien un « temps commun » à l'intérieur de la prison. Il est contraint, pour tous, détenus, surveillants, intervenants. Mais le temps carcéral a une autre épaisseur dans le regard des détenus. Passer une nuit en prison, ce n'est pas la même chose que de la passer chez soi. Il y a donc bien un hiatus entre le temps que vivent ceux qui sont « dehors », et ceux qui sont à l'intérieur en permanence. Cette distinction s'applique également aux codétenus, notamment à ceux qui entrent pour de courtes peines et reviennent quelques semaines plus tard, et dont le comportement paraît si puéril aux « anciens ».

Le temps de l'extérieur est un temps supposé *utile*, *vécu*, quand celui de l'intérieur serait une parenthèse douloureuse et improductive. Le détenu se retrouve dans une situation d'éviction du temps social, livré à l'auto-contemplation de soi et de la vacuité du temps carcéral, faisant elle-même souvent écho à la vacuité existentielle de sa propre personnalité [19].

La seule chose à faire du temps carcéral serait de le *tuer* effectivement. Mais, ainsi que le rappelle Claude Lucas, « infliger à l'homme du temps à tuer, c'est l'abstraire du sens » de l'existence [20]. Cette vision pessimiste se

---

18. Yang S, Kadouri A, Révah-Lévy A, Mulvey EP, Falissard B. Doing Time: A Qualitative Study of Long-Term Incarceration and the Impact of Mental Illness. International journal of law and psychiatry. 2009;32(5):294–303.

19. De Coninck F. L'écroulement du temps carcéral ou le temps virtuel des prisons contemporaines : première partie. Cahiers de Prospective Jeunesse (Les),. 1999;(4):20–5.

20. Lucas C. Suerte: l'exclusion volontaire: roman. Paris: Plon; 1995.

fonde sur l'idée selon laquelle seul un temps social serait efficace, et dénie l'intérêt de la saine introspection à laquelle une incarcération peut conduire. Ceci étant, peut-on réellement considérer nos prisons comme de hauts lieux d'élévation spirituelle ? Probablement pas.

Le divertissement

Alors, contre la vacuité de la vie, le *divertissement*… On se remémorera la phrase fameuse de Pascal : « j'ai souvent dit que tout le malheur des hommes vient d'une seule chose, qui est de ne savoir pas demeurer en repos dans une chambre », et qui ajoute, « de là vient que la prison est un supplice aussi horrible » [21]. A cet égard, on perçoit en effet l'horreur de ce « repos forcé » pour des hommes et des femmes qui, précisément, vivent bien souvent dans le tumulte de la délinquance pour combler un profond vide existentiel lié à leur histoire et à leur personnalité.

Pour combler ce vide, les *activités* et le *travail* ponctuent efficacement cette vie à l'écart de la société [22]. Quant à leur rôle de réinsertion, c'est autre chose [23]. Dans le cadre de l'activité en prison, l'attention allouée à l'activité ne l'étant pas à l'évaluation du temps, celui-ci semblera passer plus vite. Rétrospectivement, en revanche, il paraîtra plus long. Dans une vision de « dissuasion », comme dans une perspective humaniste de réinsertion sociale, on a donc probablement intérêt à valoriser l'activité des détenus.

Perturbations de la perception du temps en prison

Quels sont les autres facteurs qui peuvent influencer la perception du temps ?

L'état mental, sans aucun doute. L'effet « ralentisseur » de la dépression et l'effet « accélérateur » de la manie sont bien connus et confirmés par les données expérimentales [24]. Les *pathologies schizophréniques* conduisent en général à une surestimation des durées écoulées, et les structures

---

21. Pascal B. Pensées. Folio classiques; 2004.

22. Yang S, Kadouri A, Révah-Lévy A, Mulvey EP, Falissard B. Doing Time: A Qualitative Study of Long-Term Incarceration and the Impact of Mental Illness. International journal of law and psychiatry. 2009;32(5):294–303.

23. Lucas C. Suerte: l'exclusion volontaire: roman. Paris: Plon; 1995.

24. Gorwood P. Depressed patients and their notion of time. Medicographia. 2010;32(2):133–7.

anatomiques dysfonctionnelles sont sensiblement les mêmes que celles de la perception du temps : l'insula, l'aire motrice supplémentaire, le striatum [25].

L'*impulsivité*, sous toutes ses formes, paraît liée à une *surestimation* de la durée, donnant l'impression, chez ces sujets, d'une grande impatience, d'une certaine intolérance à la frustration temporelle et d'une immédiateté. Pour ces sujets, le temps paraît plus long, et les intervalles produits sont également plus courts. Ce point se vérifie aussi bien dans certains *troubles de la personnalité* que dans des atteintes organiques, par exemple du cortex orbitofrontal [26]. Il concerne un nombre important de détenus.

Les *toxiques* et les *médicaments*. Les drogues dopaminergiques sont les principales candidates à une distorsion de la perception du temps, par une action sur la boucle que nous évoquions plus haut. Les bloqueurs dopaminergiques (halopéridol) diminueraient la vitesse de l'horloge interne, quand les amphétamines et la cocaïne l'accroîtraient [27]. Le cannabis, quant à lui, pourrait, d'après des modèles murins, diminuer la sensibilité au temps en provoquant un déficit attentionnel [28]. Il pourrait ainsi diminuer l'attention allouée à la mesure du temps, donc atténuer la souffrance liée au passage du temps. Nos patients nous rapportent souvent ce phénomène. La nicotine, quant à elle, aurait la faculté d'améliorer la précision de l'évaluation temporelle [29].

Dans cette perspective, on peut s'interroger sur les *prescriptions médicamenteuses*. La demande de traitements sédatifs et hypnotiques est de loin la première à laquelle le psychiatre en milieu carcéral est confronté. Ce dernier y répond souvent de façon ambivalente et sans grande conviction. Faut-il aider les détenus à oublier le temps, à le laisser couler en supprimant la conscience (elle-même intimement liée à la notion de temps), ou les laisser s'ennuyer, goûter l'inertie, laisser libre cours à leur vie intérieure ? La

---

25. Gómez J, Marín-Méndez JJ, Molero P, Atakan Z, Ortuño F. Time perception networks and cognition in schizophrenia: A review and a proposal. Psychiatry Research. 2014;220(3):737 – 744.

26. Elger BS. Prison life: television, sports, work, stress and insomnia in a remand prison. Int J Law Psychiatry. 2009 Apr;32(2).

27. Gómez J, Marín-Méndez JJ, Molero P, Atakan Z, Ortuño F. Time perception networks and cognition in schizophrenia: A review and a proposal. Psychiatry Research. 2014;220(3):737 – 744 ; Cheng R-K, Ali YM, Meck WH. Ketamine « unlocks« the reduced clock-speed effects of cocaine following extended training: Evidence for dopamine–glutamate interactions in timing and time perception. Neurobiology of Learning and Memory. 2007;88(2):149 – 159.

28. Crystal JD, Maxwell KW, Hohmann AG. Cannabinoid modulation of sensitivity to time. Behavioural Brain Research. 2003 Sep 15;144(1–2):57–66.

29. Meck WH, Benson AM. Dissecting the brain's internal clock: how frontal-striatal circuitry keeps time and shifts attention. Brain Cogn. 2002 Feb;48(1):195–211.

réponse dépend probablement de la souffrance associée aux pensées du détenu.

A cet égard, le temps d'éveil et d'attention étant central dans l'expérience du temps en prison, on peut se demander s'il faut traiter les *troubles du sommeil*, dont la prévalence est aux alentours de 44,3 % [30], ou pas ? Parmi les facteurs favorisants évoqués par les études, on trouve : l'absence d'activité sportive, les préoccupations liées à l'état de santé physique, la situation de séparation conjugale [31], un contexte de stress (surpopulation carcérale, conflits entre détenus, approche d'un procès), des problèmes psychologiques ou médicaux, l'anxiété et la dépression [32], ou bien encore les siestes diurnes, l'ennui et l'immobilité [33].

Il est intéressant de noter que les hypnotiques et sédatifs semblent appréciés des surveillants pénitentiaires, en ce qu'ils améliorent le climat général de la prison [34]. Quant aux benzodiazépines, elles paraissent indiquées à court terme, mais les thérapies cognitivo-comportementales et l'activité diurne seraient plus intéressantes en cas d'insomnie chronique.

Le temps de la justice

En marge de l'enfermement, la justice suit son cours. Le détenu, qu'il soit prévenu ou condamné, est toujours soumis au temps de la justice, qui lui paraît souvent si mystérieux.

Pour le prévenu en détention provisoire, comme pour la société, la phase d'instruction paraît souvent longue. Dans le cas du mandat de dépôt, la perplexité des sujets, a fortiori de ceux qui seront plus tard innocentés, est à son comble. L'utilisation courante de ce « temps d'attente » en France interroge, tant en matière de protection de la société, que dans sa capacité à prendre sens dans l'esprit du détenu qui, bien souvent, sort de prison au moment du jugement, ayant déjà fait son temps sous la forme du mandat de

---

30. Elger BS. Prevalence, types and possible causes of insomnia in a Swiss remand prison. Eur J Epidemiol. 2004;19(7):665–77.

31. Elger BS. Prison life: television, sports, work, stress and insomnia in a remand prison. Int J Law Psychiatry. 2009 Apr;32(2).

32. Elger BS. Prevalence, types and possible causes of insomnia in a Swiss remand prison. Eur J Epidemiol. 2004;19(7):665–77.

33. Trestman R, Appelbaum K, Metzner J. Management of sleep complaints in correctional settings. Oxford Textbook of Correctional Psychiatry [Internet]. Oxford University Press; 2015. p. 85–9. Available from: https://books.google.fr/books?id=WS9mBgAAQBAJ.

34. Jaeger M, Monceau M. La consommation des médicaments psychotropes en prison. Ramonville-Saint-Agne, France: Érès; 1996.

dépôt. A contrario, l'instruction peut être trop courte et donner l'impression d'une justice folle, dans l'immédiateté et l'impulsivité, comme dans les procédures de comparution immédiate.

Heureusement, le *procès*, ce « rituel », nous dit Xavier Lameyre, qui « nous ramène à un temps antérieur à la souillure du crime » [35], conserve une place tout à fait originale dans le temps judiciaire et social.

Pour les détenus condamnés, le temps de la justice, qui émaille la monotonie de quelques extractions, de documents remplis de dates, c'est celui de *l'application des peines*. Les détenus les plus intelligents en maîtrisent rapidement tous les rouages. Ils font des demandes d'aménagement de peine de nouveaux repères temporels, qui cristallisent leurs espoirs, leurs désillusions ou leur quérulence. En marge de ces demandes se met en place une « course à la vertu », faite d'attestations de suivi psychologique ou médical, d'activité professionnelle, d'examens. Ou quand le temps devient un objet de négociation comme un autre… Pour ceux qui ne s'y intéressent pas, ou que le crédit de réduction de peine et les réductions de peine supplémentaire (RPS) rebutent, la date de levée d'écrou reste un mystère.

A l'issue de la période d'incarcération, se dessinent parfois les obligations liées au *sursis avec mise à l'épreuve,* dont le sens reste relativement clair pour le condamné, en tout cas jusqu'à la révocation de celui-ci. La révocation est souvent, à tort ou à raison, vécue comme une trahison, une injustice, au cours d'une période pendant laquelle le sujet avait le sentiment d'avoir fait des efforts importants de réinsertion. Quant au *suivi socio-judiciaire avec injonction de soins* après l'incarcération, il est vécu diversement : par les sujets qui ont le sentiment d'être en danger de récidive, comme une opportunité de résister à leurs impulsions ou compulsions ; par d'autres, comme une deuxième peine dissimulée, portant en elle les germes d'une suspicion permanente, ou du regard de la société sur un homme auquel a été attribuée l'étiquette d'une maladie pulsionnelle.

Quel sens pour la peine de temps ?

Quel sens les détenus donnent-ils au temps d'incarcération ? La « mise à profit » par les détenus de leur temps d'incarcération est très variable [36].

35. Villerbu L-M, Somat A, Bouchard C, editors. Temps psychiques, temps judiciaires: études anthropologiques, psychologiques et juridiques. Paris: Harmattan; 2009.

36. De Coninck F. L'écroulement du temps carcéral ou le temps virtuel des prisons contemporaines : première partie. Cahiers de Prospective Jeunesse (Les),. 1999;(4):20–5.

Certains parviennent à tirer bénéfice d'une peine de temps [37], afin de construire un avenir meilleur. D'autres se construisent simplement un avenir, mais souvent dans l'identification à une sous-culture délinquante ou criminelle, ou à une sous-culture carcérale, les deux étant bien souvent liées [38]. De nombreux auteurs (Clemmer, Gillespie, etc.) ont effet évoqué le phénomène de *prisonization* qui peut s'opérer dans les prisons, c'est-à-dire cette assimilation du détenu au rôle de délinquant au milieu des délinquants [39], loin des attentes de la société « temporelle ».

Nous sommes en effet souvent surpris par de jeunes détenus, rarement primaires, au passé de carences multiples, dont la réaction à l'incarcération paraît si étrange par son hyperadaptation. Ces individus laissent passer le temps carcéral dans une relative indifférence, sans souffrance apparente, voire avec un certain sentiment de sécurité.

Parfois, la prison, dans ce qu'elle comporte d'expériences douloureuses, peut être vécue, dans cette sous-culture, comme un outil de *revalorisation narcissique*. L'individu, souvent anéanti par une enfance traumatique, retrouve alors un rôle social et une place dans son nouvel univers relationnel. Ainsi, la prison devient, après plusieurs années, un « mode de vie » comme un autre [40]. De fait, les sujets qui adhèrent à ce mode de vie particulier, à cette sous-culture semblent moins souffrir des affres de la prison et acceptent mieux le temps d'incarcération [41]. Dans un triste paradoxe, les sujets les mieux intégrés en prison auraient un pronostic de réinsertion sociale plus défavorable, quand les rebelles auraient un meilleur pronostic [42].

On peut cependant distinguer deux catégories de personnes pour lesquelles ce temps est plus douloureux :
- celle des jeunes détenus, dont les pensées sont consacrées à leurs proches et amis de l'extérieur, et qui ressentent pleinement la perte de leur liberté.

---

37. Yang S, Kadouri A, Révah-Lévy A, Mulvey EP, Falissard B. Doing Time: A Qualitative Study of Long-Term Incarceration and the Impact of Mental Illness. International journal of law and psychiatry. 2009;32(5):294–303.

38. Crank BR. Adapting to Incarceration: Inmate Perceptions o Prison Life and Adjustment. Georgia State University; 2010.

39. Yang S, Kadouri A, Révah-Lévy A, Mulvey EP, Falissard B. Doing Time: A Qualitative Study of Long-Term Incarceration and the Impact of Mental Illness. International journal of law and psychiatry. 2009;32(5):294–303.

40. Santos M. Profiles from prison. Adjusting to life behind bars. New York: St Martin's Press; 2006.

41. *Ibid.*

42. Goodstein L. Inmate adjustment to prison and thee transition to community life. Journal of Research in Crime and Delinquency. 16(2):246–72.

- celle des sujets âgés en fin de carrière carcérale, dont la résignation s'épuise, et qui voient leurs dernières années de vie défiler, en ayant l'impression d'avoir perdu leur temps pendant leur vie, ce constat d'échec pouvant parfois conduire à la *désistance* [43].

Par ailleurs, la peine d'emprisonnement prend souvent un aspect positif pour les sujets souffrant *d'intempérances alcooliques*, si bien que, en règle générale, la prison peut être considérée comme un des derniers lieux de sevrage prolongé.

Plus généralement, la prison peut constituer un *lieu de soin* (au sens large) qu'aucun autre lieu dans la société ne peut remplacer [44]. Il est vrai qu'on se demande souvent pourquoi tel détenu libéré se trouve soudain pris d'une compulsion telle qu'il réitère l'acte prohibé, si ce n'est pour retrouver la prison et ses codes rassurants et réglés.

Les longues peines

Les longues peines, en ce qu'elles repoussent les limites du sens d'une peine de temps, méritent un examen particulier. On prendra comme exemple des excès de la réflexion sur le sujet une proposition un peu loufoque d'universitaires d'Oxford, qui proposent de faire effectuer par les prisonniers condamnés pour des faits particulièrement graves, l'équivalent – en termes de perception temporelle –, de mille ans de détention, en usant de diverses drogues censées dilater le temps [45], en huit jours, et ceci dans une perspective économique et humaniste...

Cette proposition absurde illustre tout à fait le genre de débats qui peuvent émerger dans une société qui prétend à la fois punir les infractions par un temps d'enfermement en partie déterminé par la loi, mais aussi protéger la société de la récidive, tout en préservant la dignité humaine de traitements dégradants.

A cet égard, La CEDH a déterminé qu'une privation de liberté perpétuelle et incompressible violait l'article 3 de la Convention Européenne des Droits de l'Homme (arrêt Kafkaris contre Chypre, 12 février 2008, arrêt

---

43. Crank BR. Adapting to Incarceration: Inmate Perceptions o Prison Life and Adjustment. Georgia State University; 2010.

44. Gilligan J. Violence: Our Deadly Epidemic and Its Causes [Internet]. G.P. Putnam; 1996. Available from: https://books.google.fr/books?id=xn-4AAAAIAAJ.

45. Biotechnology could extend criminals' lives to make punishment last HUNDREDS of years | Daily Mail Online [Internet]. [cited 2015 Nov 8]. Available from: http://www.dailymail.co.uk/sciencetech/article-2580828/Could-soon-create-hell-EARTH-Biotechnology-let-extend-criminals-lives-makes-suffering-HUNDREDS-years.html.

Vinter contre Royaume-Uni, 9 juillet 2013) [46]. En France, *la période de sûreté* (art. 132-23 Code Pénal) qui, contrairement au temps d'épreuve, concerne tous les aménagements de peines, constitue une échéance importante pour les condamnés. Malgré tout, aucune législation nationale ne répond très nettement à la question de la perpétuité, et la peine maximale fait l'objet de grandes variations selon le pays considéré : en Norvège, la peine maximale est de vingt-et-un an d'emprisonnement. En Espagne, on peut être condamné à 34715 années de prison (attentats de Madrid), mais la sortie était jusqu'à présent obligatoire après un maximum de quarante années d'incarcération. Les soubresauts sécuritaires que nous connaissons depuis quelques années conduisent cependant à des évolutions régulières des législations nationales. On voit que, dans le cas des longues peines, la durée d'incarcération perd de son sens pour le détenu, semble-t-il au profit du sens qu'il prend pour la société : ces individus sont, pour longtemps, sous le contrôle du corps social. Pour autant, quels sont les fondements théoriques de ces longues durées d'incarcération : le vieillissement serait-il un gage d'arrêt de toute activité criminelle ? ou la justice parie-t-elle sur l'espérance de vie ?

Quoi qu'il en soit, sur le plan psychologique, les condamnés à de longues peines finissent eux aussi par être victimes du temps. S'ils ont encore l'illusion de le contrôler (par la résignation et l'acceptation) au début de leur détention, ils perdent cette faculté au fil du temps. Il existe, en tout cas, chez ces sujets, comme le suggère une étude qualitative de Yang et Falissard, des inquiétudes liées au temps de la sortie. Les détenus expriment le fait que leur vie a été « brisée » par la longue peine (supérieure à 10 ans dans cette étude), mais aussi leur crainte de la réinsertion et de la perspective de la sortie. De fait, les détenus pour longues peines se fixent le plus souvent sur le présent carcéral monotone, et reste incapables de penser leur avenir [47].

Ces sujets seront, dans la plupart des cas, peu adaptés à la vie extérieure, ils auront méconnu les évolutions sociétales et technologiques. Ils seront tentés, selon leurs ressources mentales, de revenir par la réitération d'un acte violent, ou bien, dans le meilleur des cas, d'abandonner toute activité criminelle, mais leur évolution reste bien mystérieuse.

---

46. Une privation de liberté à perpétuité incompressible viole l'art. 3 CEDH - Newsletter du CSDH no 10 [Internet]. [cited 2015 Nov 8]. Available from: http://www.skmr.ch/frz/domaines/police/nouvelles/privation-liberte-perpetuite.html.

47. Cohen S, Taylor L. Psychological survival: the experience of long-term imprisonment [Internet]. Penguin; 1972. Available from: https://books.google.fr/books?id=EW7TAAAAIAAJ.

Conclusion

En guise de conclusion, il est légitime de se poser la question suivante, en lien avec le thème de ce colloque : en quoi la peine de « temps », sous toutes ses formes, a-t-elle un sens judiciaire ? A l'origine, le temps d'incarcération avait bien pour but d'infliger une souffrance psychologique jugée « raisonnable », et ainsi de se substituer aux peines corporelles et sentences de mort. Mais comme tous les progrès d'un temps, elle peut porter aujourd'hui, par certains aspects, un caractère parfois archaïque. Nous avons vu qu'un grand nombre de facteurs individuels (biologiques, historiques) et collectifs (institutionnels, culturels, sociétaux) rendaient l'expérience de la prison plus ou moins longue et supportable. Mais quel sens la société donne-t-elle à l'incarcération ? La population, avant tout attachée à sa propre sécurité et à la suppression de tout risque de récidive, reste très attachée à l'idée de l'enfermement des auteurs d'infractions. Les personnels de la justice, les intervenants sanitaires, les observateurs, quant à eux, sont en recherche d'alternatives, afin de rendre les peines non seulement plus humaines, mais aussi plus efficaces pour la société, en termes de risque de récidive et de protection. Cette ambition s'est traduite en France par la conférence de consensus sur la prévention de la récidive [48], qui a donné lieu à quelques évolutions du droit positif. Il est certain que la privation de la liberté d'aller et venir a, en soi, un sens. Mais si cette privation est terrible pour l'homme libre, elle ne l'est pas toujours autant pour les détenus, dont certains sont plus aliénés par leur passé, leurs troubles de personnalité ou maladies mentales que par l'expérience de la réclusion. Le temps d'incarcération est un compromis social, le résultat d'une transaction, et il est devenu le marqueur principal de la rigueur de la justice moderne. Pour autant, il n'est pas certain que la société donne à la peine d'emprisonnement la même signification que ceux qui la vivent. Il en devient d'autant plus difficile de lui trouver un « sens commun ».

---

48. Conférence de consensus : pour une nouvelle politique publique de prévention de la récidive. Paris, 2013 février.

12

Les longues peines, au risque de l'oubli [1]

Par Alain BLANC

Introduction

A propos des Commissions Pluridisciplinaires des Mesures de sûreté, cet article s'emploie à rendre compte d'une réflexion nourrie de l'ensemble de ces engagements et de ces responsabilités et ce en deux temps : une première partie théorique, à la fois juridique et institutionnelle, dans laquelle, après avoir énoncé les principes de base qui gouvernent la matière, j'examinerai le dispositif et son fonctionnement ainsi que la manière de faire évoluer le système ; une seconde partie qui sera consacrée à l'analyse de 83 des dossiers examinés par la Commission Pluridisciplinaire des Mesures de Sûreté de Lille entre mars 1994 er octobre 2015, avec une proposition d'items pour mieux y déceler à la fois le sens de la peine prononcée – y compris, sinon surtout pour le condamné – et repérer ce que pourraient être les modalités de la mise en œuvre du contenu de la peine au regard de l'exposé précédent.

---

1. Un article plus complet doit paraitre à Le Revue de Sciences Criminelles sur ce thème Que Mr le Professeur Jean Motte dit Falisse soit ici remercié de l'aval qu'il a donné à ces deux publications.

Je tiens aussi à remercier Jean Danet pour ses suggestions et sa relecture amicale, attentive, et stimulante.

Magistrat ayant exercé successivement les fonctions de juge des enfants, de sous-directeur de la réinsertion à la DAP entre 1985 à et 1995, j'ai présidé huit ans une cour d'assises à Paris puis une chambre correctionnelle à la cour d'appel de Douai. Actuellement, je préside la Commission pluridisciplinaire des mesures de sûreté de Lille. Je dirige aussi l'AFC que j'ai présidée de 1997 à juin 2015.

Le dispositif analysé est celui appliqué aux condamnés à de longues peines tel qu'il est régi par l'article 730-2 du CPP. La surveillance judiciaire et les mesures de sûreté telles que la surveillance de sûreté sur lesquelles la CPMS intervient aussi, ont été écartées pour plus de clarté, sachant que plus de 90 % des dossiers de la CPMS de Lille (aucune statistique nationale n'est accessible) concernent des condamnés ayant formulé une requête aux fins de bénéficier de la libération conditionnelle.

Première Partie : Analyse du dispositif actuel de l'aménagement des longues peines

Introduction

Trois principes de base fondent les développements qui suivent :

1er principe : Le *sens de la peine* n'est pas le même aux quatre étapes suivantes du processus pénal :

- lors de sa définition par le Parlement, qui fait un choix de valeurs, de hiérarchie pour la nation ;
- au stade de l'audience judiciaire, s'agissant d'un accusé particulier, dans un dossier unique, d'abord par le ministère public dans le réquisitoire qu'il formule « au nom de la société » ;
- puis lors du choix de la peine par les juges au moment de leur délibéré, et de son prononcé à l'issue de l'audience ;
- et enfin lors de la mise en œuvre des modalités d'exécution de cette peine une fois devenue définitive, cette fois-ci par le juge ou le tribunal d'application des peines, en fonction de l'évolution du condamné et de l'objectif de prévention de la récidive.

Ne pas respecter et ne pas dissocier ces quatre étapes, c'est risquer de compromettre tous les principes de notre état de droit.

2ème principe : On ne peut prétendre assigner un *sens à la peine* sans avoir auparavant cherché à comprendre le *sens du crime* auquel cette peine aura vocation à répondre dans chaque dossier, pour chaque accusé puis condamné.

A défaut de procéder à ce travail, on entre dans un autre domaine que celui du droit de la peine : celui des mesures de sûreté ou du maintien de l'ordre. On verra que, tant pour la recherche du sens du crime que pour la définition de celui de la peine, puis de ses aménagements, la criminologie, avec toutes les disciplines qui la constituent, est précieuse sinon indispensable.

3ème principe : Pour avoir du sens, cette peine doit être juste. Ou pour être plus exact et rigoureux, chercher à l'être, et ne pas répondre seulement à l'enjeu de protection de la société : c'est là ce qui distingue la justice de l'ordre.

I. Quel est le dispositif actuellement en place et comment fonctionne-t-il ?

A. Le dispositif en lui-même

C'est la loi du 28 février 2008 créant la surveillance et la rétention de sûreté pour les condamnés à perpétuité, qui a créé la Commission Pluridisciplinaire des Mesures de Sûreté (CPMS).

Puis la loi du 10 août 2011 a introduit dans l'article 730-2 un dispositif particulier de libération conditionnelle pour les condamnés objet de notre travail, à savoir ceux concernés par les peines suivantes : la réclusion criminelle à perpétuité, une peine de 15 ans prononcée à la suite d'un crime pour lequel une peine de suivi-socio-judiciaire était prévue par la loi, et ceux condamnés à une peine de 10 ans ayant commis un crime visé par l'article706-53-13 du code pénal. Désormais tous ces condamnés ne peuvent prétendre à la libération conditionnelle qu'à l'issue d'un passage de six semaines dans un Centre National d'Evaluation [2] et un avis subséquent de la CPMS [3].

S'agissant des longues peines qui sanctionnent les crimes, la « matière » disponible est en principe la plus riche qui puisse être dans un dossier pénal : l'enquête, puis l'instruction criminelle sur les faits, les éléments de personnalité recueillis à travers les expertises psychiatriques et psychologiques, les données sociales résultant de l'enquête de personnalité, la lecture des auditions... tout ce qui constitue le dossier tel qu'il arrive à la cour d'assises permet à celle-ci de comprendre, et d'éclairer par le débat contradictoire, la réalité des faits, et de disposer de pistes sur ce qui « explique » que le crime se soit produit, et sur le « comment » il s'est produit.

Ensuite, pour le Tribunal de l'application des peines comme pour le CNE et la CPMS, concernant ce qui est apparu devant la cour d'assises et a conduit celle-ci à prononcer telle ou telle peine, c'est plus complexe : la procédure devant la cour d'assises étant orale, il ne reste absolument rien des

---

2. Il en existe trois : Fresnes, Réau dans la Seine et Marne et CNE de Sequedin près de Lille, ce dernier ne procédant qu'aux évaluations des condamnés en fin de peine. Tous sont constitués d'une équipe pluridisciplinaire (personnels de direction, conseillers pénitentiaires d'insertion et de probation, personnels de surveillance et psychologues).

3. Art.561-8 du CPP.

débats, et la motivation – récente et succincte – ne porte que sur la culpabilité [4].

Une fois l'arrêt de la cour d'assises devenu définitif, le condamné à une peine de plus de 10 ans [5] sera affecté, dans un délai généralement de l'ordre d'un an, dans un CNE. Sont en pratique concernés tous ceux pour lesquels la CPMS aura un avis à donner avant que le Tribunal d'application des peines ne se prononce sur la requête du condamné qui sollicitera plus tard un aménagement de peine.

La détention provisoire une fois déduite de la peine prononcée, le reliquat restant à purger correspond à proprement parler à la phase d'exécution de la peine.

Elle est censée être mise en œuvre à partir de l'ensemble des données recueillies au cours de l'évaluation du CNE selon le principe d'un « parcours d'exécution de peine » tel que défini par l'article 717-1 du CPP [6].

Au bout de ce « parcours » arrive la période pendant laquelle le condamné va pouvoir solliciter une libération conditionnelle conformément aux articles 729 et suivants du CPP en adressant une requête à cette fin au juge de l'application des peines du ressort de l'établissement dans lequel il est détenu. Ce dernier devra aménager le débat contradictoire devant le Tribunal d'application des peines (TAP) dans les six mois et saisir le président de la CPMS qui prendra une ordonnance de placement afin qu'il soit affecté pendant six semaines dans le CNE désigné par la Direction de l'administration pénitentiaire. Puis la CPMS rendra son avis au JAP en

4. Notons à cet égard qu'une décision récente du Conseil constitutionnel porte en germe des perspectives intéressantes : on peut imaginer qu'à brève échéance l'accès aux enregistrements des audiences puisse conduire à intégrer dans les données d'analyse de l'évolution du condamné à la fois le positionnement qui était le sien lors du procès, mais aussi les conditions dans lesquelles celui-ci s'était déroulé : Décision n° 2015-499 QPC du 20 novembre 2015 - M. Hassan B. [Absence de nullité de la procédure en cas de méconnaissance de l'obligation d'enregistrement sonore des débats de cours d'assises] http://www.conseil-constitutionnel.fr/conseil-constitutionnel/francais/videos/2015/novembre/affaire-n-2015-499-qpc.146458.html.

5. Art. D80 al.2 du CPP.

6. Art.717-1 CPP : « Dès leur accueil dans l'établissement pénitentiaire et à l'issue d'une période d'observation pluridisciplinaire, les personnes détenues font l'objet d'un bilan de personnalité. Un parcours d'exécution de la peine est élaboré par le chef d'établissement et le directeur du service pénitentiaire d'insertion et de probation pour les condamnés, en concertation avec ces derniers, dès que leur condamnation est devenue définitive. Le projet initial et ses modifications ultérieures sont portés à la connaissance du juge de l'application des peines (…).

principe aussi dans un délai de 6 mois. Cet avis est consultatif puisque le Conseil constitutionnel l'a imposé [7].

Enfin c'est le TAP qui se prononcera.

Voilà donc résumés brièvement les textes applicables.

B. Comment ce dispositif fonctionne-t-il dans la pratique ?

Bien que personne ne s'en plaigne – sauf quelques avocats parmi les rares mobilisés sur ce contentieux – le système comporte plusieurs défauts de nature différente : certains tiennent aux caractéristiques de notre procédure pénale (1) d'autres à l'incohérence du dispositif et de ses différentes phases (2), d'autres enfin à la mission des différents experts mobilisés et à la manière dont elle est effectuée (3).

1. Les caractéristiques de notre procédure pénale

Au niveau judiciaire, on a compris qu'il ne restait rien sur le sens de la peine tel qu'il avait pu être mis en lumière au cours de l'audience des assises. Or l'ordonnance de renvoi du juge d'instruction n'est pas toujours précise sur le *sens du crime*, ce qui n'est d'ailleurs pas sa fonction principale, qui n'est que de définir les charges qu'elle retient contre l'accusé. Restent les expertises psychiatrique et psychologique qui sont au dossier que transmet le juge de l'application des peines à la CPMS.

Or quand on élabore un rapport pour la CPMS, on a besoin de comprendre ce qu'il en est de ce crime, pourquoi et dans quel contexte il a été commis, et ce qui en a été dit tout au long du parcours judiciaire puis pénitentiaire par le condamné. Ses récits et ses analyses successifs ont un sens à chaque étape de la procédure, au regard de la réalité des faits telle qu'elle résulte du dossier. Il est donc nécessaire de les retravailler en cours d'exécution de peine. L'évolution du positionnement du mis en examen – devenu coupable – tout au long de ce parcours pénal permet de mieux appréhender le *sens du crime* et d'adapter *le sens de la peine* et ses modalités de mise en œuvre, y compris sinon surtout pour le condamné lui-même.

---

7. http://www.conseil-constitutionnel.fr/conseil-constitutionnel/francais/les-decisions/acces-par-date/decisions-depuis-1959/2008/2008-562-dc/decision-n-2008-562-dc-du-21-fevrier-2008.12318.html.

Faute de ce travail – à entreprendre avec le condamné [8] tout au long de son **parcours** d'exécution de peine, et sans que cela obère sa capacité à se mobiliser sur sa sortie future – on reste dans l'empilement de périodes correspondant chacune à un temps passé dans un établissement, sans évaluation intermédiaire, sans recul ni mise en perspective. Comme si les principes posés par la réforme Amor de 1945 et les bases du régime progressif [9] avaient été perdues de vue.

2. L'incohérence du dispositif et de l'articulation entre ses différentes phases

- Les incohérences du système en place résultent en grande partie de ce que les conséquences du considérable progrès lié à la judiciarisation de l'application des peines issue de la loi du 15 juin 2000 n'ont pas été mesurées. En effet, à un dispositif **centralisé et administratif** (l'ancien Comité consultatif de libération conditionnelle, créé avec la loi instituant en 1885 cet aménagement de peine, et basé au Ministère de la Justice) on a – enfin – substitué en 2000 un système **judiciaire et décentralisé.** Mais dans la mesure où il fallait bien que le juge se prononce sur la base de rapports et d'expertises, c'est un dispositif complexe qui s'est mis en place en amont de l'audience du TAP : trois « instances » sont mobilisées et dans un certain désordre : les experts psychiatres et psychologues, le CNE et la CPMS, tout cela dans un contexte caractérisé par les mouvements d'opinion à la suite de faits divers dramatiques [10].

C'est ainsi que les psychiatres et psychologues désignés par le JAP font leurs expertise d'un côté, puis que les psychologues et autres personnels du

8. En prenant garde à une autre exigence : faire en sorte qu'en dehors du crime et de ce retour en arrière nécessaire, il puisse concevoir et vivre au présent avec un futur en vue. C'est tout le dosage complexe exigé dans cette phase judiciaire de l'exécution des peines.

9. La réforme Amor, du nom du directeur de l'administration pénitentiaire qui l'a promue à la Libération est inspirée des mêmes valeurs que celles de l'ordonnance du 2 février 1945 sur les mineurs délinquants. Elle place l'amendement et le reclassement social du condamné au centre de la peine privative de liberté et préconise que le traitement infligé au détenu soit humain, exempt de vexations et tende principalement à son instruction générale et professionnelle. Les travaux forcés sont abolis. Voir à ce sujet la contribution de Jean-Claude Vimont et Nicolas Derasse intitulée : « orienter, observer, évaluer : au CNO de Fresnes de 1950 à 2010 ». Colloque « criminologie et pratiques pénitentiaires » en décembre 2014 (les presses de l'Enap. presses.enap.justice.fr/fr-cr...s.html).

10. En particulier le meurtre à Pau dans la nuit du 17 au 18 décembre 2004 d'une infirmière psychiatrique et d'une aide-soignante dans un bâtiment de l'hôpital psychiatrique commis par un malade venu de l'extérieur et qui ultérieurement sera déclaré irresponsable par la chambre de l'instruction et l'affaire Evrard du nom du pédophile multirécidiviste qui en août 2007 a enlevé, à Roubaix a violé un enfant de 5 ans.

CNE [11] font leur « évaluation pluridisciplinaire de dangerosité » de leur côté, et enfin que la CPMS formule ensuite son avis sur l'ensemble pour la juridiction.

Un mot sur la composition de cette commission. Elle est fondée sur des critères que l'on peut rattacher à la compétence technique (psychiatre, psychologue, DAP, magistrat du siège, avocat) mais aussi à des préoccupations plus « politiques » : pourquoi le préfet plutôt qu'un magistrat du Parquet ? Quant à la légitimité de l'association d'aide aux victimes, elle n'est pas en cause en tant que telle, même si elle nous semble relever surtout d'une logique d'affichage au point que certaines CPMS ont fait appel parfois à des associations de victimes, ce qui ne nous semble pas conforme au texte.

- Chaque instance fonctionne avec sa logique propre [12] et il n'est même pas prévu que le CNE saisi en fin de peine ait accès au rapport du CNE établi quelques années plus tôt par le CNE de Fresnes qui a procédé à l'évaluation juste après la condamnation. Pourquoi ? Sans doute pour des raisons purement « bureaucratiques », mais qui n'en restent pas moins irrecevables.

- Le CNE et la CPMS n'ont accès concernant le parcours d'exécution de peine du condamné qu'à la « fiche pénale » sur laquelle figure la liste des établissements successifs par lesquels est passé le condamné ainsi que le repérage des éventuelles procédures disciplinaires dont il a été l'objet : aucune référence dans ce dossier à l'article 717-1 précité et au *parcours d'exécution de peine* du condamné. Ce n'est pas seulement regrettable pour les instances d'évaluation successives et donc pour le TAP : ça l'est surtout au regard de ce qui devrait être la *dynamique* de prise en charge du condamné jusqu'à la fin de sa peine.

- Les méthodes de travail de chaque CPMS sont très variables, aucune animation du réseau national n'étant assurée sinon dans une perspective de pure gestion des flux des condamnés, par la Direction de l'Administration Pénitentiaire (DAP). De fait, l'articulation des CPMS avec les JAP et les CNE n'a jusqu'à présent donné lieu à aucune réflexion de fond au niveau national au prétexte que le rapport de la mission Cotte devait, entre autres,

11. Notons que curieusement –mais il y a à cela des raisons au moins historiques qu'il serait intéressant d'éclaircir – il n'y a pas de psychiatre au CNE mais seulement une équipe de psychologues, cliniciens ou du travail, dont les niveaux de formation à la criminologie et à l'approche de la délinquance et à son traitement sont d'ailleurs de nature très variable.

12. Pour réduire cette tendance lourde et s'approcher d'une « culture partagée », à Lille, nous adressons au CNE la copie de nos avis formulés pour le TAP à partir de leurs rapports et nous diffusons aux membres de la CPMS les rares décisions des TAPs que les JAPs nous adressent.

formuler des propositions sur la codification du dispositif global d'exécution des peines.

- Le dispositif est lourd et chronophage et décourage certainement un certain nombre de condamnés de déposer une requête en libération conditionnelle. Même si le ministère n'est pas en mesure de dire actuellement quelle est la proportion des condamnés à des peines de plus de dix ans éligibles à un aménagement de leur peine qui déposent une requête et celle de ceux qui préfèrent attendre la fin de leur peine, il se dit que les premiers sont nombreux, trop nombreux. Ce qui en termes de prévention de la récidive est plus que préoccupant puisque tous ces condamnés qui « échapperont » au dispositif sortiront sans suivi ni contrôle, s'ils n'ont pas été condamnés à un suivi socio-judiciaire.

Par ailleurs, très souvent, la complexité du système et ses délais de mise en œuvre mettent à mal des projets de sortie des condamnés qui ne peuvent pas toujours coordonner des perspectives d'emploi ou d'hébergement qui soient compatibles avec les aléas concrets du déroulement de cette procédure.

II. Comment faire évoluer le système ?

D'abord, en revenant aux grands principes, de manière à chercher à répondre à la question du sens de la peine y compris pour le condamné. Il est maintenant acquis que c'est l'autorité judiciaire qui décide de la pertinence de l'octroi [13] d'un aménagement de peine à l'issue d'une audience publique et d'un débat contradictoire, sur la base d'expertises ou d'évaluations.

Ce qui reste à travailler, c'est donc l'amont de la décision du TAP et la procédure d'évaluation-expertise au sujet du risque de récidive du condamné.

Pour pallier les travers ou carences du système actuel, des solutions peuvent être envisagées, sans remettre en question fondamentalement son architecture (A) ; mais si l'on veut enrichir le dispositif global et le rendre à la fois plus juste et efficace, c'est surtout une mutation culturelle qu'il faut aménager (B).

---

13. Il a été par ailleurs soutenu qu'il serait préférable de mettre en place une libération conditionnelle de principe, et de faire de son rejet l'exception, ce qui serait effectivement plus de nature à générer la mobilisation du condamné et de l'administration qui en a la charge, dans l'intérêt de tous y compris de l'ordre public. Mais cette perspective ne semble pas dans l'air du temps…

A. Les perspectives concernant les structures et les méthodes

1. La question du **recueil puis de la circulation des informations** concernant le condamné tout au long de l'exécution de sa peine est régie par l'article D 162 du CPP selon lequel le Service pénitentiaire d'insertion et de probation (SPIP) tient un dossier qui « permet de suivre l'évolution de la personne détenue et, ainsi, de mieux individualiser sa situation pénale et la préparation de sa libération ». De fait, lorsque des informations semblant provenir de ce dossier figurent dans les rapports du CNE, elles ne sont jamais « sourcées ». Est-ce là un effet pervers du secret professionnel et de la pluridisciplinarité ?

On ne peut à ce stade que se borner à déplorer que ne soit pas établi un rapport d'étape à chaque changement d'établissement sur la base des principes posés par les textes relatifs au **parcours** d'exécution de peine ; ce qui pourrait constituer une base de gestion dynamique et mobilisante, y compris pour le condamné.

2. S'agissant de la **définition des missions de chaque instance d'évaluation**, la réflexion ne peut s'engager pour chacune d'entre elles qu'à partir d'un audit de l'existant :

- Pour **les experts psychiatres et psychologues**, outre le considérable problème de l'insuffisance du nombre des experts (toujours en baisse, alors que jusqu'à la loi du 15 août 2014, le nombre d'expertises exigées n'a cessé d'augmenter à chaque nouvelle loi pénale) la définition des missions et de la méthode à utiliser lors de cette phase postpénale est peu précise. De fait la qualité des rapports d'expertise est très variable. Là aussi c'est un **parcours** qu'il faut expertiser, jalonné d'autres expertises et de changements d'établissements, de soignants etc… D'où l'intérêt qu'il y aurait à aménager une audition publique sous l'égide de la Haute Autorité de Santé sur l'expertise postpénale : celle organisée les 25 et 26 janvier 2007 sur « l'expertise psychiatrique pénale [14] » concernait l'expertise dans le cadre de l'instruction et l'application de l'article 122-1 du code pénal autour de la question du discernement. L'expertise sollicitée par le JAP ne concerne pas du tout le même sujet : elle ne porte plus sur une situation passée et à analyser a posteriori, mais est centrée sur l'avenir et – nous y reviendrons – l'évaluation de la *dangerosité* ou du risque de récidive du condamné dans l'hypothèse de sa libération. Elle fait appel à des savoirs différents, contestés par ceux qui considèrent que la légitimité même de cette fonction de prédictibilité doit être remise en question. Tout cela mérite bien un débat dans un cadre analogue à celui de l'Audition précitée.

---

14. http://www.has-sante.fr/portail/upload/docs/application/pdf/epp-rapport_de_la_commission-version_finale_pour_mel.pdf.

- Les **Centres Nationaux d'Evaluation** justifieraient d'abord... une évaluation de leurs pratiques. Mais c'est aussi la modification de leur mission telle qu'elle est définie depuis la circulaire du 21 février 2012 [15] , à savoir la « mission systématique d'évaluation pluridisciplinaire de la *dangerosité* » qui devrait être reconsidérée. En attendant, nous nous sommes employés à tenter d'améliorer l'existant [16]. En menant avec le CNE et les membres de la CPMS une réflexion sur le contenu du rapport et sur la manière de mettre en œuvre la pluridisciplinarité à travers ce qui pourrait être une évaluation dynamique à un moment clé du parcours d'exécution de peine : avant la remise en liberté du condamné. Cette mutation passe aussi sans doute par la clarification de leur statut administratif [17] renforçant leur compétence et leur autonomie. Les trois structures existantes malgré une mission identique ont – heureusement – une histoire, des modalités de fonctionnement et de recrutement de leurs personnels, mais aussi de rédaction des rapports qui varient d'un service à l'autre.

En eux-mêmes, les CNE constituent indiscutablement un outil remarquable d'individualisation des longues peines, reconnu par les CPMS comme par les juridictions d'application des peines. Ils pourraient d'ailleurs constituer pour la DAP un dispositif de référence lui permettant de faire évoluer ses politiques de prise en charge des condamnés, et même de concevoir des structures du même type pour les peines moins longues, dont on pourrait imaginer que chaque direction interrégionale en soit dotée.

- Quant à la CPMS, telle qu'elle existe, sur huit ressorts (ce qui est notoirement insuffisant), il est impossible en l'état d'en analyser la production : personne ne sait si leurs avis sont ou non suivis par les TAP, et nous l'avons déjà évoqué, chaque ressort fonctionne selon les moyens du bord et le choix de son président [18] : c'est une charge nouvelle et lourde pour les huit cours d'appel concernées, en temps de magistrat et de greffe. La coordination avec des JAP des cours d'appel autres que celle où siège la commission est peu aisée, et chaque commission s'est organisée dans son

---

15. http://www.textes.justice.gouv.fr/art_pix/JUSK1240006C.pdf.

16. Mon statut de magistrat honoraire et réserviste me laisse plus de temps que celui de mes collègues dont la plupart assument par ailleurs des fonctions à plein temps de président de chambre.

17. L'identité administrative des CNE mériterait d'ailleurs d'être clarifiée : ils ne sont actuellement qu'un « service » dans un établissement, sans autre « autonomie » que fonctionnelle.

18. Le recours à la « comparution » du condamné devant la commission ou via la visioconférence pour l'interroger est pratiqué par certaines, CPMS, d'autres se l'interdisent. Certaines font un rapport oral sur le dossier aux membres de la commission, d'autres un rapport écrit. Quant à l'articulation avec le réseau des juges de l'application des peines du ressort de la CPMS elle est aussi très variable.

coin en particulier pour réduire autant que faire se peut la durée du processus.

3. Reste le sujet le plus « lourd » au moins en termes de gestion et de déperdition des données : **la réponse à la dispersion des « instances expertales, à savoir les experts psychiatres et psychologues, le CNE d'évaluation et la CPMS et la perspective d'une restructuration du dispositif ?**

L'objectif doit rester le même : doter le Tribunal d'application des peines de toutes les informations et expertises utiles pour qu'il puisse prendre sa décision à la suite d'un débat judiciaire et public aussi riche que possible.

En l'état, le ou les experts se prononcent sur les questions que leur pose le JAP au regard de la requête du condamné : en général, la question tourne autour de la *dangerosité* [19] criminologique et/ou du *risque de récidive*, le plus souvent assortie de demande de préconisations en cas de libération anticipée.

La CPMS fournit un avis au TAP sur la *dangerosité* du requérant par rapport à la requête qu'il a formulé pour bénéficier d'un aménagement de peine.

Le CNE fournit un avis à la CPMS sur le même sujet.

Si l'on doit modifier **la structure du système**, le premier écueil à éviter est celui qui a « pollué » la création de la CPMS dont l'intitulé même porte la trace de ce « stigmate » avec la référence aux mesures de sûreté de la loi du 28 février 2008 : elle a été perçue à juste titre comme une réponse sur le coup de l'émotion légitime liée à un fait divers tragique mais correspondant de la part des politiques à une défiance à l'égard du juge (la décision du conseil constitutionnel imposant que son avis soit consultatif en est la manifestation la plus cinglante).

Ensuite la réflexion devrait à notre sens s'organiser à partir en premier lieu d'une mise à jour des missions des experts et autres instances, puis envisager une refonte de la structure du dispositif.

a. D'abord, il faut clarifier ce qu'on attend de la, ou des instances en amont de la décision du TAP : si la fonction de *l'expertise psychiatrique et*

---

19. Ce concept n'ayant jamais fait l'objet d'une définition « scientifique » depuis le rapport Burgelin de 2005. Mais comment pourrait-il en être autrement ? A Lille tous nos avis indiquent qu'à défaut de cette définition, nous l'entendons au sens de « risque de récidive ».

psychologique est parfaitement claire dans notre système judiciaire, c'est parce qu'elle s'inscrit dans la culture partagée entre professions judiciaires et psychiatrie et que l'expert répond à plusieurs questions qui lui sont posées par chaque juge, dans chaque dossier. S'agissant du « *bilan de personnalité* » du CNE et de *l'avis* de la CPMS, portant, rappelons-le, non pas sur la pertinence à accorder l'aménagement de peine sollicité par le condamné, mais toujours sur sa *dangerosité*, c'est beaucoup plus confus : certes les CNE ont mis au point un plan type de leur rapport, auquel le président de la CPMS peut ajouter quelques items s'il le souhaite. Mais une réflexion partagée entre juges de l'application des peines, professionnels des CNE et présidents de CPMS ne serait pas du luxe [20].

Parallèlement, s'agissant de la fonction de la CPMS, son avis doit-il se borner à formuler une sorte de « diagnostic » à un temps T , ou peut-il, se fondant sur la compétence et l'expérience de ses membres développer son analyse de la situation du condamné, de sa prise en charge, et proposer au Tribunal d'approfondir à l'audience des questions lui paraissant importantes au regard du parcours d'exécution de peine du requérant ? Faute de la moindre analyse nationale des pratiques et de la production du système tel qu'il existe, il est difficile d'aller au-delà aujourd'hui.

b. Reste l'hypothèse « haute » : celle consistant à **réunir les « experts » au sens large et à garder la structure la plus importante et la plus « porteuse », le CNE, en supprimant la CPMS en tant que telle** : on pourrait alors introduire à l'issue de la session passée par le condamné dans le service une phase de délibération avec les experts qui pourraient être ceux ayant effectué l'expertise pour le juge de l'application des peines. A notre sens cette délibération devrait être animée par un magistrat de la cour d'appel du ressort du CNE qui rédigera alors un avis global pour le TAP. Ce système serait une sorte de « comité consultatif décentralisé » tel qu'il existait au niveau national avant la loi du 15 juin 2000.

Qu'il nous soit permis à ce stade de faire un peu de prospective : l'article 706-56-2 du code de procédure pénale issu de la loi du 5 juillet 2011, encore très marquée par la loi de février 2008 et « l'obsession » de la dangerosité , a institué un «répertoire des données à caractère personnel collectées dans le cadre des procédures judiciaires, tenu par le service du casier judiciaire sous

---

20. En dehors de l'ENM qui s'emploie à aménager des sessions de formation associant magistrats, responsables ou intervenants des CNE et fonctionnaires pénitentiaires, aucune réunion associant les juges de l'applications des peines concernés par les établissements pour peine et les présidents de CPMS n'a jamais eu lieu. Quant aux contacts entre ces derniers et les CNE, ils existent nécessairement, sous des formes variées.

l'autorité du ministre de la justice et placé sous le contrôle d'un magistrat, (...) destiné à faciliter et à fiabiliser la connaissance de la personnalité et l'évaluation de la dangerosité des personnes poursuivies ou condamnées pour l'une des infractions pour lesquelles le suivi socio-judiciaire est encouru, et à prévenir le renouvellement de ces infractions ». Les décrets d'application sont semble-t-il en cours de rédaction. N'y-a-t-il pas là en germe – et en dépassant la question de la dangerosité en tant que telle pour mieux assurer une individualisation de la peine– une banque de données d'autant plus précieuse qu'elle a manifestement vocation à conserver non seulement les expertises, mais aussi les rapports de CNE et les avis de la CPMS, et ainsi mettre à disposition des juridictions – et des experts et instances d'évaluation - les jalons d'un parcours complet ?

B. La mutation culturelle nécessaire

Les structures sont une chose, mais les références scientifiques ou méthodologiques sur la base desquelles les missions sont définies sont essentielles car elles fondent tout le dispositif d'évaluation puis de décision.

Deux axes sont ici essentiels :

1. en finir avec le **paradigme de la dangerosité** [21] et restaurer le principe de **l'individualisation judiciaire des peines**.

On l'a vu, la question de fond renvoie à ce qui est évoqué dans les textes comme définissant les missions des instances mobilisées (CNE et CPMS) : *l'évaluation de la dangerosité*, concept jamais défini mais qui est devenu la boussole du système. Depuis qu'il a été réinvesti en 2005 à partir du rapport Burgelin [22], puis avec les textes qui ont suivi, ce paradigme de la dangerosité a vicié tout le processus en l'hystérisant.

Que l'on nous comprenne bien : il ne s'agit pas de nier l'existence de la dangerosité de certains délinquants ou de se refuser à l'évaluer. Au contraire, il s'agit en respectant les limites de notre état de droit et en recourant aux outils d'évaluation les plus sûrs, de mieux prendre en charge les condamnés à partir d'une analyse des causes réelles de leur passage à l'acte, qu'elles soient liées à leur personnalité ou comme l'a introduit la loi du 15 août 2014,

---

21. Cf. « la dangerosité saisie par le droit pénal » : sous la direction de Geneviève Giudicelli-Delage et Christine Lazerges PUF (2011).

22. Cf. http://www.justice.gouv.fr/publications-10047/rapports-thematiques-10049/sante-justice-et-dangerosites-prevention-de-la-recidive-11942.html.

au « contexte familial, social et économique » dans lequel le crime a été commis.

L'approche focalisée sur la dangerosité a pour inconvénient de fixer une approche partielle et « immobile » du délinquant. Elle fait par ailleurs souvent appel à des outils qui ont pour principal inconvénient, malgré leur évolution constante, de ne pouvoir donner lieu à un débat devant la juridiction : les références scientifiques restent l'apanage des experts, et encore, de certains d'entre eux.

Celle sur l'analyse du parcours est évidemment plus ouverte et dynamique et permet, ce qui n'est pas rien, d'associer et de responsabiliser le condamné à l'évaluation y compris devant la juridiction.

D'où la nécessité d'aligner les textes concernant l'exécution des longues peines sur les principes posés par la loi du 15 août 2014 et réaffirmant le principe de l'individualisation judiciaire des peines.

2. La nécessité du développement d'une véritable culture criminologique en France :

Il n'est évidemment pas possible de développer ici ce qui explique le *malentendu* sur la criminologie en France. Disons seulement qu'il serait bon de revenir sur le débat tel qu'il a été principalement mené par Laurent Mucchielli depuis plusieurs années, pour faire à nouveau le point et repérer ce qui pourrait évoluer. La criminologie est perçue en France aujourd'hui à travers l'image qu'en donnent à voir les feuilletons américains et leurs « profilers » et/ou - ce qui est sur le fond plus préoccupant - les tenants d'une *criminologie policière voire sécuritaire* très présents dans les médias. Pourtant, la criminologie, qui regroupe toutes les disciplines permettant de donner un sens au crime et à la peine, peut être conçue et mise en œuvre *aussi* dans une perspective *émancipatrice* au sens où nous nous employons à le développer au sein de l'AFC et où l'ont soutenu des chercheurs belges récemment [23].

Toujours est-il que les débats *contre* la criminologie ont généré une situation peu propice à améliorer la qualité de notre justice pénale, exécution des peines comprise. La conférence de consensus sur la prévention de la récidive s'est employée à redresser la barre [24]. Elle a sans doute contribué à amorcer une évolution que la loi du 15 août 2014 est venue instituer pour les

---

23. « Crime, Justice et lieux communs, une introduction à la criminologie ». Larcier 2014.
24. Voir le rapport remis au 1er ministre le 20 février 2013 et consulter le site de la conférence : http://conference-consensus.justice.gouv.fr/.

délits, mais, on vient de le voir, les longues peines sont restées à la porte de ce retour à une véritable individualisation judiciaire.

Quant au débat sur la place de la criminologie à l'université, la situation parait bloquée au niveau national, au point que seules des initiatives locales [25] paraissent de nature à faire bouger les mentalités.

Et s'agissant des recherches en cours au sein de la DAP et dans certains de ses services pour accompagner la mise en place de la peine de contrainte pénale, il conviendra de ne pas laisser les juges (et les avocats) à l'écart des mutations attendues.

Deuxième partie : Analyse de 83 dossiers soumis à la CPMS de Lille entre mars 2014 et octobre 2015

Le travail qui suit est étroitement lié à l'exposé précédent. Pour un magistrat ayant préparé et tenu des audiences de cour d'assises pendant huit ans, c'est une expérience absolument passionnante de s'efforcer de comprendre à partir des pièces soumises à la CPMS ce que deviennent ces condamnés au bout de très longues années de détention. Tout naturellement, cette lecture conduit à aborder une dimension nouvelle : partant des pièces du dossier d'instruction, à savoir l'ordonnance de renvoi et les expertises psychiatriques et psychologiques, on commence par prendre la mesure des faits commis en imaginant ce qu'a pu être l'audience de la cour d'assises, quelle y a été l'attitude du condamné, son système de défense, ce qui y a été clarifié ou non par rapport à ce dont rend compte l'ordonnance de renvoi. Ce qui, on l'a compris est pratiquement voué à l'échec faute du moindre document à ce sujet. Puis on repère tout ce qui reste opaque sur les faits, pour tenter de repérer ce qui peut éclairer sur le *sens du crime*, et au regard de la peine prononcée, sur *le sens* de cette *peine.* Enfin, on se demande en examinant les expertises postpénales et le rapport du CNE comment a évolué ce condamné depuis l'arrêt de la cour d'assises.

Chacun des 83 dossiers rend compte d'une histoire singulière, d'un crime particulier commis à chaque fois dans des conditions différentes mais aussi d'un traitement judiciaire sur lequel le condamné a des choses à dire, pour peu qu'on l'interroge à ce sujet, ce qui reste rare. Quant au parcours pénitentiaire de chaque condamné, avec tout ce qui a été mis en place avec lui en termes de soins, ou d'activités, il est parfois très riche, mais peut aussi se révéler comme ayant été presque « vide » ou en tous cas non investi.

---

25. Voir la création au sein de l'université de Nantes de l'Institut Universitaire Nantais de Criminologie (UNIC) initié par Jean Danet. Première structure de ce type non rattachée à une discipline particulière et fondée sur le principe de la multidisciplinarité.

Certains dossiers rendent compte d'évolutions spectaculaires et très positives surtout chez des sujets plutôt jeunes. D'autres sont en revanche désespérants. Soit qu'ils ne traduisent aucune évolution positive du condamné, comme si le temps s'était arrêté juste après le crime, soit qu'ils rendent compte d'un blocage lié à une forme d'asocialité dont on craint parfois que seul le temps et l'usure en diminue les effets par rapport aux risques de récidive. Mais la plupart de ces dossiers, de ces *parcours,* pour peu qu'on les considère comme tels et non comme une succession de fiches signalétiques, sont vivants et sollicitent l'intelligence et surtout le besoin d'en tirer des enseignements [26].

Je me suis donc employé à repérer ici ce que j'ai qualifié d'« items ». Je l'ai fait seul. Il est important de le préciser pour bien mesurer les limites des observations ci-après qui ne sont posées là que pour susciter la conscience de l'intérêt d'aller plus loin dans le cadre d'une démarche multidisciplinaire. Certains de ces items (lignes de 1 à 5 dans le tableau : qualification du crime, peine prononcée, l'âge ou le sexe des condamnés etc.) correspondent à une « nomenclature objective » qui peut être prise comme telle, même si on peut en identifier d'autres dans les dossiers : âge à la date des faits, niveau de formation, etc. Ce n'est pas le cas des 8 autres items qualifiés sans doute un peu abusivement de « criminologiques » (ligne 6 dans le tableau) dont j'assume entièrement le caractère approximatif et arbitraire, voire iconoclaste.

D'où la nécessité de les commenter ici brièvement :

- Tout ce qui touche à la **psychiatrie ou à une pathologie** quelconque relève de ma seule appréciation, à partir de l'examen des dossiers et des discussions au sein de notre CPMS : il va de soi qu'une analyse moins approximative du dossier exigerait la mobilisation d'un homme de l'art.

En particulier, la proportion relevée et qualifiée ici de **« prise en charge psychologique ou psychiatrique *« de maintenance »* (14,5 % des dossiers)**, par opposition à **« évolution *positive* via prise en charge psychiatrique ou psychologique » (4,8 %)** appelle des précisions. Ce concept quelque peu hardi vise à identifier une question qui me parait être fondamentale : celle consistant à mieux cerner la fonction effective des soins psychologiques ou psychiatriques dispensés aux condamnés. De fait et sans remise en cause de l'indispensable secret médical, on voit bien à travers le discours des condamnés et l'analyse qui en est faite par les évaluateurs (experts isolés ou couplés, ou professionnels du CNE) que les attentes (du

26. Faut-il le préciser : au cours de ce travail, nous n'avons cessé de penser au très beau livre d'Anne -Marie Marchetti : « Perpétuités, le temps infini des longues peines ». Collection Terre Humaine. Plon (2001).

condamné mais aussi de l'administration, voire du médecin ou du psychologue) et les effets de ces soins sont très variables. Et comment pourrait-il en être autrement ? Mais il me semble que l'on peut aller un peu plus loin : Certains soins sont dispensés et sollicités en tant que tels par le condamné pour répondre à la problématique dont il a compris qu'elle était liée à la commission du crime. D'autres ont plutôt vocation à aider le condamné à supporter les effets de la détention, ou à traiter une pathologie sans rapport « causal » avec le crime commis. Même si la frontière entre ces deux catégories est souvent ténue, si les deux fonctions se cumulent souvent, il n'est pas sans intérêt d'essayer d'y voir plus clair. Sans que ces deux catégories puissent être isolées et encore moins opposées, il nous a paru intéressant de les identifier ici au moins en tant que « tendance ». Et le repérage n'était pas si complexe à opérer, car les condamnés eux-mêmes, et pas seulement les experts et les évaluateurs, font explicitement état quand c'est le cas de l'effet des soins sur une évolution vers la désistance et le retour à la vie libre sans récidive.

- **« Marginalité sociale violente structurée » (8,4 %** des dossiers)

Là aussi, la catégorisation peut paraitre péremptoire et contestable. Il nous a semblé tout de même, quitte à ce que l'examen des dossiers soit approfondi, qu'il nc fallait pas dissimuler leur existence : si la question de la resocialisation de ces condamnés est très lourde et parait presque sans issue parfois, sinon avec une baisse de risque qui suivrait le vieillissement, elle ne doit pas dissuader de chercher à comprendre ce qui fait que ces condamnés en sont arrivés là. Il nous est apparu, même si une lecture plus attentive et pluridisciplinaire reste indispensable, que cette grande marginalisation est presque toujours liée à un parcours « socio-éducatif » où se cumulent carences multiples et grande pauvreté dès l'enfance. La psychopathie, identifiée en tant que telle ou non dans le dossier, mais suggérée en CPMS par nos psychiatre et psychologue, survenant assez vite après l'adolescence dans ces dossiers.

- **« Evolution en partie bloquée par l'emprise de la famille (13,3 %** des dossiers). C'est là un item difficile à aborder tant il est considéré implicitement comme une donnée vis-à-vis de laquelle « il n'y a rien à faire ». Mais est-ce si sûr ? Il me semble pourtant qu'il y a là des marges de manœuvre : en réalité, le consensus sur l'occultation de la question est lié au fait que s'opposent deux logiques qu'on s'obstine à trouver inconciliables alors qu'elles ne le sont pas si on y réfléchit bien : d'une part le principe du « maintien des liens familiaux » inscrit dans les textes y compris européens, et d'autre part la mission de prévention de la récidive.

Or tout le monde le sait et le dit parfois, il y a des familles « pathogènes » au sens où leur fonctionnement vis-à-vis du condamné surtout s'il est jeune, contribue à bloquer sa capacité de désistance, tant il est surprotégé, sous emprise de sa famille, quand il n'est pas « héroïsé ». De fait, il a le plus grand mal à s'autonomiser et à préparer sa libération hors des valeurs ou du cadre de sa famille. Il nous semble que dans les dossiers entrant dans cette catégorie, pour peu que la problématique ait été repérée, des solutions éducatives existent. Sans aller nécessairement jusqu'au recours à la thérapie familiale sans doute difficile à concevoir en milieu fermé, une approche intégrant un travail avec la famille n'est-elle pas concevable ? La question mérite d'être posée nous semble-t-il. Et je dirais qu'elle s'impose au moins dans deux cas de figure : pour des condamnés à qui une libération conditionnelle est accordée et/ou qui ont une peine de suivi socio-judiciaire qui reste à mettre en œuvre après leur libération.

- **« Blocage remontant à la phase judiciaire : instruction inaboutie, qualification non comprise voire douteuse, sens du crime non clarifié... » (10,8 %** des 83 dossiers). Il s'agit là à mes yeux de l'un des items potentiellement le plus fécond, même si son contenu et son repérage sont délicats. Le constat – mon constat d'ancien président de cour d'assises et de magistrat en charge des politiques de réinsertion pendant dix ans à la DAP, et ayant acquis quelques éléments de réflexion de nature criminologique » – est que plus de 10 % des dossiers soumis à la CPMS puis au TAP rendent compte de situations concernant un condamné qui n'est pas parvenu au cours de l'instruction ni même semble-t-il au cours du procès d'assises à « tirer au clair » ce qui s'est passé lors de son passage à l'acte. Il ne s'agit pas ici des condamnés qui contestent leur culpabilité qui posent d'autres problèmes, d'une autre nature à mon sens. Mais de condamnés qui tout en ne contestant pas le principe de leur culpabilité, sans qu'ils le disent toujours explicitement, font part du sentiment d'avoir été « mal jugés ». Comme si le long processus judiciaire auquel ils ont été associés (mais comment ?) et qui s'est conclu par le prononcé de cette peine, ne leur avait pas permis de comprendre tout ce qui s'était « joué » autour du crime qu'ils avaient commis. Et faute de bien faire la part entre leur responsabilité personnelle et celle d'un contexte, ils ont d'autant plus de mal à investir ce temps de l'exécution de la peine pour s'engager dans un processus d'investissement de l'avenir.

Précisons qu'il ne s'agit pas de remettre ici en cause l'autorité de la chose jugée. Le requérant d'un aménagement de peine est condamné définitivement, c'est une donnée avec laquelle on ne peut pas composer. Mais comment parler de sens de la peine à ce stade si on n'intègre pas dans la prise en charge du condamné et son parcours centré vers l'objectif de désistance, la problématique liée au sens qu'a, aux yeux de ce condamné, la peine qui lui a été infligée ? Comment laisser de côté ce qu'il a à dire sur la manière dont il a été « traité » (au sens du mot traitement dans les textes européens) depuis l'instruction jusqu'à la cour d'assises ? Depuis que nous avons introduit une rubrique « positionnement par rapport à la condamnation » dans le rapport du CNE de Sequedin qui est celui avec lequel nous travaillons le plus, les réponses de chaque condamné s'avèrent très riches d'enseignements : ne serait-ce que parce qu'on perçoit pour chacun d'eux, quoi qu'il réponde sur le fond, comme un soulagement, une libération, de pouvoir s'exprimer sur le sujet. Il n'est pas sans intérêt de voir que dans nombre de dossiers, le condamné semble considérer que certes, la justice est « passée » mais moins « par » lui que « par-dessus » lui. Et pour des raisons qu'il est intéressant d'élucider avec lui : si ça n'a pas été fait avant ou même pendant l'audience de jugement, cela peut être repris dans le cours d'exécution de la peine y compris dans la perspective de le responsabiliser et souvent de l'amener à « dépasser » ensuite toute cette période, et d'envisager l'avenir. C'est d'ailleurs-là, nous semble-t-il, que la dimension tutélaire du juge de l'application des peines peut jouer [27]. Mais aussi celle du CPIP dans sa dimension « éducative » ou d'accompagnement.

Les items identifiés sur les 83 dossiers soumis à la CPMS de Lille entre mars 204 et octobre 2015			
Données juridiques ou « de fait »			
Sexe			
hommes	80 condamnés		
femmes	3 condamnées		
Nature du crime			
Meurtre assassinat avec ou sans séquestration ou enlèvement	33 condamné(e)s		
	dont	En milieu familial	14 condamnés
		Hors milieu familial	14 condamnés
	total		28 condamnés
Séquestration et/ou			5 condamnés

27. Cf « La justice du XXIème siècle » (Odile Jacob 2014) : ce n'est pas le lieu de développer ici mais il nous semble que si le « système » judiciaire français se caractérise par le fait que contrairement au Québec ou aux pays anglo-saxons, le juge n'est pas seulement un arbitre, mais exerce aussi une « fonction tutélaire » telle que décrite par Antoine Garapon et Sylvie Perdriolle, le juge de l'application des peines en est l'un des exemples les plus topique. Et à notre sens, ce n'est pas étranger à la difficulté à introduire la criminologie dans notre culture pénale : cela ne peut se faire que si juge et services travaillent avec des outils conçus sur la base d'une culture commune. Ce qui n'est pas encore le cas.

enlèvement seuls			
Viols et agressions sexuelles : total			50 condamnés
	En milieu familial	sur **mineur(e)** de 15 ans	23 condamnés
		sur **majeur(e)** de 15 ans	6 condamnés
	Hors milieu familial avec ou sans cybercriminalité	sur **mineur(e)** de 15 ans	5 condamnés
		sur **majeur(e)** de 15 ans	15 condamnés
		Avec actes de torture ou barbarie	3 condamnés
Casier judiciaire			
	Primaires		34 condamnés
	Autre délinquance antérieure		49 condamnés
		Dont crime ou délit de même nature en récidive	9 condamnés
Nature de la saisine de la CPMS			
mesure de sûreté			7 dossiers
aménagement de peine			76 dossiers

Repérage d'items de type « criminologique »	
1	Troubles psychiatriques ou de santé « lourds », identifiés et soignés (hors pédophilie) : 5 dossiers
2	Pédophilie persistante : 3 dossiers
3	Evolution clairement positive avec une prise en charge psychiatrique ou psychologique évoquée : 12 dossiers
4	Prise en charge psychologique ou psychiatrique de soutien ou de maintenance, sans effets repérés sur l'évolution du sujet : 4 dossiers
5	Marginalité sociale violente structurée : 7 dossiers
6	Evolution en partie bloquée du fait de l'emprise de la famille : 11 dossiers
7	Blocage de l'évolution du sujet identifié comme remontant à la phase d'instruction puis de jugement : qualification mal comprise, faits mal clarifiés, mobile mal élucidé etc. : 9 dossiers
8	Présence de consommation d'alcool ou de toxiques dans le contexte de commission des faits : 33 dossiers

B

L’idée

13

Quelques réflexions sur les sens de la peine, aujourd'hui

Par Evry ARCHER

Je vais me permettre de risquer quelques brèves réflexions non pas, certes, sur le sens de la Justice pénale, sa signification, son orientation et sa direction, mais sur les sens de la peine, aujourd'hui.

Et même, ne pouvant passer en revue ici et maintenant toutes les fonctions de la peine – prévention de la vengeance privée ; expiation, pénitence, rachat ; neutralisation temporaire ou élimination définitive ; amendement, réinsertion, réintégration ; réparation pécuniaire du dommage subi par la victime ; intimidation collective ou individuelle ; rétribution etc. – je vais être contraint d'opérer certains choix.

Ainsi, je ne dirai rien de cette fonction toute nouvelle de la peine, celle de « *permettre à la victime et/ou à sa famille de faire son deuil* », car j'en ignore les fondements théoriques en sciences humaines, en psychiatrie ou en psychanalyse, ainsi que les présupposés heuristiques philosophiques éventuels. Il me semble même que cette relation causale implicite entre la punition à infliger et le deuil à faire a été cherchée dans la tradition archaïque des vendettas consolatrices et dans la banale opinion que seule la naturelle vengeance privée ou exercée par l'Etat peut apaiser la haine et la rancœur des victimes. La nécessité évidente d'une réponse judiciaire à toute infraction – y compris pour tirer les conséquences non pénales d'une irresponsabilité – n'a pas besoin de cet argument.

Je n'insisterai pas trop sur le sens d'une peine peu décrite, peu étudiée, mais pourtant tellement fréquente et délétère : l'ennui. L'ennui est l'une des formes subaiguës de la souffrance psychique liée à la peine privative de liberté, sinon l'un des objectifs, du moins l'une des conséquences, généralement reconnues et admises, de tout emprisonnement. Mais les caractéristiques des personnes concernées et celles de nos prisons expliquent peut-être que c'est lui qui résulte plus souvent de l'isolement, plutôt que les objectifs affichés parfois pour justifier celui-ci : la méditation, l'introspection et le « retour sur soi ». C'est l'ennui qu'on provoque ou aggrave d'habitude lorsqu'il s'agit de sur-punir le détenu indiscipliné. Les dispositions visant à créer ou à accroitre l'ennui en quartier disciplinaire (QD) montrent bien que les autorités investies du droit de punir n'ignorent pas à quel point l'ennui fait mal. Mais non seulement, il fait mal, il fait du mal. Il peut compliquer, voire compromettre la prévention du handicap psychosocial post-carcéral, ainsi que l'insertion ou la réinsertion après la libération et, donc aller à l'encontre de certaines fonctions légales de la peine. La fréquence des suicides dans les QD signifie que « mourir d'ennui » n'est pas seulement « une façon de parler ».

Sans aborder ici la thèse chère à notre ami défunt Claude Balier selon laquelle certaines infractions-symptômes n'imposent pas le choix « soigner ou punir », mais nécessitent, au contraire, que leurs auteurs soient punis **pour** être soignés, la prison étant pour lui, dans ce cas, un nécessaire cadre de soins, évoquons très brièvement la pseudo-fonction thérapeutique de la peine. Deux aspects curieux de la prétendue fonction thérapeutique de la peine. L'une, surtout en psychiatrie infanto-juvénile et dans le cadre de la protection judiciaire de la jeunesse, consiste dans la croyance que la loi pénale, en soi, peut être thérapeutique, même quand elle s'exprime par la décision d'enfermer nos enfants dans les lieux de détention, tels qu'ils sont (quand la sanction s'impose, à l'extrême, pourquoi faut-il créer une redoutable confusion entre elle et le soin en la déclarant tel, au lieu d'insister sur la nécessité, en ces moments critiques, de punir **et** de soigner ?). L'autre se manifeste dans la décision judiciaire d'incarcérer pour soins, puisque, en ces temps où la psychiatrie publique française en milieu ouvert est en détresse et que des dispositifs de soins psychiatriques pratiquent, avec peu de moyens, de remarquables activités thérapeutiques en milieu carcéral, la tentation est grande de placer en détention dans un but plus thérapeutique que pénal certains auteurs d'infractions présentant des troubles du comportement, d'autant plus que le risque d'évasion de l'établissement pénitentiaire paraît moins élevé que la sortie de l'hôpital sans avis médical. Quand le magistrat succombe à cette tentation, il s'agit bien d'un retour à l'ère prépinélienne ! Avec un objectif non affiché de neutralisation, ce qui est à rapprocher de la sévérité plus grande des cours d'assises à l'encontre des malades mentaux qu'à celle des autres condamnés.

Je ne m'interrogerai pas longtemps sur le sens de l'euthanasie obtenue en septembre 2013 par un détenu belge, condamné à une longue peine. Cette euthanasie doit-elle être prise, comme pense Keuleneer, pour une peine de mort voulue par l'auteur d'un crime, ou pour une mesure d'aménagement de peines, très individualisée, de libération anticipée non conditionnelle, ou encore pour un suicide très accompagné ? Maître Keuleneer estime à propos des autres détenus qui ont demandé à subir le même sort qu'« *on devrait (plutôt) se poser des questions sur l'origine des souffrances psychiques et la façon de les apaiser* ». C'est le moins que l'on puisse dire. Et Jacqueline Herremans, présidente de l'« Association pour le droit de mourir dans la dignité » et membre de la Commission de contrôle reconnaît sobrement : « *s'il s'agit uniquement du désespoir d'être entre quatre murs, ça me pose un problème* ».

Je dirai deux mots sur l'intimidation collective et trois, si vous le permettez, sur la fonction rétributive.

Donc, d'abord, l'intimidation collective. Même si, plongé dans l'idéologie de l'époque, chacun des acteurs qui la conçoivent, la votent, la prononcent, ou veillent à son exécution est imprégné de convictions sur les valeurs, de croyances, d'options politiques et morales, considérer que la peine est et doit être amorale me semble relativement soutenable, Cette thèse est en tous cas nécessaire pour signifier qu'elle ne vient pas sanctionner un manquement à la morale, mais aux lois de la République. Cependant, punir un individu ou le sanctionner plus lourdement en vue d'impressionner, d'intimider, de terroriser ses contemporains, est non seulement **a**moral, mais **im**moral, en particulier totalement contraire à la morale chrétienne comme à la morale kantienne. L'objectif d'intimider la collectivité implique un renforcement de la peine infligée à une personne, une intensification de sa douleur dans ce but, et l'exposition du châtiment à destination du public-cible. Il s'agit de faire souffrir ou de faire souffrir davantage un individu dans un processus quasi-sacrificiel, dans l'espoir que le spectacle et le souvenir de son malheur dissuaderont d'autres de commettre la même infraction. Or, l'efficacité réelle de l'intimidation collective dans la prévention de la criminalité a été souvent démentie. Tout le monde sait, depuis César Beccaria que « *ce n'est point par la rigueur des supplices qu'on prévient le plus souvent les crimes : c'est par la certitude de la punition* ». Donc, des policiers en nombre et en qualités suffisants plutôt que des parlementaires alourdissement de temps en temps les peines.

Aucun être humain ne devrait jamais être utilisé comme moyen, et donc comme moyen de défense sociale, et subir un surcroit de souffrance liée à la seule volonté d'effrayer des délinquants potentiels. La situation devrait devenir franchement intolérable lorsque la fonction d'intimidation collective qui avait prévalu au moment du prononcé de la peine, ne laisse pas assez vite la primauté, durant l'exécution de celle-ci, aux fonctions de réparation et de réinsertion, ou encore lorsque tout se passe comme si la pénibilité de la condition carcérale devait être – toujours pour des raisons d'intimidation collective – préservée, voire renforcée, afin de bien montrer que les prisons n'ont rien de commun avec un hôtel cinq étoiles.

Nonobstant les effets criminogènes et pathogènes de la prison, surtout chez le sujet jeune, Alexandra Onfray, alors présidente du syndicat « Magistrats pour la Justice » explique que le nombre des incarcérations et le maintien en détention ont une fonction dissuasive : « *lorsqu'un multirécidiviste continue à traîner dans le quartier, comment voulez-vous que cela incite ses acolytes à mettre fin à leurs agissements* ? ». Dans *Le Figaro* du 30 juin 2014, Gaspard Koenig signalait que dans son blog du 26 juin, Eric Ciotti, « *le toujours subtile député de l'UMP* » reprochait au projet de loi de réforme pénale de Christiane Taubira d'« *altérer, dévitaliser, voire annihiler le sens de la peine et de la sanction* », puisque la contrainte pénale alternative à l'incarcération ne fait pas assez souffrir, pense-t-il, pour intimider et dissuader.

Ensuite, la fonction rétributive de la peine. « *Le châtiment est par nature afflictif, dans la mesure où il comporte blâme social, privation d'un bien ou d'un droit, obligation de se soumettre à des contraintes* » [1]. Comme l'écrivait Michel Foucault, « *La peine se dissocie mal d'un supplément de douleur physique. Que serait un châtiment incorporel ?* » [2]. Il en est surtout de l'enfermement : la prison « *n'a jamais fonctionné sans un certain supplément punitif qui concerne bien le corps lui-même* », dit-il. Alexis de Tocqueville lui-même en avait accepté cette fatalité en 1838 : « *Ce n'est pas pour leur plaisir et le plus grand bien de leur santé que nous nous déterminons à mettre nos semblables en prison : c'est pour les réformer et les punir ; et celui qui a violé les lois de son pays et outragé la société toute entière, doit s'attendre à qu'il résulte pour lui quelques inconvénients et quelques difficultés de son crime* ». Ce qui semble cependant nouveau, c'est que de moins en moins de choses échappent, dans notre société, à la marchandisation et au commerce, Même pas la sanction pénale. Aucune allusion ici à d'éventuelles inégalités devant la loi pénale selon que vous soyez puissant ou misérable, à l'instar du contraste entre la peine de mort infligée à l'âne parce que, bien évidemment, « *manger l'herbe d'autrui, quel crime abominable !* », et l'affirmation qu'en mangeant le berger, le lion lui fait beaucoup d'honneur. Il ne s'agit pas non plus pour moi de dire que la ploutocratie française en soit déjà à la possibilité de payer légalement pour éviter l'enfermement, notamment la détention provisoire. C'est que l'opinion publique, mais aussi de plus en plus de professionnels du Droit pénal, de l'expertise psychiatrique et du travail social privilégient, sans même s'en rendre compte parfois, une conception rétributive de la peine ; « *celui qui a fait mal doit avoir mal* ». Peu importent, à la limite, les tenants et aboutissants des faits reprochés, peu importent même la subjectivité du

---

1. R. Marie, La pénitence et la peine, Paris, Editions du Cerf, Cujas, 1985, p. 141.
2. *Surveiller et punir* Gallimard, 1975, p. 21.

coupable et son état mental au moment des faits, « *celui qui a fait mal doit avoir mal* ». La peine doit faire souffrir le coupable au prorata de la douleur provoquée. Il « *doit payer* » dit-on. Il doit « *s'acquitter de sa dette* », plus tellement envers la société, d'ailleurs, mais surtout envers la victime - ce qui contribue, me semble-t-il, à expliquer l'allongement des peines, le rôle croissant de la victime dans le procès pénal, et certains rapprochements récents entre celui-ci et le procès civil. L'idéal de la Justice pénale est alors que toute infraction sorte de la clandestinité, et soit inscrite et enregistrée, et que tout paiement exigé selon les barèmes du code pénal et versé par les condamnés corresponde à une infraction réellement commise, mais surtout que celle-ci soit payée dans tous les cas et au juste prix.

Or, dès que l'infraction est une atteinte grave à la personne, le juste prix est introuvable. Beaucoup de philosophes ont dénoncé le mythe de la réversibilité totale des conséquences d'un acte. C'est Jankélévitch, je crois, qui faisait remarquer que même le vainqueur de la mort n'y peut rien : celui qui a ressuscité Lazare ne peut empêcher que celui-ci soit à tout jamais un ressuscité. Ainsi, dans cette conception de la peine, qui tend à réduire le Droit pénal à un simple chapitre du Droit de la réparation des préjudices, les décisions répressives apparaissent toujours « laxistes », puisqu'il ne peut y avoir *restitutio ad integrum*, de retour intégral à l'état antérieur. Quelle peine peut être le juste prix d'un viol ou d'un meurtre accompagné d'actes de barbarie ? C'est pourquoi l'allongement indéfini de la peine, dans la recherche du juste prix, nous laisse quand même une insatisfaction irréductible. Même si cette peine (au risque de devenir sa propre négation) devient capitale, se réduisant ainsi, aujourd'hui encore, dans certaines sociétés, à une fonction exclusive d'élimination physique définitive, elle ne rétablira aucun équilibre, à moins de penser que la mort d'un criminel peut compenser celle d'un innocent.

En fait, si les tarifs établis et mis à jour dans le code pénal par le législateur varient pour plusieurs raisons, l'opinion publique et les médias jouent un grand rôle dans ces fluctuations. Car l'évolution des idées et des pratiques sur le sens et les fonctions de la peine dépend moins des progrès de la criminologie et notamment de la pénologie, que de l'idéologie de l'époque et de la volonté, réelle ou seulement affichée, des pouvoirs publics. La peine exprime, aux moments considérés, l'organisation et les conceptions prévalentes du monde et celles des relations entre êtres humains. Rappelons que dans l'Ancien Régime, un homme de bonne famille, violeur de sa servante, était condamné à payer sa dot pour qu'elle puisse malgré tout se marier, alors qu'un bandit de grand chemin, violeur d'une femme de bonne condition, devait subir le supplice de la roue. Rappelons enfin que comme l'avait signalé, en 2001, Anne-Marie Marchetti : « *en 1791, le premier code pénal rédigé par les révolutionnaires, n'avait pas prévu de perpétuité, celle-ci étant considérée comme incompatible avec l'idée de la perfectibilité de l'être humain »,* si répandue au siècle des Lumières. L'allongement des peines, le renforcement de la politique pénale de neutralisation, les multiples dispositions visant à compliquer la sortie de l'hôpital psychiatrique ou de la prison et surtout la rétention de sûreté, observés au début de ce siècle, marquant tous le déclin de l'idée de perfectibilité de l'être humain, et presque tous très difficiles à réformer, annoncent-ils un siècle des Ténèbres ? Non, je ne crois pas : je perçois encore des lueurs vacillantes qui réchauffent les espoirs, mais les porteurs de flambeaux, pas aussi rares que l'on croit, sont seulement, pour la plupart, fatigués, apeurés ou désabusés.

14

Esquisse d'une théorie de l'amoralité de la peine

Par Tony FERRI

Propos introductifs

Le thème qui nous réunit ici porte sur la question du sens de la peine. Nous avons raison de nous poser derechef cette question. La question du sens de la peine est une question si difficile qu'elle semble presque interminable, parce que les réponses que nous tentons habituellement de lui apporter se donnent tantôt comme insuffisantes ou hâtives, tantôt comme erronées ou éloignées de la perception que peuvent en avoir les personnes directement concernées. Ce colloque a le mérite de nous convier à nous interroger, à de nouveaux frais, sur la valeur, la légitimité de ce que nos institutions font et de la manière dont elles le pratiquent lorsqu'elles condamnent un homme à exécuter une peine. Reconnaissons néanmoins que le fait même de se poser la question jette un doute sur la possibilité que la peine ait un sens, et peut laisser supposer qu'elle n'en a pas. Car à quoi bon se poser cette question, si la peine est chose sensée et évidente. Mais peut-être qu'on s'attend effectivement à la réponse inverse, à savoir qu'on ne saurait accorder le moindre sens à la peine.

A l'occasion de cette contribution, nous voudrions montrer la difficulté qu'il y a à justifier en raison les pratiques actuelles d'exécution de peine. Bien que nous ne négligions pas les perspectives de reclassement des personnes condamnées qui puissent être conditionnées à un principe moral ou moralisateur et à l'intériorisation par elles d'un tel principe, il semble que, sur un plan pragmatique, ce qui ressortit au factuel, à savoir notamment la prise en compte des faits, l'enracinement de la lecture d'une conduite dans une culture et des habitudes données, le rapport de force entre l'institution judiciaire et les justiciables, les besoins matériels des individus, et choses semblables, constitue la base, voire la seule base à partir de laquelle les professionnels de l'exécution des peines puissent raisonnablement définir leurs axes de travail, leurs pratiques, leur activité en ce qui concerne l'accompagnement des individus vers une sortie hors de la délinquance. S'agissant du rapport aux autres et des processus d'instauration de valeurs et de croyances, nous nous référons, sans toujours nous en rendre compte, à des préférences et à des partis pris qui nous ont été légués par la société, les autres, l'ordre ou l'*establishment* à l'intérieur desquels nous sommes pris décisivement en étau. Comme le rappelle J.-P. Sartre, « nous trouvons l'homme en société, c'est-à-dire à un moment où les partis sont déjà pris et les appréciations faites [1] ».

Les trois niveaux de sens attachés au mot sens

Nous proposons de relever trois sens au mot « sens », et à l'expression « sens de la peine ». Quelque chose comme trois niveaux ou trois paliers de sens. D'abord, sens s'entend au sens de signification ou de représentation. Dans ce premier niveau, on s'attache à se demander ce que signifie proprement exécuter une peine. Par référence aux textes juridiques et administratifs français, se dégage l'idée que « faire sa peine » consiste à répondre de sa culpabilité par l'exécution d'une sanction pénale, c'est donc être reconnu coupable d'une infraction, qui est le résultat d'un fait constaté et répréhensible par la loi. Dans le registre de l'application des peines ainsi que dans celui de l'insertion et de la probation, les individus qui font l'objet d'une sanction pénale sont appelés les « condamnés », et, à ce titre, ils doivent subir un châtiment qui, dans nos sociétés occidentales d'aujourd'hui, s'apparente surtout à une mesure privative ou restrictive de liberté.

Par où l'on voit que l'exécution d'une peine a partie liée, à travers la loi, avec l'idée d'une « dette » envers la société. Il n'est pas indifférent que notre langue, sur un plan étymologique, ait attaché le mot délinquant à la désignation de celui qui a rompu le contrat social, de celui qui se démarque par un geste de coupure des liens qui lui permettent d'appartenir au corps social. De sorte que, en lui infligeant une peine, le corps social, à travers la loi, vise d'abord à faire payer le condamné de son incartade ou de sa conduite jugée anormale, c'est-à-dire non-conforme à la règle de droit définissant non seulement la loi, mais de plus en plus aussi aujourd'hui le cadre de la normalité. Par conséquent, la peine a pour signification première le redressement, et sa fonction fondamentale est coercitive. Cela signifie que, dès l'instant où une infraction est constatée, dès l'instant où la culpabilité est

1. J.-P. Sartre, *Cahiers pour une morale*, Paris, Gallimard, 1983, p. 315.

établie, il en résulte que le mis en cause doit se soumettre à un régime de punition, c'est-à-dire à un régime qui consiste à lui faire subir le châtiment de sa faute. De là vient que la peine a quelque chose, au fond, de très culpabilisant et de très moralisateur, puisque culpabilité, dette, faute, châtiment sont des termes qui sont étroitement interconnectés.

Si le premier sens attribué au mot sens correspond au registre de la signification et de la représentation, le second se rapporte davantage à celui de la direction ou de l'orientation. Dans cette optique, on peut se demander vers où va la peine, ou plutôt quel est concrètement le chemin que doit parcourir un condamné qui a à exécuter une peine. Loin d'être uniforme ou universel, ce chemin est fonction des périodes de l'histoire, des lieux, des valeurs que les institutions entendent véhiculer, du particularisme du système de représentations en vigueur. Ce qui veut dire qu'on ne punit ni pour les mêmes motifs ni de la même manière, selon les cultures et les époques.

En dépit de ce constat d'une hétérogénéité du punitif, se dégage quelque constance dans les pratiques – l'idée de constance ne devant pas être toutefois confondue ici avec un principe d'universalité. Cette constance paraît s'articuler à la recherche et à l'application d'une souffrance. Au fond, la peine est d'abord une punition qui consiste à « faire souffrir » le condamné pour son méfait, son forfait. La souffrance consiste dès lors à viser tantôt le corps, c'est-à-dire l'intégrité physique, tantôt la psyché, c'est-à-dire l'intégrité morale, tantôt encore la liberté, tantôt encore la capacité juridique, tantôt enfin la vie. Il s'agit de retrancher quelque chose au condamné, de lui ôter des droits, une dignité, parfois la vie. Ce n'est donc pas un hasard non plus si, dans le procédé de la décollation, se retrouve symboliquement cette idée de retranchement.

En d'autres termes, par l'application d'une peine il s'agit avant tout de faire mal au mal, de réprimer le mal par le mal. Dès qu'une souffrance est infligée par l'autorité sanctionnatrice, elle se matérialise aujourd'hui, sous une forme négatrice, par des interdictions, des obligations, l'anéantissement du processus vital de l'autre, des mesures d'enfermement sous la forme de l'emprisonnement et du placement sous surveillance électronique, par exemple.

En troisième lieu, à un niveau supérieur, le mot sens peut recouvrir l'idée de finalité. Que vise fondamentalement la peine ? Ou plutôt : quelle est, dans l'objectif qu'elle poursuit, la noblesse de la peine ? Là encore, la référence aux textes et aux pratiques est de nature à permettre d'indiquer la « haute fonction » de la peine, sa « dignité ». Il apparaît qu'elle vise, d'une part, à faire comprendre au condamné la nécessité de ne pas réitérer les mêmes faits, et, d'autre part, à dissuader les autres d'imiter ce dernier. Par où l'on voit qu'elle s'ordonnerait à la double fonction de prévention et de dissuasion.

Cela signifie que, à condition que le mis en cause obtempère et collabore à ce qui lui est demandé, il peut espérer bénéficier d'un accompagnement en vue de son reclassement. En d'autres termes, la prévention de la récidive et la réinsertion sont aujourd'hui les deux grandes finalités jugées dignes de la peine. D'où il résulte que la grandeur de la peine n'est donc plus directement associée aujourd'hui à une démonstration de la puissance du souverain par l'éclat des supplices, puisqu'il ne s'agit plus de rechercher l'exemplarité par l'élimination directe et théâtralisée du délinquant.

L'extravagance de punir

Philosophiquement, et notamment sur le plan de la liberté de conscience, il y a lieu de se demander maintenant si, dans la volonté d'une application d'une souffrance, la peine ne comporte pas, en son principe, des dérives et des abus.

S'il s'avère, comme nous l'avons noté, que la peine consiste d'abord à retrancher quelque chose au condamné, à lui ôter notamment la liberté ou la vie, alors nous pouvons incliner à nous demander s'il n'existe pas, s'il ne se maintient pas, fondamentalement, un caractère abusif de la peine, un caractère extravagant ou indigne qui tient précisément à la logique qui la sous-tend, c'est-à-dire à la logique proprement « punitive » présentée de surcroît comme nécessaire. Pourquoi faudrait-il punir ? se demandait déjà C. Baker [2]. Il est en effet à remarquer qu'on croit spontanément que la punition est la seule manière d'avoir rapport à la délinquance, parce qu'elle recèlerait, suppose-t-on, quelque efficacité ou utilité en termes de correction et de redressement. On se plaît à imaginer que la force de la punition réside dans un principe quasi magique permettant l'amorce d'une correction ou d'une conversion du condamné. Punir, enfermer, avilir, voilà ce qu'on croit naturellement devoir faire pour lutter contre la délinquance. Ce pouvoir quasi magique attribué à la punition, mêlée de ressentiment, de colère, voire de dégoût de l'autre, se retrouve aussi bien, dans une moindre mesure, parfois dans les relations intrafamiliales, lorsqu'il s'agit de corriger les enfants par exemple, que, d'une manière plus brûlante, dans les relations internationales, lorsqu'il est allégué que les frappes aériennes sont de nature à favoriser la sécurité et la paix en société, lors même qu'il n'y a aucune promesse d'avenir avec ces frappes.

En réalité, la punition en tant que telle, quand elle n'est pas promesse d'avenir et ouverture sur un futur, ne saurait déboucher que sur la punition,

---

2. V. C. Baker, *Pourquoi faudrait-il punir ? Sur l'abolition du système pénal*, Tahin-Party, 2004.

dans l'exacte mesure où elle fonctionne en circuit fermé et sur le principe d'une stricte clôture : qui ne voit que non seulement la punition appelle la punition, mais exige sa propre escalade et surenchère ? L'être puni n'est-il pas réduit, en son être, à un *flatus vocis* ?

Voilà pourquoi il y a lieu de se demander, *in fine*, s'il n'est pas extravagant, pour le philosophe, de punir. Afin de dévoiler ce qui peut constituer quelque chose comme une extravagance de punir, il convient de s'intéresser aux soubassements humains de la peine, à ses soubassements « primaires ».

Pas moins de cinq points sont ici à relever :

1° Il semble extravagant de punir, d'abord parce que la punition a pour origine les techniques d'infantilisation. Punir se rapporte, de prime abord, à l'usage de la fessée, de la privation (de dessert, de sortie, etc.) et du martinet, et donc à la logique du maintien d'un rapport infantile avec ceux qui sont destinés à faire l'objet d'une correction. La vocation de la punition en tant que punition est de maintenir ceux qu'elle fait tomber sous le coup de sa violence dans un état de minorité ou d'incapacité infantile. Punir est donc pour le moins extravagant et enfantin : se niche là, dans le fond, quand on y réfléchit, quelque chose de proprement ridicule.

2° Il semble extravagant de punir, ensuite parce que, selon une thèse développée par F. Nietzsche dans *La généalogie de la morale*, la punition n'éveille pas le sentiment de la faute. En tant que diagnosticien de notre présent social, Nietzsche attire étonnamment l'attention sur le fait que, loin que la punition provoque la mauvaise conscience ou le remords, elle produit, selon lui, à l'endroit de celui qui la subit, tout le contraire, à savoir fortification, refroidissement et endurcissement Alors même qu'on croit punir aux fins d'imposer regrets au rebelle ou conversion au réfractaire, alors même qu'on croit qu'il s'agit par la punition d'apporter une réponse probante face à la désobéissance ou à l'inobservation des normes et des lois, le généalogiste énonce que la punition communique, au contraire, un sentiment d'aversion, et même une capacité de résistance à l'égard du punisseur ou du système punitif. Il est notable que c'est souvent ce qui se passe chez les prisonniers qui se disent dégoûter du traitement qui leur est infligé en prison.

3° Il paraît encore extravagant de punir, parce qu'il n'y a pas de commune mesure entre le châtiment et la faute. Plus précisément, tout semble indiquer qu'entre l'infraction commise et la punition infligée apparaît tout au plus un rapport d'hétérogénéité ou d'extériorité. Par exemple, quelle justification accorder à une peine privative de liberté infligée à un conducteur en état alcoolique ? Pourquoi de la prison ici ? Et au nom de quelle rationalité se justifie le *quantum* de peine ferme ? Pourquoi tantôt deux, tantôt trois, tantôt six mois de prison, par exemple ? Quel est le rapport avec l'infraction constatée ? Par où l'on voit que l'extravagance du punitif se signale ici par le caractère arbitraire de la décision prise. Ceci est d'autant plus notable que les conduites en état alcoolique n'ont pas toujours été considérées comme des infractions « graves » ou punies de la même façon selon les périodes et les territoires.

4° Il semble encore extravagant de punir – Nietzsche insiste là-dessus, parce que la police et la justice font usage de moyens jugés pourtant répréhensibles par la loi : violence, brutalité, humiliation, terreur, meurtre. La répression judiciaire s'opère à l'aide de procédés pourtant entachés du caractère strictement illicite dans les codes : violence par le menottage (ce qui peut se traduire par le serrement volontairement violent des menottes alors que le mis en cause, présumé innocent, n'oppose absolument aucune résistance à son arrestation), brutalité, mensonges, manipulations et humiliations lors des gardes à vue (ce qui peut se traduire, selon certains témoignages, par l'écrasement du mis en cause contre un mur de la cellule de la garde à vue par les forces de l'ordre, par la non-reconnaissance de ces violences par les policiers et par le refus du procureur de poursuivre et condamner ces violences ; ce qui peut se traduire encore par le dépouillement et les fouilles gratuites avilissantes) ; confiscation des biens par le policier ou des scellés par le juge ; terreur de l'incarcération ; meurtre par peine de mort encore dans certains États. Par où l'on voit que l'extravagance de punir s'exprime au travers d'un manque de crédibilité de la punition, parce que le punisseur fait la même chose, et, en un sens, pire que le délinquant. Il s'ensuit que la police apparaît comme un modèle de délinquance, et que sa particularité tient au fait que la violence dont elle fait usage soit autorisée à s'exercer « en toute sécurité », comme le mentionne Nietzsche, c'est-à-dire dans un espace sécurisé et favorable aux pratiquants de cette violence.

5° Il semble enfin extravagant de punir – et on trouve le développement de cette réflexion de Nietzsche jusqu'à Foucault, en passant par le docteur A. Hesnard qui a écrit, en 1949, *L'univers morbide de la faute* –, par cela seul que la punition puise son origine dans les basses œuvres humaines et, plus encore, dans les bas-fonds des instincts nauséabonds de l'humain, en d'autres termes parce qu'elle n'est rien que l'expression de la morbidité humaine. En définitive, la punition est dénoncée par ces auteurs comme l'ensemble des techniques reposant entièrement sur le sadisme, sur la jouissance d'infliger à autrui sévices et tortures. Nietzsche note ceci : « Voir souffrir fait du bien, faire souffrir fait plus de bien encore – voilà une vieille et puissante vérité capitale, humaine, trop humaine ». C'est pourquoi il y a quelque chose de malsain dans la punition. D'où aussi la crainte comme la fascination qu'elle exerce, à l'instar du crime. Pour ces auteurs, le registre punitif et le registre criminel ne font qu'un, en quelque manière, et coïncident par le fait qu'ils s'inscrivent l'un et l'autre dans le vulgaire, le morbide et le pathologique.

Par conséquent, il y a lieu de rester circonspect sur le fait que le système punitif est un système qui repose sur le rejet de l'autre et les formes de l'hostilité. S'enracinant dans ce qu'il y a de plus primaire et de plus guerrier chez l'homme, le système punitif accompagne souvent les réactions négatives de la « populace », qui est un terme voltairien, face aux idées émancipatrices et aux mesures progressistes. A l'opposé de cette attitude sclérosante, il semblerait urgent et plus fécond d'interroger les conditions d'une sortie hors de la logique punitive, négative, stérilisante.

Le problème du rapport de la peine et de la morale

Dès lors, de ces observations résulte la question décisive suivante : comment la sanction pénale pourrait-elle avoir effectivement quelque chose de moral[3] ? Conformément à ce qui ressort de leurs témoignages, les condamnés savent bien que la pénalité ne présente pas un modèle de moralité, eux qui sont passés par toute la chaîne pénale, depuis la garde à vue jusqu'à l'exécution de la peine, en passant par le jugement. Il y aurait lieu de réfléchir plus avant au fait que la pénalité est l'équivalent, ou du moins l'analogue à l'infraction, tout comme il y a une forme de proximité entre le punisseur et l'infracteur articulée à la question de l'angoisse de faute et de punition décrite par le docteur Hesnard [4].

Le problème de la crédibilité morale de la peine est tel qu'il nous invite à interroger le rétributivisme auquel s'adossent habituellement les pénalités. En effet, la doctrine rétributiviste, qui semble s'accompagner de moins en moins de la confiance de ses administrés et des justiciables, apparaît, elle

---

3. Pour F. Nietzsche, il est clair que les pénalités relèvent de l'exercice d'un droit à la cruauté : « Rendons-nous compte de la logique qu'il y a dans cette forme de compensation, écrit-il : elle est assez étrange. Voici en quoi consiste l'équivalence : aux lieu et place d'un avantage, qui compense directement le dommage causé (donc au lieu d'une compensation en argent, en biens-fonds, en possession d'une chose quelconque), il est accordé au créancier une sorte de *satisfaction* en manière de remboursement et de compensation – la satisfaction d'exercer, en toute sécurité, sa puissance sur un être réduit à l'impuissance, la volupté de « *faire le mal pour le plaisir de le faire* », la jouissance de tyranniser : et cette jouissance est d'autant plus vive que le rang du créancier sur l'échelle sociale est plus bas, que sa condition est plus humble, car alors le morceau lui paraîtra plus savoureux et lui donnera l'avant-goût d'un rang social plus élevé. Grâce au châtiment infligé au débiteur, le créancier prend part au *droit des maîtres* : il finit enfin, lui aussi, par goûter le sentiment ennoblissant de pouvoir mépriser et maltraiter un être comme quelque chose qui est « au-dessous de lui » - ou, du moins dans le cas où le vrai pouvoir exécutif et l'application de la peine ont déjà été délégués à l'"autorité", de *voir* du moins mépriser et maltraiter cet être. La compensation consiste donc en une assignation et un droit à la cruauté », dans Nietzsche, *La généalogie de la morale*, Paris, Mercure de France, 1964, pp. 75-76.

4. Sur ce point, voir T. Ferri, *La compulsion de punir*, Paris, L'Harmattan, 2015.

aussi, manquer de crédibilité sur le plan moral, et un examen élémentaire suffit à la faire voler en éclats et à montrer qu'elle n'a pas de fondement moral ultime.

A cette fin, rappelons que le rétributivisme repose sur deux postulats majeurs :

- D'abord, sur le postulat selon lequel l'infracteur, qui est en situation de dette, ne peut s'affranchir de sa culpabilité que par l'expiation qui est une manière d'extirper ou d'arracher la culpabilité, et qui repose donc sur l'idée que le coupable doit payer sa dette en expiant, c'est-à-dire en payant de sa personne, en souffrant ;

- Ensuite, sur la croyance selon laquelle existerait un lien indéfectible entre la conduite morale ou immorale et ses conséquences *sensibles*. Selon cette optique, l'honnête homme aurait droit à plus de jouissances, aurait droit au bonheur, aurait droit à un surplus de bien-être, tandis que le mauvais garnement serait, lui, condamné à recevoir davantage de souffrance. Dans cette configuration, on se plaît à croire que la sphère sensible ou physique est tributaire de la sphère morale, que celle-là résulte de celle-ci.

C'est cette habitude de pensée ou ce préjugé que va condenser C. Beccaria dans son fameux *Des délits et des peines*. Citons-le : « (...) L'homme cherche toujours à prélever sur la masse commune non seulement la part qui lui revient, mais à s'approprier en outre celle des autres. Il fallait des moyens sensibles pour empêcher cet esprit despotique de replonger dans l'ancien chaos les lois de la société. Ces moyens sensibles sont les peines établies contre ceux qui enfreignent la loi. Je dis des *moyens sensibles* [souligné dans le texte], parce que l'expérience a démontré que la multitude n'adopte pas d'elle-même des règles stables de conduite et qu'il faut, pour l'écarter du principe général de dissociation qu'on observe dans l'univers physique et moral, des moyens qui frappent immédiatement les sens et se présentent constamment à l'esprit pour contrebalancer les fortes impressions des passions individuelles s'opposant à l'intérêt général. Ni l'éloquence, ni les déclamations, ni même les vérités les plus sublimes ne suffisent à refréner longtemps les passions excitées par les tentations de la réalité présente [5] ».

Selon Beccaria, il est clair qu'on doit atteindre le supérieur par l'inférieur, l'esprit par le corporel.

En réalité, entre les deux registres, le registre physique et le registre moral, il n'y a pas de commune mesure. C'est ce sur quoi nous voudrions insister maintenant. Nous irons même plus loin en affirmant que la

---

5. C. Beccaria, *Des délits et des peines*, § 1 « Origine des peines », Paris, GF-Flammarion, 1991, p. 62.

différence entre les deux registres n'est pas de degré, mais de nature, au sens de H. Bergson. Et cela parce qu'on ne passe pas d'un registre à l'autre à la suite d'une lente progression, mais au sortir d'un saut brusque, au sortir d'un bond. Autrement dit, celui qui inflige un châtiment au condamné ne fait qu'ajouter une souffrance physique à une faute morale (ou à une faute supposée morale), et ne fait que doubler la mise en quelque sorte en termes de souffrance et de cruauté sans réparer quoi que ce soit.

Il faudrait d'ailleurs préciser pourquoi c'est un leurre de croire que le mal physique est susceptible de mettre un coup d'arrêt aux passions et même de rétablir l'équilibre antérieur. Deux raisons à cela :

1° d'une part, parce que ce qui est fait est fait ; rappelons cette évidence que la souffrance, même maximale, ne permet pas de revenir en arrière, elle n'efface rien ; la victime ne demeure pas moins une victime en dépit du degré de souffrance endurée par le coupable ;

2° d'autre part, parce que la souffrance infligée ne permet pas de toucher la sensibilité ou la conscience du condamné, on l'a vu avec Nietzsche. Bien au contraire, elle insuffle dans son cœur et son esprit une force de résistance, un désir de revanche, une envie d'en découdre avec la loi. Tout se passe comme si la pénalité consistait à châtier un corps, pour ainsi dire, « innocent », *sans atteindre les profondeurs du vouloir*. Au fond, la liberté reste intacte après la peine. De sorte que le châtiment a beau être cruel, il n'en reste pas moins vain et naïf, et c'est d'ailleurs pourquoi la peine de mort n'a jamais dissuadé un quelconque criminel d'accomplir son crime.

En ce sens, le philosophe Jean-Marie Guyau écrit dans *Esquisse d'une morale sans obligation ni sanction* : « Ajoutez le mal sensible du châtiment au mal moral de la faute, sous prétexte d'expiation, *vous aurez doublé la somme des maux sans rien réparer* [c'est nous qui soulignons] ; vous ressemblerez à un médecin de Molière qui, appelé pour guérir un bras malade, couperait l'autre à son patient [6] ». Avec Guyau, il y a donc lieu de récuser ce qu'il nomme « la doctrine de la rémunération sensible [7] ». Et le philosophe de conclure : « Sans les raisons de défense sociale, le châtiment serait aussi blâmable que le crime, et la prison ne vaudrait pas mieux que ceux qui y habitent ; disons plus : les législateurs et les juges, en frappant les coupables de propos délibéré, se feraient leurs égaux. Il est impossible de voir dans la sanction expiatrice rien qui ressemble à une conséquence rationnelle de la faute ; c'est, abstraction faite de l'utilité, une simple

---

6. J.-M. Guyau, *Esquisse d'une morale sans obligation ni sanction*, Paris, Fayard, 1985, p. 21.

7. *Ibid.*, p. 20.

séquence mécanique ou, pour mieux dire, une répétition matérielle, une copie dont la faute est le modèle [8] ».

Nous pouvons faire cette remarque au passage : il est en effet frappant de constater que la confusion entre moralité et sensibilité est, en criminologie, proprement héritée au moins du dix-neuvième siècle. Elle provient de la première criminologie, celle de C. Lombroso. La première criminologie s'est effectivement représentée les méchants comme physiquement laids, goitreux, bouffis, bossus, borgnes, etc. De même, la femme criminelle dépeinte par Lombroso est virile, difforme et poilue...

La peine comme défense sociale

Par suite, il appert que la sanction ou l'affliction, en tant qu'elle vise à réprimer un acte répréhensible ou une faute, n'a en fait rien de moral, mais relève d'un principe purement utilitariste. Il s'agit par le châtiment de réagir à l'infraction. Dans cette optique, la justice pénale consiste à produire quelque chose *en échange* de quelque chose, elle vise à obtenir un gain ou un avantage, en tout cas un retour par rapport à l'infraction commise. On est ici dans le registre de la réciprocité ou de la règle d'échange, qui est proche, non pas du registre moral, mais du registre commercial ou économique, comme lorsqu'on fixe un prix ou un salaire en échange d'un bien ou d'un travail.

Où l'on voit que, loin de tenir de la vertu, la justice de nos tribunaux se confond avec la théorie de la défense sociale, elle est purement réactive. La pénalité ne se justifie que socialement ou économiquement, par cela seul qu'elle recherche, non pas l'équité morale, mais tout au plus un certain équilibre adossé à l'utile, une sorte de compensation utile. D'où il résulte qu'il ne saurait aucunement y avoir, au fondement même des pénalités, une quelconque moralité, mais seulement une règle pratique, une exigence sociale, et ce pour au moins quatre raisons :

- d'abord, parce que la morale concerne le vouloir, et la peine la sensibilité ;
- ensuite, parce que la morale pose la question du bien et du mal, tandis que la pénalité touche le registre de l'agréable et de l'utile ;
- puis, parce que la volonté qui veut se projette vers l'avenir (dans une dimension d'ouverture, dans une dimension d'aspiration, de bondissement ou d'appel vers...), là où la pénalité, en sanctionnant des faits, se tourne vers le passé, avec les fameux antécédents judiciaires, le fameux B1, et ce dans une dimension de clôture sous l'effet de la pression sociale ;

---

8. *Ibid.*, pp. 21-22.

- enfin, parce que la morale authentique est fondamentalement *pure* et *désintéressée*, et qu'elle se place au-dessus des passions comme l'ambition, la jalousie et choses semblables, là où la pénalité exprime en fait les *intérêts* bien compris de la société, les besoins de la cité, des habitudes sociales acquises ou historiquement advenues, une sorte d'instinct de conservation. Il semble bien que la pénalité soit la traduction d'un ensemble de mobiles et de passions qu'elle établit ou scelle dans des codes. Rappelons que, chez E. Kant, la loi morale se distingue des autres lois humaines par cela seul que la loi morale commande sans mobile à un acteur libre. Pour le dire autrement, une volonté libre est une volonté qui se détermine indépendamment de tout mobile, de tout désir ou de tout intérêt. C'est pourquoi d'ailleurs l'humain n'agit pour ainsi dire jamais moralement, et c'est aussi pourquoi seul Dieu est authentiquement libre et moral.

Dans cette configuration, la peine n'est pas distincte de l'ordre ; en fait et substantiellement, elle s'y confond ou s'y réduit. Par conséquent, la peine n'exprime ni ce qui est juste en droit (c'est-à-dire universellement), ni ce qui est juste par nature (par référence au *cosmos* grec, par exemple, comme c'est le cas chez les stoïciens), ni ce qui est juste en Dieu (comme chez les scolastiques ou selon le christianisme, par exemple), elle définit ce qui est juste *socialement*, elle définit donc l'ordre social lui-même. Pour le dire encore autrement, il apparaît que la peine témoigne, non pas d'un souci du juste (au sens de ce qui est conforme au droit universel et à la liberté d'agir universelle), mais d'une peur, de la peur du désordre. La pénalité n'est rien d'autre, on le voit, que la manifestation de ce que nous sommes des animaux *craintifs et veules*, et de ce que nous avons, c'est le corollaire, un besoin quasi congénital de sécurité. C'est d'ailleurs le fonds de commerce de bien des politiciens aujourd'hui.

En sorte que la première des conditions pour sortir de la logique punitive mortifère, pour s'écarter de la « misère des pénalités », consiste justement dans le renoncement à cette crainte congénitale et paralysante de l'autre.

La seconde de ces conditions consiste, pour l'action humaine, à s'affranchir de la logique du calcul risques/bénéfices au profit de l'adoption de l'attitude de charité propre à l'optique chrétienne – et on en trouve de puissantes traces chez B. Pascal et S. Kierkegaard –, ou au profit du geste de ce que le philosophe R. Schérer nomme l'hospitalité. Soyons donc déjà moins craintifs et calculateurs, et plus charitables et hospitaliers, et nous verrons que le mode du vivre-ensemble aura un autre visage.

Afin de redonner une impulsion nouvelle au mode de prise en charge du délinquant, l'exigence repose, dès lors, sur la réalisation de ce que nous appellerons un « pas de côté », sur un facteur de décentrement à l'égard de la doctrine moderne des pénalités, en particulier hobbesienne. Il est temps de se désillusionner de croire en l'efficacité de la terreur du châtiment dans la lutte contre la délinquance. En réalité, ce qu'écrit T. Hobbes ne semble pas aller de soi : « Avant que les mots de juste et d'injuste n'aient leur place, écrit effectivement Hobbes, il doit y avoir une puissance coercitive quelconque qui force également les humains à exécuter leurs conventions, par la terreur de quelque châtiment plus grand que le bénéfice qu'ils pouvaient espérer [en tirer] en ne respectant pas leur convention[9] ».

Pour conclure, nous voudrions poser et partager une question d'ouverture : d'où vient le fait que bien des gens considèrent comme psychologiquement insupportable le mal impuni ? D'où vient le besoin insatiable et persistant de punir ? D'où vient « l'indignation contre l'impunité » ?, selon l'expression de Guyau [10]. D'où vient que l'indignation est plus grande quand il s'agit d'impunité que quand il s'agit d'asymétrie matérielle ou d'inégalités sociales ? Pourquoi y-a-t-il, d'un côté, ici ou là, des marches blanches, vent debout, en faveur de la sévérité de la punition, et, d'un autre côté, une indifférence, sans la moindre marche blanche, à la situation du prochain, à la situation des sans-abri, à la situation des migrants par exemple ?

9 T. Hobbes, *Léviathan*, chapitre 15 « Des autres lois de nature », Paris, Gallimard, coll. « Folio essais », 2000, p. 249.

10. J.-M. Guyau, *Esquisse d'une morale sans obligation ni sanction, op. cit.*, p. 37.

C

Le sujet

15

Réflexions sur le sens de la peine et l'individualisation

Par Michel DANTI-JUAN

La peine s'entendant ici principalement de la privation de liberté sous forme d'emprisonnement ou de réclusion et le sens se comprenant comme la signification, la présente contribution se propose de présenter les diverses réflexions qu'inspire le rapprochement du sens de la peine et de l'individualisation de cette dernière.

S'agissant du sens de la peine en général, ce ne sont certes pas les études qui ont manqué ces dernières décennies [1]. Mais leur lecture révèle que le plus souvent, leur contenu dépasse de beaucoup ce que laissait penser leur intitulé et qu'elles tournent plutôt à des réflexions sur le sens de la répression voire du système pénal dans leur ensemble. Parce qu'il contraint à aborder la question sous un angle plus technique, le rapprochement du sens de la peine et de son individualisation nous préserve en partie d'une telle dérive [2].

Le principe d'individualisation dont les origines remontent au XIXème siècle et qui permet d'adapter la peine à chaque délinquant est aujourd'hui

---

1. V. notamment *Sens de la peine et Droits de l'homme*, actes du colloque international inaugural de l'E.N.A.P., Agen les 8, 9 et 10 novembre 2000, Publications de l'E.N.A.P. ; C.N.C.D.H. *Réflexions sur le sens de la peine*, texte adopté par l'assemblée plénière le 24 janvier 2002, rapp J.P. Dubois ; N. Frize, *Le sens de la peine : état de l'idéologie carcérale* , Ligue Éditions Léo Sheer, 2004 ; S. Gaboriau, *Quand la peine est à la peine : libre propos sur le sens de la peine in* Politique(s) criminelle (s), Mélanges en l'honneur de Christine Lazerges, Dalloz 2014 p 513 ; M. Van De Kerchove, *Sens et non-sens de la peine ; entre mythe et mystifications*, Editions des Facultés universitaires Saint Louis, Droit, 2009.

2. En partie seulement car il est inévitable et souhaitable qu'une réflexion sur le sens de la peine soit mise en perspective avec l'incrimination qu'elle assortit et le procès pénal qui a conduit à son prononcé.

clairement posé par l'article 132-1 al. 2 C.P. qui dispose que *toute peine prononcée par la juridiction doit être individualisée*. Contrairement à ce que pourrait laisser croire cet article, l'individualisation ne se limite pas au choix initial de la peine. Elle prévaut également au stade de son exécution, notamment par le prononcé des aménagements dont elle est susceptible de faire l'objet. Mieux encore, le principe d'individualisation de la peine s'est finalement vu reconnaître une valeur constitutionnelle à travers l'article 8 de la Déclaration des droits de l'homme et du citoyen du 26 août 1789 [3]. Mais cette consécration est relativement récente et l'individualisation appartient à la modernité. En conséquence il est indispensable de revenir dans un premier temps sur la contribution que l'individualisation a pu apporter au sens de la peine (I) avant de se demander si le sens ainsi donné à la peine correspond toujours à son sens perçu, notamment par le condamné et par la généralité des justiciables (II).

I. Le sens donné à la peine par l'individualisation

On peut considérer que l'idée d'individualisation de la peine a doublement contribué à en améliorer la signification et, par là même, la légitimité. D'une part l'individualisation de la peine en a singulièrement amélioré le sens au regard de l'égalité des justiciables (A). D'autre part l'individualisation de la peine est progressivement apparue comme le préalable indispensable pour lui permettre de remplir son objectif de réinsertion des condamnés(B).

A. Une peine plus sensée au regard de l'égalité des justiciables

Un bref rappel historique semble ici indispensable. Il faut se souvenir en effet qu'ignorée du droit pénal de l'ancien régime, l'égalité des justiciables s'est avérée tout au contraire une véritable obsession du droit révolutionnaire. En conséquence, non seulement ce dernier avait posé le principe de l'égalité devant la loi pénale dans l'article 6 de la Déclaration

---

3. C. const., 22 juillet 2005, décision n° 2005.520 DC. J.O. 27 juillet 2005 p 12241, rendue à propos de l'homologation de la comparution une reconnaissance préalable de la culpabilité ; C. const., 30 mars 2007, décision n° 2007.553 DC. J.O. 7 mars 2007 p 4356, rendue à propos de la loi relative à la prévention de la délinquance ; C const., 9 août 2007, décision n ° 2007. 554 DC J.O. 11 août 2007 p 13478, rendue à propos des peines planchers applicables aux récidivistes ; C. const., 11 juin 2010, décision 2010.6/7 QPC. J.O. 12 juin 2010 p 10849, rendue à propos de l'article L.7 du code électoral ou enfin C. const., 10 décembre 2010 décision n° 2010 72/75 QPC J.O. 11 décembre 2010 p 21710, rendue à propos de la peine de publication et d'affichage du jugement.

des droits de l'homme et du citoyen de 1789 [4], mais il en avait déduit une égalité absolue devant la justice pénale qu'il avait fort bien exprimée dans la Constitution du 3 septembre 1791 d'après laquelle les mêmes délits devaient être punis des mêmes peines *sans aucune distinction des personnes* [5].

Cette sacralisation du principe d'égalité fut telle que le code pénal révolutionnaire de 1791, issu des lois de l'Assemblée constituante, supprima le droit de grâce et mit en place un système de peines fixes qui interdisait par avance toute possibilité de nuance dans le châtiment. C'était là tout à la fois, le degré zéro de l'individualisation et la consécration de la formule que l'on prête à Montesquieu et selon laquelle le juge ne doit être que *la bouche qui prononce la parole de la loi.* Il s'agissait en effet alors de mettre un terme à l'arbitraire du juge.

Il s'avéra toutefois assez vite que le code pénal de 1791, en consacrant une conception aussi rigide et algébrique de l'égalité des personnes, aboutissait plus à renouveler l'arbitraire qu'à l'anéantir. Dès 1810, en effet, le législateur abandonna la fixité des peines au profit d'un éventail délimité par un minimum et un maximum à l'intérieur desquels le juge retrouvait un certain pouvoir d'individualisation. On venait ainsi de franchir un premier pas vers une métamorphose de l'égalité pénale. Certes, après 1810 les transformations ont été lentes et très timides. L'idée d'une adaptation de la peine à l'individu s'était développée toutefois chez certains néoclassiques du XIXème siècle qui estimaient utile d'augmenter les pouvoirs du juge pour lui permettre d'adapter la répression au degré de liberté morale propre à chaque individu. Mais le mouvement s'est fortement accéléré à la fin du XIXème siècle sous l'impulsion d'une doctrine qui, éprise d'humanisme et de rationalité, ne tarissait pas de critiques contre l'égalitarisme hérité de la période révolutionnaire. Saleilles par exemple, en 1898, dans son fameux ouvrage sur l'individualisation de la peine, n'eut de cesse de condamner *l'égalité d'étiquette et pour la galerie* qui, d'après lui, était la plus inégale de toutes puisqu'elle consistait à traiter les hommes comme des numéros [6]. On comprend ainsi que, pour reprendre les propres termes de Saleilles, l'individualisation « *va à l'encontre de l'idée que la justice appelle une certaine égalité mathématique entre deux agents ayant commis le même fait* » [7]. À partir de la fin du XIXème siècle, le législateur sensible à tous ces

4. En vertu duquel la loi doit être la même pour tous soit qu'elle protège, soit qu'elle punisse.

5. Titre Premier 3° de la Constitution de 1791.

6. R. Saleilles, *L'individualisation de la peine*, Paris 1898, 3ème éd. 1927 p. 56 s.

7. R. Saleilles précité p 16. Gabriel Tarde qui avait préfacé le célèbre ouvrage de Saleilles s'exprimait en des termes voisins : « *individualiser la peine* disait-il *c'est l'inégaliser pour des fautes égales, et il est bon de faire entrer en ligne de compte le sentiment d'injustice*

arguments et fortement influencé par les positivistes, commencera à adopter certaines mesures permettant l'individualisation de la sanction, soit lors de son prononcé comme le sursis simple (loi du 26 mars 1891), soit lors de son exécution comme la libération conditionnelle (loi du 14 août 1885). On connaît la suite. Relancée après la seconde guerre mondiale par la Défense sociale nouvelle, l'individualisation de la peine ne cessera de se renforcer, au point de se voir aujourd'hui reconnaître une valeur constitutionnelle comme nous l'avons souligné précédemment. Ainsi la sanction doit varier désormais en fonction de la personne, alors que le droit pénal classique prévoyait tout au contraire que les mêmes délits devaient être punis des mêmes peines, sans aucune distinction de personnes...

En vérité, si le sens de la peine se trouve ainsi amélioré au regard de l'égalité grâce à l'individualisation, c'est parce que l'objet même de l'égalité s'est transformé. Il ne s'agit plus aujourd'hui de répartir arithmétiquement la répression mais de rechercher pour chaque délinquant la réaction pénale la mieux adaptée à ses chances de resocialisation.

B. Une peine plus sensée au regard de l'objectif de réinsertion

C'est là, en effet l'autre contribution majeure de l'individualisation au sens de la peine : la peine n'a de sens que si elle est efficace et elle ne peut être efficace que si elle est individualisée. Or il faut bien reconnaître qu'il s'est écoulé beaucoup de temps avant que l'on admette clairement cette idée. D'abord parce qu'aucun texte ne s'employait initialement à énoncer explicitement les objectifs de la peine [8]. Ces derniers allaient de soit en quelque sorte, et on admettait implicitement que, puisqu'il existait une libération conditionnelle, cela sous entendait que la peine pouvait conduire à un retour dans la société et qu'elle avait ainsi une fonction de réinsertion distincte de sa fonction de rétribution. Ensuite parce que dans les brumes de l'implicite règne souvent la confusion et qu'en l'occurrence, on avait tendance à confondre l'individualisation qui est un moyen, avec la réinsertion qui est une fin.

Les choses ne commencèrent vraiment à se clarifier qu'à partir de 1994, date à laquelle le Conseil constitutionnel reconnut pour la première fois

---

apparent que cette inégalité ne peut manquer de faire éprouver aux condamnés ou à un grand nombre d'entre-eux et même à la masse ignorante du public ».

8. Aucun texte de valeur normative. La doctrine en revanche avait dégagé les différentes fonctions concevables de la peine et la Commission de réforme des institutions pénitentiaires, dite Commission Amor, avait proposé en 1945 comme tout premier principe devant inspirer les réformes ultérieures que « *la peine privative de liberté a pour but essentiel l'amendement et le reclassement social du condamné* ».

l'amendement et la réinsertion des condamnés comme un objectif de la peine [9] et, par ailleurs, date à laquelle entra en vigueur un nouveau code pénal qui s'efforcera peu à peu, grâce à des retouches successives, de définir enfin les fonctions de la peine et d'expliquer comment cette dernière doit être individualisée [10].

L'article 130-1 du C.P. affirme ainsi aujourd'hui qu'« *afin d'assurer la protection de la société, de prévenir la commission de nouvelles infractions et de restaurer l'équilibre social, dans le respect des intérêts de la victime, la peine a pour fonction.*

1° De sanctionner l'auteur de l'infraction.

2° De favoriser son amendement, son insertion ou sa réinsertion ».

Quant à l'article 132-1 C.P., non seulement il pose comme principe dans son deuxième alinéa « *que toute peine prononcée par la juridiction doit être individualisée*, mais il précise dans son troisième alinéa que *dans les limites fixées sur la loi, la juridiction détermine la nature, le quantum et le régime des peines prononcées en fonction des circonstances de l'infraction et de la personnalité de son auteur ainsi que sa situation matérielle, familiale et sociale (...)* ». La même formulation se retrouve dans l'article 707 II al 2 C.P.P. qui porte sur l'individualisation de la peine au stade exécutoire et qui ajoute qu'à cette fin, la personnalité, la situation matérielle, familiale et sociale du condamné « *font l'objet d'évaluations régulières* ». L'individualisation se présente donc comme un moyen de personnalisation de la peine [11] renforçant le sens de cette dernière puisqu'il est destiné à permettre la réalisation de son double objectif de sanction et de réinsertion des auteurs d'infraction. Deux nuances méritent néanmoins d'être apportées à cette affirmation.

La première est que c'est par un raccourci un peu simpliste que l'on prête à la peine privative de liberté une fonction de resocialisation des condamnés. En effet, ce sont bien davantage les aménagements dont elle est susceptible de faire l'objet (permission de sortir, placement à l'extérieur, surveillance électronique, semi -liberté, libération conditionnelle) qui

---

9. C. const., 20 janvier 1994 décision n° 93334 DC : « *L'exécution des peines privatives de liberté en matière correctionnelle et criminelle a été conçue, non seulement pour protéger la société et assurer la punition du condamné, mais aussi pour favoriser l'amendement de celui-ci et préparer son éventuelle réinsertion* ».

10. Notons cependant qu'au plan législatif la loi n° 87.432 du 22 juin 1987 relative au service public pénitentiaire était venue préciser dans son art 1er que ce dernier devait favoriser la réinsertion sociale des personnes qui lui sont confiées par l'autorité judiciaire et qu'il doit être organisé de manière à assurer l'individualisation des peines.

11. Le terme personnalisation, synonyme d'individualisation, a été introduit dans le code pénal en 1994 afin de tenir compte de l'arrivée des personnes morales dans le cercle des êtres répondant d'une responsabilité pénale.

remplissent cette fonction que la privation de liberté proprement dite [12]. Comment pourrait-il d'ailleurs en être autrement puisque l'emprisonnement ou la réclusion écarte le condamné du corps social au sein duquel il est censé un jour retrouver une place ?

La seconde nuance qui découle de la première est que c'est bien plus l'individualisation des décisions portant sur les aménagements de la peine qui donne tout son sens au projet de réinsertion du condamné, l'individualisation de la décision initiale sur la sanction ne pouvant nécessairement envisager la réinsertion du condamné que comme une perspective plus lointaine.

Ainsi, ces nuances étant formulées, il apparaît clairement que l'individualisation a considérablement amélioré le sens de la peine et par là même, sa légitimité. Elle a constitué en définitive l'instrument de concrétisation des théories utilitaristes défendues jadis par Beccaria et par Bentham, à une époque où la défiance contre l'arbitraire des juges la rendait à peu près inimaginable [13].

II. Le sens perçu de la peine individualisée

Il reste à se demander toutefois si le sens ainsi donné à la peine grâce à l'individualisation et qui relève d'une construction un peu académique et théorique, trouve un fidèle écho auprès de ceux auxquels le droit pénal s'applique et, plus particulièrement, auprès des condamnés et des autres justiciables. Naturellement nous n'avons pas ici la prétention d'être leur porte-parole. En revanche il est possible de s'interroger sur l'effet que certaines situations et certains choix peuvent produire sur les états d'esprits - nos collègues psychologues diraient volontiers sur l'économie psychique - de ceux auxquels ces choix et ces situations s'imposent.

A. Le sens perçu par le condamné

S'agissant du condamné, il convient évidemment d'exclure *a priori* le cas de la personne victime d'une erreur judiciaire et qui aurait ainsi à subir une peine qui ne pourrait être à son égard que dépourvue de sens. Mais ce cas de

---

12. Il est vrai cependant que, pendant la durée de ces aménagements, la peine n'est pas mise entre parenthèse mais est censée s'exécuter, contrairement à ce qu'il advient en cas de fractionnement ou de suspension de la peine, notamment pour raison médicale.

13. V. C. Beccaria, *Traité des délits et des peines* 1764, J. Bentham, *Traité de législation civile et pénale*, 1802.

figure n'est peut-être pas le seul dans lequel le sens de la peine pourrait être parasité par un sentiment d'injustice.

Dans des systèmes judiciaire et pénitentiaire qui fonctionnent mal et, en particulier, qui s'avèrent incapables de permettre une mise à exécution effective et rapide des sentences prononcées [14], il advient assez souvent que des peines privatives de libertés soient mises tardivement à exécution. Quel peut bien être alors aux yeux du condamné le sens d'une peine qui, même à la supposer justifiée et individualisée, intervient plusieurs mois, voire plusieurs années, après les faits, à un moment où le condamné a peut-être entre temps trouvé un emploi ou fondé une famille ?

Une autre hypothèse dans laquelle on peut craindre que le sens de la peine infligée au condamné soit fortement imprégné d'une sensation d'injustice est celle dans laquelle la peine choisie par le juge se trouve plus ou moins mêlée de soins. D'une manière plus générale d'ailleurs, cela pose le problème du sens que peut avoir une réponse pénale en partie médicalisée, alors surtout que ce type de sanction a tendance à se multiplier, pour les toxicomanes, pour les alcooliques, pour les délinquants sexuels etc. Peut-on à la fois laisser entendre à ces délinquants qu'ils sont malades et attendre d'eux qu'ils soient responsables ? Comment le sens de la peine qu'ils subissent pourrait-il échapper à cette ambiguïté ?

Enfin, en supposant même que le condamné s'inscrive sincèrement dans la perspective de réinsertion préfigurée par la peine qu'il exécute, il faut compter aussi avec un risque important de désillusion. Le condamné devra d'abord comprendre qu'il n'existe pas de droit à la réinsertion et qu'il n'existe qu'un droit de se réinsérer dont la mise en œuvre n'est pas des plus aisées. Elle passe d'abord par une phase d'attente, plus ou moins longue en fonction de la présence ou non d'une période de sûreté. Mais l'éligibilité aux aménagements de peine ne rend pas *ipso facto* les intéressés bénéficiaires des mesures en question. Elles ne s'obtiennent qu'au mérite et à condition pour les plus importantes comme la semi -liberté ou la libération conditionnelle d'avoir été très sérieusement préparées, avec l'aide de conseillers d'insertion et de probation qui ne sont pas toujours disponibles parce qu'ils sont le plus souvent surchargés de dossiers [15]. Il n'est pas rare que la demande ainsi formulée se heurte à un refus du juge de l'application

---

14. Sur la question v. not L. Desessard, *Rapport introductif aux XIXèmes journées d'étude de l'I.S.C de Poitiers sur l'ineffectivité des peines*, *in* L'ineffectivité des peines, Travaux de l'Institut de sciences criminelles de Poitiers vol. XXIX, L.G.D.J. Lextenso, 2015 p.11.

15. V. not Ph. Pottier, *L'ineffectivité et la question des moyens*, *in* L'ineffectivité des peines, Travaux de l'Institut de sciences criminelles de Poitiers, vol XXIX, L.G.D.J Lextenso, 2015 p.173.

des peines ou à un appel du procureur, si bien qu'il conviendra de renouveler plusieurs fois la démarche pour la voir enfin aboutir. Il faudra alors compter avec diverses mesures contraignantes auxquelles il faudra se soumettre puisque les aménagements de peine entrainent presque systématiquement l'assujettissement à des mesures restrictives de liberté [16]. Il restera alors au condamné bénéficiaire de l'aménagement à surmonter enfin les difficultés inhérentes à une ré-acclimatation professionnelle, sociale, familiale, ce qui n'est évidemment pas gagné d'avance lorsqu'on a séjourné durablement en prison. C'est seulement s'il y parvient que le sens de tout ce cheminement pénitentiaire aura quelque chance de coïncider avec celui de la peine individualisée qui n'est en vérité qu'une peine idéalisée.

Cela dit le sentiment d'injustice n'est pas le seul susceptible de perturber le sens de la peine vécue par le condamné. Il faut compter aussi avec l'impression de virtualité que véhiculent certaines situations ou certaines décisions. Sans doute, dans certains cas, cette virtualité est-elle toute relative et remplit-elle un rôle à la fois dissuasif et pédagogique comme dans les différents sursis où la perspective d'une révocation est toujours à craindre [17]. Mais dans d'autres hypothèses la signification de la peine risque bien d'être fortement affectée.

Tel est le cas pour les sanctions dans le prononcé desquelles il est fait appel au consentement du prévenu comme le travail d'intérêt général ou le placement sous surveillance électronique. Plus curieusement encore la sollicitation du consentement, déjà quelque peu déroutante en droit pénal où l'on protège l'ordre public le plus impérieux [18], devient totalement artificielle lorsqu'elle est accompagnée de la menace d'une peine comme dans le suivi socio- judiciaire avec injonction de soins où le président de la juridiction avertit le condamné qu'aucun traitement ne pourra être entrepris sans son consentement mais que, s'il refuse les soins proposés, une peine d'emprisonnement pourra être mise à exécution [19]. La peine infligée au condamné peut-elle seulement conserver un sens lorsqu'on la soumet à des tiraillements aussi contradictoires ?

B. Le sens perçu par les justiciables

---

16. Principalement les mesures de la probation énoncées par les articles 132-44 et 132-45 C.P.

17. La survenance d'une nouvelle infraction n'entraine cependant plus automatiquement la révocation du sursis depuis la loi n° 2014-896 du 15 août 2014.

18. M. Danti-Juan, *Le consentement et la sanction*, *in* La sanction du droit Mélanges offerts à P. Couvrat, P.U.F. 2001 p. 367.

19. Art 131-36-4 C.P.

S'agissant enfin des autres justiciables et notamment des victimes, on peut penser que l'impression laissée par la peine individualisée ne coïncide pas davantage avec le sens que le législateur et le juge entendent donner à la peine par le biais de l'individualisation.

Plus encore que le sens, c'est d'ailleurs souvent l'intelligibilité de la peine qui est en cause. Sans évoquer les carences du système judiciaire et pénitentiaire qui se traduisent parfois par une absence totale de mise à exécution des peines prononcées et qui entrainent ainsi le sentiment d'une impunité incompréhensible [20], c'est surtout l'aménageabilité de la peine privative de liberté qui est ressentie comme déroutante par les justiciables. Le juge de l'application des peines dispose par exemple d'un pouvoir de conversion de la peine prononcée comme en témoigne l'article 132-57 C.P. en vertu duquel une peine d'emprisonnement ferme inférieure ou égale à six mois devenue définitive peut être transformée par le juge de l'application des peines en sursis ou en travail d'intérêt général, ou même en jour-amende. Quel peut bien être le sens d'une peine ainsi susceptible de changer radicalement de nature aux yeux non seulement du condamné mais aussi des autres justiciables ? Le fait que l'individualisation autorise de telles pirouettes judiciaires est-il compatible avec la fonction pédagogique de la peine au regard de la valeur sociale protégée par l'incrimination dont la violation a conduit à son prononcé ?

Et ce qui est vrai de la conversion des peines l'est encore bien davantage de leur érosion. Les justiciables qui prennent volontiers au pied de la lettre le principe d'autorité de la chose jugée ont beaucoup de mal à admettre que la peine exécutée par le condamné soit souvent bien différente de la peine qui avait été prononcée par la juridiction de jugement, laquelle se situe d'ailleurs le plus souvent très en retrait par rapport à la peine encourue. L'on peut toujours entreprendre d'expliquer que l'ineffectivité des peines est toute relative et que la semi-liberté ou la libération conditionnelle sont en réalité des formes d'exécution de la privation de liberté qui matérialisent la fonction de réinsertion sociale de la sanction pénale, on se heurte toujours à un scepticisme qui se prévaut des rigueurs de l'arithmétique et pour lequel l'érosion de la peine subie par rapport à la peine prononcée défie le sens commun [21].

En définitive l'individualisation de la peine creuse inévitablement de fortes différences entre la peine encourue, la peine prononcée et la peine

---

20. Sur le défaut de mise à exécution v. la communication précitée de Ph Pottier, et les chiffres cités par l'auteur ainsi que ceux cités par L. Desessard dans son rapport introductif *in L'ineffectivité des peines*, ouvrage précité.

21. Sur l'ineffectivité des peines et ses rapports avec la réinsertion, v. *L'ineffectivité des peines*, ouvrage précité et les rapports de M. Danti-Juan (p. 133) et L. Lechon (p. 143).

exécutée. Mais surtout elle autorise, à délinquance égale, une telle diversité des sentences tout en restant tributaire de nombreuses contraintes comme les sureffectifs des établissements pénitentiaires, le nombre insuffisant des personnels de réinsertion et les carences affectant la mise à exécution, que l'on en vient à se demander si l'on n'a pas ainsi recréé peu à peu les conditions de l'arbitraire des peines. Sans doute s'agit-il aujourd'hui d'un arbitraire plus présentable que celui de l'Ancien régime, puisqu'il se dissimule derrière le paravent honorable de l'individualisation [22]. Mais l'arbitraire en vérité trahit l'individualisation et le supplément de sens qu'elle entend conférer à la peine en ignorant la réalité des situations qu'elle a précisément la prétention de prendre en considération.

22. Il rejoint même sous cet angle le sens originel de l'arbitraire des peines qui renvoyait initialement au libre choix du juge et non à son bon plaisir où à son caprice.

16

De la médecine à l'exécution des peines
ou chronique de la neutralisation

Par Michel DAVID

L'ultime vérité de la condition carcérale, s'il en existe une, réside donc en ceci que la prison est un lieu vide de sens et que ceux qui y sont enfermés font progressivement et indéfiniment l'expérience de cette vacuité. La peine, au sens fort du mot, c'est cet apprentissage. (Didier FASSIN, L'ombre du monde [1]).

Une présentation à charge

Dans l'histoire de la médecine, et notamment légale, les psychiatres ont croisé sur leur parcours professionnel des personnes pénalement condamnées. Leurs interventions ont pu se situer sur des champs expertaux, thérapeutiques, voire médiatiques pour ceux qui apprécient particulièrement cet exercice de style ou sur un entre-deux, comme les médecins coordonnateurs par exemple.

Quels sont le rôle ou les fonctions des psychiatres dans ces dispositifs ? Dans une société qui rencontre un moment sécuritaire intense, quelles peuvent être les conséquences de l'immixtion des médecins dans l'interface Santé-Justice ? Leur participation est ainsi très attendue au sein des commissions pluridisciplinaires uniques (CPU) dans les prisons dont la mission est d'examiner les parcours d'exécution des peines des personnes condamnées. **La question est d'importance, de dimension éthique : les**

---

1. FASSIN Didier. L'ombre du monde. Une anthropologie de la condition carcérale. La couleur des idées. Seuil. 2015, p.502. Cet ouvrage fera l'objet de plusieurs citations au cours de ce travail.

médecins doivent-ils avoir un rôle dans l'exécution des peines ? Si la peine de mort avec injection létale existait en France, pourquoi n'y participeraient-ils pas ? D'autant plus que l'humaniste docteur Joseph Guillotin, à l'identité nationale bien française, avait montré la voie en son temps. Les médecins doivent-ils « radicaliser » leur position : être ou non exclusivement dans le soin, sans confusion avec une peine ? Ce n'est pas tant du sens de la peine dont il s'agit finalement, mais du sens du positionnement médical auprès des personnes prévenues ou condamnées et de ce que la société attend des médecins.

Le programme de ces journées annonce de nombreuses communications théoriques. J'ai souhaité pour ma part interroger davantage la place du médecin relativement au sens de la peine, sous un angle très pratique, très impliqué dans la quotidienneté de son implication professionnelle. Que vient-il faire dans la question du sens de la peine ? Qu'est-ce qu'un médecin peut bien pouvoir en dire ? Le juriste, le magistrat, l'histrion politique, les agents de l'Administration pénitentiaire, le ministère de la Justice, de l'Intérieur, les forces de l'ordre, les médias, les citoyens, les associations et les personnes condamnées et leur famille et peut-être bien d'autres personnes physiques ou morales peuvent avoir leur avis sur la question, mais que peuvent bien venir faire les médecins ou autres soignants dans ce monde de la pénalité ?

Géolocalisation des psychiatres dans l'exécution des peines

Commençons par géo-localiser ces médecins et préciser leur identité puisque c'est notre lot à tous d'être maintenant « détectables » partout et à toute heure. Il s'agit principalement des experts judiciaires, des soignants des dispositifs de soins ou de « conseils » (CRIAVS [2]) et des médecins coordonnateurs institués par la loi du 17 juin 1998 dans le cadre d'un suivi socio-judiciaire (SSJ) et d'une injonction de soin (IS]). Quelles sont les motivations de ces praticiens ? Certains choisissent de s'y engager, de nombreux autres, notamment les thérapeutes ont l'impression que l'obligation de soin (OS) pèse sur eux plus que sur le justiciable. Certains médecins coordonnateurs sont d'ailleurs parfois plus « thérapeutes » que les thérapeutes, car ils reçoivent plus fréquemment et plus attentivement les justiciables que les thérapeutes.

Chronologie de l'implication médicale dans l'exécution de la peine

2. CRIAVS : Centre Ressources Pour les Intervenants Auprès des Auteurs de Violences Sexuelles.

Un illustre confrère dans le parcours de l'exécution de la peine

À quand remonte l'implication des médecins dans la peine ? On pourrait remonter assez loin dans le temps, mais si on se cantonne à une période assez récente, notre confrère Joseph Guillotin s'est illustré par une entrée remarquée et inoubliable dans le monde de la peine et de son « exécution ». Toutefois, comme le remarquait Victor Hugo [3] : « *Il y a des hommes malheureux. Christophe Colomb ne peut attacher son nom à sa découverte ; Guillotin ne peut « détacher » le sien de son invention* ». On remarque que l'illustre écrivain et homme politique n'a probablement pas choisi le verbe « détacher » par hasard. Citer Guillotin n'est pas anodin et peut paraître provocateur. Ce choix permet de poser sérieusement la place des médecins dans l'exécution des peines.

Peu après la Révolution française, avec le Code pénal de 1810 et son illustre article 64, les aliénistes ont trouvé une occasion d'affiner la doctrine psychiatrique aussi bien cliniquement que médico-légalement (Tableau 1).

Il n'y a ni crime ni délit, lorsque le prévenu était en état de démence au temps de l'action, ou lorsqu'il a été contraint par une force à laquelle il n'a pu résister.

Tableau 1. Ancien article 64 du Code pénal de 1810 à 1994.

Un autre moment important a eu lieu en 1958 avec le code de procédure pénale et l'introduction de **l'obligation de soins**, accompagnant souvent un sursis avec mise à l'épreuve. Peu d'experts dans ce circuit, mais l'implication des psychiatres, le plus souvent hospitaliers, impliqués dans une démarche où ils ne sentent souvent pas à l'aise.

Du discernement

La réforme du Code pénal de 1994 modifie l'ex article 64 qui est remplacé par l'article 122-1 en créant **l'abolition et l'altération du discernement** qui va bien entendu surtout concerner les experts-psychiatres (Tableau 2).

N'est pas pénalement responsable la personne qui était atteinte, au moment des faits, d'un trouble psychique ou neuropsychique ayant aboli son discernement ou le contrôle de ses actes. *La personne qui était atteinte, au moment des faits, d'un trouble psychique ou neuropsychique ayant altéré son discernement ou entravé le contrôle de ses actes*

3. Hugo V. Littérature et philosophie mêlées.

demeure punissable. Toutefois, la juridiction tient compte de cette circonstance lorsqu'elle détermine la peine et en fixe le régime.

Tableau 2. Article 122-1 du Code pénal de 1994 à 2014.

Le discernement semble une qualité psychique indispensable pour percevoir le sens de la peine. Pourtant, l'usage dévoyé de l'alinéa 2 de l'article 122-1 a été la norme de 1994 à 2014. Pour une fois, il existe un consensus sur le constat que l'abolition du discernement a renforcé la sanction pénale : les délinquants ayant une altération du discernement sont plus lourdement condamnés que ceux qui ont un discernement intact. Il fallait bien neutraliser les personnes délinquantes perturbées psychiquement « obligatoirement » plus dangereuses que les « non altérés ».

Il a fallu la loi n ° 2014-896 du 15 août 2014 (dite loi Taubira), après la mobilisation incessante de militants, d'accusation ou d'autorité comme le contrôle général des lieux de privation de liberté, dénonçant régulièrement le trop grand nombre de personnes souffrant de troubles mentaux incarcérées, pour l'alinéa deux de l'article 122-1 soit modifié avec une réduction du tiers du quantum de la peine (Tableau 3). La modification reste modeste avec possibilité de ne pas l'appliquer en matière correctionnelle, surtout si des soins peuvent être prodigués. Et tous les moyens sont bons pour revenir sur cette disposition. Ainsi quand certains cherchent à résister, de nouveau l'obsession sécuritaire revient. Deux experts psychiatres renommés ont exposé au récent congrès de Saint-Malo de la Société de l'Information psychiatrique (octobre 2015) les pressions qui s'exerçaient sur eux pour les faire revenir sur leurs conclusions qui optaient pour une altération du discernement.

N'est pas pénalement responsable la personne qui était atteinte, au moment des faits, d'un trouble psychique ou neuropsychique ayant aboli son discernement ou le contrôle de ses actes.

La personne qui était atteinte, au moment des faits, d'un trouble psychique ou neuropsychique ayant altéré son discernement ou entravé le contrôle de ses actes demeure punissable. Toutefois, la juridiction tient compte de cette circonstance lorsqu'elle détermine la peine et en fixe le régime. ***Si est encourue une peine privative de liberté, celle-ci est réduite du tiers ou, en cas de crime puni de la réclusion criminelle ou de la détention criminelle à perpétuité, est ramenée à trente ans. La juridiction peut toutefois, par une décision spécialement motivée en matière correctionnelle, décider de ne pas appliquer cette diminution de peine. Lorsque, après avis médical, la juridiction considère que la nature du trouble le justifie, elle s'assure que la peine prononcée permette que le condamné fasse l'objet de soins adaptés à son état.***

Tableau 3. L'article 122-1 du code pénal depuis 2014.
(modification en gras)

La suspension de peine pour raisons médicales

Et surtout, 1998 a été une année décisive dans l'histoire de l'implication médicale dans la peine. Avant d'y revenir plus précisément, l'année 2002 s'est illustrée avec la **suspension de peine pour raisons médicales** avec la loi Kouchner, surtout comprise comme concernant les troubles somatiques, laissant dans l'ambiguïté les maladies psychiatriques. Les psychiatres semblaient ignorer pouvoir demander des suspensions de peine, et préféraient laisser leurs patients en prison, exécuter leur peine, dans des conditions souvent déplorables, plutôt que de demander des soins en milieu ouvert en sollicitant une suspension de peine. Il faudra encore attendre la loi Taubira du 15 août 2014 pour clarifier la suspension de peine pour raisons psychiatriques, toujours toutefois avec des restrictions. Il n'est pas certain que les psychiatres se saisissent massivement de cette clarification (Tableau 4).

Sauf s'il existe un risque grave de renouvellement de l'infraction, la suspension peut également être ordonnée, quelle que soit la nature de la peine ou la durée de la peine restant à subir, et pour une durée qui n'a pas à être déterminée, pour les condamnés dont il est établi qu'ils sont atteints d'une pathologie engageant le pronostic vital ou que leur état de santé physique ou ***mentale*** *est durablement incompatible avec le maintien en détention.* ***La suspension ne peut être ordonnée en application du présent article pour les personnes détenues admises en soins psychiatriques sans leur consentement.***

La suspension ne peut être ordonnée que si une expertise médicale établit que le condamné se trouve dans l'une des situations énoncées à l'alinéa précédent. Toutefois, en cas d'urgence, la suspension peut être ordonnée au vu d'un certificat médical établi par le médecin responsable de la structure sanitaire dans laquelle est pris en charge le détenu ou son remplaçant.

Tableau 4. Article 720-1 du code de procédure pénale (extrait) sur la suspension de peine pour raison médicale.
(en gras, les modalités qui concernent les troubles psychiatriques)

L'ère sécuritaire et le primat de la neutralisation.

Entre 1998 et 2002 survient la honteuse **rétention de sûreté** [4], permettant une privation de liberté infinie, mais qui n'est pas considérée, subtilement, comme une peine, mais comme une mesure de sûreté, et par les temps

4. David M. *Loi de rétention de sûreté. Lecture des dangerosités. Histoire de leur appropriation politique et psychiatrique.* L'Information psychiatrique vol. 84, n° 6, juin-juillet 2008.

malheureux qui courent, il faut s'attendre à de beaux jours pour la rétention de sûreté.

En 1991 se tient la commission Santé-Justice relative aux auteurs de violence sexuelle. En 1996, Claude Balier, André Ciavaldini et Martine Girard-Khayat rendent un rapport de recherche sur les agresseurs sexuels [5] et la même année se créée l'Association pour la Recherche et le Traitement des Auteurs d'Agression Sexuelle (ARTAAS) [6]. Ces travaux seront à l'origine du projet de loi Toubon qui voulait instaurer une peine complémentaire de suivi socio-médical, mais qui ne deviendra en fait, sous le ministère de la Justice d'Élisabeth Guigou, la loi du 17 juin 1998 instaurant le **suivi socio-judiciaire** et **l'injonction de soin** dont les juristes disent qu'ils sont une sorte de chimère alliant peine et mesure de sûreté. La loi de 1988 inaugure une période législative d'une bonne décennie où vont se succéder nombre de lois sécuritaires. Relevons qu'actuellement, depuis environ 2010, les djihadistes semblent damer le pion aux agresseurs sexuels pour devenir les monstres ultimes, d'où la dernière loi sécuritaire récente sur le renseignement où les médecins semblent avoir une place à part en n'étant pas considérés comme participant au fonctionnement de la démocratie (Tableau 4) et où les sénateurs dans un rapport d'information préconisent la création d'unités **d'hospitalisation spécialement aménagées (UHSA)** pour islamistes radicalisés [7]. Inutile de dire que l'ASPMP [8] s'oppose avec force à cette dernière proposition.

« Ce qui justifie les protections particulières proposées par le Gouvernement ou introduites par la commission, c'est que les professions concernées concourent au bon exercice de la démocratie. Les médecins, quant à eux, bénéficient de la protection du secret médical, tout comme bien d'autres catégories professionnelles bénéficient de telle ou telle disposition spécifique. Il ne me semble pas nécessaire d'isoler cette profession, car on trouvera toujours de bonnes raisons d'en ajouter d'autres à cette liste. Mieux vaut nous en tenir aux professions traditionnellement reconnues dans notre droit pour concourir au bon fonctionnement de la démocratie » a expliqué le député socialiste Pascal Popelin, en écho à Christine Taubira. Le secret médical ne semble donc pas être considéré comme un pilier du bon fonctionnement de la démocratie. Dont act.

---

5. http://www.ladocumentationfrancaise.fr/rapports-publics/984000637/index.shtml.
6. http://www.artaas.org/.
7. Sénat. *Rapport fait au nom de la commission d'enquête sur l'organisation et les moyens de la lutte contre les réseaux djihadistes en France et en Europe*, présidents N Goulet et A Reichardt, rapporteur JP Sueur, 1er avril 2012.
8. http://s443168472.siteweb-initial.fr/.

Tableau 5. Loi sur le renseignement.
Médecins, démocratie et secret médical[9]**.**

Puisque les médecins pouvaient ou peuvent participer à l'adoucissement des peines (guillotine ou distribution de psychotropes pour faire passer le temps), éclairer les magistrats pour qu'ils exonèrent ou modulent la peine (experts), accompagner les soins (OS et IS), il n'est pas saugrenu qu'ils puissent encore plus officiellement participer à l'exécution des peines. En 2010, un méchant décret[10] institue les **commissions pluridisciplinaires uniques**. Dans une commission réunissant des personnels pénitentiaires, les soignants sont conviés à participer aux travaux de la CPU dont l'objet est de donner un avis pour **l'élaboration du parcours d'exécution des peines**, sans tenir compte des obligations inhérentes au secret professionnel auxquelles sont astreints les personnels de santé et qui mettent à mal le lien thérapeutique entre le patient et le soignant dans un milieu où l'intimité et la confidentialité sont bien mises à mal. Peu importe le soin, ce qui prédomine ce sont les aspects sécuritaires. Un dossier conséquent du Conseil national de l'Ordre des médecins intitulé : « *Prisons : menace sur le secret médical* »[11] explique bien les risques liés à l'abrasion du secret médical ; rien n'y fait.

Des implications médicales dans des situations épouvantables

Comme l'écrivait Michel Foucault, les professionnels-juges, dont les médecins, sont partout : « *Les juges de normalité sont présents partout. Nous sommes dans la société du professeur-juge, du médecin-juge, de l'éducateur-juge, du travailleur social-juge ; tous font régner l'univers du normatif* » (Surveiller et punir, 1975). Les exemples où les médecins sont confrontés à des patients effectuant leurs peines dans des conditions épouvantables où leurs missions de soignants passent nettement au dernier plan sont légion.

Sans avoir le temps de les détailler ici, quelques situations exemplaires dramatiques doivent être évoquées. L'arrêt G/c. France[12] se suffit à lui-même, plus que des traités ou de longs exposés pour voir les désordres de notre société. Les 27 pages de l'arrêt résument les nombreuses

---

9. http://www.jim.fr/medecin/actualites/pro_societe/e-docs/loi_sur_le_renseignement_une_menace_pour_le_secret_medical__151635/document_actu_pro.phtml.
10. Décret n° 2010-1635 du 23 décembre 2010.
11. https://www.conseil-national.medecin.fr/sites/default/files/cn_bulletin/medecin_18_complet.pdf.
12. http://www.juricaf.org/arret/CONSEILDELEUROPE-COUREUROPEENNEDESDROITSDELHOMME-20120223-2724409.

contradictions de notre société. Dans le Nord, également, une affaire récente jugée par le TA de Lille (Affaire n° 1203711, lecture du 5 février 2014), puis par la CAA de Douai (Affaire n° 14DA00602, lecture du 22 septembre 2015) suite au suicide d'un jeune homme au quartier disciplinaire ou bien encore l'affaire Isenc c. France [13] jugée par la Cour européenne des droits de l'Homme confirment le désarroi de la société face aux conditions carcérales et au rôle de chacun. Pour le placement au quartier disciplinaire [14], le mitard, cet « Ushuaia » de l'extrême violence et solitude carcérale, il serait si plaisant que les médecins en cautionnent le placement, alors qu'il est bien connu que ce lieu d'isolement dans l'isolement, de punition dans la punition est extrêmement suicidogène : « *Les deux scènes qui viennent d'être évoquées révèlent l'extrême violence de l'expérience du placement en cellule disciplinaire, au moins pour certains détenus* [15]. *Très peu de situations sociales peuvent conduire à des états de détresse aigüe de cette nature. Les hurlements de ces jeunes hommes n'avaient rien à voir avec les protestations bruyantes et les disputes tonitruantes qu'on pouvait parfois entendre lorsqu'un différend opposait un détenu à un autre individu. Il exprimait une irrépressible souffrance, une exaspération inapaisable, une violence entièrement dirigée à l'encontre du personnel. Toute la force destructrice était tournée vers soi* » [16].

Enfin, récemment, des collègues du service médico-psychiatrique régional (SMPR) de Poitiers m'ont alerté au sujet de plusieurs situations où la psychiatrie hospitalière est sollicitée (mais refuse) comme un ersatz de centre de rétention de sûreté à la libération de personnes condamnées et pour lesquelles les autorités judiciaires voudraient voir appliquer une hospitalisation en psychiatrie sous le régime du soin psychiatrique sur décision du représentant de l'État (SDRE) : après la case prison, passage ou retour obligé à la case asile.

La pensée paralysée par les obsessions sécuritaires

En fait, le bulldozer sécuritaire emporte tout sur son passage. Le médecin ne saisissant plus le sens de son action se doute bien que le sens de la peine pour la personne condamnée doit être bien abscons. Il est de pratique

---

13. http://hudoc.echr.coe.int/eng-press?i=003-5290760-6581151#{%22itemid%22:[%22003-5290760-6581151%22]}.

14. Sur ce sujet, lire la contribution de l'ASPMP : https://www.dropbox.com/s/b94f4txyjqrimqs/Interventions%20au%20QD.pdf?dl=0.

15. Car il est vrai, notamment en cas de surpopulation, que certains détenus trouvent un apaisement dans l'isolement, au point de créer des conflits pour être isolés.

16. Fassin D., *op. cit.*, 442-443.

courante de constater qu'une personne détenue et condamnée n'a guère compris la sanction qui lui a été appliquée.

Le médecin pourrait contribuer, à côté des autres professionnels, à donner un sens à la peine. Pris dans une atmosphère de sidération de la pensée, il ne devient qu'un « poinçonneur des lilas », c'est-à-dire une machine à remplir des attestations factices de suivi, travail répétitif, ennuyeux et dépourvu de sens, qui n'a d'utilité que de satisfaire à l'automatisme de « procédures ». La « *functional stupidity* » comme le décrivent des sociologues [17].

La sidération de la pensée s'illustre bien avec le non-recours à la suspension de peine pendant plus de dix ans par déni collectif de sa possibilité, et même depuis la clarification de sa possibilité depuis plus d'un an, n'en conduit pas moins à ne pas y recourir.

Et quand certains cherchent à résister, de nouveau l'obsession sécuritaire revient comme on l'a vu *supra* avec le témoignage des deux experts-psychiatres au congrès de Saint-Malo de la Société de l'Information psychiatrique (octobre 2015).

Peut-on dégager du sens dans la confusion ?

Comment mettre du sens dans la confusion? Une confusion qui se retrouve à de nombreux niveaux, même là où la notion de peine ne devrait pas être de mise.

Ainsi, depuis la **loi du 5 juillet 2011**, les personnes hospitalisées en psychiatrie sans leur consentement ou sur décision du représentant de l'État sont auditionnées auprès du juge de la liberté et des détentions, tout en étant assistées d'un avocat. Bien que les juristes évoquent un procès à l'acte et non à la personne, il n'empêche que nombreux sont les patients qui ne comprennent pas quelle faute ils ont bien pu commettre et pour quelles raisons ils sont punis, notamment par la privation de liberté, comme en prison, comme un délinquant. Dans le même domaine, la chimère qu'est le programme de soin, une contrainte sans coercition, poursuit des procédures où le sens s'égare et où personne ne sait quelle attitude à adopter quand il n'est pas respecté et ce qu'il faut faire et comment pour éventuellement la réhospitaliser.

Ces mélanges peine/mesure de sûreté se retrouvent aussi avec la rétention de sûreté, potentielle mesure de privation de liberté infinie, mais qui n'a pas

17. Alvesson M, Spicer A. A Stupidity-Based Theory of Organisations, *Journal of Management Studies 49, 7 Nov. 2012.*

été considérée par le Conseil constitutionnel comme une peine, mais plutôt comme une mesure de sûreté.

Pourtant, une confusion s'est bien faite sentir lors de la publication du rapport du CGLPL sur le centre de rétention de Fresnes où l'on a appris que certaines personnes retenues avaient été admises pour des soins dans le service médico-psychologique régional (SMPR) au sein de la prison, comme si elles étaient écrouées, contrairement à ce qu'il doit en être du statut d'un « retenu ». Cela n'a pas ému grand monde.

Les UHSA sont aussi un exemple de perméabilité des fonctions qui peuvent ne pas faciliter la compréhension du sens de sa peine pour une personne présentant des troubles psychiatriques. Par refus malheureusement assez généralisé de la communauté psychiatrique hospitalière, il a fallu créer des unités d'hospitalisation spécialement aménagées (UHSA), c'est-à-dire spécialement sécurisées, dans les hôpitaux, mais avec une surveillance périmétrique par l'administration pénitentiaire. Après que les soignants ont pénétré la prison, c'est au tour de la pénitentiaire d'étendre son regard panoptique hors de la prison, dans l'hôpital. Et pour aller jusqu'où ?

Un autre exemple de confusion s'illustre par les démarches en cours de certaines Agences régionales de santé (ARS) qui assimile les médecins coordonnateurs aux experts, ne veulent plus les rémunérer comme des salariés et les considèrent comme des indépendants et qui doivent ajouter la TVA à leurs prestations [18]. Il s'ensuit un risque de nombreuses démissions de médecins coordonnateurs, comme pour les experts et d'un abandon de missions pourtant importantes dans un État de droit, sans que les Pouvoirs publics s'en émeuvent, ne percevant pas l'importance symbolique de ces prestations médicales qui, il est vrai, représentent un symbole moins fort et qui concernent moins de personnes que la déchéance de nationalité pour certaines rares personnes…

Un constat désabusé : le primat de la neutralisation

Faisons un simple constat désabusé, la psychiatrie ne semble plus en recherche de sens. Les outils de réflexion institutionnelle, que l'on pouvait dénommer notamment psychothérapie institutionnelle, sont en voie d'extinction. Les pratiques hospitalières deviennent de plus en plus individuelles, fuyant la réflexion collective, s'ajustant à un fonctionnement libéral où le nombre d'actes, et non leur qualité, prime.

---

18. D'où le fait que je démissionne de mes fonctions de médecin coordonnateur au 1er janvier 2016 et que j'engage une procédure administrative, comme d'autres collègues, pour contester cette décision qui s'appuierait sur une règlementation européenne.

Le projet de loi de modernisation de notre système de santé en cours de discussion et pratiquement adopté achève l'extinction de la psychiatrie de secteur, focalisant les organisations sur la rentabilité économique, organisant une préfusion des hôpitaux par le biais des groupements hospitaliers de territoire (GHT) avant que la privatisation du système de santé soit offerte aux compagnies privées et aux assurances.

En somme, les psychiatres, et tout particulièrement en prison, mais aussi dans le « droit commun », ont une pratique de plus en plus « opérationnelle », exerçant une médecine à l'acte, calquée sur les soins somatiques où les psychotropes occupent une place prépondérante avec comme mission implicite de gommer, puis de prévenir toute dangerosité des méchants et de jouer les pompiers dans les prisons.

Le seul sens de la peine dans le moment que nous vivons est la neutralisation de la personne délinquante et si possible, le plus longtemps possible : « *En contrepoint des déclarations solennelles de respect du droit, des rodomontades belliqueuses des guerres contre le crime et des protestations indignées contre le laxisme de la justice, elles énoncent sèchement l'empire de la raison sécuritaire au court du dernier quart de siècle et sa traduction en matière de politique pénale : il s'agit de punir de plus en plus implacablement, en même temps que d'écarter de plus en plus longtemps* » [19].

Sans oublier que la neutralisation est sélective : « *Ces données éclairent les choix faits en matière de politique pénale au cours de la période récente : punir les petits délits pour lesquels la police a l'initiative de la mise en cause et qui permettent de cibler certains publics populaires en se détournant des affaires impliquant des milieux aisées* » [20].

Doit-on baisser les bras ?

Évidemment, il existe toujours des points de résistance, très isolés et le plus souvent inaudibles dans le brouhaha médiatique. Quand un présent congrès se penche sur la question, politiques et médias y sont absents : sujet trop complexe et politiquement délicat à manier.

Pour tenter de donner un sens à cette complexité, plusieurs suggestions sont possibles et sont énoncées depuis longtemps :

1. Percevoir la limite du soin psychiatrique :

- Si efficacité il y a, elle n'est rendue possible que par son inefficacité ;

---

19. Fassin D., *op. cit.*, 56.
20. Fassin D., op. cit., 91.

- Seul « l'usager » peut rendre compte de l'efficacité ou non d'un soin psychiatrique et y trouver un sens ;
- Reconnaître l'hypocrisie d'une égalité des soins entre prison et milieu ouvert.

2. Éviter les situations confusionnantes génératrices de perte de sens :
- Exclure les soignants de la commission pluridisciplinaire unique ;
- Ne pas obliger les soignants en milieu pénitentiaire à utiliser le logiciel GENESIS et à se voir affubler d'un identifiant @justice.fr. ;
- Exclure les soins des réductions de peine.

3. Organiser une conférence de consensus ou une audition publique sur les soins pénalement ordonnés (indications, contre-indications et « mode d'emploi »).

4. Consolider le secret médical et l'indépendance professionnelle des médecins.

5. Clarifier le statut des experts psychiatres et des médecins coordonnateurs actuellement en pleine crise.

6. Si évolution réductionniste de la prison, quels moyens pour le milieu ouvert ?

7. Supprimer la rétention de sûreté comme le rappelle la contrôleure générale des lieux de privation de liberté dans le récent avis du 5 novembre 2015 [21].

8. Redonner le sens de l'engagement critique aux psychiatres (?...)

9. Etc.

---

21. http://www.cglpl.fr/2015/avis-relatif-a-la-retention-de-surete/.

17

La privation de liberté confrontée à l'état de santé de la personne

Par Laurence LETURMY

Le thème de cet ouvrage, « Le sens de la peine », conjugué à ceux plus particuliers de l'espace et du soin, invite à poser la question suivante : la prison – l'espace – reste-t-elle un lieu adapté à l'exécution de la privation de liberté – la peine –, lorsque celui ou celle qui y est condamné(e) est ou devient gravement malade et requiert à ce titre une prise en charge médicale particulière – le soin – ?

Autrement formulée, la problématique revient à interroger les modalités du droit de punir exercé à l'encontre d'un condamné souffrant : l'état de santé constitue-t-il un obstacle à l'enfermement carcéral ? La maladie du détenu doit-elle conduire à remettre en cause l'environnement pénitentiaire ?

A ces questions, la Cour européenne des droits de l'homme semble aujourd'hui apporter une réponse positive.

Certes, jamais encore, la Cour n'a affirmé que l'état de santé emporte pour devoir la remise en liberté d'un détenu. Systématiquement elle rappelle même le contraire, affirmant qu'il ne peut être déduit de l'article 3 de la Convention de sauvegarde des droits de l'homme et des libertés fondamentales, lequel prohibe les traitements inhumains ou dégradants, « une obligation générale de libérer un détenu pour motifs de santé ».

Pour autant, dans le silence de la Convention [1], elle a, au fil de sa jurisprudence, élaboré un standard minimum de protection des droits des détenus [2]. Ces derniers, bien que privés de leur liberté d'aller et de venir et, à ce titre, enfermés, doivent pouvoir continuer de jouir de tous les droits et libertés fondamentaux attachés à la nature humaine [3].

C'est avec l'arrêt *Kudla c/ Pologne* du 26 octobre 2000 [4] que le juge européen a rattaché à l'article 3 de la convention le droit à des conditions de détention conformes au respect de la dignité humaine. Les Etats, astreints à un nouveau « code de comportement » [5], doivent s'assurer de la dignité préservée des détenus mais également du respect de leur droit à la santé et au bien-être, droits dérivés du droit à la dignité [6]. Ceux-ci, affirmés en regard des « exigences pratiques de l'emprisonnement », ne sont toutefois pas énoncés comme étant des droits absolus.

Depuis, un corpus jurisprudentiel significatif témoigne de la protection grandissante garantie aux détenus dont l'état de santé ou le lourd handicap conduisent à questionner leur « capacité à la détention » [7], autrement dit leur aptitude à supporter les contraintes de la prison. Son appréciation repose sur

---

1. La Convention de sauvegarde des droits de l'Homme et des libertés fondamentales ne contient en effet aucune disposition spécifique relative à la situation des personnes privées de leur liberté. Le détenu, même malade, n'y est pas expressément protégé.

2. Voir notamment F. Tulkens, L'interdit de la torture et des peines ou traitements inhumains ou dégradants. Les développements récents de la jurisprudence de la Cour européenne des droits de l'homme, in La sanction du droit, Mélanges offerts à Pierre Couvrat, PUF, 2001, p. 313 ; B. Belda, Les techniques de protection des droits des détenus mobilisées par la Cour européenne des droits de l'homme, in A. Delou (/s dir. de), Le droit des détenus. Sécurité ou réinsertion, Dalloz, coll. Thèmes et commentaires, 2010, p. 121 ; J.-P. Céré, Le détenu malade : le traitement du droit européen, AJ pénal 2010, p. 325.

3. CEDH, 28 juin 1984, Campbell et Fell c/ Royaume-Uni.

4. « L'article 3 de la convention impose à tout Etat de s'assurer que tout prisonnier est détenu dans des conditions qui sont compatibles avec le respect de la dignité humaine, que les modalités d'exécution de la mesure ne soumettent pas l'intéressé à une détresse ou une épreuve d'une intensité qui excède le niveau inévitable de souffrance inhérent à la détention et que, eu égard aux exigences pratiques de l'emprisonnement, la santé et le bien-être du prisonnier son assurés de manière adéquate (…) ». CEDH, 26 oct. 2000, Kudla c/ Pologne, req. n° 27695/03.

5. F. Tulkens, C. Dubois-Hamdi, Prison et santé mentale. La jurisprudence de la Cour européenne des droits de l'homme, Criminologie, volume 48, n° 1 (2015), p. 75.

6. C. Murillo, Le droit à la santé des détenus sous le regard de la CEDH, Gaz. du Palais 15 janv. 2011, n° 15, p. 30.

7. « L'état de santé, l'âge et le lourd handicap physique constituent désormais des situations pour lesquelles la capacité à la, détention est aujourd'hui posée au regard de l'article 3 de la convention » ; « La santé de la personne privée de liberté fait désormais partie des facteurs à prendre en compte dans les modalités de l'exécution de la peine privative de liberté, notamment en ce qui concerne la durée du maintien en détention », CEDH, 14 novembre 2002, Mouisel c/ France, req. n° 67263/01.

trois critères, dégagés progressivement au fil des arrêts de la Cour. Le premier concerne la condition du détenu. Il renvoie aux conditions matérielles de la détention. Ce sont là, de manière générale, les conditions de vie et de prise en charge du détenu, incluant les modalités des extractions médicales et le dispositif de sécurité mis en œuvre à cette occasion qui sont examinés [8]. Le deuxième a trait à la qualité des soins prodigués : ils doivent être adéquats, dispensés de manière régulière, rapide, par un personnel qualifié, et au besoin, passer par des mesures d'hospitalisation ou des transferts vers des structures spécialisées. Le dernier, qui est sans doute en réalité moins un critère à part entière que le résultat de l'examen des deux précédents, vise l'opportunité du maintien en détention au vu de l'état de santé de l'intéressé et au regard des solutions alternatives à l'incarcération offertes par la législation interne.

« En affirmant que l'état de santé d'une personne privée de liberté doit être compatible avec la détention, c'est en réalité la compatibilité avec l'article 3 du maintien en détention d'une personne malade » [9] qui est exigée. Or, il ressort de la jurisprudence de la Cour que l'examen de cette adéquation obéit à un degré d'exigence croissant.

Dans l'arrêt *Kudla* précité, elle estime que le respect par les autorités pénitentiaires des obligations de soins et d'hospitalisation suffit à répondre aux obligations imposées.

Six ans plus tard, dans l'arrêt *Rivière c/ France* [10], les juges européens, tout en reconnaissant la qualité de la prise en charge du détenu – il avait bénéficié d'un suivi psychiatrique en détention et avait été hospitalisé d'office quand le besoin s'en était fait sentir –, considèrent néanmoins que ces efforts n'étaient pas suffisants pour assurer le respect de la dignité humaine et que la gravité de l'état de santé appelait des « mesures particulièrement adaptées ».

Poursuivant l'élévation des standards de protection, la Cour, dans sa décision *Kotsaftis c/ Grèce* du 12 juin 2008 [11], relève que « la question centrale posée dans des affaires concernant des personnes souffrant de

---

8. Est ainsi examinée l'adéquation des règles d'hygiène, du régime alimentaire et plus globalement du régime pénitentiaire (par ex. le fait de devoir partager sa cellule ou à l'inverse l'obligation pour le détenu souffrant de troubles mentaux de rester enfermé dans la cellule, encore le fait, pour une personne détenue handicapée de ne pouvoir se déplacer seule ou, plus largement, de ne pouvoir faire face seule aux actes de la vie quotidienne) à la pathologie et au degré d'autonomie du détenu.

9. F. Tulkens, C. Dubois-Hamdi, Prison et santé mentale. La jurisprudence de la Cour européenne des droits de l'homme, op. cit.

10. CEDH, 11 juillet 2006, Rivière c/ France, req. n° 33834/03.

11. CEDH, 12 juin 2008, Kotsaftis c/ Grèce, req. n° 39780/06.

pathologies graves, tant physiques que mentales, est de déterminer si le milieu carcéral est en soi inadapté à la condition d'un individu souffrant de pathologies invalidantes et si l'épreuve de la détention en tant que telle s'avère particulièrement pénible en raison de l'incapacité de l'individu d'endurer une telle mesure ». Le questionnement est repris, très exactement dans les mêmes termes, dans l'arrêt *G. c/ France* le 23 février 2012 [12].

En quelques années, on perçoit le « renversement de perspective » [13] opéré par la Cour, consciente que la prison, indépendamment des aménagements et adaptations que l'on y apporte, reste, et restera probablement toujours, un espace inadapté pour les malades. Pour les personnes les plus vulnérables, celles présentant un pronostic fatal inéluctable, celles souffrant d'une affection physique ou psychiatrique grave dont le traitement ne peut être conduit correctement dans les conditions de la détention, mais encore celles lourdement handicapées [14], ce n'est plus tant en effet l'absence de mesures positives de prise en charge adaptées que le seul maintien en détention qui, en tant que tel, est susceptible de caractériser une violation de l'article 3.

L'évolution de la jurisprudence européenne, et certainement plus encore les condamnations prononcées ou redoutées [15] de la France, ne sont pas

---

12. CEDH, 23 février 2012, G. c/ France, req. n° 27244/09.

13. F. Tulkens, C. Dubois-Hamdi, Prison et santé mentale. La jurisprudence de la Cour européenne des droits de l'homme, op. cit.

14. Ces situations sont celles qui, pour le Comité européen pour la prévention de la torture et des peines ou traitements inhumains ou dégradants, relèvent d'une « incapacité à la détention ». 3e rapport général d'activités du Comité européen de prévention de la torture couvrant la période du 1er janvier au 31 décembre 1992, http://www.cpt.coe.int/fr/annuel/rap-03.htm#III.

15. La disposition relative à la fin de vie des personnes durant l'instruction, introduite en 2014, vient combler une « lacune » (A. Ponseille, Prise en considération de l'état de santé de la personne suspectée ou condamnée par la loi n° 2014-896 du 15 août 2014 relative à l'individualisation des peines et renforçant l'efficacité des sanctions pénales, RSC 2014, p. 729) , voire un vide juridique selon certains (E. Baron, La raison médicale comme motif de mise en liberté. A propos de la loi du 15 août 2014 relative à l'individualisation des peines et renforçant l'efficacité des sanctions pénales, Droit pénal, janv. 2015, Etudes n° 3, p. 14 ; A. Simon, De la suspension de détention provisoire médicale à la demande de mise en liberté pour motif médical, Arpenter le Champ pénal, http://pierre-victortournier.blogspot.fr/2014/03/de-la-suspension-de-detention.html), qui aurait pu valoir à la France, tôt ou tard, une condamnation par la Cour européenne des droits de l'Homme à l'égal de celle prononcée contre la Turquie le 5 mars 2013 . Dans cette décision, les juges strasbourgeois reprochaient à la Turquie qu'une catégorie de détenus, sans justification adéquate, soit moins bien traitée qu'une autre, le droit en vigueur consacrant une différence de traitement entre les personnes détenues avant jugement et celles définitivement condamnées puisque les premières ne bénéficiaient pas de la même protection juridique que les secondes en cas de maladie susceptible d'engager le pronostic vital à court terme. Pareille discrimination aurait pu être relevée en France.

demeurées sans influence sur la législation interne. Tour à tour, en 2002 puis en 2014, le législateur français a fait de la pathologie grave un motif spécifique et autonome de remise en liberté de la personne définitivement condamnée d'abord, du détenu provisoire ensuite. D'inspiration humanitaire, ces mécanismes, dans leur principe, ne peuvent qu'être salués. Leur portée limitée met toutefois en exergue l'incomplétude persistante du droit positif qui justifie que soit adressée au législateur une invitation à franchir un nouveau pas afin que l'état de santé devienne un motif de non placement en détention.

I. L'état de santé, un motif de mise en liberté de la personne détenue

En droit européen, la « détention » ou « la privation de liberté » englobe, sans distinction, l'incarcération avant comme après jugement. A ce titre, la Cour a affirmé à plusieurs reprises que la détention avant jugement devait, elle aussi, se poursuivre dans des conditions qui satisfassent aux exigences de l'article 3 [16]. Très logiquement il s'ensuit que la capacité à la détention des personnes incarcérées provisoirement ou définitivement condamnées doit être identiquement examinée.

Dans cette droite ligne, le législateur français soumet la sortie de prison en raison de l'état de santé des unes et des autres aux mêmes conditions d'octroi. Ainsi, « la pathologie engageant le pronostic vital » et « l'état de santé [durablement] incompatible avec le maintien en détention » justifient, depuis 2002, la suspension de la peine du détenu définitivement condamné et, depuis 2014, la mise en liberté de celui placé en détention provisoire.

A. La privation de liberté suspendue pour motif médical grave

Que le législateur soit intervenu en 2002 ne signifie pas qu'avant cette date l'état de santé défectueux d'un détenu demeurait sans interférence aucune sur l'exécution de sa peine. La grâce susceptible d'être accordée par le président de la République mise à part, « la nécessité de subir un traitement médical » était déjà un motif légal d'aménagement de la privation de liberté légitimant une semi-liberté, une suspension, un placement sous surveillance électronique ou une libération conditionnelle. Bien que plurielles, ces mesures ne pouvaient cependant constituer une garantie suffisante pour les détenus malades en raison des conditions d'octroi

---

16. Voir notamment CEDH, 30 juillet 1998, req. n° 25357/94, Aerts c/ Belgique ; CEDH, 26 octobre 2000, req. n° 30210/96, Kudla c/ Pologne ; CEDH, 2 novembre 2006, req. n° 27695/03, Serifis c/ Grèce.

auxquelles elles obéissaient : les trois premières étaient en effet soumises à un *quantum* maximal de peine ou du reliquat de peine à effectuer fixé à un an [17] ; la dernière à une durée minimale de temps déjà passé en détention, variant de la moitié aux deux tiers de la peine restant à subir selon que le condamné était ou non récidiviste [18].

C'est pourquoi, sous l'influence des recommandations du Conseil de l'Europe [19] et de la jurisprudence de la Cour européenne, le parlement a, par la « loi Kouchner » [20], loi sanitaire et non pénale, institué la suspension médicale de peine. Elle trouve place à l'article 720-1-1 du code de procédure pénale.

Techniquement, la suspension de peine s'analyse en une mesure d'aménagement de la peine privative de liberté ; une mesure qui peut être qualifiée de spécifique ou de dérogatoire par rapport aux autres mesures « classiques » d'aménagement puisqu'elle ne répond qu'à des considérations d'ordre strictement médical. Ni la nature des faits commis, aussi graves soient-ils, ni la nature, criminelle ou correctionnelle, de la peine, ni la durée de la peine restant à subir, ni même le fait qu'elle soit assortie d'une période de sûreté ne peuvent constituer un obstacle à la suspension.

Seul importe l'état de santé du détenu. Cette condition unique est définie en référence à deux critères alternatifs. Le premier, au contenu purement médical, est la pathologie engageant le pronostic vital. L'accent est ici mis sur la maladie. Le second, très clairement d'inspiration européenne, vise l'état de santé durablement incompatible avec le maintien en détention. Détaché de la maladie pour appréhender plus globalement l'état de santé, il permet la prise en considération du handicap ou de la situation de dépendance de la personne incarcérée.

Depuis son insertion dans le code de procédure pénale, l'article 720-1-1 a été corrigé par cinq lois successives.

---

17. Depuis la loi du 15 août 2014 relative à l'individualisation des peines et renforçant l'efficacité des sanctions pénales, le quantum est porté à deux ans sauf pour les récidivistes pour lesquels il est toujours d'une année.

18. Depuis la loi du 15 août 2014 précitée, le délai d'épreuve est unifié : la libération conditionnelle peut être accordée lorsque la durée de la peine accomplie est au moins égale à la durée de la peine restant à subir.

19. V. notamment les règles pénitentiaires européennes ainsi que les recommandations n° R(98) 7 relative aux aspects éthiques et organisationnels des soins de santé en milieu pénitentiaire et n° R 1080 de 1988 relative à la politique européenne coordonnée de la santé pour prévenir la propagation du SIDA dans les prisons.

20. Loi n° 2002-303 du 4 mars 2002 relative aux droits des malades et à la qualité du système de santé.

Certaines de ces modifications, poursuivant l'œuvre engagée par la loi Kouchner, assouplissent les conditions d'octroi de la mesure et élargissent son champ d'application. Ainsi, la nécessité de deux expertises médicales distinctes s'accordant sur l'existence d'un pronostic vital engagé ou sur l'incompatibilité durable de l'état de santé avec le maintien en détention a disparu [21]. A présent [22], une seule expertise est requise et constitue la règle de principe. Par dérogation, en cas d'urgence, un certificat médical établi par le médecin responsable de l'unité sanitaire de l'établissement pénitentiaire suffit, et ce quel que soit désormais le motif invoqué au soutien de la demande de suspension de peine [23]. Par ailleurs, la précision selon laquelle l'état de santé doit s'entendre de l'état de santé physique ou mentale a été apportée. Bien que juridiquement inutile, cet ajout dissipe tout malentendu sur la portée de ce critère, la suspension de peine s'adressant à toute personne souffrant d'une affectation grave, qu'elle soit physique, psychologique ou psychiatrique [24].

A l'inverse, d'autres modifications ont durci le dispositif [25]. Les mesures de contrôle et de contrainte pesant sur le condamné, une fois la liberté retrouvée, se sont renforcées [26], de même que les obligations imposées au

---

21. Il faut préciser qu'avant même cette modification, la Chambre criminelle s'était affranchie de la barrière de la lettre du texte qui lie le juge aux conclusions des expertises pour faire primer la liberté et le pouvoir d'appréciation des magistrats. Ainsi, elle retenait que « même en présence de deux expertises concordantes établissant que le condamné ne se trouve pas dans l'une des situations prévues par le texte, il entre de manière normalement prévisible dans l'office du juge (…) soit d'ordonner une nouvelle expertise, soit de rechercher si le maintien en détention de l'intéressé n'est pas constitutif d'un traitement inhumain ou dégradant, notamment par son incompatibilité avec les garanties qui lui sont dues pour protéger sa santé ». Ch. crim. 26 juin 2013 QPC, n° 12-88284 ; H. de Suremain, Réécriture de la loi à la faveur d'une QPC sur la suspension de peine pour raisons médicales [PDF], in Lettre « Actualités Droits-Libertés » du CREDOF, 20 juillet 2013.

22. Cette modification résulte de la loi du 15 août 2014.

23. C'est la loi pénitentiaire du 24 novembre 2009 qui avait introduit cette dérogation tout en la limitant au cas où le pronostic vital est engagé. La loi du 15 août 2014 va plus loin et la généralise aux deux situations ouvrant droit à l'octroi de la mesure. Elle accorde par ailleurs, en raison de l'urgence à statuer, seule compétence au juge de l'application des peines, dérogeant ainsi à la règle de répartition des compétences, fondée sur la durée de la peine initialement prononcée, entre le juge et le tribunal de l'application des peines. La formation collégiale de ce dernier peut en effet rendre parfois difficile sa réunion en temps utile.

24. La seule exclusion concerne les personnes détenues hospitalisées, admises en soins psychiatriques sans leur consentement.

25. P. Poncela, Les suspensions de peine pour raisons médicales, RSC 2006, p. 427.

26. La loi n° 2004-204 du 9 mars 2004 portant adaptation de la justice aux évolutions de la criminalité introduit la possibilité de soumettre le condamné aux obligations et interdictions de la mise à l'épreuve définies par les articles 132-44 et 132-45 du code pénal. Par voie de conséquence, leur irrespect peut conduire à ce qu'il soit mis un terme à la suspension de peine.

magistrat chargé du suivi de l'exécution de la mesure [27]. Surtout, l'octroi de la suspension médicale est défini plus restrictivement. « Le risque grave de renouvellement de l'infraction » est érigé, en 2005 [28], comme cause d'exclusion du dispositif avant de devenir également, en 2010 [29], une cause de perte du bénéfice de la mesure antérieurement accordée. Les conditions d'origine, d'essence uniquement médicale, sont donc désormais concurrencées par des préoccupations sécuritaires [30]. Ces dernières prennent le pas, à tel point qu'elles apparaissent en première ligne de l'article 720-1-1 qui s'ouvre aujourd'hui ainsi : « Sauf s'il existe un risque grave de renouvellement de l'infraction, la suspension peut… ».

Cette même exception est reprise dans le dispositif nouvellement applicable aux personnes malades privées de leur liberté avant jugement.

B. La détention provisoire levée en raison du motif médical grave

L'état de santé a toujours pu justifier qu'il soit mis un terme à une détention provisoire en cours. L'article 148 du code de procédure pénale, à l'énoncé très général, réserve en effet la possibilité à l'intéressé et à son avocat de formuler une demande de mise en liberté, en toute matière, à tout moment et quel qu'en soit le motif [31].

L'apport de la loi du 15 août 2014 n'est donc pas d'avoir créé un droit nouveau pour la personne provisoirement incarcérée. Celui-ci existait déjà.

---

27. Alors que dans la version première du texte, l'expertise médicale, ordonnée au cours de la suspension aux fins de vérifier que ses conditions d'octroi étaient toujours réunies, était une simple possibilité laissée au juge de l'application des peines, elle est désormais, et ce depuis la loi du 12 décembre 2005 relative au traitement de la récidive des infractions pénales, érigée en obligation, selon un rythme semestriel lorsque la condamnation a été prononcée pour crime.

28. Loi n° 2005-1549 du 12 décembre 2005 relative au traitement de la récidive des infractions pénales.

29. Loi n° 2010-242 du 10 mars 2010 tendant à amoindrir le risque de récidive criminelle.

30. C. Mauro, La sécurité dans la peine : obstacles et alternatives, in Peine. Dangerosité. Quelles certitudes ? Dalloz, coll. Essais de philosophie pénale et de criminologie, vol. 9, 2010, p. 63.

31. La Chambre criminelle a ainsi indiqué qu'un état de santé incompatible avec la détention peut motiver une telle sollicitation. Ch. crim. 26 févr. 2003, n° 02-88131, Bull. crim. n° 55, D. 2004, chron. 1100, obs. M. Herzog-Evans. Elle a également rappelé que, à peine de cassation, une chambre de l'instruction est tenue de répondre au mémoire de la partie – et partant de vérifier la situation alléguée - faisant valoir que l'état de santé de la personne mise en examen, paraplégique et souffrant d'une maladie rénale grave, était inconciliable avec la mesure d'incarcération provisoire qu'elle subissait, et ce quelle que soit par ailleurs la gravité des faits reprochés à l'intéressé. Ch. crim. 2 sept. 2009, n° 09-84172, Bull. crim. n° 149, AJ pénal 2009, p. 452, obs. J. Lasserre-Capdeville.

Son principal mérite est d'offrir un cadre juridique spécifique qui autonomise l'état de santé des autres motifs également susceptibles de soutenir une demande de mise en liberté, en même temps qu'il oblige les juges saisis sur son fondement à s'interroger sur le maintien ou non de la privation de liberté au regard de cet élément-là précisément. Ce faisant, les remises en liberté pour motif médical devraient gagner en sécurité juridique, qu'il s'agisse de l'admission de leur principe ou des conditions de leur acceptation, et dissiper le sentiment d'aléatoire inspiré jusqu'alors par des décisions rendues par les juges du fond [32].

Le nouvel article 147-1 du code de procédure pénale s'inspire de son prédécesseur dont il transpose, pour beaucoup [33], le dispositif.

- La mise en liberté est envisageable « en toute matière », que la détention provisoire ait été décidée en matière criminelle ou délictuelle. La nature comme la gravité de l'infraction pour laquelle le mis en examen est poursuivi n'importent donc pas ;

- Les conditions, d'ordre strictement médical, sont presque identiquement formulées. Le détenu provisoire doit être atteint « d'une pathologie engageant son pronostic vital » ou « son état de santé physique ou mentale » doit être « incompatible avec le maintien en détention ». La seule différence avec la suspension médicale de peine tient à la disparition, ici, de l'adverbe « durablement » incompatible. La mise en liberté peut donc être prononcée alors que l'incompatibilité serait d'emblée appréciée comme n'étant *a priori* que temporaire. Cette condition moins restrictive se justifie par le caractère de la détention provisoire, qui doit rester une mesure exceptionnelle, et par sa durée, qui se doit d'être raisonnable ;

- La preuve requise du motif médical est semblable : une expertise médicale ou, en cas d'urgence, un examen émanant du médecin responsable de l'unité médicale de l'établissement ou de son remplaçant ;

- Enfin, le texte reprend les deux mêmes exclusions. La première tient à l'admission de la personne en soins psychiatriques sans son consentement. Dans un tel cas, la prise en charge dans une unité de soins adaptée à la

---

32. M. Herzog-Evans, La détention provisoire nécessaire néanmoins levée pour raison médicale, AJ pénal 2013, p. 293 ; E. Baron, La raison médicale comme motif de mise en liberté, précité.

33. Une différence notable entre les deux mécanismes doit toutefois être soulignée. Le texte n'introduit pas en effet une suspension de l'exécution de la détention provisoire mais une mise en liberté pour motif médical. Par voie de conséquence, dans l'hypothèse d'une amélioration de l'état de santé, il ne peut y avoir reprise de la détention provisoire antérieure. L'éventuelle nouvelle incarcération suppose une nouvelle décision de placement et donc un nouvel examen de la condition de nécessité de la mesure.

situation de l'intéressé est assurée, la non-levée de la mesure de détention provisoire permettant par ailleurs que le temps de l'hospitalisation sous contrainte s'impute sur la durée de la détention provisoire et, le cas échéant, sur celle de la peine privative de liberté restant à accomplir. La seconde est attachée à l'existence d'un « risque grave de renouvellement de l'infraction ». Faisant directement écho à l'un des objectifs de la détention provisoire (art. 144, 6° : « Mettre fin à l'infraction ou prévenir son renouvellement »), cette limite à la remise en liberté montre à nouveau que, pour le législateur français et à l'encontre de l'esprit général du texte, en cette circonstance particulière la nécessité de l'enferment s'impose, toujours, sur l'impératif sanitaire.

Un nouveau texte donc, qui ne devrait toutefois pas fondamentalement bouleverser le sort judiciaire qui était, jusqu'à son entrée en vigueur, réservé aux personnes malades placées en détention provisoire. En tout cas, les arrêts rendus sur son fondement, à l'heure où cette contribution est écrite, ne le laissent pas penser. Dans les six décisions recensées sur Légifrance [34], la mise en liberté a été refusée par les juges du fond et les pourvois ont tous été rejetés. Un motif au refus de faire droit à l'élargissement apparaît récurrent. Il tient à l'absence d'éléments médicaux présentés par le requérant qui soient susceptibles d'établir le bien-fondé de la demande d'expertise formulée aux juges [35]. Ceci rejoint d'assez près la jurisprudence de la Chambre criminelle antérieure à 2014. Celle-ci exigeait déjà que le détenu allègue d'éléments propres à sa personne [36], circonstanciés et déterminants, tels des expertises

---

34. Ch. crim. 24 mars 2015, n° 15-80100 ; Ch. crim. 20 mai 2015, n° 15-81365 ; Ch. crim. 22 juillet 2015, n° 15-82758 ; Ch. crim. 5 août 2015, n° 15-83120 ; Ch. crim. 5 janvier 2016, n° 15-85997 ; Ch. crim. 3 février 2016, n° 15-86594.

35. Il faut là signaler le rôle important que joue le personnel médical de la prison comme relai dans la communication de l'information. Leur parole est un complément utile, probablement même essentiel à la mission de l'expert. Celui-ci peut étudier la pathologie et en évaluer le pronostic mais est probablement moins à même de se prononcer sur la notion d'incompatibilité, ne serait-ce que parce qu'il est moins familier du milieu carcéral et des conditions de vie que ne le sont les médecins de l'établissement. D'ailleurs, l'article D 382, al. 4 du code de procédure pénale leur fait obligation, lorsqu'ils estiment que l'état de santé d'un détenu n'est pas compatible avec un maintien en détention ou avec le régime pénitentiaire qui lui est appliqué, d'en aviser par écrit le chef de l'établissement pénitentiaire, lequel doit en informer aussitôt, s'il y a lieu, l'autorité judiciaire compétente. L'absence de signalement est un argument pour rejeter toute prétention d'incompatibilité. V. en ce sens Ch. crim. 22 juillet 2015, n° 15-82758.

36. Ch. crim. 29 février 2012, n° 11-88441, Bull. crim. n° 58, RSC 2012, p. 879, comm. X. Salvat ; AJ pénal 2012, p. 471, comm. E. Sennat ; Ch. crim. 3 octobre 2012, n° 12-85054, Bull. crim. n° 209.

ou rapports médicaux, qui témoignent que les conditions de détention l'affectent spécifiquement et gravement [37].

Qu'il s'agisse de la suspension médicale de peine ou de l'interruption de la détention provisoire, la volonté sous-tendue est semblable : s'assurer que l'exécution de la mesure privative de liberté ne se traduise pas en l'infliction de traitements inhumains ou dégradants. C'est dans cet esprit que la Chambre criminelle a admis qu'une suspension de peine puisse être décidée en faveur d'un condamné libre, avant sa mise à l'écrou, dès lors qu'il satisfait aux conditions de son octroi [38]. Cette décision [39] est de bon sens [40]. Il serait en effet tout autant inutile qu'inopportun, lorsque l'état de santé défectueux est connu avant l'incarcération effective, de devoir enfermer pour pouvoir libérer. Dans cette perspective, ne faut-il pas aller plus loin et permettre que l'examen de la capacité à la détention intervienne non plus seulement au cours de l'exécution de la mesure *intra-muros* mais dès son prononcé ? Franchir ce pas serait reconnaître pleinement que la pathologie grave s'oppose à la privation de liberté.

---

37. Il faut ici noter, en forme d'aparté, que la Chambre criminelle opère une distinction entre les conditions générales matérielles de la détention et des circonstances personnelles et particulières au détenu. Au contraire des secondes, les premières, quand bien même seraient-elles mauvaises du fait d'un environnement insalubre et/ou de la surpopulation carcérale, ne peuvent, à elles seules, servir de fondement à une mise en liberté. Ainsi, dans l'arrêt du 29 février 2012 précité, elle a jugé que la chambre de l'instruction, qui s'était opposée à la demande de mise en liberté du requérant, s'était justement déterminée en considérations de droit et de fait répondant *aux seules exigences* des articles 137-3, 143-1 et suivants du code de procédure pénale. En la matière, la Chambre criminelle s'en tient à la lettre des dispositions légales lesquelles ne prennent pas en considération les conditions matérielles d'exécution de la détention provisoire.

38. « Si c'est à tort que l'arrêt déclare irrecevable la demande de suspension de peine pour raison médicale présentée en faveur d'un condamné encore libre, dès lors qu'il ne résulte pas de la combinaison des articles 720-1 et 720-1-1 du code précité que la possibilité de prononcer une telle mesure en l'absence de mise sous écrou soit réservée aux seules personnes condamnées à une peine d'emprisonnement correctionnel inférieure ou égale à un an ou, dans les autres cas, aux seules personnes dont le pronostic vital est engagé, à l'exclusion des condamnés dont l'état de santé est cependant incompatible avec la détention, l'arrêt n'encourt cependant pas la censure, les juges ayant à bon droit constaté que seule l'une des deux expertises concordantes exigées par l'article 720-1-1 du code précité avait été produite à l'appui de la requête ». Ch. crim. 21 février 2007, n° 06-85595.

39. La circulaire du 7 mai 2003 invite pareillement à une interprétation non littérale du texte afin de permettre, au-delà de sa lettre qui vise l'état de santé durablement incompatible avec le *maintien* en détention, des suspensions de peine *ab initio*. Circulaire de la Direction des affaires criminelles et des grâces, 7 mai 20O3, http://www.oip.org/images/stories/textes /Circulaire%2007-05-03%20Susp%20de%20peine.pdf. Pour une interprétation littérale du texte, V. E. Garçon et V. Peltier, Droit de la peine, Lexis-Nexis 2015, n° 1237.

40. C. Michalski, La suspension médicale de peine avant mise sous écrou : le bon sens, AJ pénal, oct. 2007, p. 23.

II. L'état de santé, un motif de non placement en détention de la personne mise en examen ou condamnée

Françoise Tulkens en 2001 [41] puis Florence Massias trois ans plus tard [42] s'interrogeaient dans les mêmes termes : l'emprisonnement qui met en péril les objectifs mêmes de la détention n'est-il pas susceptible de constituer en lui-même un traitement inhumain ou dégradant ? Cette question prend une résonnance toute particulière lorsque l'incarcération, parce qu'elle vise une personne gravement malade et donc vulnérabilisée, est susceptible d'accroître l'atteinte portée à sa santé physique, psychique ou mentale.

L'inaptitude à la détention du fait de l'état de santé ne peut en effet être détachée de la question de l'utilité sociale de la privation de liberté. Celle-ci est-elle toujours nécessaire ? Parfaitement proportionnée au regard des effets induits sur la santé du détenu ? Là est bien le questionnement préalable qu'implique, ou devrait impliquer, toute décision judiciaire relative à un placement en détention, qu'elle soit ou non provisoire.

A. L'état de santé, un motif pour exclure la détention provisoire

En traitant explicitement de « la mise en liberté d'une personne placée en détention provisoire », l'article 147-1 du code de procédure pénale vise pour seule situation celle d'une personne d'ores et déjà incarcérée pour laquelle la détention peut être abrégée en considération de son état de santé compromis. En amont, ce dernier n'a jamais été, et n'est toujours pas, du nombre des critères légaux qui gouvernent la mise en détention provisoire ou son rejet. La décision de placement repose uniquement sur les motifs énoncés à l'article 144 du même code qui justifient à eux seuls la détention. Contrairement à d'autres droits [43], le juge français n'a donc pas à les mettre en balance avec les risques de cette détention sur l'évolution de la pathologie ou ses obstacles sur la qualité de la prise en charge et des traitements proposés.

A ce stade, la prise en compte de l'état de santé n'est pas pour autant exclue. Même si ce n'est que de façon indirecte et implicite, elle s'immisce

41. F. Tulkens, L'interdit de la torture et des peines ou traitements inhumains ou dégradants. Les développements récents de la jurisprudence de la Cour européenne des droits de l'homme, précité.

42. F. Massias, La protection de la santé et de la dignité du détenu par la jurisprudence de la Cour européenne des droits de l'homme, CRDP, n° 3, 2004, p. 23.

43. J. Danet, La notion d'état de santé et la détention en Europe, RSC 1996, p. 49.

dans le débat judiciaire en vertu des principes qui encadrent la détention provisoire.

Le premier, énoncé par l'article 137, est celui de la subsidiarité de la détention provisoire. Il commande qu'il n'y soit recouru que lorsque les nécessités de l'instruction ou les mesures de sureté justifient l'exception au principe de la liberté et que les obligations du contrôle judiciaire comme de l'assignation à résidence avec surveillance électronique se révèlent insuffisantes pour y satisfaire. Quand bien même sa création est étrangère à toute préoccupation sanitaire, l'assignation à domicile [44], située à mi-chemin entre le contrôle judiciaire et la détention provisoire, offre une perspective intéressante, au moins en théorie, en permettant au juge de s'inscrire dans une logique de proportionnalité. Apparentée à un régime de privation de liberté hors la prison, l'assignation devrait ainsi permettre d'éviter l'incarcération effective qui, certes, se justifierait au regard des critères légaux mais que l'état de santé du prévenu rend complexe sinon impossible pour des raisons humanitaires. Les difficultés dont les praticiens témoignent dans sa mise en œuvre semblent toutefois rendre cette voie encore assez illusoire. Sa lourdeur et sa complexité par rapport au mandat de dépôt, dues notamment à l'enquête de faisabilité préalable qui doit être menée dans un délai très court, font que le recours à l'assignation demeure pour l'instant plus qu'exceptionnel dans la phase de placement en détention [45]. C'est pourtant une alternative qui mériterait d'être développée.

Le second principe est celui du respect de la dignité humaine. L'article préliminaire du code de procédure pénale en rappelle l'exigence, quelle que soit la mesure de contrainte dont la personne suspectée ou poursuivie fait l'objet. La portée générale de ce principe ne saurait supporter que la mise en détention, quand bien même serait-elle justifiée par les nécessités de l'instruction, y fasse exception au risque de soumettre le prévenu à une détresse ou à une épreuve d'une intensité qui excède le niveau inévitable de souffrance inhérent à la privation de liberté.

Eu égard à l'évolution de la jurisprudence européenne et à la valeur absolue que la Cour reconnaît à la dignité humaine, les magistrats chargés de statuer sur le placement en détention provisoire se doivent d'intégrer, au titre des considérations de droit et de fait qui fondent leur décision, l'élément « état de santé » et de s'y montrer aussi attentifs que la loi désormais le leur impose lorsqu'ils se prononcent sur son maintien.

---

44. Art. 142-5 et s. CPP créés par la loi n° 2009-1436 du 24 novembre 2009 pénitentiaire.

45. Commission de suivi de la détention provisoire, Rapport annuel, mars 2014, http://www.justice.gouv.fr/publications-10047/rapports-thematiques-10049/rapport-2013-de-la-commission-de-suivi-de-la-detention-provisoire-27865.html.

B. L'état de santé, un motif pour exclure l'incarcération du condamné ?

La suspension médicale de peine constitue, on l'a dit, une modalité d'aménagement de la peine prononcée qui relève de la compétence exclusive des juridictions de l'application des peines. En cela elle se distingue d'autres aménagements de la peine privative de liberté qui peuvent être décidés dès l'audience de jugement. Il en est ainsi notamment de la semi-liberté, du placement sous surveillance électronique mobile ou encore de l'autre forme de suspension de peine (ou fractionnement) qui, selon l'article 132-27 du code pénal [46], peut être accordée pour différents motifs dont le motif d'ordre médical [47]. Aussi, alors de surcroît que la suspension médicale de peine est présentée comme une déclinaison de la suspension de peine de droit commun [48], la question se pose de savoir s'il ne serait pas opportun de prévoir que la première puisse également être prononcée *ab initio*, par les juridictions de jugement. Une telle solution aurait pour intérêt de remonter un peu plus encore la chaine pénale afin que l'incompatibilité de la détention avec l'état de santé soit appréciée *a priori*, au moment de la décision de condamnation, et non plus seulement au stade de la mise à exécution [49] voire de l'exécution de la peine.

Sans doute pourrait-il être soutenu que le droit positif le permet déjà à la faveur du principe de personnalisation de la peine. L'article 132-1 du code pénal commande en effet que toute peine prononcée soit individualisée, déterminée en fonction de la personnalité de l'auteur de l'infraction ainsi que de sa situation matérielle, familiale et sociale. L'état de santé n'y est pas mentionné mais il est inclus dans la notion même de personnalité qui englobe l'ensemble des traits physiques et moraux différentiant une personne d'une autre. Ainsi, le juge est implicitement tenu de prendre en considération les données dont il dispose sur l'état de santé lorsqu'il choisit

---

46. Art. 132-27 CP : En matière correctionnelle, la juridiction peut, pour motif d'ordre médical, familial, professionnel ou social, décider que l'emprisonnement prononcé pour une durée de deux ans, ou, si la personne est en état de récidive légale, égale ou inférieure à un an au plus sera, pendant une période n'excédant pas quatre ans, exécuté par fractions, aucune d'entre elles ne pouvant être inférieure à deux jours.

47. M. de Crouy-Chanel, E. Noël et O. Sannier, Les aménagements de peine pour raison médicale. Approche médico-judiciaire pour une meilleure mise en œuvre, AJ pénal 2010, p. 318.

48. V. Circulaire de la Direction des affaires criminelles et des grâces du 7 mai 20O3, précitée.

49. Ceci, comme nous l'avons préalablement souligné (V. supra notes 38 et 39), est admis par la Chambre criminelle. Cette possibilité n'est pas toutefois sans compromettre l'intelligibilité du message judiciaire, la décision de la juridiction de l'application des peines contrariant celle rendue par les juges du fond avant même qu'elle n'ait été mise à exécution.

la nature et le *quantum* de la peine. L'impératif devient explicite lorsqu'il statue sur le régime d'exécution de celle-ci, le motif d'ordre médical étant l'un des critères légaux d'octroi des mesures d'aménagement de la peine d'emprisonnement sans sursis [50].

L'application de ces règles n'est toutefois pleinement effective qu'à l'égard de celui qui est condamné à une peine délictuelle. Le tribunal correctionnel a un éventail de possibilités, graduées, qui permettent d'éviter l'incarcération qui serait inconciliable avec son état de santé : d'une part, le tribunal dispose d'une palette de peines de milieu ouvert, alternatives à l'emprisonnement, allant la contrainte pénale [51] au travail d'intérêt général [52] en passant par des peines de stage [53] et une pluralité de mesures privatives ou restrictives de liberté [54] ; d'autre part, dans l'hypothèse où il privilégie une peine d'emprisonnement, il doit, en application de l'article 132-19 du code pénal [55], l'assortir d'un sursis [56], et lorsque tel n'est pas le cas, la gravité de l'infraction et la personnalité de son auteur rendant le prononcé d'une peine d'emprisonnement ferme nécessaire, il doit, dès lors que cette dernière ne dépasse deux ans [57], en définir les modalités d'aménagement afin de limiter le temps passé en détention voire y substituer une « incarcération à domicile » *via* un placement sous surveillance électronique.

En matière criminelle en revanche, la Cour d'assises est nettement plus démunie pour personnaliser la peine criminelle prononcée à l'encontre du condamné gravement malade : il n'existe pas de peine alternative à la réclusion ou à la détention criminelle ; celles-ci ne peuvent jamais être assorties d'un sursis, et aucune mesure d'aménagement ne peut être décidée au stade

---

50. Articles 132-25 et s. du code pénal qui énoncent les conditions d'octroi de la semi-liberté, du placement à l'extérieur, du placement sous surveillance électronique et du fractionnement de la peine.

51. Art. 131-4-1 du code pénal.

52. Art. 131-8 du code pénal.

53. Art. 131-5-1 du code pénal.

54. Art. 131-6 du code pénal.

55. Art. 132-19, al. 2 du code pénal : « En matière correctionnelle, une peine d'emprisonnement sans sursis ne peut être prononcée qu'en dernier recours si la gravité de l'infraction et la personnalité de son auteur rendent cette peine nécessaire et si toute autre sanction est manifestement inadéquate ; dans ce cas, la peine d'emprisonnement doit, si la personnalité et la situation du condamné le permettent, et sauf impossibilité matérielle, faire l'objet d'une des mesures d'aménagement prévues aux sous-sections 1 et 2 de la section 2 du présent chapitre ».

56. Le sursis simple est applicable aux condamnations à l'emprisonnement prononcées pour une durée de cinq ans au plus (art. 132-31 du code pénal). Il en est de même du sursis avec mise à l'épreuve sauf si le condamné est récidiviste, le sursis visant alors les condamnations à l'emprisonnement prononcées pour une durée de dix ans au plus (art. 132-41 du même code).

57. Ce seuil est réduit à un an si le condamné est récidiviste.

de l'audience de jugement. En d'autres termes, nul moyen juridique n'est offert qui permette que la nature de la peine ou les modalités d'exécution de la peine privative de liberté criminelle soient choisies en fonction de l'état de santé de l'intéressé au moment du prononcé de sa condamnation.

L'évolution de la législation et plus particulièrement la promotion du principe d'individualisation de la sanction pénale successivement en 2004 [58] et 2009 [59] montre pourtant que la personnalisation de la peine relève aujourd'hui pleinement du rôle dévolu aux juges du fond. Dans la continuité de ce mouvement de politique criminelle, il n'appartient qu'au législateur de revoir, pour l'élargir, le cadre légal actuel des aménagements de la peine *ab initio* qui, pour l'heure, reste cantonner aux courtes peines d'emprisonnement et exclut, en toute hypothèse, l'octroi d'une suspension médicale de peine. Il pourrait reconnaître aux juridictions de jugement dans leur ensemble, la cour d'assises y compris, le pouvoir d'apprécier *a priori* la compatibilité de l'état de santé avec la détention et, par voie de conséquence, celui de suspendre l'exécution de la peine quels que soient sa nature et son *quantum*.

La prohibition absolue des peines et traitements inhumains ou dégradants en ressortirait grandie [60]. La primauté du droit à la santé et du respect de la dignité humaine sur le droit de punir serait encore plus clairement affirmée. La législation interne s'inscrirait ainsi dans le chemin tracé par la Cour européenne qui voit en la dignité « une des valeurs fondamentales des sociétés démocratiques », « une – *la* – valeur absolue ne supportant ni restriction, ni dérogation », qui ne souffre aucune justification et « ne saurait jamais être mise en balance, subordonnée à des intérêts supérieurs », quels que soient les circonstances, quelle que soit la nature des faits, quel que soit encore le danger menaçant la vie de la nation [61].

---

58. Loi n° 2004-204 du 9 mars 2004 portant adaptation de la justice aux évolutions de la criminalité.

59. Loi n° 2009-1436 du 24 novembre 2009 pénitentiaire.

60. J. Danet, La peine perpétuelle comme horizon ?, in Mélanges en l'honneur de Christine Lazerges, Politique(s) criminelle(s), Dalloz 2014, p. 557. L'auteur y souligne que la suspension médicale de peine ne nous protège pas de toute peine inhumaine.

61. G. Giudicelli-Delage, « Punir dans une société démocratique » ou le devoir d'espérance de l'Etat, in Mélanges en l'honneur de Christine Lazerges, Politique(s) criminelle(s), Dalloz 2014, p. 191.

18

Peine perdue et insensé en peine : pourquoi redonner du sens.

Par Cyril MANZARENA

« Peine perdue ! » aurait pu s'écrier la victime d'un dément reconnu comme tel par l'expert psychiatre au début du XXème siècle : pas de procès, pas de condamnation, et, au final, pas d'acte (?) mais, en lieu et place, des soins. Immortalisée à titre posthume par Charles-Louis Müller, la « libération » du fou par le docteur Philippe Pinel, initie le premier mouvement d'un balancement hésitant, concernant le sort à réserver au malade mental criminel, entre peine ou soin, peine et soin, peine-soin…

A la source, un bouleversement sociétal, qui initie, sur fond de déclaration des droits de l'homme [et du citoyen], un premier mouvement en faveur d'une humanisation de la folie. La célèbre formule du docteur Philippe Pinel séparant le soin pour le malade mental et la prison pour le criminel s'appuie sur un postulat, le libre arbitre, et une articulation précise entre santé et justice. Deux principaux textes définissent cette articulation : l'article 64 du code pénal de 1810 [1] qui consacre l'irresponsabilité pénale du criminel reconnu dément au moment des faits, et la loi sur l'internement de 1838, dite loi Esquirol, qui organise les modalités et les conditions de son accueil au sein d'une structure spécifique : l'asile psychiatrique. Deux modalités d'internement son créées : le placement à la demande d'un tiers, à dimension principalement sanitaire, et le placement d'office à dimension

1. Il n'y a ni crime ni délit, lorsque le prévenu était en état de démence au temps de l'action, ou lorsqu'il a été contraint par une force à laquelle il n'a pu résister [*force majeure*]. Consultable sur www.legifrance.fr.

sécuritaire, réservé aux personnes « interdite ou non interdite, dont l'état d'aliénation compromettrait l'ordre public et la sûreté des personnes. » A l'image de la France, la plupart des pays démocratiques se donnent progressivement les moyens légaux et techniques pour soigner le malade mental et punir le criminel. La dichotomie entre dément et criminel se traduit en droit classique par une médicalisation de la question de la responsabilité, exclusive du discernement et de la liberté de décision. Pour répondre à cette question, préalable au jugement, le magistrat s'appuie sur une aide technique, l'expert aliéniste, tout en gardant la souveraineté de sa décision. La conséquence est l'irresponsabilité pénale du dément.

Parfaitement clair et ordonné, ce premier mouvement définit deux pôles distincts : celui de la folie avec son lieu d'accueil, l'asile, et celui de la délinquance auquel est réservé la prison. Pour orienter, l'expert aliéniste devient un acteur fort du procès pénal, qualifié par ses compétences cliniques (techniques) et sa connaissance du soin.

Cette vision dichotomique et « simple » de la maladie mentale scindée en malade et non malade ne résiste qu'un temps à deux principales évolutions : une complexification de la clinique psychiatrique avec notamment la découverte des maladies cycliques, caractérisées par l'alternance d'intervalles a- ou pauci-symptomatiques et d'intervalles cliniques productifs et florides, et la « découverte » de la psychanalyse, apportant un regard novateur sur les processus intrapsychiques qui mènent au passage à l'acte.

Cette évolution, confortée par l'actualité de la présence de malades mentaux en prison comme le confirme l'article publié par Baillarger [2] en 1844, s'accompagne d'un second mouvement, rompant avec la stricte séparation entre malade mental et criminel, lui préférant un savant dosage de la liberté individuelle pour juger l'homme. L'école néo-classique aboutit à la publication, le 12 décembre 1905, de la circulaire Chaumié [3] qui offre la possibilité à l'expert aliéniste de « dire si l'examen psychiatrique ne révèle point chez lui [l'expertisé] des anomalies mentales ou psychiques de nature à atténuer dans une certaine mesure sa responsabilité ». Cette évolution ouvre la voie de la pénalisation du malade mental et détermine une nouvelle catégorie de délinquants, « les anormaux mentaux non irresponsables ».

Dans le sillage de ces travaux, une réflexion se développe concernant les états dangereux, marqués du sceau de la violence, induits par des substances

---

2. BAILLARGER MJ. Note sur les causes de la fréquence de la folie chez les prisonniers. Annales Médico Psychologiques. 1844, n°4, pp.74-80.
3. Ce sera en France une circulaire du garde des Sceaux Chaumié qui en 1905 posera le principe de cette atténuation.

(initialement l'alcool) addictogènes et « agressogènes » sur lesquelles la peine traditionnelle montre une efficacité relative. L'idée du soin comme alternative à la peine (privative de liberté) par les individus présentant une dangerosité particulière fait son apparition au début des années 50, précédent la création en 1954 d'une obligation de soin ordonnée pénalement. En 1958, l'obligation de soin intègre le nouveau code de procédure pénale alors que le sursit avec mise à l'épreuve est créé comme peine alternative à la privation de liberté.

Le principe d'adosser des soins à la peine s'étend progressivement avec un minimum de contraintes. Bénéficiant d'un cadre procédural large, en pré- comme en postsentenciel, et d'un champ d'application souple, l'obligation de soin séduit, d'autant qu'elle fait l'impasse du consentement de l'individu et ne se subordonne à l'avis d'un expert du monde sanitaire. Ce modèle sera repris quelques années plus tard, sous le terme d'injonction thérapeutique, pour endiguer un autre fléau, celui de la toxicomanie et du trafic de stupéfiants. Le cadre procédural est encore élargi et autorise la mise en place d'une injonction thérapeutique dès le stade des poursuites, offrant la possibilité d'un abandon de celles-ci.

Ce second mouvement marque l'entrée des premières confusions entre soin et peine, autorisant à la fois l'emprisonnement conscient du malade mental criminel (le traitement pénal du malade mental) et l'utilisation pénale du soin. Si la circulaire Chaumié (rapidement abrogée) et l'injonction thérapeutique ne remportent qu'un succès modéré, l'essentiel est accompli : la barrière initiale, séparant soins et justice, est levée et l'équilibre initial rompu.

Abolition de la peine de mort, recul des idées positivistes, le troisième mouvement, initié dès la fin des années 70, renoue avec une dimension humaniste du droit. Dès 1990, la loi de 1838 est modifiée. Plus qu'un symbole, la disparition du terme d'internement, étroitement lié à l'aliénisme et à l'asile et l'enfermement, au profit de celui d'hospitalisation, fait enfin entrer le malade mental dans l'ère moderne, celle du soin. La refonte du code pénal s'achève à cette même période et le nouveau code pénal est promulgué en 1994. La dimension humaine de cette refonte apparaît nettement dans la réécriture de l'article 64 qui a été adoptée : une évaluation à deux niveaux de la responsabilité du dément : l'article 122-1 CP intègre la circulaire Chaumié et l'atténuation de responsabilité en son deuxième alinéa. La contrainte s'émancipe et trouve son autonomie dans l'article suivant, le 122-2.

Dans sa rédaction originelle, la question de la responsabilité du malade mental se pose de la manière suivante :

« N'est pas pénalement responsable la personne qui était atteinte, au moment des faits, d'un trouble psychique ou neuropsychique ayant aboli son discernement ou le contrôle de ses actes.

La personne qui était atteinte, au moment des faits, d'un trouble psychique ou neuropsychique ayant altéré son discernement ou entravé le contrôle de ses actes, demeure punissable ; toutefois, la juridiction tient compte de cette circonstance lorsqu' elle détermine la peine ou en fixe le régime ».

En laissant de côté le débat sémantique à propos du choix du mot discernement [4], l'intérêt se porte sur deux points particuliers de ce texte. Le premier, le plus évident, est que, s'agissant de l'atténuation de responsabilité, aucune mention précise n'est faite quant à la conséquence de l'application de cet alinéa par l'autorité de jugement sur le prononcé de la peine. A « peine » peut-on imaginer qu'en digne héritier de la vielle circulaire Chaumié, il puisse s'agit d'une implicite circonstance atténuante. Mais, si l'esprit de l'article 122-1 second alinéa, supposé l'héritier de la circulaire Chaumié, oriente dans le sens d'une atténuation de la peine, L. Leturmy rappelle que, en 1995, l'interprétation du texte donnée par la chambre criminelle de la Cour de Cassation a été différente et concluait que les « dispositions du texte ne prévoyaient pas une cause légale de diminution de la peine [5] ». Un contre-sens ?

Un second point attire l'attention : l'application du premier alinéa de l'article 122-1 aboutit au dessaisissement de la justice pénale au détriment d'un juge administratif, le préfet, tandis que l'hospitalisation d'office [6] judiciaire n'est pas une obligation ni une conséquence du non-lieu judiciaire : un non-sens ?

Dans tous les cas, une incertitude persiste donc quant au devenir du malade mental irresponsabilisé : hôpital psychiatrique, unité pur malade difficile, retour à domicile, « impunité » ?...

---

4. Référence directe au texte anglais : dans le sillage de l'arrêt M'Naghten de la cour du banc de la Reine en 1843, les conditions de l'irresponsabilité pénale sont posées en Common Law : « Pour établir un moyen de défense fondé sur l'aliénation mentale, il faut que soit clairement prouvé qu'au moment de la commission de l'acte, l'accusé était affecté par une absence totale de discernement causé par une maladie mentale, qu'il ne connaissait ni la nature ni la qualité de l'acte qu'il effectuait ou qu'il ne savait pas que ce qu'il faisait était mal ». Affaire M'Naghten, 1843 In : L'irresponsabilité des malades mentaux. Documents de travail du Sénat, série législation comparée. LC 132, février 2004, 29 p. Disponible sur : www.senat.fr

5. LETURMY L. L'irresponsabilité pénale des malades mentaux : principes et nuances. Voir supra note n°440

6. Hospitalisation d'office selon la loi du 27 juin 1990.

Rapidement, l'application de l'article 122-1 du CP fait face à deux ordres de critiques. S'agissant du premier alinéa, il paraît peu prononcé, même si, en réalité, son prononcé reste stable mais à un bas niveau. Le second alinéa fait face à davantage de critiques : manque de spécificité et de précision, insidieusement rassurant (soigner le malade mental en prison via le prononcé d'une peine), pas de vertu « atténuante » sur le prononcé de la peine, et l'hypothèse d'une majoration de la peine lors de jugement aux assises [7]. La conséquence est évidente : Il y a des malades mentaux en prison ! Les chiffres nationaux [8] et internationaux [9] convergent : Personnalité cluster B (cluster le plus « criminogène ») : 15 à 60 % ; Psychose : 4 à 17 % ; Troubles dépressifs majeurs:12 à 24 % ; Addictions : de 18 à 30 % pour l'alcool (11,7 % en France) et de 10 à 48 % pour les autres produits (14,5 % en France).

Le quatrième mouvement s'amorce dans ce contexte. L'importation du courant sécuritaire et du principe de la « tolérance zéro » à la fin des années 90 déplace progressivement la question de la responsabilité du malade mental vers celle de sa dangerosité. Inévitablement, le sort du malade mental criminel s'en trouve changé.

A la suite d'une série de lois dites « sécuritaires » et imprégnées de populisme pénal [10], la loi du 25 février 2008 [11] est promulguée. Elle bouleverse la perception sociale et pénale du malade en stigmatisant sa dangerosité par le biais de mesures de sûretés applicables aux « bénéficiaires » du premier alinéa de l'article 122-1. Punir l'irresponsable ? non, impensable… simplement « sécuriser » la société face à ces Dangereux qui la menacent. Au final, si punir un malade n'est pas directement acceptable, mettre à l'écart durablement le Dangereux, l'est parfaitement.

Puisque dangerosité et maladie mentale flirtent dangereusement, ces deux opposés finissent par s'attirer : le malade mental criminel (dangereux) et le délinquant récidiviste, violent (dangereux). Au fond, le prisme de la

---

7. SENON JL., MANZANERA C. L'expertise psychiatrique pénale : les données d'un débat. Actualité Juridique pénal. 2006, vol 2, pp. 66-69.

8. FALLISSARD B, LOZE JY., GASQUET I., DUBURC A., BEAUREPAIRE de C., FAGNANI F., ROUILLON F. Prevalence of mental disorders in French prisons for men. BMC Psychiatry [en ligne]. 2006, n°6, p.33. Disponible sur : www.ncbi.nlm.nih.gov/pubmed/.

9. FAZEL S., DANESH J. Serious mental disorder in 23.000 prisoners: a systematic review of 62 surveys. The Lancet [en ligne]. 2002, n°359, pp.545-550. Disponible sur : www.ncbi.nlm.nih.gov/pubmed/.

10. SALAS D. La volonté de punir. Essai sur le populisme pénal. L'Isle-d'Espagnac : édition Hachette littérature, 2005, 287 p.

11. LOI n° 2008-174 du 25 février 2008 relative à la rétention de sûreté et à la déclaration d'irresponsabilité pénale pour cause de trouble mental.

dangerosité permet de rapprocher et de confondre malade mental et criminel, et de proposer la peine au malade mental criminel et le soin au criminel dangereux. Pure utopie la dichotomie de Philippe Pinel ? Quoi qu'il en soit, ce nouvel « humanisme sécuritaire » s'accompagne de traductions législatives et sanitaires concrètes, tandis que nous n'aborderons pas les évolutions sociales.

Sur le plan législatif, deux axes sont développés.

Le premier concerne les soins pénalement ordonnés. La loi du 17 juin 1998 crée une nouvelle obligation de soin, l'injonction de soins, réservée initialement aux auteurs d'infractions à caractère sexuel, et rapidement étendue à d'autre type d'infractions en particulier à caractère violent (violences conjugales, incendaires…).

Le second concerne les mesures de sûreté avec, en point d'orgue, la loi du 25 février 2008, qui crée le régime de la rétention de sûreté, comportant un volet sanitaire, et permet l'application d'une série de mesures de sûreté au malade mental criminel irresponsabilisé. Ainsi, elle légalise une pénalité « qui donne à la société des droits sur les individus à raison de ce qu'ils sont, et non plus à partir de ce qu'ils ont fait ». Mutation voire révolution du droit pénal en France, L. Leturmy précise que « c'est désormais la nature des infractions qui rattache leurs auteurs à des catégories particulières, mises à part, que la législation désigne expressément comme étant « des personnes dangereuses ». L'irresponsabilité pénale connaît plusieurs modifications, initialement au niveau procédural. L'ordonnance de non-lieu émise par le juge d'instruction est remplacée par un arrêt pour cause d'« irresponsabilité pénale pour cause de trouble mental » délivrée par la chambre de l'instruction ou un jugement de déclaration d'irresponsabilité pénale lorsque celui-ci est prononcé par une juridiction de jugement. L'article 706-136 du CPP innove en créant, après cet arrêt, la possibilité d'ordonner des mesures de sûreté contre la personne, ces mesures pouvant perdurer jusqu'à 10 ans en matière correctionnelle et jusqu'à 20 ans en matière criminelle (ou délit puni de 10 ans d'emprisonnement). Le législateur met à disposition des magistrats six mesures de sûreté. Elles concernent en particulier : l'accès à la victime et/ou aux armes, l'interdiction de certains lieux désignés, l'interdiction de certaines activités professionnelles ou bénévoles sans examen psychiatrique d'aptitude préalable. Ces mesures peuvent faire l'objet d'un recours auprès du juge des libertés et de la détention qui statuera après une nouvelle expertise psychiatrique.

L'imputabilité matérielle de la faute peut être détaché de son imputabilité morale et donner lieu, dans certains cas, à une saisine de la chambre de l'instruction (article 706-120). Celle-ci estime « qu'il existe des charges suffisantes contre la personne mise en examen d'avoir commis les faits qui lui sont reprochés » et l'inscrit dans son arrêt de déclaration d'irresponsabilité pénale pour cause de trouble mental. Cette procédure s'effectue au cours d'une audience publique. Le mis en examen peut être amenée à comparaître dès lors que son état le permet. L'audience peut toutefois être en huis clos selon les cas prévus par la loi (article 306 CPP).

Sur le plan sanitaire, une nouvelle structure voit le jour : l'Unité d'Hospitalisation Spécialement Aménagée (UHSA) ou « hôpital prison ». Les UHSA ont été calquées sur un modèle proche, créé pour les soins somatiques et réservé aux seuls détenus, les Unités Hospitalières Sécurisées Interrégionales (UHSI) [12]. Les UHSA sont prévues pour être implantées au sein d'établissements de santé. Elles s'établissent sur un partenariat entre l'administration pénitentiaire et l'administration sanitaire, le personnel pénitentiaire ayant, schématiquement, le périmètre et les conditions d'accès sous sa responsabilité, tandis que le personnel sanitaire reste référent de la partie dédiée aux soins, même si des passerelles existent. Une circulaire descriptive du fonctionnement des UHSA précise les missions propres à chacun [13]. La circulaire du 16 juillet 2007 relative aux modalités de financement des dépenses d'investissement des UHSA énonce les arbitrages interministériels définitifs définissant la création de 17 UHSA d'une capacité totale de 705 lits en deux tranches. La première tranche de travaux concerne 9 UHSA d'une capacité de 440 lits. Les implantations ont été décidées conjointement par les ministères de la Justice et de la Santé, après concertation avec les Agences Régionales Hospitalières (actuelles Agences Régionales Sanitaires) et couvrent l'ensemble des Directions Régionales des Services Pénitentiaires.

La frontière classique entre malade mental et criminel s'étiole : obéissant à un autre paradigme, celui de la dangerosité, cette distinction séculaire tend à perdre son sens.

La nouvelle gouvernance de 2012, soutenue par la conférence de consensus de 2013 [14] portant sur le sujet de la récidive, apportait des promesses de réajustement de l'équilibre santé-justice et une orientation claire vers une justice « restaurative » : une remise en cause de la loi du 25 février 2008, la disparition des peines plancher, la réaffirmation de l'intérêt de l'expertise de responsabilité, pas de création de nouvelle mesure de sûreté…

---

12. L'arrêté du 24 août 2000 crée sept UHSI implantées dans le cadre de CHU.

13. Circulaire Interministérielle DGOS/R4/PMJ2/2011/105 du 18 mars 2011 relative à l'ouverture et au fonctionnement des unités hospitalières spécialement aménagées (UHSA).

14. Conférence de consensus. Pour une nouvelle politique publique de prévention de la récidive : Principes d'action et méthodes. Rapport du jury de consensus remis au Premier ministre [en ligne]. Paris, 20 février 2013, 38 p. disponible sur : www.conference-consensus.justice.gouv.fr/.

Si toutes promesses n'engagent que ceux qui les croient, certaines se sont concrétisées mais en demi-teinte. Ainsi, le second alinéa de l'article 122-1 s'est vu complété [15] de la manière suivante : « Si est encourue une peine privative de liberté, celle-ci est réduite du tiers ou, en cas de crime puni de la réclusion criminelle ou de la détention criminelle à perpétuité, est ramenée à trente ans. La juridiction peut toutefois, par une décision spécialement motivée en matière correctionnelle, décider de ne pas appliquer cette diminution de peine. Lorsque, après avis médical, la juridiction considère que la nature du trouble le justifie, elle s'assure que la peine prononcée permette que le condamné fasse l'objet de soins adaptés à son état ».

Victoire relative pour les défenseurs du projet sénatorial de 2011 [16] puisque, non seulement la vertu atténuante vis à vis de la peine encourue est plus timide dans le texte définitif que dans la proposition sénatoriale initiale, mais, comme le précise le texte, son application n'est pas systématique en matière correctionnelle. à la libération de cette personne, si son état le justifie et après avis médical, une obligation de soins pendant une durée qu'il fixe et qui ne peut excéder cinq ans en matière correctionnelle ou dix ans si les faits commis constituent un crime ou un délit puni de dix ans d'emprisonnement.

De plus, le texte de loi introduit une nouvelle mesure de sûreté. En effet, à la libération de cette personne, si son état le justifie et après avis médical, le juge d'application des peines peut ordonner une obligation de soins pendant une durée qu'il fixe et qui ne peut excéder cinq ans en matière correctionnelle ou dix ans si les faits commis constituent un crime ou un délit puni de dix ans d'emprisonnement [17].

Obligation de soin spécialement dédiée, mesures de sûreté, circonstance atténuante relative, soins pénalement ordonnés, hôpitaux-prisons, le regard social et pénal porté sur le malade mental change. La rupture tranchée « criminel – aliéné » post révolutionnaire devient, à l'aune de la peur sociale du nouveau millénaire et ses revendications sécuritaires, un agglomérat de dangerosités « socio-politico-juridico-psycho/psychiatriques ». Au fond, sens de la peine du privé de ses facultés, répond la forme, la défense sociale face au dangereux. Sous cet aspect, nulle difficulté pour condamner le non-condamnable, et c'est d'ailleurs ce que permet, de manière détournée, la loi du 15 août 2014, par le jeu des mesures de sûreté. Ainsi, et l'article 706-139

---

15. LOI n° 2014-896 du 15 août 2014 relative à l'individualisation des peines et renforçant l'efficacité des sanctions pénales.

16. Proposition de loi adoptée par le sénat relative à l'atténuation de responsabilité pénale applicable aux personnes atteintes d'un trouble mental ayant altéré leur discernement au moment des faits. Adoptée le 25 janvier 2011, n°51.

17. Article 706-136-1 du CPP.

du CPP le précise, la méconnaissance par la personne qui en a fait l'objet des interdictions prévues à l'article 706-136 du CPP [18] ou de l'obligation de soins prévue à l'article 706-136-1 du CPP est punie, sous réserve des dispositions du premier alinéa de l'article 122-1 du code pénal, de deux ans d'emprisonnement et 30 000 euros d'amende.

Au final, c'est bien une double peine qui peut s'appliquer au malade mental criminel. Alors la peine de l'insensé a-t-elle du sens ou un sens ? Raisonner [punir] un fou c'est raisonner [punir] un homme endormi ; à la fin il dira : « de quoi s'agit-il ? [19] ».

---

18. Mesures de sûreté dans le cadre du premier alinéa de l'article 122-1.
19. Inspiré de L'ecclesiastique, chapitre 22, verset 10.

D

La norme

19

L'articulation de la peine et du soin : de multiples implications

Par Pierre COLLART

Le contexte belge actuel de prise en charge des auteurs d'infraction à caractère sexuel, décline la sanction en peine (de prison, effective et/ou avec sursis) d'une part, et en soins d'autre part. L'articulation de ces deux dimensions a plusieurs implications : sur la représentation sociale de ce type d'acte criminel/délictueux ; sur les relations entre acteurs de justice et acteurs de soins ; sur le cadre thérapeutique.

Réfléchir l'articulation de la peine et du soin dans la prise en charge des comportements déviants revient à poser trois questions. Dans un premier temps, qu'est-ce que la déviance ? Il s'agit ici d'une réflexion en amont sur l'articulation de la peine et du soin. Ensuite, quelles réponses y apporter, et comment les déterminer ? Enfin, quelles en sont les implications ?

Un cadre de référence : la sociologie compréhensive de la déviance

L'inspiration de l'approche compréhensive en sociologie nous amène à considérer la sanction comme la réponse sociale infligée à un individu qui commet un acte de déviance par rapport aux normes sociales.

Un des principaux représentants de cette école, Howard Becker, a développé une lecture des comportements déviants qui consiste essentiellement en une critique de la « substantialité » de la déviance. La déviance, en effet, y est présentée comme l'effet d'une construction créatrice d'un certain ordre social. Les groupes sociaux, selon Becker, « créent la déviance en instituant des normes dont la transgression constitue la déviance, en appliquant ces normes à certains individus et en les étiquetant comme des déviants. De ce point de vue, la déviance n'est pas une qualité de l'acte commis par une personne, mais plutôt une conséquence de l'application, par les autres, de normes et de sanctions à un "transgresseur". Le déviant est celui auquel cette étiquette a été appliquée avec succès et le comportement déviant est celui auquel la collectivité attache cette étiquette » [1].

Sous cette étiquette, donc, se retrouvent tous ceux qui partagent au moins cette qualification, ainsi que l'expérience d'être étiquetés comme étrangers au groupe. Cette identité fondamentale sera le point de départ de l'analyse de Becker, qui « considérera la déviance comme le produit d'une transaction effectuée entre un groupe social et un individu qui, aux yeux du groupe, a transgressé une norme » [2]. Le problème n'est donc pas tant le comportement déviant lui-même, mais plutôt celui des processus conduisant un individu à être désigné comme déviant par les autres [3].

Le processus d'imposition d'une norme démarre par la reconnaissance de valeurs, que Becker définit comme « des préférences exprimées en termes vagues et généraux » [4]. Toutefois, s'arrêter aux valeurs est insuffisant, car « elles ne comportent que des critères de choix généraux qui indiquent la ligne de conduite préférable, toutes choses égales d'ailleurs » [5].

Il est donc nécessaire de préciser ces valeurs par des normes spécifiques, mieux adaptées aux réalités de la vie quotidienne : « tout en étant conçues en accord avec les valeurs concernées, ces normes définissent avec une relative précision les actions autorisées, les actions interdites, les situations auxquelles s'appliquent les normes et les sanctions frappant les transgressions » [6].

Enfin, les normes trouvent leur application dans des actes spécifiques qui visent à les faire respecter. « Ces actes ne résultent pas automatiquement de l'infraction. Le respect des normes est imposé sélectivement en fonction du type de personne, du moment et de la situation » [7].

Ce processus général de désignation, qui comprend l'instauration de la norme et son application, sous forme de jugement de conformité ou de déviance à des comportements, renvoie à trois niveaux d'analyse :

---

1. Becker (1963), p.32. Ce paragraphe est tiré de Collart P. (2004), t.1, p.136.
2. *Ibid.*, p.33.
3. Kitsuse (1964), p.87.
4. Becker, *op.cit.*, p.153.
5. *Ibid.*, pp.153-154.
6. *Ibid.*, p.155.
7. *Ibid.*, p.156. Pour le développement des valeurs, normes et croisade morale: Collart P. (2004), t.1, p.140-143.

l'individu, l'interaction (le rapport de l'individu à l'autre) et le cadre (ou contexte) dans lequel prend place cette interaction.

Le schéma ci-dessous illustre bien, à notre sens, les rapports entre individu, autrui et cadre [8] :

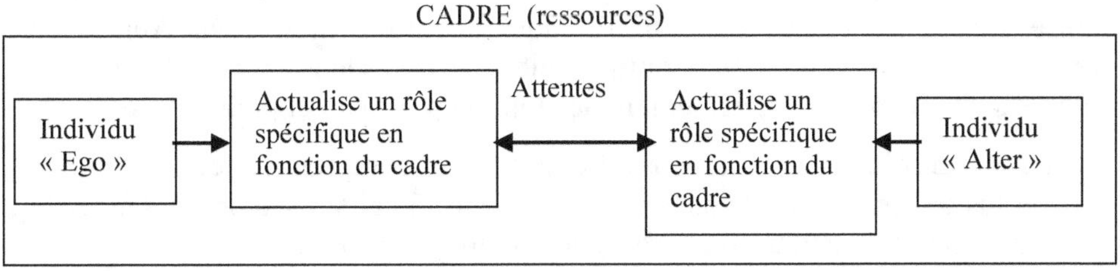

Le cadre représente cet ensemble de ressources – considérées ici au sens large, c'est-à-dire en termes de prescriptions et de limitations – dont chacun des acteurs de l'interaction est tributaire. On y retrouve d'une part les ressources qui sont générales, dans le sens où elles sont à un tel niveau de généralisation qu'elles s'appliquent à la majorité des cadres sociaux – la loi en est un exemple –, et d'autre part celles qui sont spécifiques au cadre social en vigueur, c'est-à-dire à l'interaction en cours.

Au niveau individuel, l'actualisation d'un rôle spécifique par chacun des individus impliqués dans l'interaction ne consiste pas en un engagement total de leurs identités respectives. Pour le dire autrement, l'individu actualise une partie de sa palette de rôles disponibles, en fonction du cadre de l'interaction. Pour preuve de cet engagement partiel, l'individu peut s'engager dans l'interaction en instaurant une distance à ce rôle qu'il se doit d'investir, marquant par là son individualité.

Enfin, au niveau interactionnel, l'actualisation d'un rôle a pour effet de susciter des attentes a priori chez l'autre (qui s'attend à ce que vous remplissiez l'ensemble des facettes du rôle que vos jouez), mais aussi chez l'acteur, qui se trouve lui aussi en face d'un personnage qui joue un rôle. L'interaction est donc ce « dialogue » entre deux acteurs qui, réciproquement, « comptent » sur l'autre pour lui donner la réplique attendue.

Le jugement de conformité porte donc sur les individus qui respectent les ressources générales et spécifiques au cadre, et qui donc remplissent le rôle qu'ils ont actualisé. Par contre, la désignation de déviance est susceptible

8. Collart P. (2004), t.1,p.188.

d'être appliquée aux individus qui ne respectent pas au moins une de ces dimensions.

On le perçoit ici, le contrôle social va dès lors s'opérer d'une manière externe à l'individu, par le biais des institutions de création et d'application de la norme, mais également d'une manière « interne », réflexive, lorsqu'il repose sur la capacité de l'acteur à jeter sur ses propres actes le regard qu'un autre acteur leur appliquerait. Il faut en effet qu'Ego et Autrui se reconnaissent solidairement comme relevant pour leurs transactions d'un même système normatif, également acceptable pour l'un et pour l'autre.

Le « contrôle social interne » tel que nous le comprenons ici est donc ce processus qui repose sur la capacité de l'acteur à jeter sur ses propres actes le regard qu'un autre acteur tout à fait quelconque leur appliquerait.

Lorsque, du point de vue du respect du cadre social, il faut constater un exercice défaillant de ce contrôle social interne, différents paramètres sont à prendre en compte.

La personnalité psychologique de l'individu est un de ceux-là : certains types de personnalité, comme la perversion ou la psychopathie conduisent effectivement l'individu à se situer en porte à faux par rapport au cadre social normatif. Mais l'ensemble des individus délinquants ne sont pas cantonnés dans ces deux modalités de personnalité.

La socialisation, la manière dont s'est construite l'identité est une autre dimension : quid des individus élevés dans un contexte où la violence est vécue comme normale ?

L'éducation, enfin : quelles sont les ressources en terme d'information et en terme de références pour l'action que l'individu à reçues et qu'il peut mettre en œuvre dans les interactions, notamment sexuelles [9] ?

Dans cette démarche d'évaluation de la conformité ou de la déviance du comportement d'un individu, les éléments de ce « contrôle social » interne ou externe font office de références étiologiques. Pour les replacer dans le processus de désignation à l'œuvre ici, il nous faut décomposer ce dernier en trois étapes, les désignations primaire, secondaire et concomitante [10].

La désignation primaire et la désignation secondaire sont pratiquement indissociables : la première entraîne inévitablement la suivante. Mais il s'agit de deux étapes distinctes de la reconnaissance d'une déviance : la première

9. La question du contrôle social a été développée in Collart P. (2006), dont le texte ci-dessus est issu.

10. La question des désignations secondaires et désignations concomitantes a été développée in Collart P. (2008), dont le texte ci-dessous est issu.

porte sur le principe de la transgression d'une norme, la seconde sur le sens à donner à cette transgression. Et comme Becker insistait sur le fait que l'individu désigné comme déviant a en retour la possibilité de désigner à son tour ses juges comme ne faisant pas partie du même univers normatif que lui, il dispose de la même possibilité en ce qui concerne la désignation secondaire, le « jugement étiologique » dont il fait l'objet, en le réfutant et en le recadrant dans une lecture de la réalité qu'il ne reconnaît pas. Autrement dit, la reconnaissance de la déviance et l'attribution d'une étiologie sont deux démarches liées de manière causale, mais dont les résultats peuvent être mis en cause indépendamment l'un de l'autre. Ainsi un individu peut reconnaître avoir commis des faits déviants tout en ne reconnaissant pas l'explication qui en est donnée, ou au contraire, il peut dénier des faits dont on l'accuse tout en reconnaissant un éventuel problème que mettrait en évidence la démarche de désignation secondaire : « J'ai effectivement commis des attouchements sexuels sur un enfant, mais je n'ai pas d'attirance sexuelle particulière pour les enfants », ou « je n'ai pas touché à cet enfant, mais c'est vrai, je suis sexuellement attiré par les enfants ».

Il faut également considérer que l'attribution de sens à un comportement déviant lors de la démarche de désignation secondaire ne peut se faire que sur la base d'une palette limitée de possibilités de scénarios, déterminée par le contexte historique et social du moment. Autrement dit, nous posons que tout n'est pas possible en terme de désignation secondaire, et qu'il faut dès lors se référer à « l'air du temps ».

Enfin, la désignation concomitante est le mécanisme par lequel s'opère le passage entre une désignation d'un individu déviant vers une désignation d'une situation déviante. Désignation qui alors concerne un système, dont la fixation des limites sera fonction de chaque situation spécifique.

La désignation concomitante ouvre la perspective classique de la désignation, à deux termes – l'individu transgresseur d'un côté, la société de l'autre – , vers une perspective à trois termes : l'individu transgresseur – la « dyade » que constitue le « système déviant-victime » – et la société, où il faut d'ailleurs distinguer d'une part le milieu d'appartenance quotidienne du transgresseur comme de la victime, qui peuvent faire chacun l'objet d'une désignation, et d'autre part la société globale représentée par les lois et les institutions de désignation.

La théorie de la désignation est donc un modèle intégrateur d'un ensemble de démarches spécifiques, telle que la recherche d'une étiologie aux comportements déviants propre aux théories causales de la déviance [11].

---

11. Ce qui répond aux critiques selon lesquelles la théorie de la désignation ne donne pas d'explication à la déviance. Voir à ce propos Moore (1988), p.65.

Elle hiérarchise aussi ces différentes démarches, fidèle en cela à l'approche séquentielle que postulait Becker.

Elle propose, enfin, une réflexion sur la déviance qui ne se limite pas à prendre en compte les seules caractéristiques de l'individu délinquant, mais qui à l'inverse, l'intègre dans un contexte social dense et complexe qui rend multidimensionnelle la compréhension de la déviance.

Le processus de désignation propose donc une compréhension de la déviance dans laquelle s'intègre (en fait, dont va dépendre) la réaction sociale. Et à leur tour, ces réponses sociales – qui font suite aux différentes désignations secondaires – seront évaluées en ce qui concerne leurs effets, pour être soit poursuivies, adaptées, ou arrêtées. Ainsi, dans l'évolution d'une situation de déviance et de sa désignation, les différentes étapes de ce processus général ne sont pas figées : une désignation secondaire est susceptible d'être reconsidérée, et les attributs ainsi fixés à un individu, ôtés.

Le schéma ci-dessous synthétise cette démarche évolutive :

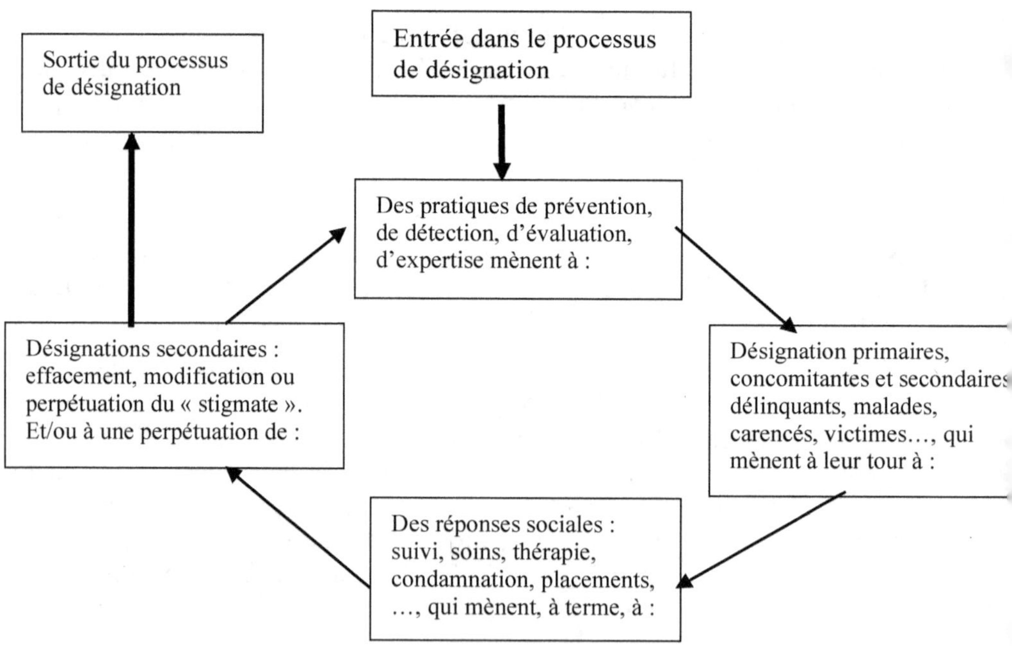

Il faut préciser ici que la sortie de ce processus de désignation est en général partielle, car même si la désignation est négociable [12], si l'individu sort du cadre de la réponse sociale qui s'appliquait à lui et quitte donc d'une

12. *Ibid.*, p.46.

certaine manière le rôle qui lui était assigné – et bien qu'il s'agisse là d'une situation limite, car cela signifierait un effacement total de toute désignation et de tous ses effets –, il n'en reste pas moins que la désignation dont il a fait l'objet restera inscrite dans son identité biographique.

Dès lors, les questions qui se posent concernant ce traitement social de la déviance portent d'une part sur les réponses à apporter à la déviance en terme de projet social, et d'autre part sur l'adéquation de nos pratiques sociales actuelles.

La réponse apportée actuellement à la déviance de type délinquance – et plus spécifiquement à la délinquance sexuelle dans ce qui suit – rejoint les deux aspects du contrôle social, que sont d'une part la sanction, et d'autre part l'acquisition et la maîtrise d'outils permettant la conformité des conduites individuelles au cadre normatif en vigueur. Trois axes, à ce propos, posent question [13] :

Les modalités de la sanction : essentiellement, la prison et les conditions dans lesquelles sont placés les détenus, et particulièrement les détenus pour mœurs. Quid de cette « hibernation psychologique » dans lesquelles ils sont maintenus ? Quid également de cette apparente fatalité que représente leur stigmatisation par les autres détenus et, il faut le dire, par le personnel parfois, et de la violence qu'ils subissent ? Comment, par la suite, parler de respect de l'autre à ces gens, alors qu'eux-mêmes ont été si gravement rabaissés ?

Il y a certainement, par rapport à ce point, une réflexion à mener entre les différents acteurs pour que la prison devienne un lieu où l'évolution psychologique des détenus soit possible, notamment par la thérapie ou la formation.

La place du clinicien : la guidance et le traitement des délinquants sexuels est une initiative positive, dans le sens où elle permet dans un certain nombre de cas d'amener l'individu vers un changement et vers une évolution vers la conformité de ses comportements en matière de sexualité. Mais le système instauré actuellement, notamment en ce qui concerne les avis motivés [14] –, s'il permet dans une certaine mesure au juge de « mieux juger », ne fait-il pas courir le risque d'un glissement de la responsabilité du

13. Nous posions déjà la question de ces « trois axes » lors des Journées Scientifiques d'Automne en 2003. Elles sont toujours d'actualité aujourd'hui.

14. « L'avis motivé » est un avis, réalisé par une équipe de santé spécialisée, sur le diagnostic et les possibilités de traitement des auteurs d'infractions à caractère sexuel pouvant bénéficier soit d'une libération conditionnelle, d'une libération à l'essai, d'une suspension du prononcé, d'un sursis, d'une médiation pénale, d'une libération provisoire. L'avis est demandé par l'autorité compétente, en vue de prendre une décision quant à la peine ou à la libération d'un auteur.

juge vers le clinicien ? Dans une société de gestion du risque, cela se comprend, mais n'y a-t-il pas là un certain déterminisme qui risque de s'installer ?

Les actions « en amont de la délinquance » : l'information des enfants en matière de délinquance sexuelle est nécessaire. Fournir les outils permettant de se débrouiller face à une situation à risque est sans doute un moyen d'éviter de nouvelles situations d'abus. N'y a-t-il pas également intérêt à réfléchir, dans une vision à plus long terme, au développement d'une socialisation et d'une éducation au respect de l'autre et à la responsabilité personnelle et interactionnelle, dans le sens d'une mise en évidence de la complémentarité entre le « je », notre identité individuelle, et le « nous », notre appartenance sociale, comme constitutive de notre condition humaine [15].

Le contexte belge actuel de la prise en charge des auteurs d'infraction à caractère sexuel

Cette question de l'adéquation des pratiques sociales dans la gestion de la déviance s'est posée en Belgique dans le contexte dramatique de l'affaire Dutroux. C'est en effet à cette époque, plus précisément en 1998, que les « Accords de coopération entre l'Etat fédéral et la Région wallonne concernant la guidance et de traitement d'auteurs d'infractions à caractère sexuel (AICS) [16] » [17] inaugurent un nouveau cadre relationnel entre deux champs qui jusqu'alors tendaient à se tenir à l'écart l'un de l'autre : le champ de la justice et le champ de la santé.

15. Autour de la délinquance sexuelle : contrôle social, projet social, responsabilité collective et responsabilité individuelle.

16. La question est parfois posée de la raison pour laquelle la dénomination de ces personnes qui ont commis un/des abus sexuel(s) est différente, par exemple, de la dénomination française d'auteurs de violences sexuelles (AVS). Il s'agit, selon nous, d'un effet du processus de désignation que nous avons décrit : la qualification de l'interaction sexuelle concernée (en termes de désignation secondaire) met l'accent sur l'acte commis (il s'agit d'un « abus » ou d'une « violence ») ou sur sa reconnaissance d'un point de vue pénal, en termes d'infraction. Ces différentes options ouvrant toutes la détermination de modalités particulières de peine, à savoir l'association de la sanction et du soin.

17. La Belgique est un Etat fédéral avec des matières régionalisées. Ainsi la justice reste une matière fédérale et la santé, une matière régionale. Par conséquent la Belgique dispose de trois accords de coopération en cette matière, un wallon, un flamand et un bruxellois, conclus à des dates différentes et organisant la guidance et le traitement des AICS de manière différente. Pour ce qui nous concerne ici, nous nous prendrons en compte uniquement l'accord wallon.

Le texte introductif de ces accords développe ce cadre de la manière suivante : « cet accord de coopération a pour but de dégager une approche globale, cohérente et coordonnée à l'égard de la problématique de l'abus sexuel, afin d'en éviter autant que possible la récidive et toute nouvelle victimisation.

Une approche globale fait référence à l'importance de mener une politique à double voie à l'égard de cette problématique. Une politique pénale prévoyante et rationnelle vise à protéger la société et à confirmer ses normes et valeurs, mais également à responsabiliser le délinquant et à l'accompagner dans ses efforts de réinsertion sociale. Or, l'expérience nous apprend que ni le risque même d'être repris par la Justice, ni une peine (même lourde) sont en soi des éléments suffisants pour prévenir la récidive de l'abus sexuel, car celui-ci trouve généralement son origine dans des problèmes complexes qui nécessitent une aide spécialisée. Les auteurs qui sont conscients d'avoir un problème et sollicitent dès lors spontanément une aide, constituent cependant une exception. Souvent, seule (la menace de) l'intervention judiciaire sert (au départ) de motivation à suivre une thérapie. Une politique plus efficace en la matière passe dès lors par un partenariat, une articulation entre l'approche pénale des services judiciaires et l'approche axée sur le bien-être et la santé (…). Cette combinaison de peines et de guidance/traitement est indiquée à l'égard de toutes les formes d'abus sexuel (…) ainsi qu'à l'égard de tous les délinquants repris par la justice (…).

Une approche cohérente fait référence à la nécessité de garantir la continuité et la qualité de la guidance et du traitement des agresseurs sexuels, que ce soit avant, pendant ou après l'intervention judiciaire. En effet, les problèmes sous-jacents ne naissent pas au moment de l'intervention judicaire et ne sont pas pour autant résolus par cette intervention : d'où la nécessité (…) d'un partenariat entre la justice et les secteurs d'aide et de soins.

Enfin, une approche coordonnée fait référence à la nécessité d'harmoniser structurellement l'approche judiciaire et l'approche axée sur la guidance et le traitement. (…) Il convient de formaliser la concertation et la coopération ainsi que la communication réciproque des données, ces éléments étant essentiels pour permettre à l'un et à l'autre partie d'accomplir au mieux sa mission. L'accord de coopération souhaite y contribuer en définissant clairement les positions et les rôles, ainsi que les tâches et les responsabilités des différents partenaires concernés, et en précisant les aspects relatifs au contenu et aux modalités de la communication de renseignements et de la coopération » [18].

A partir de là, donc, la sanction appliquée aux AICS se décline actuellement en peine (de prison, effective et/ou avec sursis) d'une part, et en soins (la guidance et le traitement) d'autre part, dans l'objectif clairement affiché d'éviter la récidive et de permettre une réinsertion sociale de l'auteur.

Elle mobilise, pour ce faire, différents acteurs : l'autorité judiciaire compétente sur l'auteur ; l'équipe psychosociale (intra-pénitentiaire) pluridisciplinaire spécialisée chargée de l'examen de personnalité et de la formulation d'avis dans le cadre de la libération conditionnelle ou de la libération à l'essai ; l'assistant de justice chargé du contrôle et de la guidance extra-pénitentiaire ; l'équipe de santé spécialisée pluridisciplinaire (extra-pénitentiaire) chargé de la guidance et du traitement ; le centre d'appui aux équipe pluridisciplinaires spécialisées.

Les implications de ce cadre

L'articulation de ces deux dimensions a plusieurs implications : elle modifie, comme nous venons de l'aborder, la représentation sociale de l'acte délictueux / criminel ; elle modifie les relations entre acteurs de justice et acteurs de soins ; elle modifie le cadre thérapeutique.

Cette approche modifie la représentation sociale de l'acte délictueux / criminel en ce qu'elle consacre la conscience de la limite de la seule « peine/punition » et la nécessaire préoccupation pour la gestion du risque, dans une conception utilitaire de la peine.

Elle sous-tend également la représentation de certains comportements déviants (comme ici, l'abus sexuel) comme des conséquences d'une pathologie / carence / dysfonction qu'il faut donc soigner [19].

Ainsi, justice et santé sont censées concourir afin de faire « rentrer dans l'ordre » un individu qui présente une déviance, évaluée par la première en terme de délinquance, par la seconde en terme de pathologie. Avec pour préoccupation principale pour la première, les intérêts du groupe social, et pour la seconde, la réalité de l'individu.

---

18. Extrait du texte introductif des « Accords de coopération entre l'Etat Fédéral et la Région Wallonne concernant la guidance et le traitement d'auteurs d'infractions à caractère sexuel », présenté par M. Tony Van Parys, ministre fédéral de la Justice en novembre 1998.

19. Ce qui n'est pas la représentation véhiculée à propos d'autres comportements déviants criminalisés, comme par exemple la criminalité économique et financière, qui ne fait pas l'objet d'une lecture en terme de pathologie. Les sanctions à son égard n'incluent d'ailleurs pas de guidance / traitement.

Ainsi donc, le sens de la peine – et ses modalités – sont déterminées par le sens que l'on donne à l'acte déviant. Pour le clinicien, l'acte déviant et bien un comportement et pas une caractéristique psychique de son auteur, comme le confirme le constat de l'hétérogénéité, d'un point de vue psychologique, au sein des populations d'auteurs ayant commis le même type d'actes. La clinique et plus généralement les sciences médico-psycho-sociales vont d'ailleurs influencer ces représentations de l'acte déviant et les moyens d'y répondre. On constate ainsi, par exemple, l'émergence depuis quelques années du « good lives model » [20] dans les pratiques de soin, qui est susceptible d'entraîner une évolution de l'attitude judiciaire vers une justice restaurative.

Cette concertation et la coopération entre acteurs de justice et acteurs de soins modifient leurs relations. En effet, alors que dans les cadres hors contrainte, ces deux mondes ne communiquent pas du tout sur les contenus de leurs dossiers respectifs, le cadre contraint implique la transmission d'informations entre l'acteur de justice et l'acteur de soins. Par ailleurs, le soignant acquiert la possibilité de révéler à la justice une situation qui présenterait un risque actuel pour des tiers. On le voit, le postulat du secret, consubstantiel à la relation thérapeutique, est ici battu en brèche par les nécessités de cette collaboration avec la justice dans le cadre du traitement sous contrainte.

Le cadre thérapeutique en est donc fondamentalement modifié. Il découle en effet de ce qui précède que la relation de soin dans le cadre de la contrainte judiciaire n'est pas une relation thérapeutique au sens classique du terme, et pas uniquement parce qu'il y a une modification majeure de la pratique du secret. On peut également considérer qu'il y a un déplacement de la demande : il s'agit d'une demande sociale, faite à l'auteur de l'acte déviant confronté à la norme, d'évoluer vers un fonctionnement social non-problématique, les soins étant un outil en vue de cette évolution. Dans cette perspective, le soignant est au service de cette demande sociale autant qu'au service de son patient.

La peine / sanction peut être considérée comme un dédommagement du corps social par l'auteur de l'acte déviant pour le préjudice subi, qui prend la forme d'un engagement / contrat à tenter d'évoluer. Cela reste donc in fine de la responsabilité de l'auteur, qui fait le choix d'entrer ou pas dans ce processus. L'auteur a dès lors la possibilité de devenir acteur de sa peine, et

---

20. Le Good Lives Model considère « la personne dans sa globalité. Le délit sexuel n'est qu'un moyen inapproprié de répondre à des besoins humains fondamentaux tels relations sociales, excellence dans le travail, autonomie, etc. qui sont par définition des besoins non criminogènes » (Coco et Corneille, 2009).

la séquence temporelle du processus thérapeutique est susceptible d'intégrer une phase de « non-demande » de la part de l'auteur qui, en prenant cet engagement devant la justice, rend toutefois possible l'émergence progressive d'une demande subjective grâce au processus de soin auquel il reste libre d'adhérer.

La première phase du traitement vise donc l'émergence de cette demande subjective, condition pour que se déploie, dans la démarche de l'auteur, le caractère polysémique de son expérience de la peine. La peine / sanction va en effet s'enrichir de la peine / tristesse-souffrance. Il ne s'agira pas ici d'une forme d'apitoiement sur soi, sans doute présente très tôt, lorsque l'auteur est confronté à la justice, mais plutôt d'une peine liée à la prise de conscience de la souffrance infligée à autrui, et d'une souffrance plus « subjective », que l'on peut rattacher au fait « qu'il n'y a pas d'abuseur heureux ».

La peine / difficulté va accompagner cette évolution, car il est ardu de se confronter à des questions difficiles, à jeter un regard sur soi et d'y voir des choses que l'on souhaiterait plutôt occulter.

La peine /effort, enfin, est présente dans les processus de changement, où les échecs sont presqu'inévitablement présents.

La notion de peine / sanction s'efface alors parfois chez les auteurs qui, engagés dans ce processus de changement, n'accordent plus qu'une place accessoire à la contrainte judiciaire au profit de leur évolution personnelle, et décidant parfois de poursuivre la démarche thérapeutique au-delà des prescriptions judiciaires.

Conclusion

L'approche compréhensive de la déviance met en évidence que la détermination d'une peine dépend d'abord de la définition sociale de la déviance. Cette définition sociale arrive au terme d'un processus d'identification, de compréhension et de construction de sens à propos d'un acte perçu comme déviant. Le traitement social du comportement déviant sera, quant à lui, une tentative de faire correspondre le projet social avec le sens donné à ce comportement.

Ainsi, les modalités de la peine dépendent des représentations de l'acte déviant à juger, des objectifs que l'on veut atteindre via cette peine et des représentations sociales des moyens à mettre en œuvre pour atteindre ces objectifs.

Ici, nous avons vu que les soins dans un contexte de contrainte visent le double objectif d'évitement de la répétition/récidive et du développement personnel de l'individu déviant.

L'expérience de la prise en charge des AICS dans le cadre des accords de coopération justice – santé montre que l'articulation de la peine/sanction et du soin est possible. Le cadre contraint entraîne par ailleurs des modifications fondamentales en termes de maintien du secret et de partage d'informations entre l'acteur judiciaire et l'acteur de soins, ainsi qu'en ce qui concerne les modalités du cadre thérapeutique.

A ce stade, la vigilance est toutefois de mise : le risque d'instrumentalisation de l'un des acteurs par l'autre n'est pas nul. Ainsi, chacun des acteurs (y compris l'auteur ?) doit être attentif à garder ses spécificités.

Bibliographie

BECKER H. S. (1963). Outsiders. Études de sociologie de la déviance, Paris, Métailié, (trad. franç. 1985).

BECKER H. S. (Ed.) (1964). The Other Side. Perspective on Deviance, New York, The Free Press.

COCO G., CORNEILLE S. (2009). « Quand la justice restaurative rencontre le Good Lives Model de réhabilitation des délinquants sexuels : fondements, articulations et applications ». Psychiatrie et violence, 9, n°1, 18p.

COLLART P. (2003). « Actualités dans les approches thérapeutiques des perversions sexuelles : une lecture par la théorie sociologique de la désignation », Acta Psychiatrica Belgica, 103, (3), pp.187-190.

COLLART P. (2004). Abuseurs sexuels d'enfants et rapports à la norme. Etude pas l'interactionnisme symbolique des logiques de rapports au cadre social normatif construites par des adultes impliqués dans des interactions sexuelles avec des enfants. Thèse de doctorat en sciences psychologiques, UCL.

COLLART P. (2004a).« Pathologie, crime et dangerosité : représentations croisées et pratiques sociales à l'égard des abuseurs sexuels d'enfants« , in Normes et conduites sexuelles. Approches sociologiques et ouvertures pluridisciplinaires, ss. dir. MARQUET J., Louvain-la-Neuve, Académia-Bruylant.

COLLART P. (2005). Les abuseurs sexuels d'enfants et la norme sociale, Louvain-la-Neuve, Academia-Bruylant.

COLLART P. (2006).« Autour de la délinquance sexuelle : contrôle social, projet social, responsabilité individuelle et responsabilité collective« . L'observatoire, n°36bis, pp.5-11.

COLLART P. (2008). La construction de la différence. Désignations secondaires et désignations concomitantes - contribution à la théorie de la désignation, in Rencontre avec les différences. Entre sexes, sciences et cultures, ss. dir. COLLART P., Louvain-la-Neuve, Académia-Bryulant.

KITSUSE John (1964). « Societal Reaction to Deviant Behavior : Problems of Theory and Method », in BECKER H. S. (Ed.). The Other Side. Perspective on Deviance, New York, The Free Press, pp.87-102.

KITSUSE John (1975). « The New Conception of Deviance and its Critics », in GOVE W. (Ed.), The Labelling of Deviance. Evaluating a Perspective.London, Sage Publications, 2nd ed. (1980), pp.381-392.

Ministère de la Justice (1988). Accords de coopération entre l'Etat Fédéral et la Région Wallonne concernant la guidance et le traitement d'auteurs d'infractions à caractère sexuel.

MOORE S. (1988). Investigating Deviance. Oxford, Oxford University Press.

20

L'individualisation de la peine et le traitement pénal en maison d'arrêt

Par Yasmine BOUAGGA

La philosophie de l'individualisation de la peine est le pivot de la réponse apportée à la crise de l'institution carcérale, critiquée pour son incapacité à assurer une punition à la fois efficace, sur le plan du traitement de la délinquance, et digne, sur le plan du respect des principes des droits humains. L'injonction à « humaniser la peine » n'est pas nouvelle, elle a accompagné les transformations séculaires de la pénalité depuis l'abandon des châtiments corporels et des travaux forcés jusqu'à l'affirmation de standards en matière de condition de détention. Toutefois, c'est sur le versant de l'ajustement du châtiment à l'individu que les évolutions ont été les plus importantes au cours des quinze dernières années : plutôt que d'appliquer mécaniquement une sanction pour un acte commis, conférer à la cette sanction un sens spécifique à la personne visée. Cette approche a conduit à d'importantes réformes tendant au développement des « aménagements de peine » et des corps professionnels en charge de leur administration, depuis l'évaluation des condamnés par les conseillers d'insertion et de probation, jusqu'à la décision prise par le juge d'application des peines [1].

Pour comprendre comment ce sens de la peine était conféré en pratique, et compte-tenu des contraintes particulières au milieu carcéral, l'enquête a porté sur des maisons d'arrêt de région parisiennes, les plus concernées par

---

1. Cette présentation reprend les principaux éléments du chapitre 7 « Faire sortir » de l'ouvrage *Humaniser la peine ? Enquête en maison d'arrêt,* PUR, 2015.

la surpopulation mais aussi la pauvreté de leurs publics, issus des quartiers populaires, étrangers (pour environ un tiers d'entre eux), sans domicile fixe [2]. Le cœur de l'étude consistait alors à interroger conditions de possibilité de la mise en œuvre pratique des injonctions à individualiser la peine, dans des établissements qui ne sont pas conçus à ces fins. Par définition, les maisons d'arrêt ne sont pas des établissements pour peine : elles sont destinées aux détenus en attente de jugement (prévenus), aux condamnés de courte peine ou aux condamnés en attente de transfert. Elles sont gouvernées par une logique qui ressort davantage de la gestion des « stocks » et des « flux », que de l'élaboration d'un « parcours de peine ». Pourtant, elles ont aussi été concernées par les réformes des dernières années et des mécanismes de modulation de la peine visant à donner du sens au temps passé derrière les barreaux : permissions de sortir, réductions de peine, libérations anticipées. Il s'agissait donc de voir comment, dans ces établissements qui sont les plus complexes à réformer, mais qui concernent la majorité des personnes détenues (sur 65 000 détenus à un temps t, 45 000 sont en maison d'arrêt), la peine est pensée et mise en œuvre.

Les deux établissements étudiés connaissent des flux d'entrée importants de 100 à 150 nouveaux détenus par mois à « Broussis » (pour une population carcérale totale d'environ 900 personnes) et de plus de 500 nouveaux détenus par mois à « Dugnes » pour une population carcérale de plus de 2000 personnes. Plus qu'ailleurs le temps est une contrainte omniprésente, et la question de l'urgence est intégrée au fonctionnement quotidien de l'établissement, souffrant de pénurie d'espace, de personnel, d'activités disponibles.

Ces maisons d'arrêt accueillent en outre une population précaire, pauvre, et qu'on peut décrire comme désaffiliée : tant par rapport au marché du travail (plus du tiers des personnes entrant dans ces établissements se déclarent sans emploi) que par rapport à l'institution scolaire (la proportion des détenus n'ayant aucun diplôme est trois fois plus importante que dans l'ensemble de la population). Parmi eux, on compte une forte proportion d'étrangers (plus du tiers des détenus dans ces établissements), dont une part importante en situation précaire sur le plan administratif (sans papiers, ou faisant l'objet de décisions d'interdiction du territoire ou d'éloignement. Plus difficile à évaluer, la part des personnes issues des minorités ethno-raciales, non comptabilisées en France, apparaît très élevée si l'on se réfère au patronyme (consonance non francophone) ou au lieu de naissance (étranger,

---

2. L'enquête a été menée de 2009 à 2013, avant le vote de la réforme pénale de prévention de la récidive dite « loi Taubira » du 15 août 2014. Elle s'est inscrite dans le cadre d'un projet collectif financé par le Conseil Européen de la Recherche (ERC Advanced Grant, dir. Didier Fassin). Voir l'ouvrage Coll. *Juger, Réprimer, Accompagner,* Seuil, Paris, 2013.

outre-mer) : jusqu'aux deux tiers à Broussis. Il est difficile d'évaluer l'impact de cette variable sur le parcours des détenus, dans une institution qui s'affirme républicaine et aveugle à la couleur de peau. Elle constitue néanmoins un des traits les plus frappants du profil de la population détenue dans ces établissements, appartenant aux fractions les plus dominées des classes populaires. Ces données socio-démographiques sont indispensables à la compréhension de la manière dont, concrètement, la peine va être modulée, dans une évaluation qui pèse des éléments objectifs tout comme des valeurs telles que le mérite et la confiance.

Moduler la peine en maison d'arrêt

Les mécanismes de l'aménagement de la peine reposent sur le principe d'une reconnaissance, dans l'exécution de la sanction pénale, des efforts fournis par le condamné pour s'amender et réparer ses torts. Concrètement, le condamné peut espérer des réductions de peine, ou un allègement de la contrainte exercée sur lui notamment par la possibilité d'effectuer cette peine hors des murs de la prison, sous bracelet électronique, ou en semi-liberté. Les gages de bonne conduite sont d'une part négatifs (ne pas créer d'incident, ne pas commettre de nouvelle infraction) et d'autre part positifs : s'engager dans des activités valorisées comme transformatrices telles que le travail, les formations, les soins. En dépit de la pénurie de telles activités en prison, et des longues listes d'attente en maison d'arrêt, les mesures d'aménagement de peine sont des mécanismes incitatifs au bon comportement, permettant à la fois de gérer l'attente des détenus et de donner un « espoir ».

Les personnels en charge de l'évaluation des situations en vue de la modulation de la peine sont les conseillers d'insertion et de probation. En charge d'une mission à la fois sociale et criminologique [3], ces conseillers exercent un travail d'autant plus délicat compte tenu du nombre de détenus affectés à la file active : en moyenne 80 au moment de l'enquête, ce qui, compte tenu de la rapidité du turn over, constituait une charge de travail décourageante – et ce d'autant plus que les rapports d'évaluation doivent être rédigés pour différents types de mesures : les réductions de peine, les permissions de sortir ou les libérations anticipées.

Les décisions sont prises ensuite par les magistrats de l'application des peines, qui vont juger du « sens » de la proposition, pesée par rapport au risque de récidive et aux chances de réinsertion. Deux instances cohabitent

3. Yasmine BOUAGGA, « Le métier de conseiller d'insertion et de probation : dans les coulisses de l'État pénal ? », *Sociologie du travail*, 2012, vol. 54, no 3, p. 317-337.

pour prendre ces décisions. La première est la commission d'application des peines, une commission interne à l'établissement réunissant plusieurs professionnels (JAP, CPIP, personnel de détention, direction) qui vont attribuer réductions de peine et permission de sortir – et, depuis la loi Taubira, les libérations sous contrainte. La seconde est le débat contradictoire d'aménagement de peine, véritable audience judiciaire, qui va décider de la possibilité de transformer une sanction pénale permettant la libération anticipée du détenu. Ce moment, parce qu'il est un moment de face-à-face, permet tout particulièrement d'observer comment est « fabriqué », par les magistrats, le sens de la peine.

Le moment opportun

La décision d'aménagement de peine ne saurait se réduire à une évaluation des risques : elle est également une évaluation du mérite de l'individu, et de son évolution au cours de l'incarcération. Le bilan de situation auquel procèdent les magistrats au moment de l'audience est alors à la fois objectif et subjectif. Il s'agit de vérifier l'exactitude matérielle de la situation telle qu'elle apparaît au dossier, et d'évaluer son sens par rapport à la perspective de remise en liberté du détenu : a-t-il été incarcéré suffisamment longtemps, tant par rapport à la durée objective prononcée que par rapport à son expérience subjective de l'incarcération ? A-t-il suffisamment « payé » (au sens propre comme au sens figuré) pour ce qu'il a fait ? Son comportement montre-t-il qu'il est capable de respecter des règles ? Jaugeant tout à la fois l'efficacité de la prison, et ses limites, le bilan de situation auquel procèdent les magistrats est un regard tant sur l'institution carcérale que sur le détenu lui-même.

Le temps est l'un des premiers éléments du bilan de situation auquel procèdent les magistrats ; les critères relatifs à la durée de la peine (prononcée, effectuée, restant à effectuer) sont des contraintes légales explicites définissant l'éligibilité à l'aménagement de peine ; mais les durées débattues correspondent aussi à un sens du juste qui impose dans la négociation une certaine considération pour la chose jugée. Les parquetiers peuvent faire appel lorsqu'ils estiment que la décision est inadaptée parce que le condamné a effectué une proportion trop faible de sa peine de prison, de sorte que l'aménagement de peine risque de dénaturer le « sens de la peine » prononcée par le juge correctionnel.

Sur un plan quantitatif, la question posée est celle du bon usage du temps de la peine : tout comme lors des commissions d'application des peines, sont valorisées les activités manifestant un effort de transformation de soi (suivre une formation, une thérapie), ainsi que le travail, censé révéler à la fois une capacité à se réinsérer, et une acceptation de l'ordre social. L'évaluation du temps prend ainsi plusieurs dimensions : quantitativement, c'est le *quantum* de la peine ; qualitativement, c'est le moment opportun par rapport à un parcours effectué ou un projet à venir [4].

Payer sa dette

Une des dimensions importantes de l'audience consiste à évaluer dans quelle mesure le condamné a « payé sa dette », au sens propre comme au sens figuré. Au sens propre, cela consiste à vérifier le versement d'indemnités aux parties civiles, lorsque les faits pour lesquels la personne a été condamnée ont causé des dommages à des victimes. Compte tenu de la situation de précarité sociale des intéressés, ce versement d'indemnités n'est pas une condition exigée pour obtenir une libération : il s'agit d'évaluer l'effort financier fourni en fonction des ressources. Ainsi l'extrait du compte nominatif du détenu, fourni par le service comptable de l'établissement, constitue une pièce importante du dossier, comme l'explique une greffière de Broussis : « quand on va en audience on reçoit une pochette avec le rapport du SPIP, une feuille de la compta qui fait état de tout ce qu'ils ont payé, s'ils ont des mandats, ce qu'ils font de leurs sous quoi... donc s'ils préfèrent cantiner des baskets le ministère public le voit, et il est très à cheval dessus. » Lors des audiences, les recettes et dépenses des condamnés peuvent faire l'objet d'un examen attentif. « Payer sa dette » s'entend donc sur un plan symbolique, relativement à l'expiation du condamné, à ses efforts de réinsertion et aux sacrifices endurés – sans que cela soit exclusif d'une attention scrupuleuse à la matérialité de ce paiement.

Les calculs peuvent parfois prendre la tournure de marchandages entre les parties en présence. C'est le cas par exemple dans les discussions portant sur les amendes douanières de montants extrêmement élevés (plusieurs milliers, voire dizaines de milliers d'euros) infligées aux personnes condamnées pour des trafics internationaux de stupéfiants.

Accepter la sanction

La coexistence de ce sens commun critique de la prison, et de la logique professionnelle des magistrats consistant à demander le respect de la décision de justice conduisent à une situation paradoxale : c'est à condition que le condamné accepte la sanction, en particulier en se soumettant à la

4. Marc BESSIN, « La temporalité de la pratique judiciaire: un point de vue sociologique », *Droit et Société*, 1998, vol. 39, p. 331–343 ; Yasmine BOUAGGA, « Le temps de punir. Gérer l'attente en maison d'arrêt », *Terrain. Revue d'ethnologie de l'Europe*, 2014, no 63, p. 86-101.

discipline carcérale, qu'il peut faire l'objet d'une mesure d'adoucissement de la sanction pénale. Il est donc attendu du détenu qu'il montre son consentement à la peine à travers le respect des règles de la prison et de l'autorité de ses agents. En ce sens, pour paraître sujet responsable, le détenu qui demande à être libéré doit *a minima* paraître sujet *de* l'institution, docile à ses règlements et à ses injonctions : cette forme d'assujettissement ne suffit pas à garantir la réinsertion, et à obtenir une mise en liberté, mais à l'inverse un comportement indiscipliné, déviant ou subversif est rédhibitoire. Au cours des audiences d'aménagement de peine, les détenus doivent rendre des comptes sur les éventuels incidents disciplinaires, et manifester une reconnaissance à la fois de leur culpabilité, et de la légitimité de l'institution qui les punit.

Si, en théorie, l'audience d'aménagement de peine n'est pas censée punir des infractions au règlement intérieur que d'autres procédures ont déjà sanctionnées (commission de discipline, commission d'application des peines), en pratique elle énonce des normes de comportement en récompensant les attitudes « exemplaires » et en réprouvant celles qui contreviennent à l'ordre interne à la prison.

Les magistrats se montrent réticents à l'emploi d'un vocabulaire de la morale, perçu comme connoté religieusement, et renvoyant à une forme de contrition stérile : lorsqu'il demande à un détenu de reconnaître la faute commise, Frédéric Lassez dit qu'il n'est pas question d'exiger de lui l'expression de remords ou la manifestation d'une culpabilité, mais plutôt de vérifier « l'intégration de la loi et de l'interdit », la compréhension de « l'échelle de valeurs ». C'est pourtant bien de morale dont il est question, mais d'une morale laïque, dont la validité et la rationalité sont consacrées par le droit positif. Les termes de cette morale laïque sont ceux du « travail sur soi » plutôt que de l'amendement ; des « efforts » plutôt que de l'expiation ; de la « réflexion sur les faits » plutôt que des remords (Camille Lambelin, substitute à Broussis, explique ainsi que l'échange avec le condamné lors de l'audience vise à « voir sa prise de conscience des faits, ce que lui a apporté la détention, où il en est dans sa réflexion »). Représentant de la République, le juge énonce comment mener une vie responsable. Le jugement de responsabilité qu'il formule au moment de l'audience a ainsi une valeur didactique, et évaluative. Dans le même temps, ce jugement moral a une fonction plus large, que l'on a vue à propos des commissions d'application des peines : il s'agit de donner du sens au travail répressif, en formulant son utilité sociale.

Le moment de l'audience peut alors se lire comme un moment d'« éducation morale » : ce terme d'« éducation morale » est issu d'un cours de pédagogie d'Émile Durkheim [5], et n'a pas une vocation descriptive ou heuristique, mais une vocation prescriptive : fonder la possibilité d'une morale laïque et rationnelle. Dans la mesure où c'est cette même idéologie républicaine qui est partagée par les magistrats, il semble pertinent de reprendre les principaux axes de cette « éducation morale » pour décrire les normes attendues en matière d'aménagement de peine.

Pour Durkheim, la moralité se compose de l'« esprit de discipline », de l'« attachement aux groupes sociaux » et de l'« autonomie de la volonté ». L'esprit de discipline correspond à une conduite selon des règles, qui contraignent l'arbitraire individuel. L'attachement au groupe correspond à un engagement social de la conduite, suivant des intérêts non pas étroitement individuels, mais collectifs. Enfin, la morale ne saurait se fonder dans la simple obéissance, mais elle trouve son siège dans l'autonomie de la volonté individuelle, qui fonde l'impératif moral dans la conscience. Cette philosophie permet de rendre compte de l'attachement des magistrats à la docilité des détenus vis-à-vis des règles de l'institution ; de leur exigence qu'ils « investissent » eux-mêmes leur peine en « se mobilisant » ; de leur attente d'un engagement qui excède les simples intérêts individuels, et fasse preuve d'altruisme, ou *a minima* de prise en compte des intérêts collectifs.

Au cours du « bilan de situation », ce sont donc plusieurs aspects de la responsabilité du condamné qui sont envisagés : tirer profit du temps passé en détention, payer sa dette, consentir à la sanction. Les questions posées au détenu visent à obtenir une reconnaissance de la légitimité de la sanction pénale et de l'utilité de la prison comme instrument de châtiment et d'éducation morale. Elles visent aussi à établir un terrain d'entente commun sur le rapport à la légalité, à partir duquel une sorte de contrat est formulé.

Un contrat de confiance

Outre les éléments objectifs qui constituent, pour les juges, les « garanties de réinsertion », ce dont il est question au moment de l'audience, c'est la fiabilité d'une personne qui demande à sortir de prison. Le « projet » présenté prend ainsi la dimension d'une promesse, sur le fondement de laquelle les responsabilités sont engagées : aussi bien celle du détenu, que celle des magistrats qui font un pari sur sa conduite à venir. Certes, les termes de ce contrat sont inégaux, mais il n'en reste pas moins que la dimension de formulation d'un accord sur un projet distingue l'audience d'aménagement de peine des audiences correctionnelles, où il est question

5. Émile DURKHEIM, *L'éducation morale. Cours de sociologie dispensé à la Sorbonne en 1902-1903*, Paris, Félix Alcan, 1934.

avant tout de la responsabilité pour des faits passés. Elle la rapproche au contraire des formes d'engagement contractuel désormais communes dans les modes d'intervention sociale, centrés sur l'autonomie de la personne aidée et sa responsabilisation [6] : la peine alternative ne se donne pas à voir comme une punition, mais comme un projet contractuel de réintégration [7].

« Ne pas mettre les gens en situation d'échec »

La qualité du projet d'insertion s'évalue en premier lieu comme la capacité du détenu à s'assurer des moyens de subsistance légaux : la promesse d'embauche tient, on l'a vu, une place centrale dans le dossier de demande d'aménagement de peine. Lorsqu'ils tentent d'évaluer le comportement futur d'un détenu, les juges s'interrogent sur son employabilité, sa conformité aux codes et attentes du monde du travail : la capacité à « se lever tôt », à « respecter des horaires », à « faire des efforts », à maîtriser sa présentation de soi font l'objet d'un examen attentif. Pour les détenus, le moment de l'audience est donc un moment où il faut convaincre, comme au cours d'un entretien d'embauche.

La comparaison avec l'entretien d'embauche permet de souligner la dimension de performance que comporte la manifestation, par le détenu, de sa capacité à respecter les conditions d'une remise en liberté. Cette comparaison permet aussi de rendre compte du contexte social de circulation de ces normes morales qui définissent la vie responsable. Comme souligné par les recherches portant sur les procédures de recrutement dans le monde de l'entreprise, une forme d'homologie (relative) entre recruteur et recruté tend à favoriser dans le processus les personnes socialement proches (ou socialement moins distantes) des recruteurs [8] : en l'occurrence, ceux des détenus qui, à défaut d'avoir un habitus identique à celui des juges, peuvent du moins se conformer à *l'hexis* corporelle des classes moyennes, c'est-à-dire à des manières de se présenter physiquement, de se tenir, de parler qui les rapprochent du style de vie des magistrats (ou, *a minima*, montrer qu'ils l'ont compris, même s'ils ne parviennent pas à le maîtriser).

À défaut de toujours juger des projets professionnels cohérents, les magistrats évaluent aussi la responsabilité des condamnés en fonction de leur situation familiale, de leur engagement auprès de leur conjointe et de leurs enfants. L'âge et l'installation dans une vie de famille sont vus comme

---

6. Isabelle ASTIER, *Les nouvelles règles du social*, Paris, PUF, 2007.
7. Olivier RAZAC, « Mesures de sûreté et travail social pénitentiaire », *Champ pénal/Penal field*, 2011, VIII, p. [En ligne].
8. Bertrand REAU, « Les modalités de l'embauche dans une multinationale des loisirs », *Actes de la recherche en sciences sociales*, 2009, vol. 178, no 3, p. 100.

d'importants facteurs de rupture avec des pratiques illégales : la criminologie spontanée des magistrats, appuyée sur leur expérience, est en cela soutenue par les travaux de recherche qui montrent l'importance de la variable de l'âge et du statut matrimonial pour rendre compte des variations du taux de récidive, et du phénomène de désistance [9]. La « maturité » du condamné, et sa capacité à parler de ses responsabilités familiales sont vues comme des gages de bonne conduite à venir. Ainsi la demande de libération conditionnelle d'un détenu (primo-délinquant, condamné pour vol dans le métro) qui explique qu'il va « être père » et que par conséquent il a eu « envie de grandir » est envisagée de manière favorable par les magistrats, d'autant que le détenu explique qu'il ne vient pas d'une « famille de voyous » et que sa sœur, gendarme, s'est engagée à l'aider.

La mise en récit de soi

Cette dimension « contractuelle » de l'aménagement de peine invite à porter le regard sur la partition des justiciables. Certes, ils paraissent souvent dépossédés : ils ont une mauvaise connaissance de leur propre dossier auquel ils n'ont qu'un accès limité (par le greffe pénitentiaire ou l'avocat) ; ils sont mal à l'aise face aux magistrats et beaucoup comptent sur l'avocat pour « bien parler ». L'audience toutefois leur accorde une large part, et peut être une occasion pour eux de se réapproprier leur propre histoire.

Le moment de l'audience est en effet pour le détenu un moment où il doit produire un récit cohérent de sa vie, des événements et bifurcations qui l'ont affecté. Les magistrats lui demandent de rendre compte de son « passage à l'acte », mais aussi de l'expérience transformatrice de l'enfermement et de ses projets d'avenir. On observe d'importantes variations dans la capacité des détenus à se mettre en récit. Certains par exemple sont incapables de produire une narration cohérente des faits pour lesquels ils ont été condamnés (« je n'arrive pas à expliquer ce qui s'est passé » ou « je ne me souviens plus »), tandis que d'autres peuvent inscrire leur passage à l'acte dans un contexte plus large (un licenciement ayant conduit à des difficultés financières par exemple).

C'est tout particulièrement le rôle de l'avocat d'aider à la production de ce récit cohérent de soi : la compétence spécifique de l'avocat réside dans une intelligence sociale qui lui permet d'indiquer les codes et les attentes des magistrats. Par exemple, un détenu explique à l'avocate de permanence que

---

9. Paul MBANZOULOU, Martine HERZOG-EVANS et Sylvie COURTINE (dir.), *Insertion et désistance des personnes placées sous main de justice : savoirs et pratiques.*, Paris, l'Harmattan- ENAP, 2012 ; Marwan MOHAMMED, *Les sorties de délinquance théories, méthodes, enquêtes*, Paris, la Découverte, 2012.

pour le trafic de stupéfiants pour lequel il a été condamné, il s'était « laissé embobiner », sous-entendant qu'il ne savait pas que la voiture contenait de la drogue, l'avocate le met en garde : « attention, si vous dites cela, vous minimisez, la juge, le procureur veulent que vous endossiez vos responsabilités, y a pas eu d'erreur de justice. Donc c'est bien que vous abordiez les choses autrement, pas de dire que c'est la faute des autres. Il faut pouvoir expliquer que vous avez compris. Personnellement, je préfère quelqu'un qui me dise j'ai été attiré par l'appât du gain, l'argent facile', ça c'est lucide. On ne peut pas donner des arguments trop naïfs ! ». Au moment de l'audience, le détenu assume devant le juge la responsabilité de ses actes (« j'ai pris la mauvaise décision de transporter des stupéfiants, c'était l'appât de l'argent facile. J'ai fait une erreur qui m'a coûté cher. J'ai perdu deux ans de ma vie ; avant cela j'avais une vie honnête »), attitude bien reçue par les magistrats (la procureure répond « Monsieur semble avoir compris que les stupéfiants ne le mèneront pas loin, donc je ne m'oppose pas au projet »).

Cet exemple n'est pas cité pour suggérer une « manipulation » au moment de l'audience, mais plutôt pour suggérer comment celle-ci peut être l'occasion pour le condamné d'une « mise en récit » capable de donner sens à son parcours. L'intérêt de la rencontre « en chair et en os » est de permettre une évaluation non pas seulement de l'assujettissement du condamné aux lois qui lui sont imposées, mais aussi de sa subjectivation, de son appropriation des normes et des formes de gouvernement de soi promues par l'institution : responsabilité, autonomie, contrôle de ses impulsions. En observant comment se manifeste l'éthos du détenu, les juges apprécient les signes d'une socialisation qui indiquerait que la prison a été utile, et/ou qu'elle n'est plus nécessaire. Au cours des audiences se joue un jeu subtil entre la recherche d'authenticité et l'exigence d'un contrôle des affects. Ainsi au-delà des éléments objectifs qui guident l'évaluation d'un dossier en fonction des garanties socio-économiques apportées (logement, emploi ...) et qui sont très souvent insuffisantes pour un grand nombre des condamnés, ce sont alors des éléments d'évaluation morale qui vont prendre une place importante dans le processus d'évaluation – ouvrant une part de subjectivité et d'arbitraire, mais aussi une opportunité de négociation et d'humanité.

Conclusion

L'audience d'aménagement de peine en prison apparaît comme un moment particulier de jugement de détenus dans lequel il s'agit d'ajuster la peine en fonction de considérations sur l'utilité de la prison, comme instrument de rétribution (punir une infraction), comme instrument de neutralisation (contenir un individu dangereux), mais aussi comme instrument de correction (susciter un changement moral). C'est donc un moment où s'énonce tout à la fois le sens de la peine de prison, et, dans le même temps, la nécessité (morale et pragmatique) d'en limiter l'usage afin de ne pas compromettre la réinsertion des condamnés. Ce paradoxe se traduit par une recherche d'équilibre et de compromis qui donne à la pratique du droit dans cette arène une dimension contractuelle particulière : la personnalité du condamné, et les garanties socio-économiques qu'il peut apporter, sont les éléments centraux d'appréciation. Il n'est pas surprenant, dans ce cas, que la pratique effective des aménagements de peine, au lieu de corriger les effets de la sanction pénale sur les personnes les plus précaires au nom d'un principe d'équité, ne fasse qu'accentuer ces différences. Les contraintes particulières à la maison d'arrêt – surpopulation carcérale et sous-effectifs pénitentiaires, précarité des publics, forts turnovers – réduisent à la portion congrue la dimension « personnalisée » du traitement pénal. On comprend dans ce contexte l'attrait exercé par les instruments standardisés d'évaluation des situations : ils permettraient de restaurer un semblant d'égalité des personnes devant un « service public de la réinsertion » qui demeure toutefois encore peu consolidé. Toutefois, pour que la sanction pénale fasse sens pour celui à qui elle est appliquée, pour qu'elle s'inscrive dans un récit significatif, la durée du face-à-face ne doit pas servir de variable d'ajustement d'un temps de travail des personnels pénitentiaires de plus en plus accaparé par les outils de management. C'est dans le face-à-face que peut se formuler un sens de la peine plus humanisé.

III

Restauration et réinsertion

A

Le temps

21

Ruptures et promesses de la Justice restaurative

Par Robert CARIO

La Justice restaurative est au cœur de l'Œuvre de justice, en totale complémentarité avec le Droit criminel. Elle est susceptible d'épanouir ses promesses autant dans le champ de la prévention, que dans ceux de la répression et du traitement du phénomène criminel (Cario, 2008). L'attraction récente qu'exerce la « Restorative Justice » peut se mesurer à l'aune des concepts qui fleurissent un peu partout dans le monde pour tenter de la caractériser : réparatrice, restaurative, récréative, transformatrice, créatrice, coopérative, reconstructive, reconstructrice, participative, compréhensive, restauratrice, notamment. Un même bouquet coloré compose les définitions de la Justice restaurative, les unes s'attachant aux processus à mettre en place, les autres aux résultats à atteindre.

Il demeure que l'intégration de la Justice restaurative est en cours, tant les ruptures avec les modèles classiques sont porteuses de l'espoir d'une justice respectueuse de l'ensemble des protagonistes et soucieuse de la réparation de toutes les conséquences directes de l'infraction et de ses répercussions. C'est bien en ce sens que l'Assemblée générale des Nations Unies a été appelée à se prononcer sur l'adoption de principes fondamentaux concernant le recours à des programmes de justice réparatrice en matière pénale (ci-après dénommés Principes fondamentaux de justice restaurative), que la doctrine ne cesse de perfectionner en vue de leur application universelle. Et les contours opératoires de la Justice restaurative, nettement identifiables, permettent de pointer précisément les bienfaits qu'elle procure au système de justice pénale tout entier. La Loi du 15 août 2014 relative à l'individualisation des peines et renforçant l'efficacité des sanctions pénales l'a consacrée par l'introduction dans le Titre préliminaire du Livre premier du Code de procédure pénale un Sous-titre II, intitulé « De la justice restaurative ».

La Justice restaurative peut être définie, d'une manière provisoire et synthétique, au travers des mesures qu'elle promeut. Inscrites dans un processus dynamique, elles supposent la participation volontaire de tou(te)s celles et ceux qui s'estiment concerné(e)s par le conflit de nature criminelle, afin de négocier, ensemble, par une participation active, en la présence et sous le contrôle d'un « tiers justice » et avec l'accompagnement éventuel d'un « tiers psychologique et/ou social », les solutions les meilleures pour chacun, de nature à conduire, par la responsabilisation des acteurs, à la réparation de tous afin de restaurer, plus globalement, l'Harmonie sociale.

Il convient immédiatement de préciser, afin de répondre aux critiques, parfois acerbes, toujours éloignées de la réalité restaurative, ce qu'elle n'est surtout pas. La Justice restaurative ne s'inscrit pas en opposition avec le Système de justice pénale, mais en complémentarité avec ses missions régaliennes. Ayant le souci de tous, elle n'est donc pas spécialement dédiée aux victimes. Elle n'est pas un copier/coller des pratiques anglo-saxonnes. Elle n'est soumise à aucun dogme religieux et les valeurs spirituelles qui l'animent appartiennent à quiconque se sent lié à notre humanité, en toute laïcité. Dans ce même esprit, elle n'est pas tournée vers le pardon, celui-ci demeurant à l'appréciation libre et intime des intéressés. Elle ne saurait être réduite à la seule médiation entre infracteur et victime. Le processus de mise en œuvre des mesures est lui-même restaurateur, la rencontre n'étant pas leur but exclusif. Les infractions de faible gravité ne constituent pas le domaine d'intervention exclusif de la Justice restaurative, bien au contraire. Son objectif n'est pas seulement focalisé sur la lutte contre la récidive. Elle n'a aucune velléité expansionniste : ce n'est pas une panacée mais un outil parmi d'autres déjà performants, simplement adapté aux attentes et besoins des intéressés relativement aux répercussions du crime. Enfin et pour l'essentiel, la Justice restaurative n'a aucune ambition thérapeutique, pas davantage que le procès pénal (justicerestaurative.org).

I. Les ruptures épistémiques de la Justice restaurative

La Justice restaurative s'inscrit dans l'inévitable et nécessaire continuité des systèmes de justice pénale que notre humanité s'est offerte successivement, alternativement ou cumulativement : la rétribution de l'acte, la réhabilitation de l'infracteur, la réparation de la victime et/ou la restauration de l'harmonie sociale. Il n'empêche que la Justice restaurative opère une nouvelle rupture épistémologique en pénologie, englobante plutôt qu'exclusive. La comparaison entre ces modèles invite pertinemment à mesurer l'évolution prometteuse en train de s'accomplir à un triple point de vue : de la justification du droit de punir, de la procédure criminelle et du sens de la peine.

A. La justification du droit de punir

Dans le modèle rétributif, l'intervention du système de justice pénale repose sur la commission d'un acte, étalonné selon sa gravité. Considéré par la loi pénale comme une atteinte à l'Etat, il cristallise un conflit entre un individu et l'Etat. Le crime est une transgression normative dont seul l'Etat est victime affirment les utilitaristes. Le modèle réhabilitatif ne fait qu'ajouter – ce qui est pour autant essentiel – la considération de la personne de l'infracteur en vue de le (re)socialiser.

Le modèle restauratif, pour fonder la réaction sociale sur la commission d'un acte légalement interdit, se focalise spécialement sur les répercussions consécutives au conflit. Sans lien direct, *a priori*, avec l'acte infractionnel, elles sont d'ordre personnel, familial, professionnel, social et/ou culturel principalement. Ce qui importe, en effet, c'est la prise en compte certes des dommages directement causés par l'infraction, mais encore des souffrances subies par extension ou contagion par la victime et/ou ses proches, l'infracteur lui-même et/ou ses proches et/ou leur(s) communauté(s) d'appartenance. Le crime est ainsi pensé comme une atteinte à une(des) personne(s), comme un conflit interpersonnel voire intra-communautaire. La « justice » est évaluée sur le résultat obtenu, en termes de rétablissement de l'Harmonie sociale, contrairement aux modèles précédents qui justifient la sanction par la seule transgression des normes supposées être les « bonnes » règles parce qu'érigées, par consensus supposé, en infractions au Bien commun.

B. La procédure criminelle et la distribution des rôles des parties

Dans les trois modèles classiques, l'Etat se substitue, certes par les vertus de la représentation d'une part et de la délégation de l'autre, aux membres de la société même. Toutes les phases de la procédure sont aux mains de ses mandataires, professionnels de la justice pénale (policiers, magistrats, experts judiciaires et agents d'exécution y compris). Le procès est tourné vers le passé de la faute en vue d'établir la responsabilité abstraite de l'auteur du crime. Infracteur et victime y jouent un rôle plutôt passif, quand la victime n'est pas purement et simplement oubliée, voire niée dans les conséquences et répercussions de son injuste victimisation. Le système de procédure, en accentuant les différences, encourage la compétition entre les parties ou leurs représentants (infracteur, victime, procureur). Le jugement finalement prononcé présente généralement un caractère fortement autoritaire.

Dans le modèle restauratif, aux côtés de l'Etat, les membres de la communauté sont très impliqués. Ils sont amenés à intervenir directement, selon la mesure restaurative retenue, pour exprimer leurs points de vue et participer à la décision finale. Présents plus ou moins formellement tout au long du processus restauratif, les professionnels de la Justice pénale sont situés sur le même pied d'égalité que les parties et la communauté, voire même se contentent – ce qui demeure toujours essentiel – de valider et contrôler l'exécution de l'accord négocié collectivement. Le modèle restauratif, sans nier les faits infractionnels, se concentre sur l'avenir du conflit et des protagonistes, évaluant par là même la responsabilité concrète de l'infracteur, les interrelations entre victimiseur et victimisé(es) ainsi que les défaillances éventuelles de la communauté tout entière. Victime, infracteur et représentant(s) de la communauté jouent un rôle actif dans la compréhension du conflit, les conséquences et les répercussions qu'il entraîne et les modalités de réparation qui s'imposent. La victime n'est plus ignorée, sa dignité de personne humaine souffrante est reconnue, l'expression de sa parole, son appréciation du conflit et la manière de le réparer sont privilégiées. La responsabilisation de tous encourage la réciprocité, laquelle supplante alors la compétition et la concurrence entre les protagonistes. Davantage que par un jugement autoritaire, la sortie du conflit fait l'objet d'un accord consensuel, en toute équité.

C. Le sens de la peine

Dans deux des modèles classiques, les stigmates de l'infraction sont supposés disparaître par la simple infliction de la sanction prévue par la loi pénale. L'autorité de la Justice, en vertu de la légalité démocratique de la sanction, est censée répondre justement aux droits et devoirs de l'infracteur. S'agissant d'une dette envers l'Etat, le « mal » causé par l'infraction est prétendu être compensé par le blâme de l'infracteur et le « mal » de la peine retenue. Personnelle, la sanction fait l'objet d'une dosimétrie savante étalonnée sur la gravité intrinsèque des dommages causés par le crime. Mais la peine, dans le modèle rétributif pour le moins, vise toujours l'élimination, l'exclusion ou, dans le meilleur des cas du modèle utilitaire contemporain, la neutralisation de l'auteur. Peu d'attention est par conséquent prêtée au contexte personnel, familial, social et économique de l'infracteur. Pour reposer sur les mêmes principes de légalité, des juridictions et des peines notamment, le modèle réhabilitatif se focalise cependant heureusement sur l'individualisation de la sanction – accrochée à la responsabilisation de l'infracteur relativement à ses actes, aux efforts qu'il déploie pour en diminuer les conséquences – devant conduire à la resocialisation de l'intéressé.

Le modèle restauratif se distingue davantage encore des trois précédents quant au sens de la peine prononcée pour résoudre le conflit de nature infractionnelle. Les stigmates de l'infraction sont supposés disparaître par la réparation de tous les dommages. Les droits et devoirs de chacun sont évalués par le dialogue mutuel, par la coopération entre tous ceux qui sont concernés par le conflit. Car la dette est mise au crédit de la victime de l'infraction elle-même : l'infracteur devra s'acquitter du « mal » causé par son acte en déployant, au bénéfice de la victime et de la communauté, du « bien » par ses actions et comportements. La réparation est censée réparer équitablement les besoins de tous, y compris ceux (antérieurs ou concomitant du passage à l'acte incriminé) de l'infracteur, la communauté devant mettre à sa disposition les instruments et les moyens nécessaires pour y parvenir. Ainsi, plus que le simple blâme, la honte verbalisée de la transgression conduit à la responsabilisation de l'infracteur, à la compréhension des causes et conséquences du crime, à l'identification des attentes et obligations qui en découlent et aux manières de les abonder. Dans ce but, le contexte global (holistique) du conflit, en la personne des protagonistes, est pris en considération aux plans personnel, affectif, familial, éducatif, environnemental, culturel, économique, social et spirituel. Le modèle restauratif repose donc sur une stratégie d'inclusion, privilégiant la (ré)intégration d'êtres humains parmi les autres êtres humains (Cherki-Nicklès, Dubet, 1992, 273), à savoir : la (re)socialisation de l'infracteur, la réparation globale de la victime et de la communauté, le rétablissement de la paix sociale au sein de la communauté. La Justice restaurative vise, finalement, plus que tout autre modèle, à la restauration complète de l'harmonie sociale.

II. Les promesses de la Justice restaurative

Elles apparaissent dorénavant bien affirmées par les chercheurs et praticiens et commencent à recevoir un peu partout dans le monde une consécration officielle sous la forme de principes fondamentaux. Leur pertinence est d'autant plus grande qu'ils reposent, pour la plupart, sur l'évaluation des bienfaits des mesures de Justice restaurative, clairement identifiées comme telles, à l'œuvre au sein de toujours plus nombreux Systèmes de justice pénale.

Très concrètement, les mesures restauratives offrent des bienfaits particuliers aux personnes qui y adhèrent. La mise en mouvement d'une mesure restaurative suppose que des charges indiscutables existent et qu'elles sont reconnues – en tout cas non contestées – par l'infracteur. Elle a vocation à précéder et, en cas de succès, à remplacer ou, selon les cas, à compléter une intervention étatique classique. Quelques orientations doctrinales marginales ne cachent pas leur souhait de substituer la justice restaurative aux formes étatisées de gestion du crime. Mais la plupart des auteurs admettent leur complémentarité.

D'une manière générale, la participation des personnes est libre et volontaire. Aucune contrainte, de quelque nature que ce soit, ne peut être imposée aux intéressés. Chacun peut décider de sortir du processus restauratif quand il le souhaite. Toutes celles et ceux qui sont affecté(e)s par le crime peuvent participer, en toute confidentialité, à sa régulation selon les formes particulières aux mesures restauratives : victime, infracteur naturellement mais aussi leur famille respective, leurs proches, les personnes à l'égard desquelles elles/ils ont une particulière confiance, les représentants des communautés (ou collectivités) victimisées. Tous ceux qui participent à la dynamique restaurative prennent la parole, offrent leur point de vue sur la compréhension de l'émergence et de la réalisation des faits, sur les réponses à y apporter au regard de leur expérience personnelle, chacun à leur tour, dans le respect mutuel de la parole de l'autre. Les particularités éventuelles (culturelles, sociales notamment) sont ainsi vraiment prises en considération. Les accords éventuels, sous la supervision du juge ou de son représentant, sont consensuels et équitablement déterminés au regard des besoins, des obligations et des possibilités de chacun.

Il convient de ne pas négliger les risques potentiels que la mise en œuvre des mesures de Justice restaurative peut induire et/ou les écueils qu'elle doit surmonter en ce qui concerne les protagonistes principaux (victimes, infracteurs, proches et communauté) : pressions, domination, humiliation, sécurité, confidentialité, instrumentalisation de la mesure, manipulation, disparité des rapports de forces selon la présence plus ou moins prononcée des proches, notamment. De la même manière, il convient d'éviter que les professionnels du système de justice pénale ne dévoient les mesures restauratives de leur finalité, en bureaucratisent le déroulement, ne mobilisent pas les ressources nécessaires à la réparation et/ou à la réintégration sociale de tous, principalement. D'où l'importance primordiale d'une formation spécialisée et véritablement aboutie des personnels investis et, plus fondamentalement, de l'animateur.

A. La professionnalisation des intervenants en Justice restaurative

Un animateur au rôle bien défini selon les mesures restauratives à l'œuvre (entre facilitateur et médiateur) assure le bon déroulement des échanges et la circulation effective de la parole entre tous, récapitule, le cas échéant, les conditions de l'accord élaboré en commun par les intéressés et en supervise l'exécution. Il doit posséder de réelles connaissances sur les collectivités locales impliquées ainsi que sur leurs standards culturels. Mais il est essentiel qu'il s'agisse d'un authentique professionnel du travail social ou, le cas échéant, qu'il ait acquis spécialement, en sus de sa formation initiale, les bases conceptuelles et méthodologiques de l'intervention en justice restaurative. Par définition, sa mission est marquée du sceau de la neutralité, de la bienveillance et de l'impartialité. Il ne se positionne en tant que tel ni du côté de la victime, ni de celui de l'infracteur, il veille bien plus pertinemment à la satisfaction des besoins de tous. Les termes de l'accord qu'il validera, ou fera valider par le juge principalement dans le pré-sententiel, seront d'autant plus librement et volontairement acceptés par les parties en présence qu'ils émaneront de leur volonté même, le point de vue de chacun ayant été entendu et considéré.

Selon les mesures mises en œuvre, des représentants de la communauté sont appelés, sans aucune délégation de la société civile, à intervenir au sein du dispositif. Spécialement formés, ils ont pour rôle, sans interférence avec celui des animateur(e)s, de manifester, par leur présence, la solidarité de la communauté à l'égard des participants victimes et infracteurs, l'intérêt porté par la société à la réparation la plus complète des répercussions du conflit né de l'infraction. Par leur soutien moral et leur présence, ils encouragent les participants dans leur implication et promeuvent la reconstruction du lien social au sein de la communauté. Ils peuvent également témoigner auprès de leurs communautés d'appartenance, le cas échéant, de l'équité du processus restauratif et des bénéfices retirés par la plupart des participants.

B. La reconnaissance de la place de la victime et/ou de ses proches

Elle est très opportunément restituée et valorisée par la Justice restaurative. La victime (et/ou ses proches) va pouvoir obtenir les informations dont elle a besoin, recevoir des réponses aux questions qu'elle se pose à propos de l'infraction : pourquoi est-ce arrivé ? Pourquoi moi ? Comment cela s'est réellement passé ? Qui est l'infracteur ? Que ressent-il/elle ? Que compte-t-il / elle faire ? Ai-je fait quelque chose pour que cela arrive, aurais-je pu l'éviter ? Qu'a-t-on fait depuis ? Les questions du « pourquoi » et du « comment » sont fondamentales. Les réponses qui leur sont apportées sont de nature à apaiser les peurs, souvent diffuses, de la victime et à considérer l'infracteur comme une personne, jusqu'alors très souvent perçu comme un « monstre ». La victime peut ainsi vérifier par elle-même, lors de la rencontre restaurative, la sincérité de l'auteur. Elle souhaite l'entendre assumer pleinement la responsabilité de l'acte et s'assurer qu'il réalise toutes les conséquences et répercussions qui en découlent, dont certaines persistent toujours. Elle doit encore pouvoir dire la vérité car raconter l'histoire de ce qui est arrivé participe de sa guérison et/ou de la symbolisation des affects nés de l'événement. Aussi souvent qu'elle le souhaite, cette reconnaissance publique doit avoir lieu. La victime s'approprie ainsi la régulation du conflit, sans une stratégie d'*empowerment*, pour retrouver le pouvoir sur sa vie.

L'engagement dans la résolution de son affaire, tout au long du procès pénal, par l'apprivoisement des dispositifs disponibles, est primordial pour pouvoir reprendre le contrôle de soi-même, de son espace vital, affectif et social. Le crime a en effet privé la victime de ses biens, de son corps, de ses émotions et/ou de ses rêves. Elle doit être réparée autant aux plans personnel, matériel que symbolique. En prenant la responsabilité de réparer les torts causés, l'infracteur ôte toute possibilité de blâmer la victime qui, par là même, peut se libérer de la culpabilité psychique que l'acte subi a pu déclencher chez elle ou ses proches. Des excuses conduiront au même effet. La victime peut encore participer à l'élaboration de la sanction, de manière plus ou moins prononcée selon les mesures restauratives retenues, dans le pré-sententiel notamment, en déclarant la nature et l'ampleur des conséquences et des répercussions du crime sur sa propre vie et/ou celle de ses proches (Cario, Ruiz, 2015).

C. La responsabilisation de l'infracteur

La justice restaurative conduit à sa responsabilisation, de nature à favoriser la reconquête de l'estime de soi et l'affirmation, plus généralement, de sa qualité de personne humaine. En ce sens, l'infracteur a besoin que la Justice marque solennellement la désapprobation sociale de l'acte posé, nomme l'infraction, le déclare responsable des actes commis, l'encourage à les assumer et réparer. La Justice restaurative l'invite à avoir le souci de l'autre. Elle s'attache à transformer la honte consubstantielle de l'acte commis en force réintégrative. L'infracteur a également besoin de l'amour et du soutien de ses proches, tout comme il apparaît essentiel que les personnes en qui il a une particulière confiance la lui renouvelle. Il a encore besoin d'encouragements de la part de la Justice pour que son comportement évolue : en réduisant les facteurs de risque l'ayant conduit au passage à l'acte agressif, en lui offrant des opportunités de traitement et en consolidant ses compétences personnelles. L'infracteur a aussi besoin d'encouragements et d'aide pour (ré)intégrer la communauté. Quelques-uns auront, enfin et pour l'essentiel, besoin d'une privation temporaire de liberté, laquelle prendra tout son sens dans ce contexte restauratif en facilitant son adhésion à la sanction prononcée, son appropriation du projet d'exécution des peines qui lui sera proposé (Braithwaite, 1999 ; Faget 2006 ; Robert, 2015).

D. L'implication des communautés d'appartenance

Les communautés elles-mêmes tirent des profits inestimables de la justice restaurative. Unies par un sentiment plus ou moins fort d'appartenance, d'identification réciproque, les communautés sont à comprendre dans leur dimension géographique locale, de voisinage, mais aussi ethnique et/ou culturelle, quand elles ne sont pas activées par un événement très particulier ou dynamisées autour d'associations voire de réseaux d'intérêts ou d'obligations mutuels. Le crime, par ses impacts, a créé des besoins chez les membres impliqués (*secondary victims*). Or l'accaparement par l'Etat des poursuites pénales traditionnelles détruit chez les individus tout sens de la communauté. Pourtant, les membres de la communauté ont un rôle à jouer tout comme la communauté elle-même doit assumer ses éventuelles responsabilités à l'égard des victimes, de l'infracteur et de l'ensemble des membres eux-mêmes. Elle prend concrètement connaissance et conscience des facteurs qui risquent de conduire au crime et s'investit alors davantage dans la consolidation du bien-être social, assurant par là même la prévention plus globale du crime. Et chaque fois que les membres de la communauté s'engagent dans la résolution d'un conflit, c'est le lien social qui s'en trouve renforcé.

C'est pourquoi les communautés attendent de la Justice qu'elle prête attention à leurs victimisations éventuelles, qu'elle leur offre des opportunités pour donner du sens aux notions de communauté et de responsabilité mutuelle, qu'elle les encourage à assumer leurs obligations quant au bien-être de leurs membres – y compris victimes et/ou infracteurs – et à développer des politiques qui favorisent des communautés saines et sûres. De réelles ressources doivent ainsi leur être allouées, par simple redistribution finalement, au regard des bénéfices escomptés – et évalués – par la mise en œuvre des mesures de Justice restaurative.

E. L'épanouissement du Système de Justice pénale

En son entier, il devient très heureusement bénéficiaire de la stratégie restaurative en ce qu'elle offre à la régulation des conflits une justice plus humaine pour la victime et l'infracteur. Selon les mesures mises en œuvre, la justice restaurative est de nature à rendre la justice pénale plus crédible car elle permet de répondre à tous les conflits d'ordre pénal, y compris en cas de classement sans suite ou de non-lieu, quand l'auteur est inconnu ou incapable psychologiquement de répondre de ses actes. Et vraisemblablement moins coûteuse (Strang, Shermann, 2008) car elle conduit à éviter le recours aux peines privatives de liberté de courte durée, massivement prononcées aujourd'hui, le *quantum* moyen ferme de la peine privative de liberté s'établissant en ce sens à plus de huit mois en 2014, ce dont atteste encore la proportion de détenus incarcérés en maison d'arrêt (affichant de surcroît un taux de 20 % de détenus en surnombre), dans près de sept cas sur dix, certes au titre de la détention provisoire mais aussi pour y purger des peines inférieures à un an ou dont le reliquat est également inférieur à un an. Au regard du différentiel généralement observé entre le coût journalier d'une mesure exécutée au sein de la communauté et celui d'une peine privative de liberté (de 1 à 10, voire davantage dans les institutions fermées réservées aux mineurs), rapproché des évaluations prometteuses des mesures de justice restaurative, il y a peut-être aussi pour le système de potentielles économies à réaliser en termes de *cost / effectivness* (relativement au fonctionnement des tribunaux et de l'administration pénitentiaire). L'investissement dans une mesure restaurative offre un retour, en termes d'économies pour le Système, de 8/1 (Shapland and al., 2008), comme cela a été de la même manière évalué relativement aux programmes de prévention précoce, de 12/1 (Cario, 2004 ; Tremblay, 2008). La justice restaurative est plus proche des intéressés, plus proche de la société civile, plus proche de la communauté. Justice de proximité, elle s'exprime là où le conflit s'est noué, là où la réparation a lieu, là où les protagonistes continuent à cohabiter. Le reproche de la disparition de tout rituel judicaire ne semble pas fondé, non seulement parce que la mesure restaurative choisie est mise en œuvre au sein même du Système de justice pénale mais encore et surtout par le fait, maintes fois souligné, que la distance qu'il induit avec le justiciable est source d'incompréhension voire de rejet (Garapon, 1986 ; Desprez, 2009). La victime et la communauté, par le sentiment partagé que justice a été rendue, retrouvent confiance dans le Système en son entier. La justice restaurative contribue ainsi à apaiser, au cœur même de la communauté victimisée, le sentiment d'insécurité, à rétablir durablement la paix sociale.

III. Les réalités de la Justice restaurative en France

En France, comme dans la plupart des pays au monde, la crise des institutions judiciaires (au sens large) est patente. Le diagnostic est objectivement incontestable.... son interprétation subjectivement, voire idéologiquement protéiforme. Conscient de l'insatisfaction des justiciables, la Loi dite Taubira est venue intégrer dans le Code de procédure pénale les mesures que la justice restaurative promeut depuis des millénaires, dans le respect des droits humains et des principes fondamentaux du droit criminel (substantiel et formel). De concluantes expérimentations l'ont d'ailleurs précédé en quelques territoires pionniers de notre pays, sous l'impulsion de l'Institut français pour la Justice restaurative (IFJR) et de ses partenaires privilégiés.

A. La réinvention de la justice restaurative

La crise contemporaine des systèmes de justice pénale, la redécouverte récente de la victime comme inévitable acteur du procès équitable ont conduit à (ré)envisager, dans les années 1970, les modalités traditionnelles de prise en compte du phénomène criminel, en termes de prévention des comportements potentiellement criminels, de répression des actes et de traitement des personnes concernées par le crime. La France, sur la base des programmes restauratifs réintroduits essentiellement dans les pays anglo-saxons, a suivi une même évolution, de manière parcellaire jusqu'à une date très récente. En ce sens, la dispense de peine (art. 132-58 et s. C. pén.) ou de mesure (spécifiquement à l'égard des mineurs, art. 8 Ord. 2 fév. 1945) et l'ajournement du prononcé de la peine (art. 132 et s. C. pén.) sont intégrés dans le Code de procédure pénale en 1975 à trois conditions : que la réinsertion sociale de l'infracteur, la réparation indemnitaire de la victime, le rétablissement de la paix sociale soient acquis ou en cours de réalisation. De la même manière la médiation pénale comme alternative aux poursuites à l'égard des majeurs est adoptée en 1993 (art. 41-1-5° C.p.pén.). La même loi consacre, au bénéfice des mineurs, la réparation pénale, bien plus heureusement susceptible d'être prononcée à tous les stades de la procédure (art. 12-1 de l'Ordonnance de 1945). Il convient de remarquer immédiatement que ces deux modalités sont exceptionnellement soucieuses du respect des principes fondateurs de la justice restaurative : consentement des parties, présence de la victime et/ou de leurs proches, non systématicité de la proposition, cumul des pouvoirs judiciaires entre les mains du procureur de la République qui ne constitue, en aucun cas, une autorité juridictionnelle, principalement. Le recours à ces modalités apparaît par ailleurs très nettement insuffisant : environ 30000 par an pour chacune d'entre elles, pour environ 650 000 condamnations prononcées par les juridictions répressives.

B. La consécration législative de la Justice restaurative

Sous l'impulsion de divers acteurs, issus de la société civile (comme l'Institut Français pour la Justice restaurative, la Plateforme française pour la justice restaurative ; justicerestaurative.org) ou provenant d'institutions publiques, le législateur vient de consacrer la justice restaurative dans le droit criminel positif. En une place très symbolique : au sein de la partie législative du Code de procédure pénale, en Sous-titre II du Titre préliminaire consacré aux « Dispositions générales ». En ce sens l'article 8 de la Loi n° 2014-896 du 15 août 2014, relative à l'individualisation des peines et renforçant l'efficacité des sanctions pénales, élaborée à partir des travaux de la Conférence de consensus sur la prévention de la récidive, lui dédie un nouvel article 10-1, applicable depuis le 1er octobre 2014.

« *A l'occasion de toute procédure pénale et à tous les stades de la procédure, y compris lors de l'exécution de la peine, la victime et l'auteur d'une infraction, sous réserve que les faits aient été reconnus, peuvent se voir proposer une mesure de justice restaurative.*

Constitue une mesure de justice restaurative toute mesure permettant à une victime ainsi qu'à l'auteur d'une infraction de participer activement à la résolution des difficultés résultant de l'infraction, et notamment à la réparation des préjudices de toute nature résultant de sa commission. Cette mesure ne peut intervenir qu'après que la victime et l'auteur de l'infraction ont reçu une information complète à son sujet et ont consenti expressément à y participer. Elle est mise en œuvre par un tiers indépendant formé à cet effet, sous le contrôle de l'autorité judiciaire ou, à la demande de celle-ci, de l'administration pénitentiaire. Elle est confidentielle, sauf accord contraire des parties et excepté les cas où un intérêt supérieur lié à la nécessité de prévenir ou de réprimer des infractions justifie que des informations relatives au déroulement de la mesure soient portées à la connaissance du procureur de la République ».

De manière inégalée jusqu'alors, la participation à une mesure (plus génériquement à une rencontre) restaurative peut être proposée (quel que soit leur statut) aux victimes et aux auteurs d'infractions pénales tout au long du processus pénal. Il s'agit même d'un droit pour la victime lors de l'exécution des peines (art. 707-IV, 2° C.pr.pén.). Toutes les infractions sont concernées, l'évaluation scientifique démontrant de surcroît que plus les faits sont graves, plus le cheminement vers l'apaisement de chaque participant est important. Tout comme l'efficience restaurative du seul « processus », indépendamment du « résultat » (la rencontre, pour autant qu'elle soit souhaitée). La Loi du 17 août 2015 portant adaptation de la Directive du 25 octobre 2012 du Parlement européen et du Conseil établissant des normes minimales concernant les droits, le soutien et la protection des victimes de la criminalité prévoit également que les officiers et les agents de police judiciaire informent par tout moyen les victimes de leur droit d'obtenir la réparation de leur préjudice, par l'indemnisation de celui-ci ou par tout autre moyen adapté, y compris, s'il y a lieu, une mesure de justice restaurative (art. 10-2-1° C.pr.pén.).

La mesure de justice restaurative vise à offrir une part active dans la « résolution » des « difficultés » résultant de l'infraction, en d'autres termes à conduire à la réparation des « préjudices » de toute nature résultant de sa commission. Ici encore, les termes retenus par le législateur ne sont pas en totale harmonie avec ceux de la Directive de 2012 précitée : « *matters arising from the criminal offence* » ne signifie pas « difficultés » mais « questions » soulevées par le crime, lesquelles ne sont pas toutes de nature à constituer des « préjudices », dont la définition et le régime sont très spécifiques en droit positif français. Sans aucun doute, il revient au seul juge pénal de trancher sur les conséquences du crime en termes de détermination de la nature, du quantum et du régime de la sanction, d'une part et sur le montant de l'indemnisation pécuniaire de l'autre (de la compétence dorénavant du Fonds de garantie des victimes des actes de terrorisme et d'autres infractions – FGTI - ou de la Commission d'indemnisation des victimes d'infractions - CIVI). Par contre et fort pertinnement, les participants (personnes infracteurs et victimes principalement) sont dorénavant susceptibles de négocier (dans le pré-sentenciel) ou d'envisager (dans le post-sentenciel) la diversité et les caractéristiques des répercussions du crime (d'ordre personnel, familial, scolaire, professionnel, culturel, relationnel et social notamment), sans lien direct – juridiquement – avec le fait infractionnel. Partant, la présence de professionnel(le)s apparaît inévitable, autant pour éviter toute forme de victimisation secondaire ou répétée, d'intimidation ou de représailles à l'égard des intéressés, d'instrumentalisation des mesures de justice restaurative, que de dérives dans l'appréciation des « préjudices » et des modalités de leur « réparation ».

C. Les conditions de mise en œuvre de la Justice restaurative

Impliquant en première intention la victime et l'infracteur (et, selon les mesures, leurs proches ainsi que des membres volontaires de leur-s- communauté-s- d'appartenance), les mesures de Justice restaurative se démarquent pertinemment de la tendance qui affecte, de manière durable et regrettable, les conditions du recours à la médiation pénale, n'exigeant plus que le seul accord de la victime. Dans le même esprit, la Directive du 25 octobre 2012 n'envisage le recours à une mesure restaurative, très paradoxalement en cette matière, que dans le seul intérêt des victimes (art. 12-a).

Dorénavant, les personnes qui ont choisi, au cours des entretiens préparatoires avec le professionnel dédié, de s'investir dans une rencontre restaurative en sont les acteurs primordiaux : lors de la définition des modalités pratiques de la rencontre (phase de préparation), lors du choix des thèmes abordés, du contenu et des caractéristiques des échanges (phase de rencontre), lors de la négociation éventuelle sur la nature et les modalités pratiques de réalisation de leurs engagements réciproques (phase de conclusion de l'accord restauratif) et lors de l'élaboration du suivi des engagements de chacun (phase de clôture).

Parce que les participants sont considérés comme compétents pour réguler leurs propres affaires, en présence et avec l'accompagnement des professionnel(le)s formé(e)s (au sens large), les mesures restauratives apportent, au sein du procès pénal, un espace sécurisé de parole, de dialogue. Identifier et exprimer les souffrances subies par chacun, favoriser la compréhension mutuelle de ce qui s'est passé (pourquoi ?) et rechercher ensemble des solutions disponibles pour y remédier (comment ?) conduit bien plus effectivement à la restauration la plus complète des personnes.

Mais pour que l'Œuvre de justice s'accomplisse dans le respect des droits humains et des principes de droit criminel, l'article 10-1 C.pr.pén. impose une série de garanties conditionnant le recours à une mesure de Justice restaurative. L'exigence de la reconnaissance des faits par tous est formelle. Elle ne doit toutefois pas être assimilée à un aveu ou à une auto-incrimination mais à une absence de dénégation. La généralisation de la césure du procès pénal, conduisant au prononcé rapide d'une décision sur la culpabilité de la personne poursuivie, réclamée de longue date par les pénalistes, aurait permis de lever toutes les résistances relatives au respect de la présomption d'innocence dès le stade de l'instruction. Logiquement, une information complète sur la mesure envisagée doit être donnée aux participants éventuels : déroulement du processus et garanties dont ils disposent ; suites envisageables ; bienfaits susceptibles d'en être retirés et limites de leur participation. Le consentement exprès des participants à la mesure restaurative choisie, essentielle à son bon déroulement, est le gage de leur participation active. Constant tout au long du déroulement de la mesure, il est révocable à tout moment. Ce qui n'exclut en rien les effets réparateurs du processus en lui-même, nonobstant l'objectif initial de la rencontre.

Le respect de telles conditions, non négociables, exige que leur recueil soit effectué par un tiers indépendant formé à cet effet. Une telle formation ne s'improvise pas. Pour devoir posséder de solides connaissances disciplinaires propres, professionnel(le)s et bénévoles de la médiation/animation devront encore compléter leur formation de base par l'acquisition de connaissances sur les techniques d'écoute et d'entretien, l'animation de groupe, la spécificité des protocoles de mise en place et de suivi des mesures restauratives. Les membres bénévoles de la communauté devront également suivre une formation spécifique à leur rôle dans les dispositifs restauratifs requérant leur présence. L'animateur de la rencontre, en charge également de la préparation des participants, est le garant de son cadre et de son déroulement équitable, dignes et respectueux de chacun. Son indépendance se manifeste vis-à-vis des participants : formation spécifique, neutralité bienveillante. Elle provient encore de la gratuité de la mesure. Il demeure tout autant indépendant de l'institution judiciaire ou des administrations mandantes. Il n'est pas vain de noter que l'original de la Directive, rédigé en anglais, a fortement influencé le législateur français. Curieusement l'« *impartial third party* » est devenu « tiers indépendant », causant par là des interprétations très restrictives quant à la possibilité, notamment, pour un personnel pénitentiaire d'embrasser un tel rôle. Or l'impartialité signifie généralement l'objectivité, le souci d'équité et de justice, l'absence de parti-pris (quoiqu'en matière criminelle, les souffrances des participants devraient sans doute conduire à une posture de co-partialité). L'indépendance tend à souligner que l'animateur des rencontres restauratives (au sens large) n'est pas tributaire des participants au plan matériel ou moral, ne se laisse pas influencer par ses appartenances politiques, religieuses ou par toutes sortes de pressions extérieures.

Finalement, le « tiers justice » doit à la fois être impartial et indépendant, ce qui clos tout débat suranné de doctrine.

Le contrôle de l'autorité judiciaire ou, à la demande de celle-ci, de l'Administration pénitentiaire consiste en la vérification du respect des principes généraux du droit criminel, des droits et intérêts des participants tout au long du processus restauratif : atteintes au déroulement formel du processus ; manquements à la déontologie de la part de l'animateur faisant grief à un participant ; homologation – voire intégration dans la décision au fond – du protocole d'accord ; contenu de l'accord, principalement. Un tel contrôle se heurte cependant au respect du principe de confidentialité, ne supportant aucune autre restriction, sauf « accord contraire des parties et excepté les cas où un intérêt supérieur lié à la nécessité de prévenir ou de réprimer des infractions » commises, dont la commission est en cours ou sur le point de l'être et présentant un danger pour les personnes. Le procureur de la République en est le seul destinataire. Il s'applique à tous : médiateurs, coordonnateurs, animateurs, participants. Il a pour corolaire l'interdiction de s'appuyer sur la participation à une rencontre restaurative, y compris en cas d'échec, dans le cadre d'une procédure pénale subséquente.

Ainsi, l'évolution amorcée par la Loi du 15 août 2014 manifeste une réelle convergence entre les objectifs de la Justice pénale et ceux de la Justice restaurative. En ce sens, la peine a dorénavant pour fonction « de sanctionner l'auteur de l'infraction ; de favoriser « son amendement, son insertion ou sa réinsertion », « afin d'assurer la protection de la société, [de] prévenir la commission de nouvelles infractions et restaurer l'équilibre social, dans le respect des intérêts de la victime » (art. 130-1 nouveau du C. pén.). Il s'agit bien là des fonctions assignées aux diverses rencontres restauratives : responsabilisation de tous en vue de leur réintégration dans l'espace social ; réparation globale de chacun des protagonistes, de leurs proches et/ou de leurs communautés d'appartenance ; prévention de la commission de nouvelles infractions de nature à conduire au rétablissement de la paix sociale.

Dans la mesure où aucune mesure de Justice restaurative n'est visée en particulier, toutes sont donc éligibles, à l'appréciation raisonnée des praticiens formés pour déterminer, avec les participants eux-mêmes, la plus adaptée à la situation donnée : médiation pénale, médiation restaurative (après poursuites), réparation pénale à l'égard des mineurs, conférences restauratives, cercles restauratifs, rencontres détenus (ou condamnés) – victimes, cercles de soutien et de responsabilité (dédiés spécifiquement aux auteurs de violences sexuelles), cercles d'accompagnement et de ressources. Certes, la proposition d'une mesure de justice restaurative appartient à l'autorité judicaire, mais rien n'interdit aux intervenants socio-judiciaires (au sens le plus large), aux protagonistes, à leurs proches de solliciter en ce sens le magistrat compétent. Le travail en partenariat devient alors princeps pour mener à terme une telle approche holistique des réponses à apporter au crime. La Justice restaurative est bien en marche dans notre pays. Offrons-lui l'épanouissement qu'elle promet en privilégiant l'optimisme de l'action au pessimisme de l'intelligence. Par une rationalisation des coûts budgétaires, offrons-nous parallèlement les moyens de mesurer – scientifiquement – son effectivité et son efficacité, car le temps de la complémentarité pénale et restaurative est bien arrivé en France.

D. Les réalisations concrètes sur le territoire national

Avant même l'adoption de la loi du 15 août 2014, pour pallier les insuffisances – en nature et en diversité – des mesures de médiation pénale et de réparation, de belles expérimentations se sont développées dans notre pays, formellement organisées par des professionnels du travail social (au sens large). La première expérimentation a eu lieu en 2010 à Poissy, dans le cadre d'une session de **Rencontres détenus-victimes** (RDV), associant l'Institut national d'aide aux victimes et de médiation (INAVEM), la Maison centrale de Poissy, le Service pénitentiaire d'insertion et de probation (SPIP) des Yvelines, l'Ecole nationale d'administration pénitentiaire (ENAP) et quelques personnalités qui allaient créer quelques années plus tard l'Institut français pour la justice restaurative (IFJR). La Session de six rencontres a concerné trois victimes et trois détenus, ne se connaissant nullement mais réunis en tenant compte de la similitude des actes commis par les uns et ceux subis par les autres. La seconde expérimentation s'est inscrite dans le cadre de **cercles de soutien et de responsabilité**, mis en place par le SPIP des Yvelines début 2014. Plusieurs autres Rencontres restauratives sont en cours ou en voie d'être réalisées en 2015 et 2016 comme notamment : **Rencontres condamnés-victimes** en milieu ouvert à Pontoise, Paris, Pau, Lyon, Chambéry (RCV) ; en milieu fermé (RDV) à Poissy, Montpellier, La Réunion ; Cercles de soutien et de responsabilité (CSR) à Versailles, Bordeaux et Dax ; **Cercles d'accompagnement et de ressources** (CAR) à Versailles, Lyon. Des expérimentations en **médiation restaurative** (MR) devraient voir le jour au sein du Tribunal de Grande Instance de Pau, après poursuites et lors de l'application des peines, ainsi qu'à Valence. Il importe de souligner que de telles actions restauratives se déroulent dans le cadre d'un partenariat abouti entre les Services pénitentiaires d'insertion et de probation (SPIP) et les associations d'aide aux victimes (AVV) fédérées au sein de l'Inavem. Il est plus que probable que les services de la Protection judiciaire de la jeunesse (PJJ), ayant aujourd'hui en charge les mineurs délinquants, rejoignent ce mouvement restauratif d'ampleur.

E. L'Institut Français pour la justice restaurative (IFJR)

Depuis sa création au printemps 2013, l'Institut Français pour la Justice Restaurative, fort d'un réseau partenarial riche et conséquent au niveau national et international (que reflète son conseil d'administration, justice-restaurative.org) et de l'investissement massif de ses membres (professionnels du champ criminel ou social, pour la plupart bénévoles), impulse le développement de la justice restaurative. Lieu de **partage de connaissances** scientifiques, praxéologiques et pratiques, il ambitionne d'offrir à toutes celles et ceux qui souhaitent s'investir dans cette prometteuse voie restaurative un ensemble d'outils destinés à guider leurs actions en sachant, de manière très pragmatique, comment les mettre en œuvre. Les risques de revictimisation des participants, réels, supposent un **professionnalisme** abouti des intervenant(e)s (aux plans éthique et déontologique) : l'amateurisme, l'improvisation et la précipitation ne sont pas de mise en cette matière qui, convient-il de le rappeler, repose sur des protocoles stricts, sans aucune ambition thérapeutique ou prosélyte quelconque.

En ce sens, de nombreux **séminaires de sensibilisation** sont organisés en métropole et dans les territoires ultramarins (Guadeloupe, La Réunion, Mayotte, Saint Pierre et Miquelon à ce jour) auprès de multiples institutions : pénitentiaires, aide aux victimes, visiteurs de prisons, aumôneries, municipalités, notamment. De nombreuses **formations** aux principales mesures restauratives sont mises en place, en convention avec l'Inavem (inavem.org) et l'Ecole Nationale d'Administration Pénitentiaire (enap.justice.fr). L'Institut participe également à la création, l'accompagnement, le suivi et l'évaluation de deux **Services régionaux de justice restaurative** (SRJR « Ile de France », SRJR « Pyrénées »), d'autres devraient prochainement voir le jour. Il met en place des **évaluations** des mesures entreprises, conditions *sine qua non* de leur dissémination comme bonnes pratiques… ou non. Grâce au soutien du Ministère de la Justice (Service de l'accès au Droit et à la Justice et de l'aide aux victimes, SADJAV) et de généreux donateurs, des documents de **communication** (films) ont été réalisés ou sont en cours (affiches, dépliants, notamment) à des fins d'information du plus large public en France entière : professionnels de la chaîne pénale, auteurs et victimes et plus largement citoyens). Une **conférence internationale de concertation** sur la justice restaurative sera organisée en novembre 2016.

Pour conclure sommairement, les innovations législatives de 2014, applicables depuis le 1er octobre 2014, vont, à coup sûr, assurer la généralisation et la pérennisation des mesures que la Justice restaurative promeut. D'autant plus que les évaluations disponibles, exceptionnelles en France moins à cause du peu de mesures mises en œuvre à ce jour que du désintérêt anachronique et indécent des universitaires et chercheurs relativement à la question criminologique (agressologique, victimologique et restaurative), sont prometteuses. Evalués scientifiquement, les sentiments des protagonistes convergent : avoir obtenu justice, ressentir un apaisement physique, psychique voire même psychosomatique, notamment. La reconnaissance offerte par le processus restauratif est soulignée par tous comme la condition d'un possible retour (ou sa consolidation) parmi les autres êtres humains, car avoir la chance de pouvoir donner son point de vue est réparateur, quelle que soit la gravité du crime. Magistrats et acteurs socio-judiciaires considèrent que la complémentarité entre les mesures de Justice restaurative et celle de la Justice pénale est parfaitement viable, vecteur d'humanisation, facteur de gain de temps pour tous. Ainsi socialisé, le désir de « vengeance vindicative et destructrice » s'estompe pour laisser place au partage, à la réciprocité, à l'intercompréhension, à la vengeance vindicatoire qui rend à nouveau actif, qui permet de reprendre le pouvoir sur sa vie. La peur du crime, comme expérience vécue, s'estompe à l'écoute des infracteurs, de la sincérité de leurs regrets et de leurs engagements pour l'avenir. Des coûts judiciaires, sanitaires et sociaux sont ainsi incontestablement épargnés. Il importe encore de remarquer – et ce n'est pas le moins important – que le taux de récidive est bien moins élevé, grâce à la responsabilisation subséquente du condamné. Prenant conscience qu'il appartient à la communauté, prête à l'accueillir après s'être acquitté de ses obligations, il mesure clairement que c'est l'acte qu'il a commis qui est stigmatisé comme inacceptable, alors que lui-même demeure une personne, ayant toute sa place parmi les autres êtres humains.

Pour aller plus loin

Braithwaite J., *Crime, shame and reintegration* (1989), Cambridge Univ. Press, 2010, 226 p.

Cario R., *La prévention précoce des comportements criminels. Stigmatisation ou bientraitance sociale ?*, Ed. L'Harmattan, Coll. Controverses, 2004, 108 p.

Cario R. (Dir.), *La justice restaurative*, Rapport du groupe de travail, Conseil national d'aide aux victimes, Paris, Mai 2007, 61 p.

Cario R., *Introduction aux sciences criminelles. Pour une approche globale et intégrée du phénomène criminel*, Ed. L'Harmattan, 6è éd. 2008, 348 p.

Cario R., *La justice restaurative Principes et promesses*, Ed. L'Harmattan, 2è éd. 2010, 300 p.

Cario R., Mbanzoulou P. (Dir.), *La justice restaurative. Une utopie qui marche ?*, Ed. L'Harmattan, 2010, 103 p.

Cario R. (Dir.), *Les rencontres détenus-victimes. L'humanité retrouvée*, Ed. L'Harmattan, Paris, coll. Controverses, 2012, 164 p.

Cario R., *La justice restaurative*, Conférence de consensus, 14-15 février 2013 [En ligne] http://ick.li/if0BL9.

Cario R., Justice restaurative et droit pénal des mineurs. Entre continuité et renforcement de la belle Ordonnance du 2 février 1945, *In Les Cahiers dynamiques*, Ed. Erès, 2014-59, pp. 41-50.

Cario R., S. Ruiz, *Droit(s) des victimes. De l'oubli à la reconnaissance*, Ed. l'Harmattan, 2015, 325 p.

Cherki-Nicklès C., M. Dubec, *Crimes et sentiments*, Ed. Le Seuil, 1992, p. 273.

Christie N., Conflicts as property, *In The British Journal of Criminology*, 1977-17, pp. 1-15 ; rééd. *In* T. Newburn (E.), *Key readings in criminology*, Willan publishing, 2009, pp. 712-719.

De Villette T., *Faire justice autrement. Le défi des rencontres entre détenus et victimes*, Ed. Médiaspaul, 2009, 247 p.

Desprez F., *Rituel judiciaire et procès pénal*, LGDJ / Lextenso Ed., Bibliothèque des sciences criminelles, 2009-46, 573 p.

Faget J., Reintegrative shaming. A propos de la théorie de John Braithwaite, *In Les cahiers de la Justice, revue semestrielle de de l'Enm*, Dalloz, 2006-1, pp. 59-70.

Farrall S., Hough M., Maruna S., Sparks R., *Escape routes. Contemporary perspectives on life after punishment*, Routledge ed., 2011, 278 p.

Gailly P., *La Justice restaurative. Textes réunis par…*, Ed. Larcier, 2011, 471 p.

Garapon A., D. Salas, *Les nouvelles sorcières de Salem. Leçons d'Outreau*, Ed. du Seuil, 2007, p. 153.

Garapon A., *Le rituel judiciaire. Etude de sociologie juridique sur les formes symboliques du droit*, Thèse, Paris II, 1986, multigraph., 386 p.

Johnstone G. (Ed.), *A restorative justice reader : texts, sources, context*, Willan pub, 2003, 400 p.

Johnstone G., D.W. Van Ness (Eds), *Handbook of Restorative justice*, Willan publishing, 2007, pp. 41-58.

Latimer J., Dowden C., Muise D., *L'efficacité des pratiques de la Justice restaurative : Méta-analyse*, Département de la justice du Canada, Divisision de la recherche et de la statistique, Multigraph., 2011.

Manuel sur les programmes de justice restaurative, Coll. Série de manuels sur la réforme de la justice pénale, multigraph., 2008, 107 p. ; unodc.org.

Robert J.H., La honte réintégrative, moteur de la justice restaurative, *In La semaine juridique*, 2015-9, pp. 442-446.

Ross R., *Returning to the teachings : exploring aboriginal justice*, Penguin Books, 1996, 287 p. ; du même auteur, Pour une justice « relationnelle », *Les cahiers de la justice. Revue semestrielle de l'Enm*, Ed. Dalloz, 2006-1, pp. 127-142.

Rossi C., *Les rencontres détenus-victimes dans le cas de crimes graves au Québec : une offre unique de reconnaissance sociale des conséquences des crimes les plus graves*, In R. Cario (Dir.), *op. cit.*, 2012, pp. 39-68.

Sayous B., Cario. R., La Justice restaurative dans la réforme pénale : de nouveaux droits pour les victimes et les auteurs d'infractions pénales, *In AJpén.*, 2014-10, pp. 461-466.

Shapland J. and al., *Does restorative justice affect reconviction ? The fourth report from the evaluation of three schemes*, Min. of Justice, Research Series, 2008-10, pp. 43-65

Shapland J., Robinson G., Sorsby A., *Restorative justice in practice. Evaluating what works for victims and offenders*, Ed. Routledge, 2011, 227 p.

Shapland, *Justice, communauté et société civile. Etudes comparatives sur un terrain disputé*, Ed. L'Harmattan, Coll. Logiques sociales, 2008, 263 p.

Sherman L.W., H. Strang, *Restorative justice : the evidence*, Smith Institute pub., 2007, p. 86 et 88, smith-institute.org.uk.

Strang H. and al., *Restorative Justice Conferencing (RJC)*. Using Face-to-Face Meetings of Offenders and Victims : Effects on Offender Recidivism and Victim Satisfaction. A Systematic Review, Campbell systematic review, 2013:12.

Tremblay R.E., *Prévenir la violence dès la petite enfance, Ed. O. Jacob, 2008269 p.*

Umbreit M., Peterson-Armour M., *Restorative justice dialogue. An essential guide for research and practice*, Ed. Springer publ., 2011, 350 p.

Van Ness D. W., Heetderks Strong K., *Restoring Justice. An introduction to restorative justice*, Anderson publishing, 5th ed. 2014, 235 p.

Walgrave L., *Restorative Justice, self-interest and responsible citizenship*, Willan publishing, 2008, 240 p.

Wallis P., *Understanding Restorative justice. How empathy can close the gap created by crime ?*, Olicy Press, 2014, 206 p.

Ward T., Maruna S., *Rehabilitation*, Routledge ed., 2007, 204 p.

Wright M., *À qui profite la Justice restauratrice ?*, *In* P. Gailly (Trad.), La justice restauratrice, Ed. Larcier, 2011, pp. 189-215.

Zehr H., *Changing lenses : a new focus for crime and justice*, Herald Press, 1990, 3rd ed., 2005, 289 p.

Zehr, H., *La justice restaurative. Pour sortir des impasses de la logique punitive*, Ed. Labor et Fides, 2012, 98 p.

22

Le sens de la peine : comme un goût de 19ème ?

Par Éric GUILLON

Aborder la question du sens de la peine ne s'exécute pas d'emblée dans une prise en charge. Ce n'est qu'au fil du temps que l'auteur d'agression, notamment sexuelle, prend peu à peu conscience de ce que sous-tend son acte délinquant. Il arrive aussi fréquemment qu'il en ait une pré-conscience, c'est-à-dire qu'il suppute une problématique, sans pouvoir la cerner véritablement et mettre des mots sur ses actes et ses affects, d'où l'apparence de vide existentiel au début des prises en soins. C'est ce que nous allons décrire. Mais d'abord, faisons un détour par la littérature et nous verrons ensuite que ce décalage permet de suggérer des liens.

Dans notre pratique thérapeutique, les personnes sous main de justice écrivent peu. Néanmoins, il s'agit d'histoires, ou de tranches de vie, qui peuvent être relatées par écrit, ce que retracent les expertises psychiatriques et psychologiques d'une part, et les notes prises lors des entretiens d'autre part. À cet égard, nous reprendrons l'analyse de Bertrand Ferrier quant aux modalités d'écriture, même si son étude ne porte pas sur le 19ème siècle.

« Un texte est constitué par ses limites, donc par ce qui l'entoure. C'est ce que Gérard Genette a appelé le paratexte. On peut caractériser le paratexte par sa nature et par ses fonctions. Par sa nature, d'abord, le paratexte est composé du péritexte. C'est tout ce qui entoure directement le récit : nom de l'auteur, titre, caractéristiques éditoriales, table, chapitrage, notes, préfaces et postfaces… Le paratexte intègre aussi l'épitexte. C'est tout ce qui entoure indirectement le récit : par exemple la correspondance de l'auteur, son journal, le making of » [1].

« Le texte est une fausse évidence… Ce récit a été écrit par quelqu'un qui a fait des choix sur la façon dont il allait présenter l'histoire ». Notons au passage que ces patients nous pointent souvent la mauvaise interprétation des faits et de leur personnalité de la part de l'expert, ce qui a conduit à l'incarcération et l'obligation ou l'injonction de soins.

« Cette façon (d'écrire) s'appelle la narration et met en jeu trois instances. Le narrateur est celui qui raconte. Ce n'est pas l'auteur, même s'il le prétend. L'auteur est celui qui choisit ce que dit le narrateur. Le narrateur désigne l'ensemble des indices qui nous laissent supposer que l'histoire a été racontée par quelqu'un en particulier. Le narrataire est la personne à qui l'histoire est contée. Ce n'est pas le lecteur, même si le narrateur prétend s'adresser à lui directement. La narration est donc l'histoire telle qu'elle est racontée par un narrateur à un narrataire, et non par un auteur à un lecteur » [2].

Observons que les narrations dépendent de nos écrits. Qui sont donc le narrateur, le narrataire, l'auteur, le lecteur ? Le patient ? Le psy ? Voici un exemple clinique. En début d'entretien, P. déclare : « que voulez-vous que je vous dise ? » ou bien encore S. en cours d'entretien : « Ma femme m'a fait un coup ! J'avais pas décidé de vous le dire… J'ai pris une belle décision. Je t'appellerai tous les trois mois. J'ai réalisé qu'elle ne m'aimait pas ». L'interrogation de P. fait écho à ce que lui avait demandé le médecin coordonnateur concernant les relations au sein de sa famille. Celle de S. est à la fois une reviviscence de l'huis-clos avec l'épouse, la recherche d'un témoin et une expression mélodramatique chargée de nous mettre en haleine pour connaître le déroulement de l'histoire. Par qui ces histoires sont-elles racontées ? Le psy qui prend des notes en fonction de son filtre idéologique ou son école de pensée ? Le patient qui répond à la commande judiciaire, et donc sociétale, d'explorer son vécu à travers son filtre déformé de son histoire pénale ? À ce sujet, rappelons les propos de Levenstein : « il existe une méthode éprouvée bien définie pour comprendre la maladie, mais il n'existe aucune méthode équivalente pour comprendre le patient ».

Pour déterminer comment l'histoire est contée, « il faut relever trois éléments : ce qui constitue le récit (le point de vue), ce qui constitue le cadre de l'histoire (le temps et l'espace), ce qui constitue l'histoire (organisation, personnages et énonciation). Le point de vue : la question n'est plus qui

---

1. Bertrand Ferrier. Les livres pour la jeunesse, entre édition et littérature, Presses Universitaires de Rennes, 2011, p. 161.
2. Ibid, p. 166.

raconte mais qui perçoit ? En effet, on peut raconter une histoire que l'on n'a ni vécue, ni vue. Une distinction fine s'impose donc. Elle sera guidée par deux points : d'une part la proximité entre le narrateur et ce qu'il rapporte (un fait, une expression, une pensée) et qui s'exprime par le vocabulaire employé, la syntaxe, la ponctuation, etc. ; d'autre part la focalisation. Celle-ci ne peut prendre que trois formes : focalisation zéro (on en sait plus que les personnages), focalisation interne (on en sait autant, on est dans ses pensées), focalisation externe (on en sait moins, on ne fait que l'observer) ... Après le point de vue, est le cadre de l'histoire, caractérisé selon deux axes : le temps et l'espace... (à propos de l'espace) les fonctions d'une description peuvent être de quatre ordres : mimésiques (elles miment la réalité), mathésiques (elles apprennent quelque chose au lecteur), sémiosiques (elles éclairent le sens de l'histoire, par exemple en laissant subodorer le plaisir qu'éprouvera un enfant à passer ses journées dans un bâtiment moche) et esthétiques (elles intègrent le texte à un genre ou un style littéraire... Ce qui constitue l'histoire est la mise en examen des personnages... Schématiquement, on distingue en général trois modèles d'analyse. Le modèle sémiotique (le personnage est un acteur) ; le modèle sémiologique (le personnage est un outil narratif dont l'auteur dispose en trois versions : référentielle (il reflète la réalité), embrayeuse (le personnage joue le narrateur dans la fiction) et métaphorique (le personnage assure l'unicité du récit) ; le modèle sémio-pragmatique (le personnage produit des effets) [3].

Avant d'aller plus loin, illustrons ces propos par une mise en perspective clinique. Pour expliquer le sentiment d'abandon de la victime, JP. précise : « la mère allait au bordel. Elle était toxicomane. C'est surtout la grand-mère qui s'occupait des filles. C'est nous qui les prenions en vacances, sinon personne ne s'en occupait ». Ce modèle sémio-pragmatique est ponctué peu de temps après d'une formule de focalisation interne : « on peut dire que j'étais comme elle, sans règle, livré à nous-mêmes ».

Sans entrer dans le détail des styles littéraires, même si « le roman répond à l'appel de l'impossible réel » [4], les différentes formes de roman peuvent « retracer l'évolution d'un personnage sur une longue période, une famille sur plusieurs générations », « rapporter exactement une expérience vécue, des faits réels » [5].

Prenons l'exemple de J. Les premiers entretiens, comme un premier chapitre, sont consacrés à son anamnèse. Aîné d'une fratrie de 2 garçons, il est reconnaissant à ses parents de l'avoir élevé, ainsi que son frère, dans un

---

3. Ibid, p.169 – 173.
4. Laurent Zimmerman, www.fabula.org/atelier littéraire : le roman et le réel, 2012.
5. Centre National de Ressources Textuelles et Lexicales.

« amour parfait ». Il en donne des démonstrations qui s'avèreront idéalisées au fil de la prise en charge. Le deuxième chapitre concerne davantage les lois transmises grâce à cette éducation : mère soumise à son mari qui ne vient pas à bout de ses enfants dès leur scolarisation, père « mafieux » qui étalait liasses de billets et fusils à pompe sur la table de la cuisine. Comme chaque entretien ponctue un chapitre, lors du suivant, il relate le libertinage des parents qui invitaient d'autres couples échangistes pendant que les garçons regardaient des films pornographiques tout en jouant dans le salon ou bien entendaient les cris des ébats sexuels des adultes tout en étant couchés dans leur chambre, porte entr'ouverte. Même s'il perçoit que cela l'a perturbé, il ne « veut pas l'admettre ». Les chapitres, ou entretiens suivant, relatent les frasques à l'école, les comportements asociaux en réunion à l'adolescence, les crises de jalousie et les crises addictives, les échecs professionnels malgré une tentative d'identification au père... Ce sont à chaque fois des tranches de vie dont le fil conducteur s'apparente à une recherche hédonique, un des symptômes mis en avant lors de la première rencontre étant justement ces impérieuses nécessités de s'exhiber tout en ne supportant pas de se regarder dans un miroir.

Les romans du siècle passé nous renseignent sur le savoir-vivre ensemble, les valeurs personnelles et sociétales dont plusieurs perdurent. En voici quelques exemples : « il y a une heure, lui dit-il, je te croyais méchant, mais à présent que j'ai vu ta piété envers cet infortuné, je te crois capable de toutes les vertus » [6], « hélas ! C'est nous, le plus souvent, qui avons semé la graine dont la plante nous empoisonnera. Car rien ne se perd, pas plus dans le monde physique que dans le monde moral » [7].

Nous présenterons maintenant en parallèle ces prescriptions et celles des auteurs d'agression. Dans un dernier temps, nous verrons en quoi la peine permet d'élaborer une hypothèse quant à l'expression de l'épisode d'agression.

La vie est parfois faite de malchance ou de rencontre frauduleuse. Ainsi René, peintre de l'école de Barbizon, après avoir pris un dessin de l'auteur, se baigne dans le fleuve. Une noce arrive et va à l'auberge, sauf le joueur de flûte qui nage à son tour et se noie. René le sauve et procède à sa réanimation à l'auberge. Le garde-champêtre verbalise : René est dans une tenue indécente, c'est-à-dire dénudé [8].

---

6. E. Muller, La morale en action par l'histoire, Bibliothèque des succès scolaires, collection J. Hetzel, 1881, Silvio Pellico, p. 69.

7. Gustave Droz, Tristesses et sourires, éditeur Paul Oldendorff, 1896, p. 18.

8. Alexandre Pothey, La Muette, C. Marpon et E. Flammarion éditeurs, 1883, Noir et blanc.

Ou bien le dialogue d'un père à son fils : « Aussi, c'est une faute !... Je n'aurais pas dû m'entêter à poursuivre cet écureuil qui semblait se moquer de moi, et dépasser les limites que Grégoire nous avait indiquées ! Vraiment, je me suis conduit, moi, homme de quarante ans, comme un véritable étourneau… Tu t'accuses comme si tu étais seul coupable ; mais je suis responsable pour ma bonne part de notre équipée… Ah ! Pourquoi n'ai-je pas eu l'idée de m'orienter ce matin, avant de quitter la propriété ! … Mais voilà, on ne songe pas à tout… » [9].

Ou encore : « Sa désobéissance. Il est important de remarquer comment il en vint là. Premièrement, il compte sur la récompense promise à son obéissance, et il ne s'occupe point du soin d'obéir. Il ne songe qu'à sa liberté, et point au moyen de l'obtenir… Deuxièmement, il prétend obéir, et il ne s'entretient que de pensées qui le détournent de l'obéissance… Troisièmement il prétendoit obéir et désobéir tout ensemble ; faire d'abord ce qu'on lui défendoit, et ensuite ce qu'on lui demandoit… » [10]

Voici un dernier exemple : « Mais, las ! N'est pas toujours au bois qu'amour exerce maléfices ; aussi bien à ses exploits villes et palais sont propices. Fille qui a gentil minois et fin corsage, pour cesser d'être sage pas n'a besoin d'aller au bois » [11].

Les valeurs morales et personnelles de la vie, les règles familiales et sociétales sont généralement présentes et actives chez les patients délinquants, tout comme le sens de la justice et de l'injustice. En parallèle du premier exemple littéraire, nous exposerons les propos de PH, parti avec sa mère dans les îles afin d'essayer de nouer des liens au début de l'âge adulte, à défaut d'avoir pu ressentir de l'affection pendant l'enfance. À l'arrivée, avant même qu'il puisse s'exprimer, lui dire qu'il avait mis ses salaires de côté et qu'il comptait l'inviter chez elle pendant ces vacances, elle lui déclare : tu ouvres pas le placard. Si tu veux manger, tu vas travailler. Tout comme le nageur qui n'avait pas calculé les conséquences de son geste, l'état d'esprit de PH n'était pas conforme à ce qu'attendait son interlocutrice. Tous deux n'ont pas su adapter l'altruisme aux circonstances en respectant des règles de savoir-être ensemble.

Face au deuxième exemple, celui du père, le protecteur, qui s'est perdu dans la forêt par aveuglement de sa passion de la chasse, entraînant ainsi son fils, alors qu'il savait pertinemment qu'il y a des précautions à prendre et

---

9. M. du Meynieu, Jean le résinier, Eugène Ardant et Cie éditeurs, 1808, p. 8.

10. Père Bonaventure-Giraudeau, Histoires et Paraboles, Martial et Ardant frères éditeurs, 1842, l'esclave mal avisé, p. 11 – 12.

11. J.-B. Fellens, L.-P. Dufour, L'écho des feuilletons, recueil de nouvelles, légendes, anecdotes, etc…, Chez les éditeurs près de Palais-Royal, 1844, p. 254.

qu'il faut réfréner ses désirs de toute-puissance, nous citerons l'expérience de V ; « à l'époque des faits, j'étais alcoolique. La gamine était toujours à côté de moi. Elle me lâchait pas les mains, toujours dans mes pattes. Elle avait peur. Moi, j'avais peur de ma mère à son âge. J'étais plutôt son protecteur. Je travaillais chez son père. Il était alcoolique aussi. Il m'a dit, viens avec moi dans la chambre et il a fermé la porte à clé. Au début, je ne voulais pas. J'ai fini par y aller. Je l'ai protégée parce qu'elle était en confiance. Ça m'a fait mal, mais je l'ai fait quand même, pour la protéger, sinon il aurait été plus loin ». Là encore, l'infraction équivaut à une perte de valeurs généralement actées, dans un contexte de soumission à un ou des désirs.

Nous illustrerons le troisième extrait, celui de l'obéissance de façade, par la situation de S expliquant que depuis sa retraite, il faisait bonne figure devant tout le monde, mais que sa femme lui disait souvent qu'il n'en faisait qu'à sa tête. Il avait donc trouvé la tranquillité dans un cabanon au fond du jardin. Il l'avait aménagé et en avait fait un atelier de peinture. La fille des voisins jouait dans le jardin attenant. Comme elle était intriguée par cet homme qui passait ses après-midis dans cet endroit, et sans doute subjuguée par ses talents d'artiste, elle s'est rapprochée de lui, sans en avertir ses parents. C'était un homme gentil, qui jouait volontiers avec elle. C'est durant ces jeux, et les leçons de peinture qui nécessitait qu'elle soit sur ses genoux, qu'il a fini par commettre des attouchements. Dans les deux situations, nous montrons le « obéir et désobéir tout ensemble ».

Enfin concernant la perte de sagesse, EP déclare : « c'est dur d'être mis sur la touche. Sur la touche depuis toujours. Depuis que je suis petit, ma mère me dit que je m'exclue tout seul. Le nœud du problème, je ne me suis jamais apprécié à aucune. Une peur de se faire bouffer par l'autre ». Ce déficit d'affect, ce manque ou ce creux suppose l'existence d'un plein, d'une connaissance intrinsèque de ce qui serait nécessaire à soi et aux autres. En ce sens, la règle existe, mais c'est l'environnement qui est la source de l'incapacité à la faire vivre.

En résumé, les auteurs d'agression sont comme tout un chacun et possèdent les mêmes bases de vie, personnelle, familiale, sociétale que la plupart. Mais à qui s'adresse leur discours et leur acte délinquant ?

La peine permet l'exposition et la reconnaissance de ces valeurs et en ce sens réinscrit l'auteur dans une communauté humaine dont il s'est exclu par son acte. Mais les soins obligés peuvent aussi aboutir à une autre connaissance de soi-même, à l'intégration de cet acte dans une histoire et un contexte, à la prise de conscience d'un fil conducteur individuel momentanément perdu, une réinterprétation d'une succession de vécus.

Considérons ce qu'en a compris J : « J'ai plein de choses en moi qui me floutent la réalité. Je suis né comme ça. Le calme, le stable, ça me fait peur. Peut-être quand on va mourir, ça sera éternel… Quand j'étais petit, je me trouvais parfait et peur pour la santé. Je me trouvais plein de bordel dans ma tête… L'élément déclencheur, la première fois, une vidéo… Je voyais du désir dans les yeux de la femme… Avec ma copine, ça n'allait plus, elle travaillait. Je recherchais de l'adrénaline… Dans la famille, ça parle beaucoup de cul chez nous. Quand ils ont été au courant que je m'exhibais, ils ont arrêté d'en parler. Je suis reconnecté à la réalité… J'arrive à mettre des mots sur mes émotions, sur des périodes de ma vie et je ne me sens pas seul ».

C'est encore ce qu'exprime PG : « Ouais, on va dire, vite fait, mon père je l'aimais bien, oui et non… Ma mère, une faignante qui foutait rien… J'ai pardonné à mon père quand il est mort parce qu'il a toujours travaillé pour élever sa famille… J'étais l'aîné, le bouc-émissaire. Je prenais des coups de balai. À l'époque, les parents n'allaient pas en justice. Dans la tête, ça me faisait mal… Les enfants ont des droits. Les règles, c'est déjà de respecter les parents, mais fallait aussi que de leur côté qu'ils aient à respecter leurs propres enfants… Moi aussi, j'ai eu des attouchements quand j'ai été placé. Le placement, j'ai pardonné, j'ai pas pardonné. Donc, y a un problème… J'ai fait des efforts (parler de l'inceste à une amie dans l'espoir qu'elle le protège, ce que ni sa mère ni la voisine qui le choyait de temps en temps n'ont réussi à réaliser malgré leurs promesses répétées). Je lui avais dit que je ne voulais pas être avec ses filles qu'elle élevait, elle. Pendant que je travaillais, elle a trouvé le moyen de me ramener les gamines chez moi. Je voulais pas. On m'a dit, t'es obligé… Une bêtise. Quand les voisins me récupéraient, j'étais bien ».

Les propos des deux auteurs de violence ne sont pas sans rappeler le point de vue de Mc Dougall : « Cette compulsion qui fait souffrir le sujet révèle paradoxalement en même temps une des fonctions fondamentales du Je, car elle démontre, à travers cette inexorabilité, le besoin psychique de maintenir, coûte que coûte, l'économie identificatoire qui lui est propre »[12]. Et encore : « Dans la relation à l'objet-soi, l'autre représente pour l'inconscient du sujet une partie de lui-même qui doit être aimée, haïe, maîtrisée ou détruite »[13].

Enfin, pour faire lien avec nos propos initiaux, rappelons le sens du romanesque au dix-neuvième siècle : « revenir sur les événements de sa vie, en les dramatisant, n'est souvent que l'occasion de revivre des instants

---

12. Joyce McDougall, Théâtres du Je, Gallimard, 1982, p. 49.
13. Ibid, p. 273.

douloureux et conduit à un apitoiement sur soi et non pas à la distance de la consolation ou de l'oubli : est romanesque alors l'écart que l'imagination produit à la lecture de faits passés. C'est donc aussi du côté de la réception, à partir de l'activité particulière des lecteurs, que se construit le romanesque » [14]. Et, « La littérature consiste à faire apparaître la vie comme un roman et… à laisser se manifester la féérique et enveloppante fiction depuis laquelle nous percevons et construisons, en raison d'une expérience impossible du réel, la fable de notre propre existence » [15]. Alors, le sens de la peine serait une fable…

14. Catherine Mariette-Clot, Romanesques, L'expérience romanesque au XIXè siècle, Classiques Garnier, 2013, n° 5, p. 67.
15. Ibid, p. 69.

B

L'idée

23

Source et délivrance de la peine selon la foi chrétienne

Une approche historique et théologique

Par Jean-Baptiste LECUIT

Le christianisme historique est marqué d'un paradoxe. D'une part, la foi chrétienne se présente comme une bonne nouvelle – selon le sens du terme grec *euaggelion*, traduit par « évangile » – annonçant la libération du mal subi ou commis et l'accès à la vie en plénitude, dans la joie éternelle de la communion avec Dieu, qui « est amour » (1 Jn 4, 8) [1]. Mais cette même foi chrétienne a d'autre part été présentée et vécue comme source d'une peine excessive. Une peine multiforme s'est développée aux XIVe-XVIIIe siècles en Occident, faite de peur des souffrances de l'au-delà, de valorisation doloriste de la souffrance comme moyen d'expiation et de purification, d'extrême culpabilisation (en particulier en ce qui concerne la sexualité et la liberté de pensée), et du poids de l'image d'un Dieu terrible châtiant l'infidélité par les fléaux de la peste, de la famine ou de la guerre, laissant se perdre une majorité d'êtres humains et faisant éclater sa justice en leur infligeant des peines éternelles [2]. « En ce qui concerne la pensée religieuse, écrivit Hannah Arendt, il est certainement d'une ironie terrible que la "bonne nouvelle" des Évangiles ait pu par la suite aboutir non à un accroissement de

1. Les textes bibliques sont cités d'après la *Bible de Jérusalem*, des Éditions du Cerf.
2. Voir à ce sujet Jean DELUMEAU, *Le péché et la peur. La culpabilisation en Occident, XIIIe-XVIIIe siècles*, Paris, Fayard, 1983.

la joie, mais à un accroissement de la peur sur la terre, et n'ait pas rendu à l'homme sa mort plus facile, mais plus pénible [3] ».

Aujourd'hui les choses ont bien changé, à la faveur de la redécouverte progressive, depuis le XIXe siècle, de la miséricorde de Dieu comme sa disposition fondamentale envers les hommes. Ce changement doit aussi beaucoup à la prise de distance, sous l'influence partielle de la critique des philosophes des Lumières, par rapport à l'une des principales références de tout le discours précédant : certaines thèses du génial saint Augustin en ce qui concerne la prédestination et le péché originel, dont il sera bientôt question. D'autres facteurs ont joué, comme la prise de conscience, grâce à l'histoire et à la psychologie, de ce qu'on a pu appeler la « névrose collective de culpabilité [4] » qui s'est développée au sein du christianisme occidental après le Moyen-Âge, ou la distanciation, concernant le discours sur Dieu, par rapport à certaines évidences métaphysiques concernant les « attributs » de Dieu, tels que la toute-puissance, l'omniscience et l'impassibilité.

Il est important de comprendre à quel point les représentations religieuses continuent d'influer sur la culture profane, et réciproquement. Cela vaut notamment pour le droit, en ce qui touche à des notions en grande partie façonnées par la théologie chrétienne : celles de personne, de liberté, de culpabilité, de justice, et de ce qui fait le thème de ce colloque : la peine. Pour contribuer à cet effort de pensée, nous nous intéresserons tout d'abord à l'essentiel du message chrétien au sujet de la peine, puis à la nature et aux causes de certaines évolutions historiques concernant l'image de Dieu, dans son rapport à la peine : subit-il lui aussi la peine des hommes, et désire-t-il les en délivrer ?

I. L'essentiel du message chrétien au sujet de la peine

Le fondement de toute réflexion théologique sur la peine ne peut être que la reconnaissance, à partir du témoignage de biblique, de la bonté de Dieu, alliant la miséricorde, qui le pousse à délivrer les hommes de leurs peines, et la justice, par laquelle il sauve les victimes d'injustice, mais exerce aussi une rétribution. Aujourd'hui, miséricorde et justice ne sont plus opposées, mais, comme nous le verrons, il fut un temps où elles tendaient fortement à l'être. Elles sont manifestées dans la vie, la mort, la résurrection de Jésus. En son Fils Jésus, Dieu est venu délivrer les hommes de tout mal, et en particulier de la peine en tant que souffrance et en tant que rétribution.

---

3. Citée dans J. DELUMEAU, *Rassurer et protéger. Le sentiment de sécurité dans l'Occident d'autrefois*, Paris, Fayard, 1989, p. 352 : Delumeau commente : « l'historien peut difficilement rejeter un tel constat ».

4. Voir J. DELUMEAU, *Le péché et la peur*, *op. cit.*, p. 331-338.

Selon la foi chrétienne, le bien par excellence est l'amour de Dieu et du prochain. Le mal, notamment sous la forme la peine-souffrance et de la peine-rétribution, vient directement ou non de l'exercice égoïste et orgueilleux de la liberté, entraînant une rupture de la communion avec Dieu, que la Bible appelle péché.

La peine-souffrance est traditionnellement considérée comme la conséquence du péché : conséquence directe, lorsqu'elle est une offense faite à autrui (mensonge, vol, adultère, meurtre), ou conséquence indirecte, dans la mesure où le mal sépare de Dieu, qui est la source de tout bien, et entraîne ainsi deux types de peines : celles qui sont dues au désordre intérieur causé par le péché (telles que le remords, l'aliénation, l'aveuglement, la souffrance de l'envie et des autres passions), et celles qui sont dues à la rupture de communion avec Dieu : la perdition ou « mort éternelle ».

Pendant des siècles, il est allé de soi que Dieu imposait une peine de rétribution, en punissant des peines éternelles de l'enfer ceux qui, par leur faute, ne sont pas en communion avec lui au moment de leur mort, et en punissant parfois temporellement les fautes des hommes, par des châtiments individuels ou collectifs. Mais la pleine « rétribution » s'exerce par-delà la mort, et non en cette vie. Dieu a longtemps été présenté comme imposant des peines purificatrices aux défunts qui ne méritent pas les peines de l'enfer, mais ne sont pas encore pleinement purifiés de leur faute, dans le fameux « Purgatoire ». Il n'est pas possible d'exposer ici la question délicate de la « peine due au péché », peine médicinale et purificatrice, pouvant faire l'objet d'indulgences octroyées par l'Église.

En ce qui concerne la peine-rétribution, les mentalités et le discours théologique ont beaucoup évolué. Certes, le Nouveau Testament comporte la mention d'une « peine éternelle » (Mt 25, 46) mais il est possible d'y échapper par la grâce de Dieu, largement offerte ; rien n'y est dit sur le nombre des « damnés » (même si on a rapidement interprété dans un sens très radical la parole « il y a beaucoup d'appelés et peu d'élus », Mt 22, 14) ; et les souffrances de l'existence, comme celles de la maladie, des accidents ou de la mort violente, ne sont pas une peine appliquée par Dieu aux coupables.

Dans l'histoire de l'interprétation théologique de ce message, saint Augustin s'est vu attribuer une autorité à la mesure de son génie, pour le meilleur comme pour le plus regrettable. Certes, il a fortement souligné le caractère gratuit et miséricordieux du salut. Mais certaines de ses idées au sujet de la prédestination et de ce qu'il appelé le péché originel sont aujourd'hui justement critiquées comme non conformes au message biblique. Ces idées sont les suivantes : la faute du premier couple, doté des privilèges inouïs du paradis terrestre, fut d'une gravité telle qu'elle a entraîné, préalablement à tout exercice de leur liberté, la totalité des humains dans un état de perdition : tout être humain a « péché en Adam », et mérite dès sa naissance les peines de l'enfer ; Dieu peut infailliblement arracher quiconque à cette perdition, par le don gratuit de la « justification » ; mais il ne le fait que pour une infime minorité, qu'il prédestine au salut, afin que sa miséricorde et sa justice soient manifestées dans le salut d'une minorité et la peine rétributive qu'est la damnation éternelle de l'immense majorité des êtres humains.

Aujourd'hui, ces éléments de la théorie augustinienne ne sont plus retenus. Cette évolution a été préparée par la critique des Lumières à l'égard de l'augustinisme, la sortie de la névrose chrétienne de culpabilité (à partir du XIXe siècle), l'approche historico-critique de la Bible et des écrits chrétiens, ou l'influence des écrits de saints tels qu'Alphonse de Liguori au XVIIIe et Thérèse de Lisieux au XIXe siècle. Un certain consensus s'est dégagé au XXe siècle, selon lequel, contrairement à ce qui fut enseigné en Occident à la suite d'Augustin : Dieu prédestine tous les hommes au salut (qui comporte libération de toute peine), mais pas de façon infaillible ; il n'y a pas eu de paradis terrestre, et la première faute humaine n'a pas entraîné à elle seule l'humanité dans la perdition ; il y aura un grand nombre de sauvés, y compris parmi les non croyants ; la parole « il y a beaucoup d'appelés et peu d'élus » (Mt 22, 14) n'est pas à prendre au pied de la lettre comme une indication sur le nombre des sauvés, et l'affirmation que « Dieu veut que tous les hommes soient sauvés » (1 Tm 2, 4) est à prendre au sens fort d'une prédestination universelle au salut. Non seulement Dieu veut délivrer les hommes de leurs peines, mais il les prend sur lui en quelque sorte, comme nous allons maintenant le voir.

II. Dieu subit-il lui aussi la peine des hommes, et désire-t-il les en délivrer ?

Nous abordons maintenant deux questions de grande portée théologique, qui concernent toutes deux le rapport de Dieu à la peine des hommes : Dieu désire-t-il le salut de tous ? Souffre-t-il de notre peine ?

A. Dieu désire-t-il le salut de tous ?

Le salut, qui est avant tout l'offre de la communion éternelle avec Dieu, est aussi une libération du mal, et en particulier de la peine sous toutes ses formes. En parlant du salut, on évoque donc toujours la peine, au moins implicitement. Comme il a été dit, Augustin est le père d'une conception selon laquelle Dieu peut infailliblement sauver quiconque mais ne le fait pas toujours, manifestant ainsi sa miséricorde dans une poignée d'élus et sa justice dans l'immense majorité des damnés. Au XIIIe siècle, Thomas d'Aquin, qui constitue avec Augustin l'autorité théologique principale de la théologie occidentale (jusqu'à la Réforme, et ensuite seulement dans l'Église catholique), emboîte le pas à Augustin sur ce point précis : « Parmi les hommes, Dieu a voulu, pour certains qu'il a prédestinés, faire apparaître sa bonté sous la forme de la miséricorde qui pardonne ; et pour d'autres qu'il réprouve, sous la forme de la justice qui punit [5] ».

Cette conception augustinienne a trouvé en Luther et Calvin des défenseurs passionnés, qui allèrent jusqu'à refuser tout rôle au libre arbitre dans l'accueil de la grâce. Une telle conception délivrait de l'angoisse d'avoir à mériter son salut, mais exposait à l'angoisse de ne pas être prédestiné. Au XVIe siècle, après le concile de Trente, les théologiens catholiques s'affrontèrent durement au sujet du rôle de Dieu et de la liberté humaine dans le salut. Les dominicains défendirent une pensée de tendance fortement augustinienne : sans nier le rôle du libre arbitre dans le salut, ils accentuèrent l'augustinisme de Thomas d'Aquin en affirmant l'existence d'une prédétermination par Dieu du libre arbitre humain pour le salut. Cette prédétermination était à juste titre intolérable aux représentants d'une nouvelle tendance, opposée à la première : les théologiens jésuites et d'autres comme saint François de Sales. Ceux-ci estimèrent contraire à la bonté de Dieu et la liberté de l'homme la thèse augustino-thomiste selon laquelle Dieu décide a priori du salut de quelques-uns. À leurs yeux, il désire vraiment le salut de tous en le voulant activement, et accepte que certains (fussent-ils l'immense majorité) s'opposent à sa volonté en refusant librement sa grâce. Celle-ci n'est pas efficace par elle-même, comme le prétendaient les dominicains, mais en raison du consentement de l'homme.

L'enjeu était considérable. Les jésuites étaient en première ligne dans la lutte contre ce qu'on appelait alors l'« hérésie » luthérienne et calviniste, ainsi que dans les terres de mission. Deux vérités leur étaient donc particulièrement chères : le nécessaire engagement du libre arbitre dans la vie spirituelle, en particulier dans l'ascèse des *Exercices spirituels* promus par leur fondateur Ignace de Loyola, et la volonté qu'à Dieu de sauver tous les hommes (cf. 1 Tm 2, 4).

Nous trouvons un exemple caractéristique de cette réaction aux excès de l'augustinisme chez le jésuite Luis de Molina [6]. Celui-ci s'est attaqué à ce qu'il appela « l'opinion la plus courante des scolastiques sur la prédestination », dans un passage exprimant vigoureusement que le cœur de

---

5. THOMAS D'AQUIN, *Somme théologique*, Ia, q. 23, art. 5, ad 3.
6. Ce développement sur l'émergence de l'attribution à Dieu d'un désir au sens propre résume les résultats d'une étude à paraître sous le titre *Le désir de Dieu pour l'homme, Une réponse au problème de l'indifférence*.

l'affaire n'est pas seulement la conciliation de la prédestination et de la liberté, mais la conciliation entre la bonté de Dieu et la possibilité de la perte de l'homme :

« *Sans même parler de bonté ou de clémence, quelle équité souffrirait que Dieu, sans tenir absolument aucun compte de l'usage du libre arbitre, élirait de toute éternité certains hommes seulement et les prédestinerait, tandis qu'il laisserait les autres non élus et non prédestinés, en nombre presque incalculable, sachant que de ce fait même ils seront réprouvés, et cela dans le seul ou principal but d'avoir [des hommes] à punir, et en qui il pourrait faire valoir sa justice vindicative ? De même, quelle équité, bonté et clémence réclame que, de par sa seule volonté, sans aucune considération de l'usage du libre arbitre de chacun, il décrète que ceux-ci en particulier soient prédestinés, et ceux-là réprouvés ? Certainement, cela paraît davantage être le fait d'un maître dur, sauvage et cruel, que du très clément maître et auteur de toute consolation, bonté et bienveillance* » [7].

Comment dire plus clairement qu'une conception de la prédestination selon laquelle Dieu laisserait se perdre des hommes qu'il pourrait pourtant infailliblement sauver, est contraire à la bonté de Dieu et à sa volonté de sauver tous les hommes (1 Tm 2, 4) ?

D'autres théologiens jésuites s'exprimèrent dans le même sens, en particulier Lessius et Suárez (qui ont tous deux offert une contribution importante à l'évolution du droit [8]). À propos de la phrase « beaucoup sont appelés, peu sont élus » (Mt 22, 14), Lessius écrit : « le Seigneur conclut : beaucoup sont appelés, peu sont élus. Pourquoi peu d'élus, sinon parce que peu ont voulu venir ? S'ils étaient venus plus nombreux, comme ils le pouvaient, davantage auraient finalement été élus. En effet appeler appartient à Dieu, mais être élu ou non nous appartient [9]. » La perte de l'homme est donc uniquement due à un refus de sa part, et non à un défaut d'élection de la part de Dieu, impliquant la non donation d'une grâce efficace par elle-même. Si notre réponse à la grâce n'est pas décidée par Dieu, il reste qu'elle soit désirée par lui, et d'un désir immense : « Dieu désire au plus haut point notre coopération, puisque sans elle la grâce est inactive et inutile, et l'œuvre bonne ne peut exister [10] ». Notre coopération

---

7. Luis DE MOLINA, *Concordia de liberi arbitrii cum gratiae donis, divina praescientia, praedestinatione et reprobatione*, q. 23, art 4-5 disp. 1, membr. 6, § 24 (p. 431 de l'édition de 1588).

8. Léonard Lessius (1554-1623), auteur du *De iustitia et iure*, 1605 ; Francisco Suárez (1548-1617), auteur d'un *De legibus*, 1612, pionnier du droit international.

9. L. LESSIUS, *De gratia efficaci decretis divinis libertate arbitrii et praescientia dei conditionata disputatio apologetica*, Anvers, 1610, p. 252.

10. *Ibid.*, p. 338.

est donc désirée, mais non décidée a priori par Dieu, qui « désire toujours le salut de quiconque, et l'excite souvent à ce salut [11] ».

La parole de 1 Tm 2, 4 selon laquelle Dieu « veut que tous les hommes soient sauvés » est la référence clef de la pensée de Suárez à propos du désir ou de la volonté qu'à Dieu de nous sauver. La principale nouveauté – la révolution, même – introduite par Suárez est la suivante : la possibilité que cette volonté soit mise en échec par la liberté humaine (ce qui fait d'elle un désir), loin de contredire la perfection de cette volonté, en relève tout au contraire. Si la volonté de Dieu concernant notre salut ne s'accomplit qu'à la condition que nous ne nous y opposions pas, « il ne s'ensuit pas que cette volonté soit imparfaite, car elle n'est pas en Dieu par impuissance d'avoir une volonté supérieure, s'il le voulait, mais par liberté, et par suite il appartient plutôt à la perfection de Dieu qu'il puisse vouloir de cette façon [12] ».

En définitive, le désir est le nom que prend la volonté de Dieu, en tant que l'homme peut lui résister, parce que Dieu le veut ainsi, dans la perfection de son amour créateur et sauveur. C'est bien l'amour de Dieu qui est ici en jeu, inséparablement de son accueil par l'être humain tout au long de sa vie spirituelle. À juste titre, François de Sales, Lessius, Suárez refusèrent de penser avec des dominicains comme Bañez (mais aussi les luthériens ou les jansénistes) que les damnés, promis aux peines éternelles, ont fait l'objet d'un défaut de prédilection de la part de Dieu.

Il y a donc, à cette époque, un changement de perception des rapports entre la volonté de Dieu et celle de l'homme. D'autres évolutions viendront, notamment en ce qui touche à la prédestination. À l'époque, la prédestination reste pensée comme infaillible, alors même que la perte d'un grand nombre d'hommes, y compris parmi les catholiques, est une évidence partagée. Dans ce cadre de pensée, la volonté affichée de prendre en compte dans toute sa force la bonté de Dieu et sa puissance n'atteint pas pleinement son objectif, car seuls certains sont infailliblement prédestinés.

La parole de Jésus en Mt 22, 14 – « beaucoup sont appelés, mais peu sont élus » –, est encore interprétée à l'époque comme enseignant le petit nombre de ceux qui seront sauvés par rapport à l'immense majorité des damnés. Jusqu'au XIXe siècle, une « importance extraordinaire » lui sera accordée [13], tous étant convaincus depuis Augustin qu'une très faible proportion des êtres humains, y compris parmi les chrétiens, bénéficieront du salut éternel.

---

11. *Ibid.*, p. 374.
12. F. SUÁREZ, *Prima pars summae theologiae de Deo uno et trino*, Lisbonne, 1606, IV, c. II, 11 (*Opera Omnia*, I, Paris, Vivès, 1856, p. 491).
13. J. DELUMEAU, *Le péché et la peur*, *op. cit.*, p. 315.

Il faudra attendre la seconde moitié du XVIIIe siècle pour que soit défendue clairement, dans un ouvrage du jésuite Gravina très mal accueilli et finalement mis à l'index, l'opinion que la majorité des humains seront sauvés [14]. Quant au théologien Nicolas Bergier, il n'avait pas osé rendre publique sa pensée au sujet du grand nombre des sauvés [15].

Au XIXe siècle, avec des théologiens comme Frederick William Faber, le rejet de la thèse du petit nombre des sauvés prend de l'ampleur. C'était devenu une question de crédibilité de la foi chrétienne [16]. Comme l'écrit Guillaume Cuchet en conclusion de son article sur « Une révolution théologique oubliée. Le triomphe de la thèse du grand nombre des élus dans le discours catholique du XIXe siècle » : « la question de l'enfer montre que l'évolution des sensibilités a fini par créer dans la tradition chrétienne des impossibilités à croire ou des invraisemblances morales qui, socialement parlant, n'étaient pas moins destructrices pour sa crédibilité que ses invraisemblances scientifiques (réelles ou supposées), ou ses choix politiques [17] ». En ce qui concerne l'idée du grand nombre des sauvés, Cuchet identifie les facteurs historiques pouvant rendre compte de son essor dans les années 1850 : le fait que la génération de prêtres à laquelle il appartenait « a été formée dans la théologie morale plus souple d'Alphonse de Liguori [18] » ; l'influence de la critique du dogme de l'enfer par une philosophie religieuse inspirée de Rousseau ; une nouvelle conception de la justice, refusant la disproportion entre peine et délit, et recherchant l'amendement des coupables ; une difficulté grandissante à concilier damnation et bonté divine, jointe à la valorisation de cette bonté au détriment de l'image du Dieu terrible en sa justice ; une plus grande tendresse dans les rapports entre parents et enfants, en particulier en ce qui concerne le père, plus fréquemment appelé « papa » ; la perte d'efficacité des menaces de l'enfer brandies dans la « pastorale de peur » [19].

Dans ce contexte, la perte de l'homme peut de plus en plus difficilement être imputée à la rigueur de la justice divine. L'immensité de la peine qu'est la damnation ne peut plus être envisagée que pour de rares cas d'endurcissement dans le mal.

---

14. *Ibid.*, p. 320.
15. *Ibid.*, p. 489-491.
16. G. CUCHET, « Une révolution théologique oubliée. Le triomphe de la thèse du grand nombre des élus dans le discours catholique du XIXe siècle », *Revue d'histoire du XIXe siècle*, 41/2 (2010) 131-148, p. 138.
17. *Ibid.*, p. 148.
18. *Ibid.*, p. 139.
19. *Ibid.*, p. 140-144.

Au long du XIXe siècle, la conscience chrétienne passe du « Dieu terrible au Dieu d'amour », d'une conception selon laquelle « la bonté de Dieu est encore généralement perçue comme une modalité de sa justice », à « un début d'inversion des perspectives, la justice de Dieu devenant chez certains, une Thérèse de Lisieux par exemple, une modalité de sa bonté » [20].

B. Dieu souffre-t-il de la peine des hommes ?

Au XXe siècle, une autre évolution théologique concerne le thème de la peine : celle qui touche à la question de la souffrance de Dieu. Il semblait jusqu'à alors que Dieu ne peut aucunement souffrir, étant éternel et parfait : immuable [21], il ne saurait grandir ou diminuer en perfection ; dans la mesure où la souffrance est une imperfection, elle ne peut se trouver en lui.

Mais comment se représenter cette immutabilité en donnant toute leur importance aux très nombreux énoncés bibliques attribuant à Dieu des dispositions, des paroles ou des actions s'accordant mal avec une immutabilité absolue ? « Yahvé se repentit d'avoir fait l'homme sur la terre et il fut affligé dans son cœur », lit-on par exemple dans la Genèse (6, 6). « Mon cœur en moi est bouleversé, toutes mes entrailles frémissent », dit-il à son peuple en Osée 11, 8. Deux dispositions humaines impliquant tout particulièrement le désir se voient ainsi attribués à Dieu : la jalousie, qui comporte un violent désir d'être aimé, et la miséricorde, qui désire arracher l'être aimé au mal qui l'affecte.

S'agirait-il de simples anthropomorphismes, comparables, dans leur grossièreté, à l'évocation du « pas de Yahvé Dieu qui se promenait dans le jardin à la brise du jour » (Gn 3, 8) ? Doit-on les traiter comme de pures métaphores, et refuser de reconnaître dans le désir et dans la compassion une forme de perfection telle que ces dispositions, non seulement pourraient être attribuées à Dieu, mais le devraient ?

Cette interrogation est renforcée par la considération de l'événement souverainement imprévisible qu'est la donation, en Jésus, du Fils éternel de Dieu. L'accueil du mystère de l'Incarnation et de la Croix, dans lequel est manifesté l'être trinitaire de Dieu qui « est amour » (1 Jn 4, 8), vient bouleverser les précompréhensions trop humaines de l'immutabilité et de l'unité de Dieu.

---

20. *Ibid.*, p. 142.
21. Ps 102, 26-28 et 90, 2 ; cf. Mal 3, 6 : « moi, Yahvé, je ne varie pas » ; Is 44, 6 : « Je suis le premier et je suis le dernier ».

Les souffrances et le désir de Jésus ne nous disent pas seulement que Dieu agit pour notre bien, mais qu'il désire pour nous ce bien et souffre de nous en voir privés. Plutôt que d'écarter une telle possibilité en raison de préconceptions purement rationnelles, il faut donner tout son poids à la révélation de la miséricorde de Dieu et de la donation de son Fils en Jésus. Il faut se demander s'il n'est pas davantage conforme à sa perfection qu'il puisse et veuille expérimenter la souffrance de compassion, plutôt que le contraire. Autrement dit : affirmer l'immutabilité de Dieu, c'est reconnaître qu'il ne peut gagner ni perdre en plénitude d'être et de bonté ; mais est-ce nécessairement nier que cette perfection sans limite puisse s'exprimer dans le partage volontaire de la souffrance de ses créatures ?

C'est ainsi que beaucoup de grands théologiens de ces dernières décennies ont été plus loin que l'immense majorité des auteurs des siècles précédents : sans forcément contester l'immutabilité de Dieu, ils ont montré qu'il convenait de dire que dans sa toute-puissance et par amour, il avait choisi de se laisser toucher par la souffrance et la peine des hommes.

Après bien d'autres au cours des dernières décennies, Walter Kasper à récemment écrit : « Dieu ne peut ni subir passivement la souffrance ni souffrir contre sa volonté et encore moins être dominé par la souffrance. Mais dans sa miséricorde Dieu se laisse toucher, car Il est souverainement libre. Sa miséricorde n'est pas conditionnée par la détresse ou la souffrance de l'homme ; c'est le choix de Dieu, libre et gratuit, de se laisser toucher et émouvoir. » Le théologien allemand ajoute : « C'est la position actuelle des théologiens, qu'ils soient catholiques ou protestants, sur la possibilité que Dieu a de souffrir et de compatir avec nous [22] ».

Parmi les questions théologiques contemporaines touchant le thème de la peine, deux méritent d'être mentionnées pour conclure.

La première est celle de la crédibilité et de la fécondité de la foi chrétienne. Marx a vu dans la religion « l'opium du peuple », la compensation illusoire des peines des hommes par la fausse promesse d'une béatitude éternelle après la mort. Il est vrai que la préoccupation du salut éternel a trop souvent détourné les chrétiens – mais pas tous, et pas toujours – de lutter contre l'injustice sociale et les peines du monde présent. Un des enjeux contemporains, pour la foi chrétienne, pourrait être la redécouverte de la puissance transformante, en cette vie, de l'espérance en la résurrection et en la vie éternelle. En effet, cette espérance donne une liberté

22. Walter KASPER, *La Miséricorde. Notion fondamentale de l'Évangile. Clé de la vie chrétienne*, Paris, Éditions des Béatitudes, 2015, p. 124.

et un courage qui, loin de détourner de l'engagement pour la justice, la paix et l'amour entre les hommes, devraient aider à dépasser la peur des peines et souffrances auxquelles peut soumettre cette lutte.

La seconde question est liée à la première, puisqu'elle concerne comme elle la perspective d'une libération totale de la peine : elle est posée par l'essor récent du transhumanisme, cette entreprise techno-scientifique, politique, philosophique, de suppression des peines de la maladie et de la mort. Comment penser, à la lumière de la foi chrétienne, ce qui est en train de se jouer pour l'avenir de l'humanité ? Il faudra notamment conduire une réflexion sur les peines d'un nouveau type possiblement entraînées par cette entreprise, telles que le surgissement de nouvelles formes d'injustices et d'inégalités, ou le conflit entre l'allongement de la durée de la vie espéré et le renouvellement des générations. Il faudra également s'interroger sur la place, dans la vie humaine, de la mort et d'un horizon de délivrance définitive de toute peine, dans une joie sans limite.

24

La peine vaut-elle la peine et dans quel but ? Selon le RaM' HaL [1]

Par Rabbin Yehuda BERDUGO

Dans la Torah [2], et plus précisément dans le Livre de l'Exode, les chap. 21 à 24 sont dédiés à l'organisation du système juridique en Israël. Le chapitre 21 s'ouvre sur une série de lois concernant l'esclavage.

Tout comme la loi du talion [3], qu'il ne faut pas interpréter au sens propre mais selon l'interprétation qu'en fait le Talmud, c'est-à-dire rembourser la

---

1. RaM' HaL : Rabbi Moché Haïm Luzzatto (né en 1707 à Padoue, Italie - mort en 1746 à Acre, Israël), connu sous l'acronyme de son nom Ramhal, était un théologien juif, kabbaliste, auteur d'œuvres de morale et poète.

2. Torah - La Bible (5 Livres du Pentateuque) : Le mode d'emploi donné par le Créateur de l'Univers .

Religieux : Dans la bible le mot religieux ou religion se dit Dat ou Dati désignant celui qui suit la loi.

L'homme a été créé unique car le monde vaut la peine d'avoir été créé pour chacun et chacune individuellement. La Torah (en hébreu) « instruction » ; en grec ancien Νόμος – Nomos – , « Loi » est, selon la tradition juive, l'enseignement Divin transmis par Moïse au travers des cinq livres (Le Pentateuque) ainsi que l'ensemble des enseignements qui en découlent. Le Pentateuque, mot d'origine grecque Πεντάτευχος signifiant « Les cinq livres ». Il est composé de cinq livres désignés en hébreu par le premier mot du texte et traditionnellement en français : la Genèse (Berechit : Commencement), l'Exode (Chemoṯ : Noms), le Lévitique (Vayikra : Et il appela), les Nombres (Bamiḏbar : Dans le désert), le Deutéronome (Devarim : Paroles). La Torah est la charte historique et doctrinale du judaïsme. La Torah contient 613 commandements et comporte, outre la composante écrite (hébreu : « Torah écrite » une dimension orale « Torah orale »), ultérieurement compilée dans le Talmud et la littérature midrashique (Exégétique).

3. Dans la Torah (Loi écrite) : La formule « œil pour œil, dent pour dent » revient trois fois dans le Pentateuque : « Mais si malheur arrive, tu paieras vie pour vie, œil pour œil, dent

valeur réelle du préjudice subi par la victime (Le doigt d'un pianiste n'a pas la même valeur qu'un doigt d'une main qui aura une utilité moins primordiale).

Examinons ce qu'entend la Torah par « Eved Ivri », « esclave hébreu ». Le terme « esclave » ici n'est pas à prendre dans son sens propre ; mais plutôt dans le sens de « Serviteur ». Plus précisément une personne qui a commis un délit et se fait attrapé, est alors jugée. Si cette personne est condamnée et a les moyens de rembourser, elle rembourse. Dans le cas contraire, le tribunal décide de « vendre la personne », de la placer sous le statut de « Eved Ivri », « esclave hébreu » au service d'un patron pour sept années.

---

pour dent, main pour main, pied pour pied, brûlure pour brûlure, blessure pour blessure, meurtrissure pour meurtrissure. » — Exode 21,23-25. « Si un homme frappe à mort un être humain, quel qu'il soit, il sera mis à mort. S'il frappe à mort un animal, il le remplacera — vie pour vie. Si un homme provoque une infirmité chez un compatriote, on lui fera ce qu'il a fait : fracture pour fracture, œil pour œil, dent pour dent ; on provoquera chez lui la même infirmité qu'il a provoquée chez l'autre. Qui frappe un animal doit rembourser ; qui frappe un homme est mis à mort. Vous aurez une seule législation : la même pour l'émigré et pour l'indigène. » — Lévitique, 24,17-22. « Ton œil sera sans pitié : vie pour vie, œil pour œil, dent pour dent, main pour main, pied pour pied. » — Deutéronome, 19,21. À quoi s'ajoute : « Si quelqu'un verse le sang de l'homme, par l'homme son sang sera versé. » — Genèse IX : 6. Mais contrairement aux codes légaux en vigueur à cette époque au Proche-Orient, dont le Code d'Hammourabi, la Torah indique clairement que : « les pères ne seront pas mis à mort pour les fils et les fils ne seront pas mis à mort pour les pères : chacun sera mis à mort pour son propre péché. » — Deutéronome, 24,16. Divers passages de la Bible prônent par ailleurs une morale de dépassement, quand la réconciliation est possible : « Tu ne te vengeras pas, ni ne garderas rancune aux enfants de ton peuple, mais tu aimeras ton prochain comme toi-même. Je suis l'Éternel. » — Lévitique, 19,18. « Ne dis pas : Comme il m'a traité, je le traiterai, je rends à chacun selon ses œuvres. » — Proverbes, 24,29.

Dans le Talmud (Loi orale) : Cette règle indique la nécessité d'une équivalence compensatrice dans le châtiment. Le Talmud dans l'ordre Nézikin, traité Baba Kama, fait valoir l'idée que les versets Exode 21, 23-25 ; Lévitique, 24,17-22 et Deutéronome, 19,21 précités ne sauraient être pris à la lettre étant donné qu'il est impossible de déterminer si, par exemple, les conséquences de la perte d'un œil par une personne équivaudront aux conséquences de la perte d'un œil pour une autre. Le principe général retenu par la Loi Juive pour tout dommage physique reçu est le paiement de dédommagements pour : Nezek, la valeur de l'incapacité physique permanente mesurée en termes de manque à gagner professionnel ; Shevet, la perte de revenu pendant la récupération de la blessure subie ; Tzaar, le prix de la douleur ; Ripouy, le coût des frais médicaux ; Boshet, la honte infligée. La valeur exacte de ces dédommagements doit être jugée au cas par cas par un tribunal rabbinique. Le judaïsme rabbinique ne retient ainsi de la loi du talion que l'idée de juste compensation financière, sauf pour les crimes capitaux en vertu du principe que la vie humaine n'a pas de prix et ne peut donc pas être compensée financièrement.

A ce propos, Maïmonide [4] nous dit que celui qui achète un « esclave », achète en fait… un maître (Michné Torah, Lois sur l'esclavage, I, 9). En effet, le propriétaire (le patron) d'un « esclave » (travailleur) est tenu de lui prodiguer des conditions matérielles équivalentes aux siennes propres, et « l'esclave » a même préséance sur le « maître » (le patron) dans certaines circonstances : ainsi, lorsqu'il n'y aura par exemple qu'une seule couverture dans la maison, celle-ci devra aller de préférence à l'esclave, et non au maître ! Ou bien si d'aventure le maître venait à frapper son esclave, il devra l'affranchir et lui rembourser les dépenses liées à la blessure occasionnée, et ce parce qu'il a attenté à l'image divine contenue en l'esclave.

Ainsi, même s'il y a déchéance sociale menant à l'esclavage, l'esclave n'en reste pas moins un être humain à part entière, à qui l'on doit tout le respect dû à la parcelle divine contenue en chaque homme.

Le chapitre 21s'ouvre donc sur une série de lois concernant l'esclavage (une personne qui aurai commis un délit) et traite des problèmes juridiques que soulève toute société constituée.

En préambule, nous remarquerons que la Bible ne fait qu'une seule et unique fois mention du terme de « prison », d'« emprisonnement » – c'est lorsque Joseph est jeté en prison suite à son refus de céder aux avances de l'épouse de son maître Potifar.

Sont également mentionnées dans la Bible les « Villes de refuges » villes ou devaient se réfugier des personnes ayant commis un homicide (non prémédité), afin d'échapper à la vengeance des familles de la victime et en attendant d'être jugées.

On peut s'étonner que la Torah (Bible) ait choisi ce sujet pour entamer la présentation d'un système qui se veut central pour l'existence même du peuple d'Israël.

Nous devons aussi avoir en tête que le texte biblique est destiné à toutes les générations ; c'est un corpus qui transcende toutes les époques et tous les lieux, mais répond simultanément aux questionnements des hommes de toutes les époques et de tous les lieux, – si l'on se donne la peine d'approfondir le texte et de l'ouvrir à toutes les potentialités qu'il secrète. Si donc la Torah a ouvert sa présentation du système juridique par les lois

4. Moïse Maïmonide est un rabbin andalou du XIIe siècle (Cordoue, 30 mars 1138 - Fostat, 13 décembre 1204). Médecin, philosophe juif, commentateur de la Mishna, jurisconsulte en matière de loi juive et dirigeant de la communauté juive d'Égypte, il excelle dans tous ces domaines et est considéré comme le « second Moïse du judaïsme ». Il influence également le monde non-juif, notamment Thomas d'Aquin, qui le surnomme « l'Aigle de la Synagogue ».

régissant le cas du Eved Ivri », « l'esclave hébreu », – c'est que celles-ci contiennent un profond message pertinent pour toutes les époques, mêmes celles où cette pratique n'a plus cours.

Pour ceux qui pensent que la Bible est un livre de théologie, il y a de quoi surprendre, surtout lorsque le thème de la justice est abordé par deux fois, encadrant le don de la Torah, dès les origines, par le conseil de Jetro, beau-père de Moïse, d'organiser des tribunaux, et par la suite, tout au long de la péricope Michpatim (Exode, les chap. 21 à 24) après la promulgation du Décalogue.

Et pour ne laisser aucun doute sur le caractère saint de ces lois sociétales, Rachi [5] ajoute qu'elles ont été données sur le Mont Sinaï, au même titre que les Dix Paroles. Pas plus de sainteté dans le Chabbat que dans le jugement d'un bandit de grand chemin !

La dimension de sainteté dans la justice d'Israël se trouve renforcée encore par un point supplémentaire : la section Michpatim (Exode 21 et 22) suit immédiatement les versets qui traitent de l'autel et du sacrifice dans le Temple. Et Rachi de commenter : « Pourquoi les lois civiles font elles immédiatement suite à celles relatives à l'autel ? Pour te dire que tu devras installer le Sanhédrin [6] – un Tribunal de 71 juges très expérimentés – près du sanctuaire » (Rachi sur Chémot 21, 1).

En effet, le Sanhédrin siégeait dans un lieu appelé « lichkat Hagazit », attenant au Temple de Jérusalem.

Cette proximité entre le Tribunal de Haute Instance (le Sanhédrin) et le Temple n'est pas que d'ordre géographique ; elle vient signifier aussi que l'on déduit le comportement des juges de celui des Cohanim [7] (Prêtres).

---

5. Rabbi Shlomo ben Itzhak HaTzarfati (Rabbi Salomon fils d'Isaac le Français) plus connu sous les noms de Rachi, Rabbi Salomo et Salomon de Troyes, né à Troyes vers 1040 et mort dans la même ville le 13 juillet 1105, a sûrement été pour sa communauté juive troyenne un rabbin respecté, un exégète et un poète fameux, un légiste et un décisionnaire célèbre. Pour la France septentrionale au XIe siècle, en particulier par ses gloses et écrits divers en ancien français, il demeure surtout un écrivain, un philosophe, un chroniqueur vigneron champenois qui atteste de la saveur et de l'état de la langue orale et véhiculaire d'alors. Principalement connu de nos jours pour ses commentaires sur la quasi-totalité de la Bible hébraïque et du Talmud de Babylone, il est l'une des principales autorités rabbiniques du Moyen Âge et compte parmi les figures les plus influentes du judaïsme. Il est aussi l'un des rares savants juifs à avoir influencé le monde chrétien, son exégèse biblique ayant influencé, par le truchement de Nicolas de Lyre, la traduction de la Bible par Martin Luther.

6. Le Sanhédrin est l'assemblée législative traditionnelle du peuple juif ainsi que son tribunal suprême qui siège normalement à Jérusalem composée de 71 juges très expérimentés.

7. D'après la Torah, Cohen (plur. cohanim, litt. « dédié, dévoué ») est un titre conféré à Aaron, le frère de Moïse de la tribu de Lévi, et à sa descendance masculine, afin de les

Par une étude exégétique des versets suivants, « Et tu ne monteras pas par des degrés sur mon autel », suivi de « Et voici les lois que tu placeras devant eux (Talmud, Traité Sanhédrin 7b), nous apprenons en effet, que cette étude est destinée… aux juges, pour leur enseigner l'humilité, le fait qu'ils doivent juger avec circonspection et ne pas se croire au-dessus du peuple.

Il y a donc un lien étroit, presque de nature, entre le travail effectué au Temple par les cohanim (prêtres) et les jugements rendus par les dayanim (juges) dans les tribunaux.

Mais il y a encore plus que cela : ce que veut nous faire comprendre la Torah en créant ce parallèle entre la loi et le Temple, c'est que la Présence divine sur terre ne peut se manifester que par l'exécution d'une justice exemplaire. C'est pour cela que les juges sont appelés Elokim (dieux), et qu'ils sont considérés comme partenaires de D.ieu dans la création du monde (Talmud, Traité Chabbat 10a). Car en donnant une sentence juste, c'est comme s'ils recréaient le monde : les Pirké Avot [8] n'affirment-ils pas que le monde existe grâce à trois piliers, dont l'un est la justice ? (Chapitre 1, Michna 18) [9].

Créer et maintenir un système juridique n'est pas qu'une simple affaire de protection des droits des individus dans la société, c'est s'associer au projet divin de la rédemption finale.

---

désigner comme « dévoués » (sens originel de כהן) au service du Temple de Jérusalem. Il s'agit donc de membres du clergé hébreu, qui réalisaient les sacrifices et autres services dans le Temple, sous l'autorité du cohen gadol (« grand prêtre »). Le premier cohen gadol fut Aaron lui-même. Le cohen gadol tenait un rôle particulier, notamment dans l'office de Yom Kippour.

Depuis la destruction du Temple, le nom a continué à se transmettre de père en fils. Les cohanim continuent à jouir d'un statut personnel distinctif dans le judaïsme, et sont astreints à des règles et lois particulières.

8. Le traité Avot (« pères » ou « principes ») est le neuvième et avant-dernier de l'ordre Nezikin dans la Mishna. Seul traité à ne pas aborder des points de Loi juive, il comprend cinq chapitres d'apophtegmes et de réflexions à caractère majoritairement éthique, occupant dans la littérature rabbinique la même place que le Livre des Proverbes dans la Bible.

Augmenté au Moyen Âge d'un « chapitre » supplémentaire issu de la littérature tannaïtique extra-mishnaïque, il est intégré, sous le nom de Pirke Avot (« chapitre des pères »).

Avant-dernier traité de l'ordre Nezikin consacré aux dommages et à leur compensation, Avot a pour fonction, selon Maïmonide, d'enseigner aux juges les coutumes et vertus des Sages ainsi que l'antiquité de la chaîne de transmission de leurs savoirs. Leurs dits, prônant la pondération, la tempérance, l'assiduité dans l'étude de la Torah et la piété, sont exprimés sous une forme concise, rappelant quelque peu les versets de la Bible.

9. Les deux autres piliers sont la vérité et la paix. Le Maharal de Prague explique dans son commentaire sur les Pirké Avot (Derekh Ha'hayim) que la justice est ce qui permet au monde des hommes de se maintenir, car par une justice parfaite, personne n'empiète sur le domaine de l'autre et ainsi le monde peut se maintenir (p 57).

Mais il nous faut examiner en quoi le droit hébraïque diffère des autres systèmes juridiques, pour comprendre comment il participe au dessein de D.ieu.

Le But du système juridique hébraïque n'est pas de protéger la société contre des personnes malfaisantes, mais plutôt de pouvoir réintégrer ces individus qui ont fauté par rapport au projet idéal du Créateur, qui est que chacun puisse atteindre à un certain degré la qualité de « juste », c'est-à-dire en fin de compte de pouvoir se rapprocher de D.ieu. Il ne s'agit pas d'un projet mystique, de communication avec une Force supérieure, mais au contraire de se rallier aux commandements de la Torah donnés par D.ieu, et par là-même, tenter de dominer toutes ses tendances négatives et ses pulsions pour atteindre un certain niveau de pureté de la pensée et de l'acte. La Torah désire ardemment que chaque personne atteigne ce but. Mais Elle sait aussi que la chute, la faute, font inévitablement partie du cheminement de l'homme. Mieux encore : c'est par elles que l'homme pourra progresser. « L'homme n'apprend que lorsqu'il y trébuche » énonce le Talmud.

Cela ne veut pas dire qu'il faut chercher la faute, évidemment. Mais celle-ci est inhérente à la nature humaine.

« Il n'existe pas un juste sur terre qui n'ait pas fauté » nous dit le Roi David. Et la Torah a prévu ce cas de figure. C'est pour cela que la justice occupe un rôle si central dans la pensée juive : elle est l'instrument qui va permettre à tous les individus qui ont fauté de retrouver le sillon de la voie juste. La justice ne se comprend en effet qu'avec l'équité. Michpat Tsedek, dit l'hébreu. Le michpat (la justice) n'est là que pour atteindre le tsedek (l'équité), que l'on pourrait traduire par le fait d'être en adéquation totale, juste, avec la loi.

Le juste (Tsadik) est celui qui fait preuve de justesse par rapport à la loi de D.ieu et ainsi fait régner l'équité dans le monde. Le michpat (la justice) s'adresse à tous ceux qui, momentanément, se sont éloignés de cette justesse, de cette adéquation entre leurs actes et la loi divine et qui, acceptant le verdict du juge, rejoignent ainsi la ligne des tsadikim, des justes. C'est ce que nous enseigne expressément les Pirké Avot (1, 8) : « Aussi longtemps que les plaideurs sont devant toi (le juge), considère-les tous deux comme également coupables. Mais dès qu'ils t'auront quitté, regarde-les comme innocents puisqu'ils se sont soumis à ton jugement ».

Le michpat (la justice) permet donc à l'homme qui aurait fauté une « revirginisation » de sa nature d'homme. Il peut alors réintégrer la voie des justes, car il a accepté la justesse du verdict qui l'a remis en adéquation avec la loi de D.ieu par l'intermédiaire du juge. On comprend mieux ainsi pourquoi le juge est appelé aussi Elokim : c'est lui qui va permettre à l'homme fauteur de retrouver la voie de D.ieu. Le jugement est donc l'instrument par lequel l'homme va être « récupéré » de la faute vers la justesse, la justesse morale dans ce monde. D'où l'importance pour la tradition hébraïque qu'une société juive se dote d'un tribunal qui pourra, par sa fonction rédemptrice, restaurer l'intégrité morale de ceux qui l'auraient perdue.

Le but de la justice n'est donc pas de punir. Il est avant tout de pouvoir réintégrer dans le projet divin tous ceux qui s'en seraient éloignés par un certain acte, à un certain moment, mais qui désirent réintégrer ce projet, ce qui est la définition même de « téchouva » (retour à D'ieu). Car là est la pierre angulaire de toute la pensée juive : l'homme est animé fondamentalement par le désir de s'élever spirituellement et lorsqu'il trébuchera, il cherchera, après ce moment d'égarement, à revenir vers son D.ieu, vers ce désir d'être de nouveau en adéquation avec les appels de son âme. Le monde aussi, à l'image de l'homme, est en perpétuelle ascension grâce à la téchouva (retour à D'ieu), qui le fait monter, lentement mais sûrement, sur l'échelle de la spiritualité.

La punition n'interviendra que secondairement comme expiation de la faute commise. Mais l'accent est mis définitivement sur la téchouva (retour à D'ieu) du coupable. Un exemple : lorsqu'un homme a tué par inadvertance un autre homme, il devra s'exiler dans une ville de refuge, non comme punition, mais pour s'éloigner de celui qui voudrait venger l'homme tué et ainsi risquer d'être tué à son tour. Il restera dans cette ville de refuge jusqu'à la mort du Grand Prêtre. Quel est le lien entre ce meurtre et le Cohen Gadol (Grand Prêtre) ? Ceci nous montre que cet homicide involontaire était le fruit d'une chute morale de la société dans son ensemble, représentée par la fonction sacerdotale du prêtre.

Celui-ci était en effet responsable du niveau moral de la société hébraïque, et un meurtre involontaire (à plus forte raison un homicide volontaire) était le signe d'une chute de ce niveau moral. Nous retrouvons encore le lien étroit entre le Temple et la justice. Le Grand Prêtre doit être le garant de l'équité et de la moralité dans la société israélienne. S'il y a perte de cet idéal par le meurtre involontaire, le Grand Prêtre doit veiller au moins à la justice, dans ce cas représenté par le maintien du meurtrier dans la ville de refuge.

Autre exemple de la justice vue comme fonction de récupération de l'individu et non comme punition : le Talmud déclare que tout Sanhédrin qui rendrait une sentence de mise à mort ne serait-ce qu'une fois en 70 ans « est considéré comme un tribunal cruel » !

La Torah voit la justice comme un moyen de faire retrouver à l'homme sa dignité et certainement pas comme un instrument de punition. Si d'aventure un tribunal venait à condamner un homme à mort, quelle possibilité de retrouver sa dignité d'homme y aurait-il derrière cette sentence ? C'est pour cela que les sages d'Israël ont pris tellement de précautions avant de pouvoir condamner quelqu'un. Non seulement ils n'aimaient pas un tribunal qui aurait émis des sentences de mort, mais aussi ils ont aussi érigé nombre de conditions extrêmement difficiles à remplir avant de pouvoir juger un homme coupable : ainsi, il fallait qu'il y ait deux témoins de l'acte malveillant et de plus il devait y avoir mise en garde à l'avance du présumé coupable !

C'est-à-dire que même si deux personnes ont vu cet homme assassiner un autre, on ne pouvait pas le condamner s'il n'avait pas été mis en garde avant l'assassinat de l'interdit du meurtre et des risques qu'il encourait !

Mieux encore : si les 71 juges qui forment le Sanhédrin le déclarent tous coupables à l'unanimité, le détenu est tout simplement… libéré.

En effet, les sages du Talmud considéraient qu'il est impossible qu'un homme n'ait pas quelque aspect positif dans sa personnalité qui pourrait jouer en sa faveur. Si aucun des juges n'a été capable de déceler cet aspect-là, c'est que le jugement n'a pas été assez approfondi, et que face à cette justice défectueuse, il vaut mieux libérer un individu, certes éminemment suspect, mais dont on n'a pas évalué à sa juste mesure les possibilités de repentir.

Exigeante justice hébraïque, non pour les condamnés potentiels, mais surtout pour ses juges.

C'est pour cela que ceux-ci devaient connaître non seulement tous les aspects de la jurisprudence hébraïque, mais aussi être compétents dans tous les domaines des sciences humaines, maîtriser de nombreuses langues étrangères y compris les dialectes et même comprendre le fonctionnement de la sorcellerie. Il fallait qu'ils comprennent les mécanismes de pensée des personnes qu'ils seraient amenés à juger.

En conclusion : La justice est donc le fondement de tout le système de la pensée juive. Elle est l'instrument par lequel un homme qui s'est écarté du projet Divin et donc de la société, va pouvoir réintégrer la voie de D.ieu qui a créé l'homme libre et égal à son semblable. C'est pour cela que les sages du Talmud comparent le Sanhédrin au « nombril du monde » qui alimente et protège l'univers tout entier (Talmud Sanhédrin 37a).

Le sens de la peine ? Dans le but d'une réinsertion sociale efficace et pour retrouver sa dignité d'homme

C

Le sujet

25

Effectivité de la peine alternative à la prison ?
Le cas du Placement Sous surveillance Electronique

Par Marie-José GRIHOM

Introduction

Avant d'évoquer certains des travaux que nous menons sur les peines en milieu ouvert ou fermé sous l'angle de la psychologie clinique, il est apparu utile de concevoir ce qu'un juriste pouvait entendre par ce terme d'(in)effectivité à propos de la peine. En appui sur les réflexions de Yann Leroy [1], nous proposons d'aborder la notion d'effectivité afin d'en dégager un axe de lecture psychologique. Nous préciserons alors en quoi le travail de subjectivation du condamné a à voir avec l'émergence de la subjectivité au sens philosophique.

Un second temps abordera l'étude des effets subjectifs du placement sous surveillance électronique [2] et ce selon deux angles : ce que produit sur les condamnés la norme juridique et en quoi celle-ci, selon ses modalités de réalisation, est susceptible de produire des effets de subjectivation – notamment quant à la reconnaissance de l'acte. Dans cette étude, en effet, les éléments matériels de la peine (la maison en tant que prison, le bracelet lui-même, les limites fixées quant aux sorties, horaires, etc.) semblent remplir une fonction symbolique et donc pourvoir aux effets attendus de la mesure chez certains. Au contraire, pour d'autres condamnés, ces éléments matériels ne peuvent qu'être ou devenir objets de persécution. Or, il apparaît nettement que le processus de subjectivation de sa responsabilité et du sens

1. La notion d'effectivité du droit, in Droit et Société, 2011/3, n° 79, 715-732.
2. Recherche menée dans la cadre d'un doctorat par G. Quellien et l'auteur.

de la peine est fonction de la possibilité à reconnaître qu'une atteinte au droit a été réalisée. La peine apparaîtrait effective au sens où elle rend au condamné sa liberté subjective lorsque celui-ci se reconnaît coupable.

Pour conclure, nous mettrons ces résultats de recherche sur une mesure en milieu ouvert en perspective avec les effets subjectifs de la détention provisoire, forme de peine par anticipation. Nous verrons qu'au-delà des dissemblances, il semble que plus la reconnaissance de la transgression est acquise plus la peine semble effective dans la reprise des éléments subjectifs ayant déterminés le destin et l'acte du sujet.

I. Les sens de l'effectivité

Yann Leroy distingue globalement deux modèles à propos de l'effectivité : l'un, le plus classique, relève d'une conception impérative et répressive du droit qui lie intimement l'effectivité du droit à la rétribution pénale. L'autre, déplace cette perspective classique en plaçant la notion d'effectivité au cœur même des effets produits par les normes juridiques. Voyons brièvement en quoi consistent ces deux conceptions.

La première suppose que le droit pénal a des *effets* tangibles. Il est effectif et donc réalisé au travers d'un de ses effets prévalents : la sanction. *Ce premier sens de l'effectivité renvoie au sens classique de l'effectivité du droit entendue comme son application.* Le paradigme que présuppose cette conception est issu de la pensée kantienne (Michaël Fœssel) [3]. En effet, chez Kant « le droit et la faculté de contraindre sont une seule et même chose » [4]. Le droit, obligation d'agir afin que les libertés individuelles s'accordent avec la liberté universelle, « ne peut que déboucher sur une limitation de l'usage des arbitres, le droit entraîne avec lui *une violence légitime* contre toutes les tentatives de transgression de la loi » (M. Fœssel, o. c., 532). Retenons que l'idée que la liberté doit pouvoir se limiter constitue un présupposé implicite du droit de contrainte et que le droit et la peine sont équivalents dans cette conception.

La seconde conception plus contemporaine trouve sa source chez plusieurs auteurs qui, selon Leroy, proposent deux orientations principales. Dans la première, la notion d'effectivité «ne correspond pas seulement à l'application de la norme » juridique mais à son *utilisation par les individus ou les autorités compétentes*. La seconde orientation quant à elle produit

---

3. Penser la peine, contrainte et crime dans les principes de la philosophie du droit de Hegel, P.U.F, revue de métaphysique et de morale, 2003/4 - n° 40, p. 429-542.

4. Doctrine du droit, introduction, § 94 Remarque, trad. A. Renaud, Paris, GF-Flammarion, 1994, p 19.

« un changement de perspective « ***car la notion même d'effectivité correspond à la production de tous les effets adéquats à la finalité des normes juridiques observées »*** (o. c., p. 724). Pour concevoir cela les arguments avancés sont :

1. Que l'effectivité se mesurerait à la capacité qu'a la norme à orienter la conduite des destinataires dans le sens souhaité par le législateur (François Ost et Van De Kerchove [5]). C'est *la question du sens qui prévaut* dans cet argument : sens de la norme qui laisse aux acteurs leur liberté d'agir à leurs risques et périls.

2. Que la notion d'effectivité dans la perspective classique est insuffisante et qu'il faut aller *étudier les effets du droit pour compenser les faiblesses de la notion* selon Pierre Guibentif [6], sociologue du droit. Les questions qui émergent sont dans quelle mesure la loi est appliquée tant par les individus que par les autorités ?

3. Qu'il n'est pas suffisant de considérer que l'effectivité se mesure au respect de la norme mais *de savoir en quoi elle est respectée* : parce qu'elle est considérée comme juste et légitime ou bien par crainte d'éventuelles sanctions ? Ainsi François Rangeon [7], dans la lignée de Max Weber, considère que l'effectivité d'une norme juridique « doit englober une véritable évaluation des effets du droit prenant en compte l*e point de vue des usagers* « qu'il s'agisse des destinataires ou des fonctionnaires chargés de son exécution. Il s'agit donc selon lui d'étudier ***les effets visibles ou symboliques, juridiques ou non juridiques, les effets prévisibles ou imprévus, voulus ou non, voire les effets inverses de ceux qui étaient recherchés »***. (p. 727). Toutefois, et c'est un aspect essentiel, cet auteur refuse d'intégrer dans la mesure de l'effectivité, comme d'autres l'ont suggéré, les phénomènes de rejet et de contournement de la règle puisqu'ils sortent, par définition même, du champ de la problématique de l'effectivité.

II. L'effectivité de la peine

Comment penser à partir de cette seconde conception l'effectivité de la peine et comment l'étudier dans la perspective psychologique ?

---

5. François Ost et Michel Van De Kerchove, De la pyramide au réseau. Pour une théorie dialectique du droit, Bruxelles : Publication des facultés Universitaires Saint Louis, 2002.

6. Pierre Guibentif, Les effets du droit comme objet de la sociologie juridique. réflexions méthodologiques et perspectives de recherche, genève : CETEL, 1979.

7. François Rangeon, « réflexions sur l'effectivité du droit« in CURAPP, Les usages sociaux du droit. Cité par yann Leroy (o. c.).

A. Problématique retenue

Le premier effet de la peine est une restriction de la liberté quel qu'en soit le degré, pour une période donnée. Cette limitation est aujourd'hui conçue de diverses façons mais qu'elle prenne la forme d'un enfermement ou d'une obligation de soins ou encore d'une réparation des dommages causés à la victime, elle aurait pour finalité première de sanctionner celui qui a perturbé l'ordre social pour mieux l'y ramener. Les effets attendus ou supposés par le droit sont donc en rapport avec les moyens mis en œuvre (exécution) d'une part et avec la finalité accordée à la peine dans une société donnée (fonction de protection, lutte contre la récidive, etc.) d'autre part.

Il ressort des travaux sociologiques de Antoinette Chauvenet et François Orlic [8] que la finalité qu'est la réinsertion par exemple est fort différente selon qu'il s'agit de peines fermées ou ouvertes. Cela nous laisse à penser qu'un des enjeux contemporains pour apprécier l'effectivité des peines, au-delà de la question de leur application même [9], *est de concevoir comment la contrainte pénale est susceptible de produire de nouveau un acteur social dont la référence soit la liberté universelle.*

Nous avons trouvé une réponse à ce paradoxe chez Hegel : la privation de liberté produirait de la liberté. Michaël Fœssel (o. c.), spécialiste de Hegel qui traite du sens de la peine, insiste dans sa lecture de Hegel sur le fait que la rationalisation de la peine s'achève avec l'émergence à la subjectivité du criminel. « *Inaugurant un processus de reconnaissance que les limites du droit abstrait rendaient impossibles, la peine fait prendre conscience au criminel de la réalité de l'universalité de sa volonté libre* » (o. c., p. 538). En voulant que sa volonté soit libre et non plus aliénée dans le rien qu'est son acte, le condamné accède à sa liberté et peut reconnaître la sphère de la moralité [10].

---

8. Antoinette Chauvenet et François Orlic, Sens de la peine et contraintes en milieu ouvert et en prison, Déviance et Société, 2002/4 - Vol. 26.

9. On sait que du fait d'une disjonction entre le moment du prononcé du jugement et le moment de l'exécution de la peine en milieu ouvert notamment, nombre de peines sont ineffectives. Antoinette Chauvenet et Françoise Orlic (réfs), montrent ainsi sur un panel de 550 dossiers que la moitié de durée de la peine est écoulée lorsque le JAP et le service de probation et d'insertion s'en saisissent.

10. La subjectivité émerge des contradictions de la personnalité elle-même. « C'est là le socle même de l'opposition à l'analyse kantienne de la moralité : la volonté universelle s'engendre au sein de la volonté particulière faisant l'expérience de sa contradiction » (Fœssel, 539).

Dans la perspective de Hegel la dialectique du crime et de la peine s'inscrit dans la problématique du rétablissement du droit comme liberté. En effet, si le droit « abstrait » est un droit de contrainte il n'épuise pas le sens du droit saisi comme « idée de la liberté » [11]. Hegel pose que *le problème central est celui de la violation du droit qui est celui de l'effectivité de la « justice »*. « Or, la peine ne doit être d'abord ni utile ni efficace, mais seulement *juste* et elle n'est juste en dernière instance que si elle émane de la volonté même du criminel qui reconnaît pleinement sa légitimité » (ibid.). En ce sens, Hegel fait violence aux perspectives classiques et à certains discours contemporains [12] car la peine ne sert ni la victime ni la société toute entière mais elle doit être *instituée comme résultant de la volonté du criminel.*

Le crime et la peine ont alors à être conçus comme les deux faces de Janus, l'une lumineuse, l'autre obscure puisqu'un processus révèle « la réciprocité fondamentale entre l'agir du criminel et son pâtir » (M. Fœseel, o. c., p. 536). La peine fonctionne alors comme le rétablissement de la liberté du condamné qui a lui-même nié par son crime non pas un autre droit particulier, celui de sa victime, mais le droit comme droit, le droit en général.

Dans cette perspective, le crime ou le délit est un acte *insensé* qui vient nier le droit dans un monde régi par des relations juridiques. *En jugeant l'acte, le droit désolidarise de l'extérieur le criminel de celui-ci et la peine vient réconcilier l'individualité avec l'universalité.*

Une première conclusion serait de dire que la peine instaure un processus de reconnaissance chez l'auteur dans la mesure où elle institue un écart entre l'acte de transgression et sa sanction. Nous verrons que notre conception contemporaine de la subjectivation découle en droite ligne de cette idée d'un écart conséquent, d'une différence et/ou d'une contradiction au sein de la subjectivité. Elle intègre aussi le fait que la justice instituée remplit la fonction d'un tiers (Hegel) qui crée de l'écart entre les protagonistes de la scène criminelle ou délinquante.

---

11. Sur ce point, Hegel se situe à l'opposé de Fichte, successeur de Kant sur ces questions. Fichte veut que « chaque volonté contraire au droit puisse s'anéantir elle-même ». Il cherche à concevoir comment la loi peut limiter le libre arbitre en « une volonté constante de se soumettre au droit » (Fœssel, o. c., 534). En résumé, il tente de sortir du paradoxe du droit : se fonder à la fois sur un idéal de liberté et sur une identité répressive.

12. CHEVALIER C., GRIHOM M.-J. 2013. Injonction de soins et populisme pénal. La tension entre mêmeté et altérité pour l'agresseur sexuel et sa victime. *Topique: revue freudienne*, n° 122, 93-106.

B. La subjectivation

La subjectivation est le terme générique donné à un ensemble de processus de liaison et d'élaboration d'ordre préconscient et inconscient qui permettent à un sujet donné de traiter son expérience et les traces de celles-ci en les référant à lui-même. Schématiquement, ce processus est dit réaliser une double tâche : d'appropriation de l'expérience et de devenir sujet [13]. Il permet donc d'intégrer les expériences de vie, internes et externes, et de leur conférer du sens. Il s'agit d'un processus complexe de transformation, demandant du temps et requérant parfois la présence d'un tiers. Il suppose des réaménagements, des transformations, des réorganisations permanentes du sujet qui peuvent s'effectuer dans l'instant, dans l'après-coup ou même concerner un événement déjà subjectivé pour le retravailler. C'est avant tout un processus dynamique, qui fonctionne tout au long de la vie sous l'influence des contenus psychiques, du corps, des relations et de l'environnement.

C. La subjectivation sous PSE ?

Cette mesure alternative à la prison a été proposée pour la première fois en 1989 [14], instituée législativement en 1997 [15] et expérimentée sur le terrain au début des années 2000. Le PSE poursuivait initialement trois objectifs : réduire la population carcérale, soulager le budget de la Justice et diminuer les atteintes à la dignité humaine en ayant moins recours à l'incarcération. E*n 1995, un quatrième bienfait supposé de cette mesure est mis en avant : elle participerait à la lutte contre la récidive en facilitant la réinsertion sociale* [8]. En tant que modalité d'exécution de la peine d'emprisonnement, elle permettrait à l'individu de garder son travail, ses liens familiaux et sociaux. En tant qu'aménagement de la peine privative de liberté, elle offrirait un retour en douceur dans la société. Elle éviterait ainsi le choc de la

---

13. Voir sur ces points : Bertrand M. Qu'est-ce que la subjectivation ? *Le Carnet PSY* 2005/1, 96 : 24-27. ; Richard F., Wainrib S. et al. *La subjectivation.* Paris : Dunod, 2006 ; Ciccone A. Enveloppe psychique et fonction contenante : modèles et pratiques. *Cahiers de psychologie clinique* 2001/2 ; 17 : 81-102. ; Grihom MJ. Être à soi-même sa propre fin ou être un maillon : femmes en déroute subjective dans leurs liens. *Revue Dialogue* 2014/204 ; Grihom MJ. De la subjectivation des liens aux solutions subjectives. Subjectivation, lien et acte. Document de synthèse d'HDR : Université de Poitiers, Juillet 2013 ; Lévy R, Pitoun A., L'expérimentation du placement sous surveillance électronique en France et ses enseignements (2001-2004). *Déviance et Société* 2004/28, 4 : 411-437.

14. Dans le rapport du député socialiste G. Bonnemaison portant sur « la modernisation du service public pénitentiaire ».

15. Loi n°97-1159 du 19 décembre 1997. Pour prendre connaissance des conditions générales du PSE : articles 723-7 et s. du Code de Procédure Pénal et articles 132-26-1 et s. du Code Pénal.

« sortie sèche », autrement dit d'une libération sans préparation au retour à la vie sociale. Le sujet y serait davantage acteur de son projet d'insertion [16]. De plus, il entrerait dans un processus de responsabilisation par le fait d'être lui-même son propre gardien, de respecter ainsi les limites, d'intérioriser la sanction en la percevant bien comme telle, c'est-à-dire comme une peine rétributive d'un acte infractionnel.

Nous cherchons à savoir si le dispositif de PSE [17] serait susceptible de favoriser la subjectivation et notamment celle de l'acte. *De nombreux travaux ont montré que les différentes formes d'agir transgressif témoignent d'un trouble de la subjectivation que celle-ci soit inhibée, court-circuitée ou impossible sur le moment et dans le contexte spécifique de l'acte* [18]. Notre recherche porte sur l'élaboration possible de ces actes dans l'après-coup et sous l'influence de la mesure de surveillance.

L'enjeu de celle-ci serait de mener le sujet à subjectiver son acte infractionnel. Il doit pouvoir l'intégrer à son histoire de vie, le reconnaître en tant qu'un acte transgressif et punissable et accepter d'en assumer les conséquences. Autrement dit, il doit entrer dans un processus de responsabilisation qui requiert une mise en représentation et en mots de l'acte et de ses incidences sur la victime. La capacité de symbolisation y est mobilisée. *Reste à savoir si le dispositif de PSE en lui-même est susceptible de relancer le processus de subjectivation et de permettre une ré-insertion sociale.* En effet les avis divergent sur cette question. Selon certains, cette mesure serait une bonne alternative à l'incarcération, favorisant la réinsertion sociale par un maintien ou un retour progressif dans la société. Pour d'autres, la prison resterait préférable car elle représenterait une sanction claire, plus facilement symbolisable, porteuse de sens et donc plus dissuasive que le bracelet [19].

---

16. Recherche d'emploi, stage, formation, démarches administratives effectuées par lui-même et non par son Conseiller Pénitentiaire d'Insertion et de Probation, etc.

17. Au niveau du cadre juridique, la surveillance électronique ne peut excéder deux ans. Elle allie au dispositif technique un dispositif humain juridique, pénitentiaire et social : le cadre de la mesure et les obligations auxquelles le justiciable doit répondre sont déterminés par le Juge d'Application des Peines (JAP), leurs manquements éventuels sont relevés par l'administration pénitentiaire qui garde sa mission de surveillance et le suivi social est assuré par le Service Pénitentiaire d'Insertion et de Probation (SPIP). N'oublions pas qu'il s'agit d'une condamnation à une peine privative de liberté. La personne placée sous surveillance électronique est donc mise sous écrou. Toute tentative de retirer le bracelet, tout déplacement en dehors des heures et lieux d'assignation correspond à une évasion et pourront être jugés comme tels.

18. GRIHOM M.-J. 2013. Clinique de l'acte. *Psychiatrie légale et criminologie clinique*, sous la dir. de J.-L. Senon, C. Jonas, M. Voyer, Paris, Masson, p. 229-237.

19. Voir sur ces points : Auret A., Bessoles P. Interfaces cliniques et juridiques : bracelet électronique, violence sexuelle, récidive, expertise, réparation et autres questions, Grenoble :

III. Spécificités du dispositif de PSE

Afin d'évaluer l'effectivité de cette peine nous avons dégagé plusieurs éléments qui la composent et qui sont susceptibles de produire des effets psychiques – ce que nous cherchons à apprécier.

1. La maison ou l'appartement. Dans le cadre de la mesure de PSE, le domicile semble avoir un rôle de premier plan à cet égard. Les travaux sur les fonctions psychiques de la maison insistent sur *son rôle d'espace contenant à la fois réel et symbolique* [17]. Mais lorsque le logement devient prison, constate-t-on alors un renforcement de cette *fonction contenante* ou à l'inverse un enfermement dans un site étranger à soi ?

2. Le bracelet électronique. Objet support de la mesure, au plus près du sujet il fonctionnerait comme un objet concret qui rappelle la peine en permanence. Il peut soit être support de projections négatives soit objet « médiateur » dans la pensée de la peine infligée.

3. Les limites spatiales et temporelles. Le PSE repose sur la prescription de limites spatiales et temporelles, marquées par l'interdit et la sanction en cas de franchissement ou de débordement. Il fixe donc les limites entre le dedans et le dehors (le périmètre étant normalement le domicile), impose un respect des obligations et interdictions posées.

Ces trois éléments constants dans le dispositif rempliraient selon nous une fonction analogue à celle de l'enveloppe psychique : délimiter et unifier le psychisme d'une part, participer aux échanges entre les éléments extérieurs (événements de vie, expériences sensorielles, etc.) et les éléments de la vie psychique (ressentis, objets internes, etc.) d'autre part [20].

IV. Hypothèse de travail

Presses Universitaires de Grenoble ; 2008. ; Froment J.-C., Kaluszynski M. *Justice et technologies, surveillance électronique en Europe*. Grenoble : Presses Universitaires de Grenoble ; 2006. ; Lévy R, Pitoun A., L'expérimentation du placement sous surveillance électronique en France et ses enseignements (2001-2004). *Déviance et Société* 2004/28 ; 4 : 411-437.

20. Nous prenons appui pour aborder la notion d'enveloppe psychique, notamment sur les travaux de : Anzieu D., Doron J., Houzel D., Missenard A., Enriquez M., Anzieu A., et al. *Les enveloppes psychiques*. Paris : Dunod, 2003 ; Chabert C., Cupa D., Kaës R., Roussillon R. *Didier Anzieu : le Moi-peau et la psychanalyse des limites*, Toulouse : Editions érès, 2009 ; Ciccone A. (o. c.).

Le processus de subjectivation requiert pour s'exercer que l'environnement offre un cadre structurant et symboligène, où le sujet construit ses limites psychiques propres, son rapport aux interdits et à l'altérité. À cette condition, le sujet peut avoir une reconnaissance de lui-même et notamment de ses fantasmes et de ses affects. La subjectivation est variable d'un sujet à l'autre et forcément partielle puisqu'elle est dépendante des mécanismes de méconnaissance. Nous faisons l'hypothèse qu'en instaurant un cadre matériel (les murs de la maison) et symbolique (les horaires d'assignation à résidence), le PSE met au travail l'enveloppe psychique du sujet et lui ouvre ainsi l'accès à une subjectivation de sa responsabilité légale dans l'acte commis mais aussi de sa responsabilité subjective inconsciente.

V. Méthode de recherche mise en œuvre

Nous avons réalisé cette étude (G. Quellien) avec l'aide du SPIP du Puy-de-Dôme. Le seul critère retenu concernait la mesure de placement sous bracelet électronique en post-sentenciel en 2010 ou 2011. Grâce à la mobilisation des conseillers de probation, nous avons pu rencontrer neuf personnes dans le cadre de cette étude. Parmi eux, cinq ont été sous surveillance et quatre le sont encore lors de l'entretien. Les durées de mise sous surveillance électronique sont variables : de un mois et demi à six mois ; les infractions commises sont très diverses : vol, violences, infraction à caractère sexuel, escroquerie et détournement de fond. Au moment où le PSE est effectif, tous entretiennent des liens avec leur famille (il s'agit surtout des parents, frères et sœurs) et une grande majorité (6 sujets sur 9) a un travail. Pour mener à bien cette étude, nous avons eu recours à un entretien semi-directif.

VI. Résultats

A. Un dispositif subjectivant

Pour quatre de nos participants, la mesure a bien été acceptée : le cadre était clair, bien introjecté, les limites bien représentées et les étayages préservés (famille présente, emploi maintenu). Le bracelet en tant qu'objet était considéré positivement : pour eux, c'est une chance qu'on leur offrait d'éviter l'incarcération avec tous ses effets négatifs. Trois sujets sur quatre disent que leur caractère casanier les a aidés à bien s'adapter à la mesure et à garder une bonne représentation de leur maison.

Nous observons que ces quatre personnes sont aussi celles qui ont le mieux réussi à subjectiver l'acte, la sanction et la mesure du PSE. Elles sont parvenues à se recentrer sur leur vie, à réfléchir à leur acte et à ses conséquences. Le PSE a été l'occasion pour elles de penser la part de leur histoire dans leur acte de transgressif et de se questionner sur les moyens d'éviter la répétition de celui-ci. Pour deux d'entre elles, le processus de subjectivation a été facilité par des espaces d'échange ouverts l'un avec une psychologue et l'autre avec le JAP. *Quatre participants sur huit ont donc trouvé un bénéfice à la surveillance électronique. Il semble que le PSE a bien permis une mise au travail des limites psychiques du sujet et du processus de subjectivation, notamment sous l'angle de la responsabilité dans l'acte.*

B. Un dispositif désubjectivant ?

Nous constatons des effets diamétralement opposés chez quatre autres sujets. Pour trois d'entre eux le PSE a été vécu avec souffrance. Les limites matérielles de la mesure étaient souvent confuses pour eux et le cadre qualifié de trop envahissant. Par exemple, l'un des participants ignorait s'il pouvait sortir chercher son courrier en dehors des heures de sortie. Un autre n'avait pas accès à son propre balcon. Par ailleurs, le bracelet en tant qu'objet était considéré comme honteux, stigmatisant voire persécuteur. Il convenait de le cacher à tout prix, ce qui a mené à un envahissement de la pensée, constamment tournée vers l'objet-bracelet et non sur l'histoire de vie ou l'acte [21]. Pour le dernier de ces sujets, le PSE a été vécu avec indifférence. Le cadre était trop laxiste selon lui. En effet, il bénéficiait d'un périmètre de sortie extrêmement large : il pouvait à tout moment aller dans un parc qui jouxtait son immeuble. Selon lui, le bracelet ne l'aurait aucunement empêché de commettre des infractions s'il avait voulu, décrédibilisant ainsi totalement la mesure pénale. Les étayages ont aussi été mis à mal pour ce participant et le dispositif PSE en soi était vu comme défaillant (alertes intempestives).

Pour l'ensemble de ces sujets, le travail de subjectivation a porté bien plus sur la souffrance liée à la mesure et aux pertes qu'elle a engendrées que sur l'abord de leur histoire ou de leur acte. *C'est la mesure en soi et ses méfaits qui envahissent la totalité du discours.* Aucun élément allant dans le sens d'une responsabilité n'est relevé. *La subjectivation de l'acte semble absente ou, tout au moins, fortement entravée. Par contre prédomine, à l'exception d'un sujet, un sentiment de modification identitaire et subjective*

21. En outre les étayages ont été mis à mal. Ainsi, nous relevons des difficultés avec l'employeur, notamment pour une question d'heures supplémentaires impossibles à honorer. La famille aussi est touchée : un sujet s'est séparé de sa femme durant le PSE et il en attribue l'entière responsabilité au port du bracelet électronique. Certains notent également une vie amicale et sociale qui s'appauvrit grandement.

qui pourrait témoigner d'une lutte pour ne pas être désubjectivé. Dans ces cas, peut-on penser que le poids de la peine prévaut sur le sens de l'acte [22] ?

Conclusion : effectivité ou ineffectivité de la peine ?

D'autres recherches actuelles sur la détention provisoire nous permettent de retrouver des caractéristiques semblables. Pour schématiser, nous distinguerons deux cas :

1. soit le sujet, à partir de la peine qu'il subit avec plus ou moins de souffrance, est centré sur son acte et ses conséquences pour la victime et ses proches - auquel cas il semble que la peine attendue ou prononcée est reconnue comme juste et que le sujet endosse la culpabilité qui est la sienne et éprouve un réel sentiment de culpabilité ;
2. soit le sujet est centré sur la peine qu'il subit qu'elle soit appliquée ou par anticipation et dans ce cas c'est la souffrance psychique « causée » par l'autre : le juge, la société, etc. qui est mise à l'avant. Cette projection renforce le déni de l'acte et en conséquence renforce la (dé)subjectivation.

Dans le premier cas, *la position du sujet est coupable* et la peine permet de relancer le processus de subjectivation. On peut dire qu'en cela, au vu de nos développements précédents elle est une des conditions pour l'émergence du sujet et pour son appropriation subjective. Les effets psychiques donnent à penser que la peine est effective selon la volonté et le désir du sujet d'en reconnaître la justice.

Dans le second cas, par contre, il semble que l'effet de la peine est de désolidariser le sujet de son acte sans parvenir à lui faire entendre sa propre division subjective. Projeter sur la peine toute l'infamie et l'aliénation de soi peut témoigner de l'état initial de désubjectivation du sujet. La peine que nous dirons ici ineffective ne ferait que renforcer la distance avec soi-même, la non-reconnaissance de sa subjectivité propre.

Cela n'est pas sans poser un problème essentiel : pourquoi une même peine pour deux sujets dont l'un se fustige de son acte et tente de le réparer pour recouvrer ses pleins droits et dont l'autre nie ou atténue toute responsabilité ? En allant un peu plus loin, ne condamne-t-on pas à partir du paradigme classique qui veut que le droit soit effectif dans la sanction ?

---

22. Ces résultats contrastés montrent que les effets psychologiques du PSE sur le sujet demandent à être pensés dans leur complexité. À cet égard, un élément mérite toute notre attention : toutes les personnes qui mesurent leur responsabilité réelle et subjective dans l'acte commis ont bénéficié d'un temps de parole et d'échange avec le JAP, le CPIP ou un psychologue. Un accompagnement par la parole semble donc essentiel pour favoriser la subjectivation de l'acte.

Développer selon diverses approches juridiques, psychologiques, sociologiques, etc., l'étude des ***effets visibles ou symboliques, juridiques ou non juridiques, effets prévisibles ou imprévus, voulus ou non, voire les effets inverses de ceux qui étaient recherchés » (o.c.) semble une voie pour penser autrement la peine*** et ses finalités.

Dans la recherche présentée ici il faut noter que les conditions d'exécution sont susceptibles d'annuler les effets symboliques : rappelons-nous du sentiment de « dé-personnalisation » exprimé par les sujets placés sous bracelet ? S'agit-il d'une étape dans le processus de subjectivation ou plutôt d'un effet de la mesure qui n'a pas été apprécié : l'esclavage et ses chaînes, la perte d'une liberté subjective ? Ne produisons-nous pas des effets inverses à ceux qui sont recherchés ?

Il nous semble que dans tous les cas c'est le rapport du sujet à l'altérité qui fasse la différence entre une peine effective et une peine qui ne l'est pas, à supposer que le rapport à l'universalité du droit puisse se re-penser dans le temps de l'exécution. Comment garantit-on aux sujets leurs droits de base et quels en sont les effets ?

26

Sens de la peine : Évaluation structurée du risque [1]

Par Denis DELANNOY et Thierry H. PHAM

Introduction

Pendant longtemps, la prédiction du risque de récidive se faisait de manière intuitive. En effet, les cliniciens considéraient que la dangerosité était une caractéristique « stable » et ancrée chez les délinquants. Toutefois, Monahan (1981, 1984, 1988) a constaté que deux tiers des prédictions de récidive violente, effectuées par les psychiatres et les psychologues, sur la base d'une approche clinique générale (entretiens, tests d'intelligence et de personnalité) étaient souvent erronées. Une majeure partie de ces prédictions contenaient des « faux positifs », c'est-à-dire que la période de libération n'était pas entachée par un nouveau fait qualifié d'infraction violente. Ce constat suggère qu'une majorité des praticiens et experts « sur évaluent » la dangerosité criminelle (Granger & Chevrel, 1999).

Depuis plus de vingt ans, nos sociétés sont confrontées à une forte médiatisation de certaines affaires criminelles (e.g. Affaire Dutroux). Suite à ces affaires, les sphères politiques voulaient avoir une appréciation plus fiable sur les possibilités de récidives des délinquants.

I. Comportements violents et délits sexuels

---

1. Thierry Pham. CRDS, 94 rue Despars, 7500 Tournai, Belgique. Tel : 0032.69.64.65.70. Mail : thierry.pham@crds.be. Ce texte a été réalisé avec le soutien du Ministère de la Région Wallonne, Santé et Affaires Sociales et Egalité des Chances.

Lorsqu'on parle de comportements violents, on associe souvent le diagnostic de psychopathie et son échelle, la « Psychopathy Checklist – Revised 2nd (PCL-R ; Hare, 2003). De nombreuses études ont néanmoins démontré l'utilité de la PCL-R quant à l'évaluation du risque de récidive générale et plus particulièrement de récidive violente au sein d'échantillons issus tant d'hôpital psychiatrique sécuritaire que de prison (Côté, Toupin, Hodgins & Pham, 2000 ; Hare, 2003).

Toutefois, Il existe une multitude d'instruments (plus de deux cents de nos jours) qui permettent d'évaluer le risque de récidive. Il y a les instruments statiques tels que la « Violence Risk Appraisal Guide » (VRAG ; Harris, Rice & Quinsey, 1993). Ces instruments sont actuariels et basés sur des probabilités statistiques de comportements violents. Ils peuvent s'évaluer sur les informations présentes dans le dossier judiciaire.

La VRAG est un instrument actuariel d'évaluation du risque de récidive violente constitué de 12 items. Cette échelle actuarielle comprend aussi bien des variables diagnostiques que des variables de type démographiques ou criminologiques.

Elle s'évalue à partir des informations cliniques, sociales et institutionnelles. Le score total renvoie à une catégorie de risque. La VRAG est un prédicteur modéré de la récidive violente à moyen et long terme (Langton, Barbaree, Seto, Peacock & Hansen, 2007 ; Quinsey, Harris, Rice & Cormier, 2006 ; Rice & Harris, 1995). En Belgique, la VRAG a présenté une bonne validité prédictive pour la récidive générale et une validité encore supérieure pour la récidive violente auprès de détenus et de patients internés belges (Pham, Ducro, Marghem, & Réveillère, 2005).

Parmi les instruments d'évaluation du risque de récidive sexuelle, nous retiendrons la « Sex Offender Risk Appraisal Guide » (SORAG ; Quinsey, Harris, Rice & Cormier, 1998). La SORAG est un instrument actuariel d'évaluation du risque de récidive sexuelle constitué de 13 items. Tout comme la VRAG, cette échelle actuarielle comprend des variables diagnostiques, démographiques et criminologiques spécifiques à ce type d'infractions.

La SORAG est un prédicteur élevé de la récidive violente auprès des agresseurs d'enfants et des violeurs (Bartosh, Garby, Lewis & Gray, 2003). Elle a présenté une association modérée à élever avec la récidive générale et la récidive sexuelle. En Belgique, la SORAG a présenté une association modérée à élever avec la récidive générale (AUC = .70). Elle a aussi présenté une association plus forte avec la récidive violente (AUC = .72) qu'avec la récidive sexuelle (AUC = .64 ; Ducro & Pham, 2006).

Même si ces instruments évaluent une population spécifique, les auteurs d'infractions à caractère sexuel (AICS) récidivent plus souvent au niveau de la récidive générale plutôt que sexuelle (Pham, Ducro, Pihet, & Martin, 2010). En Belgique, en 2010 on constate que seulement 7,9 % des AICS ont récidivé au niveau sexuel contre 27 % au niveau général.

II. Les instruments statiques vs les instruments dynamiques

Nous venons de voir qu'il existait des instruments statiques pour évaluer le risque de récidive. Ceux-ci essuient quelques critiques malgré la réduction de faux positif qu'ils apportent. Ces critiques sont notamment :

1. Ces instruments se centrent sur la prédiction plutôt que sur le management.
2. Ils sont basés sur un petit nombre de variables et peuvent « rater » des variables rares ou individuelles (e.g. menaces de mort).
3. Ils laissent de côté certains paramètres tels que la qualité de vie (Ward & Stewart, 2003).

Dans cette optique, des instruments de jugement clinique structuré qui ont des items dynamiques tels que la HCR-20 ou la RSVP (Risk for Sexual Violence Protocol) ont été développés (Douglas, Shaffer, Blanchard, Guy, Reeves et al., 2014 ; Hart, Kropp, Laws, Klaver, Logan et al., 2003). Ces instruments sont partiellement cliniques. En effet, ils sont composés d'une section statique et d'une section dynamique. Ils ne s'évaluent plus uniquement sur base du dossier judiciaire. Il est nécessaire de connaître le fonctionnement psychologique de la personne évaluée.

Tableau 1 : HCR-20 v3 (Douglas et al., 2014)
Échelle Historique
H1. Violence
H2. Autres problèmes antisociaux
H3. Relations
H4. Emploi
H5. Toxicomanie
H6. Trouble mental majeur
H7. Trouble de la personnalité
H8. Expériences traumatiques
H9. Attitudes violentes
H10. Réponse au traitement ou à la surveillance
Échelle Clinique
C1. Introspection
C2. Idéation ou intention violente

C3. Symptômes de trouble mental majeur
C4. Instabilité
C5. Réponse au traitement ou à la surveillance

Échelle Risque
R1. Services et plans professionnels
R2. Conditions de vie
R3. Soutien personnel
R4. Réponse au traitement ou à la surveillance
R5. Stress ou adaptation

Depuis ces vingt dernières années, les évaluations du risque de récidive ont évolué en fonction de la demande des cliniciens. La demande d'un support clinique de prise en charge de la récidive est devenue une demande récurrente de leur part. Néanmoins, Singh, Desmarais, Hurducas, Arbach-Lucioni, Condemarin et al. (2014) ont montré que l'utilisation des évaluations actuarielles reste assez utilisée par les psychologues. Dix-sept pourcents des psychologues interrogés l'utilisent dans leur pratique clinique. Par contre, les résultats montrent aussi une tendance plus élevée à l'utilisation de la HCR-20 par les psychologues. Une majorité des praticiens (51,42 %) utilisent cet outil plus clinique pour le suivi des délinquants. Ces résultats montrent l'importance accordée par les psychologues aux instruments de jugement clinique structuré. En Belgique, une étude similaire a été menée (Pham, Ducro, Desmarais, Hurducas, Arbach-Lucioni et al., sous presse).

A la HCR-20, des critères historiques liés au fonctionnement clinique tels que l'abus de substances, le trouble mental ou le non-respect des conditions de libertés mais surtout les critères dynamiques (difficultés d'introspection, Impulsivité, Insensibilité au traitement, manque de projets réalistes, manque de soutien personnel, non collaboration aux tentatives de remédiation ou le stress) ne sont pas des mesures **directes** mais peuvent être affectés indirectement par le sens vécu de la peine.

Il existe par ailleurs, des instruments entièrement dynamiques tels que la Stable-Acute (Hanson, Harris, Scott & Helmus 2007).

Concernant les instruments de jugement clinique structuré, on dénotera les avantages suivants :

1. Ils combinent les facteurs statiques et dynamiques ;
2. Ils se focalisent sur la prédiction ET la gestion de la violence ;
3. Ils permettent le jugement clinique relatif à la signification des marqueurs de risques ;

4. Ils intègrent des marqueurs idiosyncrasiques (e.g. fantasmes sadiques, harcèlement...).

Avec l'émergence de la psychologie positive, les praticiens désiraient un support qui prenne en compte les ressources et les compétences de l'individu. Les chercheurs se sont alors intéressés aux facteurs protecteurs (V. section suivante ; Shankland, 2014).

III. Les facteurs de protection

Les facteurs protecteurs sont issus du courant de la psychologie positive. Ce courant a pour fondement le repère des « méthodes permettant de développer les compétences personnelles qui favorisent le bien-être et agissent comme facteurs de résilience » (Shankland, 2014, p.7).

Dans le cadre de la délinquance, la « Structured Assessment of Protective Factors for violence risk » s'est développée dans cette optique positive (SAPROF ; de Vogel, de Ruiter, Bouman & de Vries Robbé, 2009). La SAPROF est un instrument clinique d'évaluation des facteurs de protection liés au risque de violence. Il est constitué de 17 items. Cette échelle évalue les facteurs de protection internes (e.g. empathie, maîtrise de soi, habiletés d'adaptation…), liés à la motivation (e.g. travail, activité de loisir, motivation au traitement…) et externes (e.g. réseau social, relation intime, condition de vie…).

La SAPROF prédit de manière modérée la non récidive sur une période de suivi de 3 ans (AUC = .74). La prédiction est plus large lorsqu'on évalue sur une période d'un an (AUC = .85 ; de Vries Robbé, de Vogel & de Spa, 2011). Cette variabilité prédictive en fonction du temps pourrait s'expliquer par l'anxiété ressentie par rapport à l'isolement avec la vie en société (Saloppé, Hayoit, Marghem & Pham, 2014).

Tableau 2 : SAPROF (de Vogel et al., 2009)
Facteurs internes
1. Intelligence
2. Attachement secure durant l'enfance
3. Empathie
4. Coping
5. Contrôle de soi
Facteurs motivationnels
6. Travail
7. Activités de loisir
8. Gestion financière

9. Motivation pour le traitement
10. Attitude envers l'autorité
11. Objectifs de vie
12. Médication

Facteurs externes
13. Réseau social
14. Relations intimes
15. Soins professionnels
16. Conditions de vie
17. Contrôle externe

IV. Anxiété en prison

Les facteurs de protection peuvent être une source de résilience lors de la réinsertion. Toutefois, l'incarcération a certains effets néfastes sur le bien-être psychologique du détenu (Liebling, 2004). L'anxiété et l'humeur dépressive étant plus élevés au début et à la fin d'une incarcération, décrivant ainsi une courbe en U.

Dans cette perspective, en Belgique, les détenus de la prison de Nivelles ont participé à une étude sur la qualité de vie et l'anxiété en prison (N=49). La perception de la qualité de vie est évaluée à l'aide de la WHOQOL-Bref (Harper & Power, 1998). L'anxiété est évaluée par l'inventaire d'anxiété de Spielberger (1983).

Cet échantillon se subdivise en trois sous-groupes :

- Groupe période initiale : 6 premiers mois d'incarcération :
- Groupe période centrale : entre les 6 premiers d'incarcération et les 6 derniers mois avant la libération ;
- Groupe période finale : 6 derniers mois avant la libération.

La perception de la qualité de vie et de l'anxiété en fonction de la période d'incarcération a été déterminée suite à cette recherche. En effet, la perception de la qualité de vie et l'anxiété sont négativement corrélées entre elles. Ce qui signifie que lorsque la qualité de vie est perçue comme « moins bonne », les détenus ressentent plus d'anxiété (Saloppé, et al., 2014). De plus, les groupes « période initiale » et « période finale » montraient des résultats assez singuliers. Ces deux groupes exprimaient plus d'anxiété et une moins bonne qualité de vie au niveau de l'environnement. Alors qu'on pouvait constater une satisfaction globale et une anxiété moins présente parmi les participants de la période centrale (Saloppé, et al., 2014).

Ces résultats rejoignent ceux obtenus par d'autres études antérieures montrant une forte réaction émotionnelle en début et en fin de parcours pénitentiaire (Gibbs, 1987 ; Bartol & Bartol, 1994). Ces résultats traduisent une certaine résignation quant à la vie en société. L'incarcération provoquant une perte de liberté et d'autonomie mais aussi la perte d'un soutien social et familial (Manzanera et Senon, 2004).

Conclusions

Comme nous l'avons mentionné précédemment, la demande du terrain est en constante évolution. Dans un passé récent, la société exprimait un besoin de sécurité quant au risque que représentent les délinquants. Par ailleurs, les praticiens désirent de plus en plus disposer des instruments qui s'accordent à la singularité des détenus.

Cette demande est justifiée. Les évaluations actuarielles ont fait leur apparition afin d'améliorer l'évaluation du risque en limitant les faux positifs. Laissant davantage de place au retour de l'approche clinique, les évaluations de jugement clinique structuré sont apparues. Enfin, les évaluations entièrement centrées sur les facteurs protecteurs ont fait leur entrée afin de s'intéresser aux justiciables sur un angle plus positif.

Par ailleurs, les évaluations structurées ne sont pas centrées sur une approche compréhensive-psychopathologique. Elles sont sensibles et témoignent indirectement de l'évolution de la détention. Selon nous, le vécu de la peine affecte les critères cliniques (e.g. Les symptômes dépressifs peuvent fluctuer au cours du parcours pénitentiaire), les facteurs de protections et dans une certaine mesure le risque de récidive.

En France, on constate une carence dans la mise en place de dispositifs évaluatifs. Il paraît utile d'intégrer ces mesures dans un ensemble de données cliniques, comportementales et judiciaires (Quinsey et al., 2006) afin de cerner au mieux les aspects évolutifs de la personne, le sens qu'elle confère à la détention et au delà, à son existence.

Références bibliographiques

Bartol, C.R. & Bartol, A.M. (1994). *Psychology and Law: Research and Application* (2nd ed.). Pacific Grove. CA: Brooks/Cole.

Bartosch, D.L., Garby, T., Lewis, D., & Gray, S. (2003). Differences in predictive validity of actuarial risk assessment in relation to sex offender type. *International Journal of Offender Therapy and Comparative Criminology*, 47, 422-438.

Côté G., Toupin J., Hodgins S., & Pham H.T. (2000). Psychopathie et comportements violents. In H.T. Pham & G. Côté (Eds.) *La psychopathie : Théorie et Recherche*. Villeneuve d'Ascq : Presses Universitaires du Septentrion.

De Vogel, V., de Ruiter, C., Bouman, Y., & de Vries Robbé, M. (2009). *SAPROF. Guidelines for the assessmentof protective factors for violence risk.* Utrecht, The Netherlands: Forum Educatief.

De Vries, Robbé, M., de Vogel, V., & de Spa, E. (2011). Protective Factors for Violence Risk in forensic Psychiatric Patients: A Retrospective Validation Study of the SAPROF. *International Journal of Forensic Mental Health*, 10, 178-186.

Douglas, K. S., Shaffer, C., Blanchard, A. J. E., Guy, L. S., Reeves, K., & Weir, J. (2014). *HCR-20 violence risk assessment scheme: Overview and annotated bibliography.* HCR-20 Violence Risk Assessment White Paper Series, #1. Burnaby, Canada: Mental Health, Law, and Policy Institute, Simon Fraser University.

Ducro C. & Pham H.T. (2006). Evaluation of the SORAG and Static-99 on Belgian sex offenders committed to a forensic facility. *Sexual Abuse : A Journal of Research and Treatment,* 18(1), 15-26.

Gibbs, J.J. (1987). Symptoms of psychopathology among jail prisoners: the effects to exposure to the jail environment. *Criminal Justice and Behavior*, 14(3), 288-310.

Granger L., & Chevrel A. (1999). L'évaluation de la dangerosité. In L. Brunet (Ed.), *L'expertise psycholégale : Balises méthodologiques et déontologiques.* Presses Universitaires du Québec.

Hanson, R. K., Harris, A. J. R., Scott, T. L., & Helmus, L. (2007). Assessing the risk of sexual offenders on community supervision: The Dynamic Supervision Project. Ottawa: Public Safety Canada.

Hare R.D. (2003). *Manual for the Hare Psychopathy Checklist-Revised.* Toronto : Multi-Health Systems.

Harris, G.T., Rice, M.E. & Quinsey, V.L. (1993) Violent recidivism of mentally disordered offenders: The development of a statistical prediction instrument. *Criminal Justice and Behavior*, 20, 315–335.

Harper, A. & Power, M. (1998). Development of the World Health Organization WHOQOL-BREF Quality of Life Assessment. *Psychological Medecine*, 28, 551-558.

Hart, S.D., Kropp, P.R., Laws, D.R., Klaver, J., Logan, C. & Watt, K.A. (2003). Risk for Sexual Violence Protocol (RSVP). Mental Health, Law and Policy Institute, Simon Fraser University

Langton C.M., Barbaree H.E., Seto M., Peacock, E.J., Hansen K.T. (2007). Actuarial assessment of risk for reoffense among adult sex offenders. *Criminal Justice and Behavior*, 34(1), 37-59.

Liebling A. *Prisons and their moral performance. A study of values. quality and prison life*. Oxford University Press. New-York. 2004.

Manzanera, C. & Senon, J.L. (2004) Psychiatrie de liaison en milieu pénitentiaire : organisation, moyens, psychopathologies et réponses thérapeutiques. *Annales Médico-Psychologiques*, 162(8), 686-699.

Monahan J. (1981). *Predicting violent behavior : An Assessment of clinical techniques.* London : Sage.

Monahan J. (1984). The prediction of violent behaviour : Toward a second generation of theory and policy. *American Journal of Psychiatry,* 141, 10-15.

Monahan J. (1988). Risk assessment of violence among the mentally disordered : Generating useful knowledge. *International Journal of Law and Psychiatry,* 11, 249-257.

Pham, H.T., Ducro, C., Pihet, B. & Martin, M. (2010). Evaluation des taux de récidive des Auteurs d'Infractions à Caractère Sexuel (AICS) suivis au sein d'équipes de santé spécialisées en Région Wallonne. *Journal de Médecine légale Droit Médical*, 53 (4-5), 167-178.

Pham H.T., Ducro, C, Marghem, B., & Réveillère, C. (2005). Évaluation du risque de récidive au sein d'une population de délinquants incarcérés ou internés en Belgique francophone. *Annales Médico- Psychologiques*, 163, 842-845.

Pham, H.T. (2008). Evaluation du risque de récidive violente et sexuelle. *Santé Menta*le, 128 (Mai) 38-42.

Pham, H.T., Ducro, C., Desmarais, S.L., Hurducas, C., Arbach-Lucioni, K., Condemarin C., Dean, K., Doyle, M., Folino, J.O., Godoy-Cervera, V., Grann, M., Ho, R.M.Y, Large, M.M. Nielsen, L.H., Rebocho, M.F., Reeves, K.A., Rettenberger, M., de Ruiter, C., Seewald, K., Otto, R.K., Singh, J.P. (Sous presse). Enquête internationale sur les pratiques d'évaluation du risque de violence : Présentation des données belges. *Annales Médico-Psychologiques.*

Quinsey V. L., Harris G.T., Rice M. E., & Cormier C. A. (1998). *Violent offenders. Appraising and managing risk.* American Psychological Association ed.

Quinsey V. L., Harris G.T., Rice M. E., & Cormier C. A. (2006). *Violent offenders. Appraising and managing risk.* American Psychological Association ed.

Rice M.E. & Harris G.T. (1995). Violent recidivism : assessing predictive validity. *Journal of Consulting and Clinical Psychology,* 63, 737-48.

Saloppé, X., Hayoit, A., Marghem, B. & Pham, H.T. (2014). Perception de la qualité de vie en fonction de la période d'incarcération. *Acta Psychiatrica Belgica*, 114 (3), 19-30.

Shankland, R. (2014). La psychologie positive. Paris : DUNOD.

Singh, J.P., Desmarais, S.L., Hurducas, C., Arbach-Lucioni, K., Condemarin, C., Dean, K., Doyle, M., Folino, J.O., Godoy-Cervera, V., Grann, M., Ho, R.M.Y., & Large, M.M. (2014). International Perspectives on the Practical Application of Violence Risk Assessment: A global survey of 44 Countries. *International Journal of Forensic Mental Health*, 13, 193-206.

Spielberger, C.D. (1983) *Manual for the State-Trait Anxiety Inventory*. Consulting Psychologists Press. Palo Alto. CA.

Ward, T. & Stewart, S.T. (2003). « The treatment of sex offenders: Risk management and good lives.« *Professional Psychology: Research and Practice,* 34, 353-360.

27

Le quartier pour peines aménagées QPA: un travail au service de la réinsertion et de la désistance

Par Astrid HIRSCHELMANN, Jean-Yves DARTIGUENAVE,
Eric PECHILLON et Aude VENTEJOUX

Introduction

Cette présentation rend compte d'une recherche-action menée sur le dispositif Quartier de Peines Aménagées (QPA) de Longuenesse (62), choisi comme site-pilote, pour le compte de la Direction de l'Administration Pénitentiaire. Il est le résultat d'une enquête conduite entre mars 2014 et mai 2015 auprès de l'ensemble du personnel (surveillants et SPIP) et de plusieurs groupes de détenus ayant intégré ce dispositif.

Notre recherche s'est donnée pour objectif initial d'évaluer en quoi, pourquoi et comment, les programmes de mobilisation, associés au PPR (groupes de parole sur la prévention de la récidive), répondent aux objectifs de préparation à la sortie et s'inscrivent dans chacune des composantes, dimension sociale et dimension criminologique, de la prévention de la récidive définies par la circulaire de 2008 relative aux missions et méthodes d'intervention des services pénitentiaires d'insertion et de probation (SPIP). Il s'agissait notamment d'évaluer la concordance des programmes avec les besoins des personnes placées sous mains de justice (PPSMJ), de façon à donner corps et sens à leurs parcours et projets de réinsertion individuels. En intervenant à toutes les étapes de l'action, la recherche a visé à indiquer à l'institution ses possibilités et conclusions pratiques à en tirer.

Nous insisterons sur la force du projet qui nous paraît notamment s'incarner dans une méthode reposant sur l'implication des différents opérateurs du dispositif. Nous ne tairons pas, pour autant, les lignes de tension qu'induit le dispositif. Nous poursuivrons en montrant que le QPA s'offre comme un nouveau contrat social qui repose notamment sur la réhabilitation d'une loi commune à l'échelle de l'établissement. Nous verrons alors que le QPA conduit à la réaffirmation et à une recomposition des rôles professionnels contribuant à créer une dynamique d'ensemble à l'échelle de l'établissement, sans qu'il y ait pour autant confusion dans les différentes manières d'apprécier la question de la récidive et de la réinsertion. Nous nous interrogerons ensuite sur la capacité du QPA à constituer un espace-temps de resocialisation et de remobilisation des détenus préparant leur sortie de prison. Ces aspects interrogent directement la complexité du sens de la peine.

I. Qu'est-ce qu'un QPA ?

Les QPA sont des structures qui ont vocation à accueillir les détenus condamnés dont le reliquat de peine est inférieur à un an et qui, dans le cadre de la préparation à la sortie, prévoient un aménagement de peine.

Le QPA se donne trois missions principales : 1) la prévention de la récidive, 2) La réinsertion via « *une prise en charge axée sur le travail autour du passage à l'acte (du type QCP), et une prise en charge axée sur la préparation à la sortie par le biais d'un aménagement de la peine (du type QPA)* » et 3) l'accès à l'indépendance et à la responsabilité.

Afin de répondre à ces objectifs, les personnes détenues se voient proposées un accompagnement axé sur la préparation à la sortie, incitant au développement d'un projet professionnel ou de formation et à la construction d'un projet d'aménagement de peine, le tout sous-tendant une logique de prévention de la récidive des PPSMJ axée sur la qualité et la solidité du projet de réinsertion. Les outils et techniques d'accompagnement développées actent d'une volonté de l'ensemble des professionnels de l'administration pénitentiaire (personnels de surveillance comme de SPIP) de placer la PPSMJ dans une position active au cœur de son projet de sortie. Ces outils et techniques se traduisent notamment par la mise en place d'ateliers nombreux et variés animés par des partenaires du champ socio-professionnel, axés sur le développement de compétences nécessaire à la recherche d'emploi, mais aussi de domaines variés de la vie quotidienne (économie, santé, etc.). S'y rajoutent des dynamiques interprofessionnelles enrichies au sein de l'administration pénitentiaire par la co-animation des séances de PPR, et plus globalement un renforcement au quotidien des liens et échanges entre les différents corps de métier.

Le Quartier pour Peines Aménagées (QPA) de Longuenesse (62) est un des quartiers du Centre Pénitentiaire de Longuenesse. Au sein de cette structure, résident deux quartiers :

- un quartier courtes peines, dont les objectifs sont la prévention de la récidive, à travers notamment le travail sur le passage à l'acte, et la réinsertion (professionnelle, accès au droit, au logement) ;
- un quartier semi-liberté.

Le QPA accueille des groupes de maximum 12 détenus pour chaque session. Entre mars 2014 à mai 2015, 5 groupes de détenus ont été observés dans leurs interactions avec les professionnels et partenaires qui interviennent auprès d'eux, puis des entretiens auprès de détenus 3 mois après leur sortie ont été réalisés.

Seuls les détenus incarcérés au sein du centre pénitentiaire de Longuenesse, en maison d'arrêt ou centre de détention, peuvent prétendre participer aux sessions QPA (quartier courtes peines). Les critères pour intégrer le QPA sont outre le reliquat de peine inférieur à un an et une situation administrative actualisée, le principe de volontariat des candidats. D'autres critères de sélection ont pu être définis au cours du développement de la structure. Les candidatures sont examinées lors de la Commission Disciplinaire Unique à laquelle participent la direction du centre pénitentiaire, le SPIP, la détention, le service médical, Sodexo et les visiteurs de prison.

II. Déroulement d'un séjour-type au QPA

Les sessions se déroulent en trois phases :

1. Une phase d'accueil, d'une durée de deux semaines :

- la première semaine est consacrée à l'accueil des personnes détenues : entretiens individuels avec le SPIP et le personnel gradé (signature du contrat d'engagement, présentation du programme et remise d'un livret de suivi), entretiens individuels avec Pôle Emploi et Sodexo ;
- la seconde semaine est consacrée à des ateliers : éducation à la santé, accès au droit, atelier logement, gestion de budget, présentation des formations.

2. Le programme orientation / recherche d'emploi, d'une durée de huit semaines :

- pôle orientation : définition ou confirmation d'un projet professionnel ;
- pôle recherche d'emploi ou de formation : ateliers CV, lettres de motivation, image de soi, préparation aux entretiens de recrutement, identification d'une offre, etc.

3. Le sas sortant :
- un sas de 4 semaines peut être prévu à l'issue de la session QPA, au cours duquel la personne peut finir de préparer une entrée en formation ou un démarrage de contrat de travail, en bénéficiant d'un accès aux partenaires d'aide au retour à l'emploi.

Les partenaires extérieurs qui interviennent au sein du QPA sont :
- Sodexo : qui accompagne les détenus sur le plan professionnel (orientation professionnelle, techniques de recherche d'emploi et sensibilisation au monde économique).
- Pôle Emploi et la Mission Locale : qui proposent un soutien à la recherche d'emploi
- Et d'autres partenariats associatifs locaux qui s'occupent notamment de : l'accès aux droits ; le logement ; la gestion du budget ; la prévention en termes de soins, hygiène et addiction ; mais aussi de la sexualité à risque ; etc.

III. Objectifs du QPA

Sans faire explicitement référence à la théorie de la désistance ou du good lives modèle que nous présenterons rapidement dans les lignes qui suivent, les QPA s'en inspirent largement en œuvrant activement pour préparer la personne détenue à sa sortie de prison. Ainsi, le QPA met en place des groupes de parole prévention de la récidive et renforce par les activités sportives, artistiques et pédagogiques le lien social qui constitue un cercle de soutien et consolide ainsi progressivement les motivations et initiatives pro-sociales de la personne.

Les travaux sur le *désistement* (plus généralement appelée en France : *la désistance*) *ou la sortie de la délinquance* attirent d'ailleurs l'attention sur le fait qu'il ne s'agit pas seulement de travailler de manière pragmatique les facteurs individuellement, mais de les comprendre comme faisant partie d'un processus ou un cheminement personnel (Mc Neill, 2006). La désistance est définie comme un processus qui s'inscrit dans le temps mais qui est non linéaire et au terme duquel la personne cesse de commettre des infractions. Elle résulte d'une interaction entre des facteurs individuels, un processus réflexif et une influence sociale (Laub, Sampson, 2001). Selon cette approche, désormais reprise dans les Recommandations Européennes relatives à la Probation, l'intervention doit reposer sur les capacités et ressources de la personne.

Dans cette optique, le sens de la peine change. Le temps est moins au repentir qu'à une prise d'initiative commune entre professionnels et la

PPSMJ pour œuvrer plus positivement, et surtout utilement, dans le sens d'un dépassement de la délinquance et d'une réinsertion réussie.

En effet, pour l'auteur de faits d'infraction, la désistance se comprend tel un processus général de renonciation au crime, primaire ou secondaire dans le temps (interruption totale ou période d'arrêt qui peut être marquée par des épisodes de réitération), factuel et psycho-moral, voire tertiaire de changement plus profond et pérenne du comportement impliquant un changement identitaire (Farrington, 1996 ; McNeill et al., 2012 ; Maruna & Lebel, 2003, 2012). Ces perspectives renversent la théorie de la spirale de la délinquance (Born, 1983). Cette théorie de la spirale émet l'hypothèse selon laquelle la délinquance résulte d'un parcours de succession de comportements, choix de valeurs et « milieux choisis » (De Greeff, 1937) par le sujet et non ce qui lui fut imposé. Ainsi l'acte déviant s'envisage comme tout autre acte social, greffé et dépendant des valeurs internes et externes. La désistance continue ce parcours de succession de choix, en poursuivant la ligne de vie par-delà les situations-problèmes jusqu'à la concordance des valeurs sociales du sujet à une identité cohérente qu'il put choisir. Au sein des trois grandes perspectives théoriques soulevées par Maruna et Lebel (2010), deux processus existentiels semblent nécessaires : d'une part les aspects sociaux en tant qu'histoire de vie, l'entourage, les situations et les relations professionnelles, et d'autre part l'identité « cohérente », sous-tendue comme l'agrégat de l'estime de soi et des aspects motivationnels (Maruna, 2001). Weaver et McNeill identifient en 2010 différents principes qui soutiennent la désistance, comme les approches informelles auprès du sujet, l'instauration de relations positives à la fois personnelles et professionnelles, le respect de l'individualité, la reconnaissance de l'importance des contextes sociaux (le changement au niveau social). Ou encore la théorie de la transformation cognitive (Giordano, et al., 2002) pour permettre chez le sujet l'« *ouverture cognitive générale au changement* » en tant qu'état de réceptivité favorable et l'intégration de la sphère sociale pour susciter l'abandon des anciennes valeurs. Les facteurs de protection / résilience eux-mêmes (De Vogel et al., 2011), œuvrent en tant qu'« *influences qui modifient, améliorent ou changent les réactions d'une personne aux risques environnementaux qui prédisposent à une mauvaise adaptation* ». Dans le guide « *Introducing Desistance* » (2013), les auteurs mettent en avant que l'engagement dans la religion, les arts, l'associatif etc., peut soutenir la désistance des infracteurs et s'avèrent tout aussi pertinents pour aider la construction identitaire et l'estime de soi. Alors que le « *Risk-Need-Responsivity Model* » (Andrews, et al., 1990) propose des interventions professionnelles plus axées sur les facteurs de risque et besoins des auteurs, le « *Good Lives Model* » (Ward, et al., 2007) s'inscrit dans une psychologie humaniste (Birgden, 2007) veillant plus largement au processus restauratif de l'auteur. En effet, la prise en compte du bien-être de la personne en tant que telle, de ses « *primary goods* » (besoins fondamentaux) tout en travaillant les « *secondary goods* » (besoins instrumentaux), inscrit la pratique professionnelle au cours de l'exécution des peines dans une perspective clinique, psycho-sociale cherchant à donner un sens positif et constructif à la peine, voire de se projeter avec la personne bien au-delà de la peine, à savoir dans sa réinsertion.

IV. Objectifs de la recherche QPA-PAS

Cet outillage théorique a semblé particulièrement adapté aux préoccupations des commanditaires de cette recherche-action dans la mesure où il s'agit par le QPA de faire réfléchir « sur l'acte délinquant » et d'aider les personnes détenues à mobiliser « leurs ressources personnelles » dans la perspective « d'étayer leur projet de sortie ».

Ainsi, cette recherche s'est proposée de concentrer l'attention sur trois aspects de l'accompagnement proposé dans le cadre du QPA de Longuenesse :

1. les modalités de mise en œuvre de cet accompagnement ;
2. les manières dont les intéressés s'approprient cet accompagnement ;
3. les effets de cet accompagnement sur la capacité de ces personnes à se restreindre et s'habiliter dans les formes légales de la vie sociale.

Pour répondre à ces objectifs, une méthodologie croisant des évaluations sociologique, psychologique et juridique a été adoptée, moyennant d'observations des différentes activités mises en place et d'entretiens avec les professionnels et les PPSMJ. Ces dernières ont été mises en œuvre à différents temps du programme (avant, pendant et après). En effet, ce regard interdisciplinaire s'impose car la *réinsertion* doit non seulement s'intéresser aux facteurs sociaux, économiques et professionnels mais aussi aux facteurs individuels, notamment l'inclination de la personne au changement.

Plus précisément, nous prenons en considération 3 dimensions ou vecteurs sur lesquels un changement est attendu :

- La dimension sociale analyse le rapport réciproque entre différenciation et prise en charge, soit ce que nous nommerons un processus de *resocialisation* ;

- La dynamique de la dimension morale procède d'un rapport réciproque entre réglementation et habilitation, soit ce que nous nommerons un processus de *remobilisation du désir* ;

- La dynamique de la dimension psycho-juridique procède d'un rapport réciproque entre ressources et renoncement, soit ce que nous nommerons, conformément aux modèles précités un processus de *désistance*.

V. Méthodologie de recherche et adaptation au terrain

Partant des objectifs visés, le protocole méthodologique a été élaboré autour de deux axes de recherches :

- *Axe 1 – L'évaluation de l'effet du dispositif QPA sur la réinsertion de la PPSMJ à sa sortie de détention* : L'objectif de cet axe de recherche visait à interroger et identifier les effets du dispositif pour les PPSMJ y participant. Il s'est intéressé aux places et positionnements des PPSMJ en amont de la participation au dispositif (critères de sélection, parcours pénal, motivations à intégrer le dispositif, projets, ...), à leur évolution au sein du QPA (position au sein du groupe et vis-à-vis des intervenants professionnels, implication dans les activités proposées, évolutions identifiées, ...) ainsi qu'aux impacts à plus long terme de leur passage au QPA (positionnements sociaux et professionnels, projet de sortie ou réinsertion effective selon la situation, ...).

- *Axe 2 – L'analyse des effets du dispositif sur le (ré)aménagement des pratiques professionnelles et des dynamiques institutionnelles à l'œuvre* : L'objectif de cet axe de recherche visait à interroger les positionnements et représentations des professionnels participants au dispositif QPA. Il s'est intéressé aux motivations des professionnels impliqués à participer à ce dispositif ainsi qu'à leurs représentations et attentes quant à ce dernier, aux dynamiques intra et interprofessionnelles en jeu durant les sessions du QPA et aux (ré)aménagements auxquels elles ont pu donner lieu ainsi qu'à l'évolution des positionnements professionnels et des pratiques.

VI. Analyse des résultats et enjeux du QPA

A. Un projet et une nouvelle méthode d'accompagnement

Il apparaît clairement, au vu des travaux préparatoires à la mise en place du dispositif QPA, que ce dernier ne se réduit pas à la seule définition d'objectifs et à l'octroi de moyens au service d'une organisation. En arrière-plan se profile une doctrine où l'on peut lire l'attachement à des valeurs qui fondent la légitimité d'un projet.

Les travaux préparatoires rappellent ainsi que « *Comme pour tout établissement pénitentiaire, les QCP et CCP doivent répondre à l'objectif de prévention de la récidive en favorisant l'individualisation des prises en charge et la mise en œuvre d'un parcours d'exécution des peines adapté aux problématiques et besoins de la personne, préalablement identifiés.* » (doctrine PMJ – ECP).

Cette formulation, à elle seule, témoigne de la présence de *valeurs* qui fondent la légitimité du dispositif. On repère d'abord l'importance accordée à la *prévention* de la récidive et à la *réinsertion* venant à l'encontre d'une conception exclusivement répressive de la peine et de la réclusion. Il s'agit bien de viser, à la fois, « *une prise en charge axée sur le travail autour du passage à l'acte (du type QCP), et une prise en charge axée sur la préparation à la sortie par le biais d'un aménagement de la peine (du type QPA)* » (cpte rendu réunion QSO – 07/06/2013). Une telle perspective suppose d'accorder à la personne détenue des capacités de « désistance » (Laub, Sampson, 2003) que cela soit à l'occasion d'une « seconde chance » ou selon un « schéma de réparation » (Goffman, 1968) visant « *la réinsertion sociale et la préparation à la sortie des condamnés* » (décret 2002 – CPA).

La référence à l'*individualisation* de la prise en charge renvoie également à un registre des valeurs où prédomine l'importance accordée à l'irréductible *singularité* et à la *dignité* de la personne. A l'opposé d'un traitement de masse, il s'agit de prendre en compte le *parcours* spécifique et le *projet* de chaque personne pour la faire advenir à l'*autonomie*. Comme l'indique explicitement ce compte rendu de réunion « *Une prise en charge intensive de l'accompagnement des PPSMJ vers la construction d'un projet d'aménagement de peine ne garde une cohérence que si elle diminue progressivement, en même temps que la personne gagne en autonomie* » (compte rendu réunion QSO – 19/09/2013).

Cette notion d'*autonomie* qui vient se coupler avec celle d'individualisation constitue une autre valeur cardinale du projet qui sous-tend le dispositif QPA. Elle désigne à la fois l'accès à *l'indépendance* et à la *responsabilité*. Celles-ci apparaissent, en effet, comme les conditions fondamentales de la « réalisation de soi ». On pourrait discuter ici de la relativité de ces valeurs au regard du milieu social dans lesquels ils prennent place. On pourrait, de ce point de vue, mesurer les écarts entre l'intention institutionnelle visant l'accès à ces dimensions participant à la reconstruction de la personne – en l'occurrence ici du détenu – et la manière dont ils sont effectivement vécus selon le milieu d'appartenance. Mais l'essentiel est de bien voir, pour l'instant, que la référence à l'individualisation et à l'autonomie fonde le projet qui alimente le dispositif du QPA, quel que soit, par ailleurs, l'écho qu'il rencontre auprès des détenus compte tenu de leur appartenance sociale et de leurs conditions d'existence.

Il est à noter, à cet égard, que ces valeurs ou les idéaux de *prévention* et de *réinsertion* poursuivis par le dispositif du QPA rencontrent une large adhésion parmi les CPIP et les surveillants même si certains restent attachés à des conceptions disciplinaires de la peine et de la détention. Ces professionnels considèrent ainsi que la mission du QPA recoupe le cœur de leur métier en redonnant un sens à l'accompagnement des détenus :

« *Déjà la sécurité pour un surveillant, c'est faire respecter le règlement intérieur, sécurité. Et moi je suis quand même un peu sur le dialogue et la réinsertion sinon je ne serais pas venu ici* » (surveillant).

« *Pour moi en tout cas notre mission c'est la prévention de la récidive et ça passe de manière pour moi primordiale par la préparation à la sortie et la réinsertion de la personne détenue* » (CPIP).

Les surveillants et les CPIP travaillent ainsi au QPA en complémentarité au service d'une action commune. Le QPA est vécu comme un véritable enrichissement de leur pratique, un surcroît de « sens » dans l'exercice de leurs missions :

« *Pour moi, le dispositif QPA ça correspond vraiment pour le coup aux missions qui sont celles du CPIP. Pour moi, c'est vraiment la logique de ce pourquoi il y a une peine d'emprisonnement, pour qu'on arrive à enclencher un mécanisme de réinsertion à l'extérieur et donc le QPA, c'est quelque part ce qui devrait exister partout, c'est ce qui devrait être la norme. Avoir quelque chose qui permette aux gens de pouvoir préparer au maximum la sortie.* » (CPIP).

« *Le travail est toujours pareil, on a toujours nos tâches à faire hein des fouilles de cellule, les fouilles à corps suite à la cellule, vérifier les présences des détenus tout ça, mais c'est la façon de faire qui a changée, c'est surtout le dialogue avec les détenus.* » (surveillant).

Si les contraintes liées à l'exercice professionnel paraissent moins prégnantes qu'ailleurs, cette spécificité du dispositif QPA ne présente pas moins des lignes de tension. Si d'un côté, les opérateurs locaux, et plus particulièrement parmi ceux-ci, les cadres, se réjouissent de la latitude d'action qui leur est donnée, de l'autre, ils ne sont pas sans revendiquer l'octroi ou le maintien de moyens à la hauteur des ambitions que fait naître précisément cette autonomie. Cette aspiration prend d'autant plus d'acuité dans un contexte de restriction budgétaire ou de redéploiement des moyens à l'échelle locale ou interrégionale.

Ce sont surtout les incertitudes quant au soutien politique du dispositif QPA qui provoquent une certaine inquiétude, ce d'autant que celui-ci n'est pas sans susciter une certaine animosité chez ceux qui ne bénéficient pas des mêmes conditions de travail parmi, notamment, les surveillants du centre pénitentiaire.

B. Un nouveau contrat social

Les entretiens avec les personnes détenues ont fait apparaître des relations radicalement différentes entre le Grand Quartier (de la Maison d'Arrêt) et le QPA. Ces dernières sont décrites comme calmes, alors qu'en détention classique règnent des tensions permanentes. De même, les personnes détenues disent rencontrer tout nouvellement des attitudes de respect et des rapports de parité alors qu'elles ont jusqu'alors toujours été confrontées à des comportements d'intimidation et de domination. La solidarité dans les groupes trancherait également avec la méfiance généralisée en Maison d'Arrêt.

Le rapport des détenus à la Loi changerait également, car si au Grand Quartier priment des infractions et trafics divers, connus par les professionnels mais tolérés, le QPA applique des règles plus strictes mais aussi perçues comme plus justes où la moindre infraction au code est sanctionnée.

« ... *Il n'y a personne qui se respecte en maison d'arrêt, c'est pas pareil ici tout le monde se respecte, tout le monde se dit bonjour. A la maison d'arrêt tout le monde se regarde de travers. Si on baisse les yeux ben on passe pour une tapette des trucs comme ça. Donc ici tout le monde s'en fout, on est tous pareils* » (détenu).

« *C'est différent, c'est complètement différent qu'au Grand Quartier. Au Grand Quartier ça crie dans tous les sens il y a des bagarres, trafic de stupéfiants on voit ça tous les jours de l'autre côté qu'ici ça ne se passe pas ici* » (détenu).

Cette représentation du QPA par opposition à la vie carcérale du Grand Quartier est largement partagée par les professionnels. Ils considèrent que leur mission au QPA, c'est de réélaborer et réhabiliter une loi commune, reconstituer un cadre structurant à partir duquel les détenus vont pouvoir se forger d'autres repères et définir de nouveaux modes de relation :

Pour moi, (le QPA) c'est vraiment un établissement où l'on parle vraiment d'utilité, de sens que l'on va donner à la peine de prison pour essayer de construire quelque chose, d'impulser quelque chose » (CPIP).

Il s'agit alors de transformer les rapports sociaux à l'intérieur de l'univers carcéral afin de réunir les conditions favorables à une resocialisation et remobilisation des détenus.

Les notions de respect, de confiance et d'écoute viennent ainsi marquer que l'on compte pour autrui, c'est-à-dire que l'on n'est pas réductible à l'unidimensionnalité d'un stigmate, même si le cadre de l'incarcération n'est pas dissipé pour autant.

« *On sait le rôle surveillant/détenu mais on se parle... dans le contexte de la prison. On sait la limite à pas franchir et je veux dire ça se passe super bien [...] Oui, on se sent quelqu'un. Entre parenthèse, on sait qu'on est pas que des prisonniers, on sait qu'on a fait une connerie, une bêtise sinon on ne serait pas là, mais je veux dire on est beaucoup plus à l'écoute ici.* » (détenu).

C. Réinsertion des PPSMJ

La réinsertion mise en œuvre sur le versant professionnel / professionnalisant consiste à permettre au détenu de retrouver une appartenance et un rôle dans la société, en bref, de redevenir « un citoyen parmi les citoyens ».

Mais encore faut-il remobiliser un désir, autrement dit, travailler sur la quête d'une satisfaction en lien avec la restriction qui l'autorise.

Pour ce faire, le QPA propose des groupes de paroles sur la prévention de la récidive (groupes PPR). Ces groupes sont co-animés par un CPIP et un surveillant. Ils se déroulent sur 6 séances et mettent le focus sur la « citoyenneté » : le respect des règles, le respect de soi et le respect d'autrui. Il a été fait le choix de ne pas travailler sur des thématiques spécifiquement en lien avec les passages à l'acte pour mettre en valeur la projection dans l'avenir plutôt que de ressasser le passé.

« Le PPR m'a le plus plu, là ou on parlait, c'était bien ça je trouve. Même si au début c'était dur. Mais on parlait tous ensemble, au moins on sait ce que les autres ont pu faire et on évite de le faire du coup. Puis c'était le seul moment où on parlait des trucs comme ça quoi, car entre nous on parle d'autre chose. » (détenu).

« On se parle ensemble. Quand un truc va pas on se le dit. Il n'y aurait pas eu de PPR personne n'irait voir les surveillants et tout. Et ce qui est bien dans le PPR c'est qu'il y a un surveillant, qu'il se met avec nous, il parle avec nous, il n'y en a pas beaucoup qui le ferait ça. » (détenu).

Les groupes PPR sont une expérience particulièrement enrichissante pour les PPSMJ, comme pour les professionnels d'ailleurs, en ce sens où ils permettent d'expérimenter une nouvelle façon d'interagir avec les autres, et cela vaut autant pour les professionnels que pour les détenus. Les règles qui règnent par ailleurs au QPA renforcent le lien social basé sur le respect et la réciprocité. Cette expérience décrite par les professionnels comme par les détenus comme toute nouvelle, contribue notamment à progressivement délabelliser la personne de son image de détenu, sans droit et inspirant exclusivement de la méfiance. Cet effet paraît indispensable dans un travail orienté vers la désistance. En effet, selon l'approche de Braithwaite (1989) la labellisation des détenus agit comme une instrumentalisation de la honte au potentiel désintégratif. Alors qu'ici les détenus rendent compte en premier lieu d'une expérience de « soi-même » dans laquelle l'autre partagea une « écoute intégrative ».

La recherche-action sur le QPA a montré qu'il s'agit d'évaluer les places auto et hétéro-attribuées par les acteurs, à travers des perspectives psychosociologiques telles que l'individualisme et le collectivisme (Hofstede, et al., 2010). Cette analyse bimodale des valeurs instrumentales et terminales (Rokeach, 1979) renvoie aux « *primary goods* », besoins fondamentaux qualifiant les objectifs de vie, et « *secondary goods* », moyens du quotidien pour parvenir à ces besoins fondamentaux, du Good Lives Model (Ward & Mann, 2004 ; Ward & Gannon, 2006 ; Ward, et al., 2007). « *Ces primary goods sont des dispositions d'esprit, des états, des caractéristiques personnelles, des activités ou des expériences qui sont recherchées pour leur bénéfice propre et qui sont susceptibles d'augmenter le bien-être psycho-logique s'ils sont atteints. [...] Les secondary goods ou les goods instrumentaux fournissent des moyens concrets d'atteindre les primary goods* » (Coco & Corneille, 2009). Il demeure essentiel que les détenus communiquent sur leurs aspirations et partagent leur orientation, à l'origine à court terme ou dans un futur mal maitrisé, soumis à la destinée, circulaire et aux normes figées : un futur peu propice à la dynamique de changement. En redonnant du sens et des valeurs, ils se fixent alors des buts concrets et des vertus pour les porter (Cottraux, 2007). Ils partagent ainsi le potentiel d'une orientation à long terme, dans un temps plus maîtrisé, car mieux anticipé et organisé où le changement devient accessible.

Conclusions et perspectives

Nous avons discuté les résultats autour des constats que le QPA représente non seulement une expérience novatrice pour les professionnels et les détenus mais aussi un projet qui s'incarne dans une méthode nouvelle et qui engage un travail humain autour d'un nouveau contrat social. Celui-ci s'expérimente autour d'une réaffirmation et une recomposition des rôles professionnels au service d'une action commune. Cette dernière a pour visée de remobiliser et de resocialiser des détenus en donnant non seulement un nouveau sens à la peine, mais plus ambitieusement encore, un nouveau sens à la vie, rendant alors (on l'espère) inutile le recours à la délinquance.

En effet, le QPA vise à renforcer la maturité des « stagiaires » participant au programme en les orientant vers l'avenir. L'intervention des partenaires extérieurs comme Sodexo, pôle emploi, la mission locale etc. contribue activement à planifier la sortie et à organiser la réinsertion sociale et professionnelle. Le groupe PPR et les règles qui régissent les échanges au sein du QPA renforcent le respect des autres et travaillent sur une meilleure maîtrise de soi (afin de supprimer le recours à la violence). Tous ces aspects sont discutés comme des conditions indispensables pour accompagner et réussir le changement vers la désistance (cf. Mc Neill, Weaver, 2010).

La réussite et la pérennisation du QPA nécessitent néanmoins de prendre en considération plusieurs préalables :

1. L'affectation dans un centre pour peines aménagées ou un quartier pour peines aménagées ne peut être décidée qu'avec l'accord du condamné. En cela, le QPA modifie sensiblement la relation traditionnellement fondée sur la contrainte, ce qui implique de fixer un cadre règlementaire spécifique à ce type de quartier.

2. La reconnaissance du travail en équipe pluridisciplinaire : la mutation de la mission de « surveillance » :

- Il est indispensable de fonctionner principalement sur la base du volontariat des équipes ;
- Il importe de former l'ensemble des personnels intervenant en quartier pour peines aménagées à cette nouvelle modalité de prise en charge pluridisciplinaire ;
- Il est indispensable de se doter de professionnels du soin pour pouvoir formuler un (contre-)avis médical sur la pertinence, le moment et les conditions de recrutement des stagiaires.

3. L'engagement des partenaires doit être solide et spécifique.

- L'accord des autres acteurs est important dans le sens d'une adhésion au projet local ; ce projet implique aussi tout particulièrement les magistrats.
- La désignation d'un interlocuteur local unique est préférable.
- Une bonne connaissance des objectifs du QPA et anticipation – accompagnement des problèmes se posant à la sortie de prison est nécessaire.
- Une bonne coordination avec l'équipe QPA est indispensable.

4. L'engagement des détenus repose sur une véritable contractualisation et responsabilisation.

- l'accord du détenu : contractualisation de la prise en charge (sur entretien, signature)

5. Les critères de sélection doivent être définis dans le sens de :

- une ouverture favorisant le nombre de candidatures ;
- critères correspondant au projet local du QPA (offre, taille des groupes…) ;
- la recherche d'un équilibre dans les groupes ;
- un élargissement à des détenus incarcérés dans d'autres établissements pénitentiaires ;
- le volontariat ;
- la flexibilité de la durée de la session et de la composition du groupe ;
- une alliance forte entre professionnels – détenus.

6) La préparation à la sortie repose sur :

- La composition et la stabilité des équipes : solidarité au sein de l'équipe pluridisciplinaire ; construction progressive de la cohésion et reconnaissance réciproque des membres de l'équipe ;
- L'organisation d'un suivi post-QPA : mise en place d'un référant chargé d'accompagner la personne dans ses démarches durant quelques semaines après la sortie et prise de contact en amont de la sortie ; modules de découverte des métiers et formations.

Mais est-ce que l'avenir est pour autant assuré ? Malgré tout le travail de préparation à la sortie et l'investissement des professionnels dans le rapport humain avec les détenus, l'accompagnement s'arrête aux portes du QPA. Nous avons fait le constat que le facteur humain est très impactant, au point que les détenus clament avec une franchise toute nouvelle, vouloir sortir de la délinquance, ne serait-ce que par reconnaissance pour le travail et la relation vécus avec les professionnels, et notamment le CPIP référent. Mais l'enquête auprès des anciens du QPA a révélé que « *la vraie prison commence à la sortie de la prison* ». Après avoir connu souvent pour la première fois le respect et l'espoir, le regard social extérieur, jugeant et méprisant est d'autant plus dur à supporter. Cet élément doit nous rendre sensible au fait que le QPA n'est pas l'aboutissement de l'exécution de la peine, mais plutôt un point de départ pour réorienter et prendre en main sa (nouvelle) vie.

Bibliographie

Andrews, D.A., Bonta, J., & Hoge, R.D. (1990). "Classification for Effective Rehabilitation. Rediscovering Psychology". *Criminal Justice and Behavior*, 17 (1): 19-52.

Birdgen, A. (2007). « Serious Sex Offenders Monitoring Act 2005 (Vic): A therapeutic jurisprudence analysis », Psychiatry, Psychology and Law, 14, 1 : 78-94. DOI:10.1375/pplt.14.1.78.

Born, M. (1983). Jeunes déviants ou délinquants juvéniles ? Bruxelles : Mardaga.

Braithwaite, J. (1989). Crime, shame and reintegrative. Cambridge University Press, 1999.

Coco, G., & Corneille, S. (2009). « Quand la justice restaurative rencontre le Good Lives Model de réhabilitation des délinquants sexuels : fondements, articulations et applications ». *Psychiatrie et violence*, 9 (1).

Conseil de l'Europe, Recommandation CM/REC (2010) du Comité des Ministres aux Etats Membres sur les règles relatives à la probation, 20 janvier 2010.

Cottraux J. (2007). La Force avec soi : pour une psychologie positive. Paris: Odile Jacob.

De Greeff, E. (1937). Introduction à la criminologie. Louvain : Editions de l'Ecran.

De Vogel V., De Vries Robbé M., De Ruiter C., Bouman Y., Assessing Protective factors in forensic Psychiatric Practice : introducing the SAPROF, International Journal of Forensic Mental Health, n°10, 2011: 171-177.

Farrington, D. P., G. Barnes et S. Lambert (1996). The concentration of offenders in families, Legal and Criminological Psychology, 1. 47-63.

Giordano, P.C., Cernkovich, S.A., & Rudolph, J.L. (2002). Gender, Crime, and Desistance : Toward a Theory of Cognitive Transformation. American Journal of Sociology, 1 : 990-1064.

Hofstede, G., Hofstede, G.J., & Minkov, M. (2010). Cultures and Organizations: Software of the Mind. Revised and expanded. New York: McGraw-Hill USA, 3rd ed.

Introducing desistance: a guide for voluntary, community and social enterprise (vcse) sector organisations. (2013). Do It Justice : The Criminal Justice System Explained.

Laub J.H., Sampson R.J. (2001). Understanding desistance from crime. Crime and Justice28: 1-69

Maruna S., LeBel T.P., (2012) How formers prisoners desist from crim and why it matters for reintegration practice, in Mbanzoulou P., Herzog-Evans M., Courtine S. (dir.), Insertion et désistement des PPSMJ, Savoirs et pratiques, Paris : L'Harmattan, champ pénitentiaire.

Maruna, S. (2001) Making Good: How ex-convicts reform and rebuild their lives, American Psychological Association: Washington.

Maruna, S. and LeBel, T. (2003) Welcome Home ? Examining the « Re-entry Court » Concept from a Strengths based Perspective, Western Criminology Review, 4(2) : 91-107.

Maruna, S. and LeBel, T. (2010) 'The desistance paradigm in correctional practice: from programmes to lives' in F. McNeill, P.Raynor and C, Trotter (eds) Offender Supervision: New Directions in Theory, Research and Practice. Online: http://blogs.iriss.org. uk/discoveringdesistance/ useful-resources [last accessed 28.03.2013].

McNeill F. ; Weaver B. (2010) Changing Lives? Desistance Research and Offender Management, Universities of Glasgow and Strathclyde, June.

McNeill F. (2006) A desistance paradigm for offender management, Criminology and criminal Justice, vol. 6, n°1:39-62.

McNeill F., Farrall S., Lightowler, C., Maruna S. (2012). How and why people stop offending: discovering desistance. Institute for Research and Innovation in Social Services. University of Glasgow.

Rokeach, (1979) cité dans Chataigné, C. (2014). Psychologie des valeurs, De Boeck, p. 15

The Hofstede Centre, (2012) Long Term Orientation versus Short Term Normative Orientation (LTO). En ligne http://geert-hofstede.com/national-culture.html

Ward, T., & Gannon, T. (2006) "Rehabilitation, etiology, and self-regulation: The comprehensive good lives model of treatment for sexual offenders". Aggression and Violent Behavior, 11 (1): 77-94.

Ward, T., & Mann, R. (2004) "Good lives and the rehabilitation of offenders: A positive approach to treatment". In Linley, P.A., & Joseph, S. (dir.). Positive psychology in practice. New Jersey, NY, Wiley: 598-616.

Ward, T., Mann, R.E., & Gannon, T.A. (2007) "The good lives model of offender rehabilitation: Clinical implications". Aggression and Violent Behavior, 12 (1): 87-107.

Weaver B., McNeill F. (2010) Travelling hopefully : desistance theory and probation practice (2010). In McNeill F., Weaver B., Changing Lives ? Desistance research and offender management, The Scottisch Center for Crime and Justice Research, Chapter 3 : 36-60.

D

La norme

28

Regard critique sur les peines de substitution à l'emprisonnement

Par Jean-Yves MARECHAL

Les peines de substitution ont un peu plus de quarante ans d'existence puisqu'elles commencèrent à être introduites en droit pénal français par la loi n° 75-624 du 11 juillet 1975 qui a prévu que la juridiction correctionnelle pourrait prononcer, à titre de peine principale, soit une peine accessoire ou complémentaire encourue pour l'infraction [1], soit une interdiction professionnelle [2], soit une peine privative ou restrictive de droits [3]. Le dispositif fut complété par la loi n° 83-466 du 10 juin 1983 qui créa le travail d'intérêt général et les jours-amende pouvant également être prononcés à titre de peine principale [4]. Par la suite, le législateur n'a cessé d'ajouter de nouvelles peines de substitution pour aboutir, aujourd'hui, à un total de sept [5], ce qui tend à prouver qu'il est convaincu de leur intérêt.

L'objectif de ces sanctions est principalement d'éviter l'emprisonnement de courte durée en permettant de prononcer d'autres peines, pouvant avoir, de surcroît, un effet positif sur la réinsertion sociale, le travail d'intérêt

1. C. pén., art. 43-1 ancien.
2. C. pén., art. 43-2 ancien.
3. C. pén., art. 43-3 ancien.
4. V. J. Pradel, Les nouvelles alternatives à l'emprisonnement créées par la loi n° 83-466 du 10 juin 1983, D. 1984, chron. 111
5. C. pén., art. 131-3.

général illustrant cette dernière idée tout comme la contrainte pénale qui constitue la dernière-née des peines de substitution [6].

Pourtant, statistiquement, ces dernières connaissent un succès qui reste relatif : en moyenne, sont prononcées environ 60 000 peines de substitution sur environ 580 000 peines correctionnelles, soit un peu plus de 10 pour cent, alors que plus de 300 000 peines d'emprisonnement sont prononcées. Quant à la contrainte pénale, l'on sait qu'elle ne suscite, après un an d'application, qu'un enthousiasme très modéré.

Il semble donc que l'attrait pour les peines de substitution soit plus grand chez le législateur que chez les juges, ce qui conduit à se demander comment expliquer cette place assez modeste.

En premier lieu, en théorie, les peines de substitution sont applicables à tout délit quelle que soit la peine d'emprisonnement encourue, même très lourde, à l'exception, pour l'instant et jusqu'au 1er janvier 2017, de la contrainte pénale, qui ne peut être prononcée que pour les délits punis de cinq ans d'emprisonnement au plus [7]. Or, en pratique, ces peines ne sont pas prononcées pour des délits graves et la prévision pour tous les délits n'est guère réaliste. Par conséquent, le domaine réel des peines de substitution est beaucoup plus restreint que ne le laissent croire les textes.

En second lieu, le dispositif est devenu très complexe. Les peines de substitution ont été multipliées, sans interrogation sur leur cohérence et leur intérêt et le législateur a procédé à un empilement de dispositions sans aucune réflexion sérieuse, cette technique étant qualifiée par un auteur, à juste titre, de modèle du « couteau suisse » [8]. Paradoxalement, le développement des mécanismes de substitution conduit à leur non-application, ce qui se vérifie aisément pour certaines des peines concernées.

Le but de cette réflexion est de montrer, d'abord, les défauts du dispositif légal des peines de substitution, qui constituent des entraves à leur utilisation plus large puis, ensuite, de proposer des solutions pour y remédier, en partant de l'idée que ces sanctions ont leur place et leur utilité et qu'elles pourraient peut-être en avoir une plus importante si le dispositif était amélioré.

---

6. V. notamment, J.-H. Robert, Punir dehors. Commentaire de la loi n° 2014-896 du 15 août 2014 : Dr. pén. 2014, étude 16 ; P. V. Tournier, Naissance de la contrainte pénale, 2 volumes, L'Harmattan, 2015 ; J.-Y. Maréchal, JCl. Procédure pénale, art. 713-42 à 713-48, fasc. 20, Contrainte pénale

7. C. pén., art. 131-4-1.

8. P. V. Tournier, Naissance de la contrainte pénale, précité, vol. 1, p. 32-33.

I. Un dispositif défectueux

Certains défauts sont liés à la nature et au contenu des peines de substitution (A) mais il existe également une difficulté découlant de la sanction de l'inexécution desdites peines (B).

A. Défauts inhérents à la nature et au contenu des peines

La lecture de l'article 131-3 du Code pénal, premier texte relatif aux peines correctionnelles, permet de faire plusieurs constats au sujet des peines de substitution. Le premier est celui de l'absence de hiérarchie entre elles, toutes étant théoriquement équivalentes. Le second réside dans le fait qu'il n'existe pas de hiérarchie entre les peines correctionnelles c'est-à-dire que législateur traite de la même manière les peines principales, que sont l'emprisonnement et l'amende, et les peines de substitution, en plaçant, depuis la loi du 15 août 2014, la contrainte pénale après l'emprisonnement mais avant l'amende. Il s'agit évidemment d'une volonté politique mais, d'un strict point de vue juridique, cette présentation est erronée car le mécanisme est bien celui d'une substitution d'une peine à une autre. Il suffit de lire les textes suivant, qui définissent chaque peine de substitution, pour s'en rendre compte. En effet, à l'exception des jours-amende, et ce pour une raison difficile à élucider [9], ils prévoient que la sanction en question peut être prononcée « à la place de » l'emprisonnement [10]. Cette dernière peine reste donc bien, avec l'amende, la référence en matière correctionnelle et l'on ne peut donc s'étonner qu'elle soit encore si souvent prononcée.

Plus fondamentalement, il existe une évidente différence de gravité entre, par exemple, la sanction-réparation ou le stage de citoyenneté, dont on peut sérieusement douter qu'ils constituent de véritables sanctions, au sens habituel du terme [11], et les peines privatives ou restrictives de droits ou de libertés, dont le caractère répressif est marqué et qui, combinées entre elles, peuvent aboutir à une sanction lourde.

Le législateur se borne, depuis l'origine, à accumuler les mécanismes de substitution sans mener de réflexion sur leurs rapports les uns avec les autres ni sur la question se savoir si certaines ne devraient pas, par exemple, être réservées à des infractions d'une certaine gravité. Imagine-t-on sérieusement qu'une sanction-réparation ou un stage de citoyenneté puisse venir sanction-

---

9. V. J.-H. Robert, JCl. Pénal Code, art. 131-25, fasc. 20, n° 20 à 27.
10. Et parfois de l'amende lorsqu'elle est seule encourue : V. C. pén., art. 131-7, pour les peines privatives ou restrictives de droits.
11. V. *infra*.

ner un individu qui aura commis des violences aggravées par plusieurs circonstances ? Certainement pas mais c'est pourtant théoriquement possible.

Le dispositif repose donc sur la sagesse des tribunaux et la faculté pour le ministère public de faire appel d'une décision qui lui apparaîtrait trop clémente. Autrement dit, l'accumulation des peines de substitution est censée permettre de favoriser l'individualisation de la peine par les juridictions. Or, comme on l'a déjà souligné, elles les utilisent relativement peu ce qui montre que donner trop de pouvoirs aux juges peut aboutir à ce qu'ils ne s'en servent pas, ce qui l'effet contraire de celui recherché.

Un autre problème technique, découlant de la complexité du dispositif légal, peut être constaté, à savoir la concurrence des peines entre elles. Trois exemples peuvent être pris.

Le premier est celui de la concurrence entre contrainte pénale et emprisonnement assorti d'un sursis avec mise à l'épreuve. En renvoyant au régime de la mise à l'épreuve pour définir l'essentiel du contenu de la contrainte pénale, le législateur provoque nécessairement un conflit qui, pour l'instant, se résout au profit du sursis avec mise à l'épreuve [12].

Il existe également une concurrence entre contrainte pénale et travail d'intérêt général puisque ce dernier peut intégrer la contrainte pénale, selon l'article 131-4-1 du Code pénal.

Enfin, les peines privatives et restrictives de droits sont susceptibles d'entrer en conflit avec des peines complémentaires prononcées seules comme peines de substitution. En effet, il faut rappeler que l'article 131-11 du Code pénal permet, lorsque des peines complémentaires sont encourues, de les prononcer seules comme peines principales [13]. Or les peines privatives ou restrictives de droits, en tant que peines de substitution prévues par l'article 131-6 du Code pénal, ont une nature proche voire identique à celle des peines complémentaires.

A ces défauts découlant de la nature et du contenu des peines, s'ajoutent ceux nés de la sanction de l'inexécution de ces sanctions.

B. Défauts inhérents à la sanction de l'inexécution des peines

Pour assurer l'exécution d'une peine, il est indispensable de prévoir un mécanisme applicable en cas de refus du condamné de s'y soumettre, afin de

---

12. V. infra sur les solutions possibles.
13. V. également, pour le suivi socio-judiciaire, C. pén., art. 131-36-7.

l'empêcher de s'y soustraire. Ainsi, l'évasion est-elle incriminée afin de garantir l'exécution de la peine privative de liberté [14] et la contrainte judiciaire, c'est-à-dire une privation de liberté d'une certaine durée, peut être mise en œuvre à l'encontre du débiteur récalcitrant d'une somme prononcée à titre de sanction pénale, fiscale ou douanière [15]. Il convient de noter d'ailleurs que le non-paiement des jours-amende entraîne, d'une manière très proche, l'emprisonnement du délinquant pour une durée correspondant au nombre de jours-amende impayés [16].

En matière de peines de substitution, le droit français, pour assurer leur bonne exécution, comporte deux systèmes qui se superposent en partie. En effet, la sanction de l'inexécution d'une peine de substitution peut consister dans un délit spécial qui consiste donc à ne pas exécuter intentionnellement la peine à laquelle l'intéressé a été condamné. Ce mécanisme est prévu par les articles 434-38 à 434-42 du Code pénal. Mais l'inexécution peut aussi, dans certains cas, être sanctionnée d'une manière particulière, à savoir par le prononcé anticipé d'une peine d'emprisonnement ou d'amende, susceptible d'être mise à exécution le moment venu [17]. Ce mécanisme est parfois obligatoire comme en matière de contrainte pénale [18] ou de sanction-réparation [19] parce que, dans ces cas, il n'existe pas d'autre mécanisme. La juridiction prononçant l'une de ces sanctions doit donc fixer immédiatement soit une peine d'emprisonnement dans le cas de la contrainte pénale, soit un emprisonnement ou une amende dans le cas de la sanction-réparation, cette peine privative de liberté ou pécuniaire n'étant, dans tous les cas, pas immédiatement mise à exécution.

Mais, pour d'autres peines de substitution, le mécanisme est facultatif, ce qui est le cas pour le stage de citoyenneté, les peines privatives ou restrictives de droit, le travail d'intérêt général [20] et enfin les peines complémentaires lorsqu'elles prononcées comme peines principales [21], parce que l'inexécution de la sanction, dans ce cas, constitue aussi un délit. Autrement dit, c'est, dans cette seconde série de cas, le juge qui décide quelle sera, le cas échéant, la sanction de l'inexécution de la sanction qu'il

---

14. C. pén. Art. 434-27.
15. CPP, art. 749.
16. C. pén., art. 131-25, al. 2.
17. Le dispositif s'applique également, pour les personnes physiques, pour la sanction-réparation en matière contraventionnelle (C. pén., art. 131-5-1, al. 2) ou, pour les personnes morales, pour la même peine en toutes matières (C. pén., art. 131-39-1, al. 2 et 131-44-1). On le trouve encore en matière de suivi socio-judiciaire (C. pén., art. 131-36-1).
18. C. pén., art. 131-4-1.
19. C. pén., art. 131-8-1.
20. C. pén., art. 131-9, al. 2.
21. C. pén., art. 131-11, al. 2.

prononce et s'il choisit la peine par anticipation, il sera impossible de retenir le délit correspondant, les deux mécanismes étant exclusifs l'un de l'autre [22].

Ce mécanisme de peine anticipée est curieux car si une peine d'emprisonnement ou d'amende est bien prononcée dans ces cas, elle ne sanctionne pas une infraction qui a déjà été commise mais, de manière anticipée et donc « virtuelle » [23], l'inexécution d'une autre peine, cette inexécution ne constituant pas un comportement pénalement punissable, dans l'acception habituelle du terme, c'est-à-dire défini précisément par un texte qui détermine une ou plusieurs peines encourues. De plus, la peine en question est prononcée avant même que le comportement sanctionné ne soit commis, ce qui est pour le moins original, la sanction précédant le comportement contraire à l'ordre social [24].

Ce double mécanisme de sanction, dans le second cas, n'est pas très satisfaisant et, d'une manière générale, le système de la sanction anticipée n'est pas simple à appliquer ni à faire comprendre au délinquant. En effet, c'est la juridiction de jugement qui fixe un maximum applicable mais c'est le juge de l'application des peines qui décidera, éventuellement et non obligatoirement, sa mise à exécution. On remarquera d'ailleurs que, dans le cas de la contrainte pénale, le mécanisme est encore plus complexe car le juge de l'application des peines n'a pas le pouvoir de mettre la peine à exécution mais seulement de saisir le président du TGI pour qu'il statue sur ce point [25].

Ce mécanisme ne semble d'ailleurs pas souvent mis en œuvre lorsqu'il est facultatif. Peut-être est-il également un des obstacles à la mise en œuvre de la contrainte pénale, sachant que ce mécanisme est obligatoire pour cette dernière puisqu'il n'y a pas de délit spécial qui soit prévu en cas d'inexécution.

L'analyse révèle donc bon nombre de défauts, accumulés au fil des réformes qui se sont empilées sans réflexion d'ensemble, qu'il serait utile de supprimer ou d'atténuer tout en opérant une simplification qui ne pourrait qu'être bienvenue.

II. Un dispositif perfectible

---

22. C. pén., art. 131-9, al. 2, *in fine*.
23. V. P. Salvage, Les peines de peine, Dr. pén. 2008, Étude 9
24. V. S. Detraz, Le prononcé anticipé des peines : une procédure ante delictum en expansion, Dr. pén. 2005, Étude 9 ; P. Salvage ; art. préc.
25. CPP, art. 713-47.

Pour une meilleure lisibilité du dispositif et une plus grande efficacité des peines de substitution, deux voies nous paraissent envisageables, qui supposeraient une réforme d'ampleur plus ou moins grande. La première voie, moyenne, consisterait dans la suppression de certaines peines de substitution (A) alors que la seconde, plus complète et plus ambitieuse, compléterait la première en valorisant la contrainte pénale (B).

A. Par la suppression de certaines peines de substitution

Comme on l'a dit précédemment, on peut émettre des doutes sur le caractère réellement répressif de certaines peines de substitution, à savoir la sanction-réparation et le stage de citoyenneté. En outre, il conviendrait de résoudre le conflit entre les peines restrictives de droits, qui constituent une peine de substitution, et les peines complémentaires qui peuvent être prononcées comme peines principales, à la place de celles-ci.

La sanction-réparation a été créée par une loi du 5 mars 2007 et elle trouve son origine en droit des mineurs délinquants. En effet, l'ordonnance du 2 février 1945 prévoit une mesure de réparation, dans son article 12-1, applicable à tous les stades de la procédure, comme mesure alternative aux poursuites, pendant l'instruction ou à titre de mesure éducative ou de sanction éducative. Curieusement, alors que le législateur est plus souvent enclin à appliquer aux mineurs des mesures prévues pour les majeurs, c'est ici l'inverse qui s'est produit. Techniquement cette sanction-réparation est une curiosité juridique critiquable puisqu'elle tend à confondre l'action publique et l'action civile, la prétendue peine consistant à faire réparer le préjudice causé par l'infraction [26]. Elle pose une sérieuse question technique, pour l'heure non résolue, qui est celle de savoir si, lorsque la juridiction prononce une sanction-réparation, la victime peut encore exercer l'action civile et demander réparation, ce qui paraît faire double emploi mais qui, pourtant, serait juridiquement fondé, au moins au titre de la recevabilité de l'action civile.

Quoi qu'il en soit, si la mesure d'aide ou de réparation est très fréquente pour les mineurs, ce qui se comprend parfaitement en raison de la spécificité du droit des mineurs délinquants, orienté principalement vers l'éducation, la sanction-réparation semble très rarement prononcée à l'encontre de délinquants majeurs. Son intérêt paraît donc aussi limité que sa nature de sanction pénale est contestable.

Il en va de même du stage de citoyenneté, qui semble peu appliqué pour les majeurs, étant noté, de nouveau, que, s'agissant des mineurs délinquants,

---

26. V. M. Giacopelli, Libres propos sur la sanction-réparation, D. 2007, p. 1551 ; J.-Y. Maréchal, JCl. Pénal Code, art. 131-3 à 131-9, fasc. 20, n° 64.

l'ordonnance du 2 février 1945 prévoit le stage de formation civique, qui constitue une mesure alternative aux poursuites [27], une mesure de composition pénale [28] ou de contrôle judiciaire [29] et enfin une sanction éducative [30]. Le contenu exact du stage de citoyenneté demeure assez obscur, les textes réglementaires [31] n'étant guère plus explicites que l'article 131-5-1 selon lequel il a pour objet de rappeler au délinquant les valeurs républicaines de tolérance et de respect de la dignité humaine sur lesquelles est fondée la société. Le seul enseignement pouvant être retiré de cette formule est que le stage de citoyenneté possède une vocation éducative et non pas répressive, ce qui conduit à douter sérieusement qu'il présente la nature d'une peine, le seul aspect négatif qu'il présente, éventuellement, pour le délinquant, résidant dans le fait que les frais générés peuvent être mis à sa charge par le juge [32].

Ce double constat conduit à proposer de supprimer ces deux peines de substitution tout en maintenant les mesures, mais seulement dans le Code de procédure pénale, c'est-à-dire comme alternatives aux poursuites, ce qu'elles sont déjà, en vertu de l'article 41-1 du Code de procédure pénale qui énonce que le procureur peut, pour lui éviter une poursuite, proposer à l'auteur de l'infraction de réaliser un stage de citoyenneté [33] ou de réparer le dommage qu'il a causé [34]. Ce stage comme la réparation figurent également dans la liste des mesures de composition pénale à la disposition du procureur, l'existence d'une victime connue obligeant ce dernier à proposer à l'auteur des faits la réparation du dommage causé [35].

Une telle suppression du Code pénal permettrait, selon nous, d'éviter, comme c'est le cas aujourd'hui, de vider de son sens la notion de peine en la dénaturant par des considérations éducatives ou réparatrices qui n'ont pas lieu d'être, même si elles peuvent être retenues dans un autre cadre juridique [36].

La deuxième difficulté à résoudre est celle de la concurrence entre les peines privatives ou restrictives de droits ou de libertés de l'article 131-6 du Code pénal et les peines complémentaires appliquées comme peines principales, en vertu de l'article 131-11. L'un des deux mécanismes devrait être

---

27. Art. 7-1.
28. Art. 7-2.
29. Art. 10-2.
30. Art. 15-1.
31. C. pén., art. R. 131-35 s.
32. C. pén., art. 131-5-1.
33. CPP, art. 41-1, 2°.
34. CPP, art. 41-1, 4°.
35. CPP, art. 41-2, al. 1er, 13° et al. 2.
36. Tel que celui de la justice restaurative, par exemple. V. CPP, art. 10-1.

supprimé et l'on peut estimer qu'il vaudrait mieux conserver uniquement le second car les peines complémentaires sont conçues par le législateur, en principe, au regard de la nature des faits réprimés. Elles sont donc mieux adaptées que les peines de l'article 131-6, étant noté que ces dernières peuvent s'appliquer quelle que soit la nature des faits commis. Autrement dit, le juge peut prononcer une interdiction de port d'arme ou confisquer une arme comme peine de substitution, même si cela n'a aucun rapport avec l'infraction commise [37]. Il nous semble plus logique que la juridiction puisse prononcer une peine lorsque le législateur l'a envisagée comme susceptible de sanctionner une infraction donnée, c'est-à-dire en tant que peine complémentaire.

Ce premier stade du perfectionnement pourrait cependant être dépassé par un réagencement plus vaste qui supposerait de mettre en valeur la contrainte pénale, en partie reconfigurée.

B. Par la valorisation de la contrainte pénale

Cette seconde option est plus radicale puisqu'elle consiste à supprimer toutes les peines de substitution pour ne laisser subsister que la contrainte pénale tout en précisant que celle-ci intégrerait certaines des peines supprimées. Plus précisément, il s'agirait donc de maintenir la contrainte pénale comme unique peine de substitution à l'emprisonnement et, le cas échéant, à l'amende, en y intégrant certaines autres peines comme le travail d'intérêt général, comme c'est déjà le cas, mais aussi les jours-amende et les peines complémentaires. Ainsi, la juridiction pourrait prononcer, à la place de l'emprisonnement ou de l'amende, une contrainte dont le contenu, comme aujourd'hui serait déterminé par elle en vertu du principe de l'individualisation de la sanction.

Cette contrainte pénale pourrait donc comprendre, selon l'appréciation de la juridiction :

- les obligations du sursis avec mise à l'épreuve ;
- un travail d'intérêt général
- des jours-amende ;
- une ou plusieurs peines complémentaires prévues pour l'infraction ;
- une injonction de soins.

Il serait nécessaire de préciser que le cumul entre amende et jours-amende serait impossible et que les peines complémentaires susceptibles

---

37. Par exemple, une escroquerie.

d'être prononcées ne pourraient pas être de même nature que les obligations du sursis avec mise à l'épreuve.

La sanction de l'inexécution de cette contrainte pénale serait unique mais différente de celle prévue aujourd'hui. Il nous semble, en effet, qu'il serait préférable d'instituer, à la place du mécanisme de peine anticipée, un délit de violation des obligations découlant d'une contrainte pénale, qui serait puni d'emprisonnement [38]. Il conviendrait donc de supprimer le dispositif de la peine par anticipation qui paraît trop complexe et difficile à faire comprendre au délinquant. En outre, cette peine anticipée demeure, pour l'instant, incertaine car laissée à l'appréciation du juge de l'application des peines et du président du tribunal de grande instance qui n'ont pas d'obligation de la mettre à exécution, selon l'article 713-47 du Code de procédure pénale. Il conviendrait même, selon nous, de supprimer les possibilités offertes, par ce dernier texte, au juge de l'application des peines de moduler les réponses aux manquements aux obligations de la contrainte car ce mécanisme s'avère trop favorable au délinquant, le juge pouvant notamment se borner à lui rappeler le contenu de la contrainte prononcée. Réprimer l'inexécution de la contrainte par un délit ne donnerait pas pour autant un caractère automatique à la sanction puisque, en tout état de cause, celle-ci dépendrait du procureur de la République, investi de l'opportunité des poursuites. En outre, même en cas de poursuite, la juridiction conserverait naturellement son pouvoir de personnalisation de la peine.

Resterait posée la question de la commission d'une autre infraction par le condamné, pendant le temps de la contrainte pénale. Aujourd'hui, il est prévu, comme en matière de sursis avec mise à l'épreuve, qu'en cas de condamnation à une peine privative de liberté sans sursis pour une infraction commise pendant le temps de la contrainte, la juridiction de jugement, saisie de la nouvelle infraction, peut ordonner la mise à exécution de tout ou partie de l'emprisonnement fixé par anticipation par la juridiction ayant prononcé la contrainte [39].

Plusieurs solutions sont ici envisageables si l'on supprime le dispositif de la peine anticipée. La première consiste dans la disparition de la règle précitée au motif que, dans cette situation, qui montre que la contrainte pénale n'a pas permis d'atteindre le but recherché, qui est la resocialisation, la juridiction saisie de la nouvelle infraction prendra en compte cet échec et sera sans doute plus sévère pour l'individu. La seconde consiste à maintenir le mécanisme de sanction en considérant qu'un tel comportement, consistant à commettre une nouvelle infraction, est assimilé au délit de non-respect de

---

38. Le texte devant prévoir que la contrainte pénale ne pourrait pas être prononcée.
39. CPP, art. 713-48.

la contrainte pénale, qui serait créé. Il faudrait alors prévoir que les peines prononcées pour ce délit ne pourraient pas se confondre avec celles prononcées pour l'infraction qui caractérise cette inexécution. La difficulté serait que, dans ce cas, les mêmes faits seraient sanctionnés à deux titres, c'est-à-dire en eux-mêmes et comme violation de la contrainte. Cette double sanction ne pose pas nécessairement un problème si l'on considère qu'il s'agit de la violation d'intérêts pénalement protégés distincts.

Le nouveau dispositif proposé présenterait plusieurs avantages. Il conduirait d'abord à une simplification technique considérable sans limitation importante des possibilités d'adaptation de la peine aux situations concrètes puisque la contrainte pourrait être plus ou moins sévère selon les cas et l'appréciation souveraine des juges. Ce dispositif serait ensuite plus pédagogique, c'est-à-dire plus aisé à comprendre dans son principe et dans sa sanction, par le délinquant et par la société dans son ensemble.

Il faut toutefois remarquer que des questions resteraient posées. En premier lieu, faudrait-il limiter cette contrainte pénale à certains délits ou l'étendre à tous ? Il nous semble raisonnable et réaliste de ne pas permettre son prononcé pour des délits punis de lourdes peines mais on peut aussi laisser le dispositif à la sagesse des juges qui ne prononcent pas, de toute façon, des peines de substitution pour des infractions graves.

En second lieu, le difficile problème de la concurrence entre contrainte pénale et sursis avec mise à l'épreuve demeure. La question est complexe car ce sursis est applicable non pas en fonction de la peine encourue mais en fonction de la peine prononcée, ce qui a pour conséquence qu'il peut s'appliquer pour des crimes ce qui n'est pas le cas de la contrainte pénale.

On remarquera seulement, pour conclure, que le rapport de la commission présidée par M. Bruno Cotte, remis, en décembre 2015, au Garde des Sceaux, et intitulé « Pour une refonte du droit des peines », propose la suppression de la sanction-réparation ainsi que celle du sursis avec mise à l'épreuve afin de valoriser la contrainte pénale [40], ce qui correspond, en partie, aux idées développées ici. Reste à savoir s'il conduira effectivement à une réforme, notamment, des peines de substitution.

---

40. V. p. 43, 46 et 52.

29

La peine sans les murs

Par Sophie BARON LAFORET

Le psychiatre a le souci du sens. Les personnes sous main de justice qui nous sont adressées en soins pénalement obligés critiquent cette modalité de peine, et nous interrogent. Les récits de ces personnes ont nourri mes réflexions sur le sens de la peine. Ils vont à l'encontre d'idées reçues sur la légèreté apparente d'une peine sans murs. La question du sens de la peine est sous-jacente au travail en obligation et injonction de soin placé en articulation avec la peine. Elle est incontournable.

Les psychiatres et la peine, c'est une longue histoire que je ne vais pas retracer ici. Si la psychiatrie a été liée à la prison par l'enfermement et les murs, elle s'est développée depuis plus d'un demi-siècle dans l'alternative à l'hospitalisation pour les soins. Intervenant en soins en milieu d'enfermement, spectateur critique de l'enfermement ou accompagnateur de l'enfermé ou de celui qui pourrait l'être, le psychiatre est de plus en plus concerné par ceux qui exécutent leur peine hors les murs.

Il me faut vous donner mes « conflits d'intérêt possibles pour aborder le sujet. Psychiatre d'exercice public exclusif, j'ai une culture de soins institutionnel, inscrit dans le social, le sociétal, avec des références théoriques analytiques et systémique. Le cadre du soin, est un outil prépondérant dans ses différentes fonctions : contenant, pare excitation, notamment face à l'interrogation du passage à l'acte.

L'autre référence à poser d'emblée est celle d'une conception du passage à l'acte ayant une composante contextuelle, aussi importante qu'individuelle. La rencontre avec la personne se fait à partir d'une conduite, d'un passage à l'acte qualifié par l'autorité judiciaire. Nos interventions sont une parmi nombre d'autres facteurs influençant l'évolution du parcours du sujet, et je regarde nos interventions avec modestie, respectant les cheminements du sujet, son inventivité dans les situations.

D'autres disciplines me permettent d'aborder des champs non « spécifiques » de la « santé » évoluant ainsi vers une criminologie clinique, venant à l'appui d'articulations interdisciplinaires.

L'exécution des peines a beaucoup évolué ces trente dernières années avec le développement des suivis en milieu ouvert, des mesures d'assistances et de contrôle, les mesures de sûreté, et la demande de médicalisation, psychologisation des suivis.

En milieu carcéral, après la période d'installation du soin (années 1990), basée sur le souci d'une étanchéité des fonctions et des savoirs garantissant l'exercice du soin, le dogme d'une transparence comme base d'échanges nécessaires, mettait en péril l'instauration du soin en prison.

Un changement dans les pratiques a été souhaité et traduit dans les textes législatifs : dans la loi du 17 juin 1998, le médico judiciaire a glissé vers le socio judiciaire : visant un déplacement du médical vers l'évaluation par le SPIP, Service Pénitentiaire d'Insertion et de Probation, qui s'est mise en place peu à peu.

De même nous sommes passé de la dangerosité à la prévention de la récidive, avec une évolution difficile des politiques pénales et pénitentiaires., la dernière étape est la « nouvelle » peine en milieu ouvert, la contrainte pénale, en août 2014.

Le sens de cette peine est régulièrement interrogé, au-delà de son efficacité dans la prévention de la récidive.

I. Questions du quotidien : qu'est-ce qu'une peine ?

A. Le sens et l'objectif de la peine

S'interroger sur le sens de la peine est incontournable de manière générale et personnelle face au sujet en soin : rétributif, dissuasif… ou cherchant à faire entendre au justiciable quelque chose, des limites, et attendant un changement du sujet. La peine peut-elle prévenir la récidive ? Quelle part de la peine est destinée à l'individu et quelle autre est un message social porté par un sujet ? Pacifier les rapports entre les hommes est un objectif constant : plus besoin de sacrifice au sens Girardien, le sacrifice ne servirait à rien. Nombre de références me semblent évoquées dans les propos des justiciables en soins pénalement ordonnés.

B. Les moyens de la peine

L'enfermement rassure le public et donne du sens à l'arrestation par la police. Mais s'il a un côté présenté comme rassurant, il est très vite critiqué par les mêmes : la prison pour les courtes peines serait-elle plus nocive qu'utile ? La prison « génèrerait-elle » la récidive ? Puis s'en suivent quelle est l'effectivité des longues peines ? Quelle est la durée de l'enfermement et la modalité de la peine utile et supportable socialement ?

Sans enfermement : est-ce une peine ? Sans la contrainte des murs, la peine a-t-elle encore un sens ? Quelles garanties donne-t-elle ? Si le justiciable n'est pas enfermé va-t-il banaliser son acte ? Se moquer des interventions de la loi et de la police ? Il ne souffrira pas ? Et s'il ne souffre pas, pourra-t-il comprendre que c'est une peine ? Quel est, dans cette exécution de peine en milieu ouvert, le sens de la peine ?

Le discours des justiciables est dans nombre de cas bien différent du discours social. Je ne m'appuierai pas sur des études indispensables menées par ailleurs sur l'impact des peines en milieu ouvert, mais sur des propos tenus par des personnes suivies.

Très vite la référence à la prison comme modèle de peine comme restriction d'espace et limitation du regard par les murs. Dans l'enfermement, la première peine est celle de privation d'aller et venir. Pour les victimes, les voisins… elle est aussi le soulagement de la soustraction au regard. Elément qui est repris dans les contraintes en milieu libre dans l'interdiction soit de rencontrer les victimes, soit de vivre dans tel lieu ou dans tel département. La peine en prison est aussi la privation des liens familiaux. Ou leur limitation. Si tant est que ces liens soient toujours des soutiens. Et cette séparation toujours une perte.

En milieu libre l'idée de la restriction d'aller et venir est celle reprise par le « bracelet », PSEM, placement sous surveillance électronique mobile. Ainsi que les interdictions de territoire citées ci-dessus. Le « PSEM » est installé avec des horaires contraints de sortie.

Les contraintes décidées par le juge de l'application des peines peuvent être l'obligation de travail, de suivis, de rendez-vous avec le conseiller d'insertion et de probation, CPIP, obligation de soin.

La souffrance du condamné n'est pas explicitement visible, si tant est qu'elle soit témoin de l'effectivité de la peine. « C'est trop facile » entend-on le plus souvent de l'extérieur. Peut-il comprendre un interdit, respecter la loi s'il ne va pas en prison ? A-t-il le droit de vivre parmi nous ? Abolition du mur de la prison-frontière du regard entre « eux » et « nous ». On ne les reconnaîtrait pas comme différent, on ne les localiserait pas. Comment faire société avec « eux » ? Sommes-nous d'accord pour cela ?

II. Propos de justiciables

Le bracelet : dehors comme dedans ?

Mr A est sorti de prison. Il vit mal la contrainte du bracelet et cela renforce sa solitude : « le dimanche c'est un enfer », « c'est la prison, dehors, à mes frais ». La contrainte de temps et corporelle du bracelet envahit tout le champ de l'extérieur : angoissé sur l'heure des rendez-vous, un retard dans la consultation, le bracelet et l'anesthésie et la salle d'opération ? Il interroge sans cesse les limites d'espace et de temps, et celle du regard des autres : sur la limite géographique, la frontière de son interdit. « C'est ridicule d'aller voir les pêcheurs en pantalon long pour cacher le bracelet avec la canicule ». Et quand il fait moins chaud et qu'il va au bord de la mer discuter avec les pêcheurs, il a alors l'impression qu'il fait un pied de nez à la justice. Il n'est plus visiblement différent.

Cacher sa peine est-ce faire sa peine ?

Mr B 35 ans n'est pas passé par la prison. Il travaille. Le bracelet lui est proposé pour un an en aménagement d'une peine ferme.

Transfrontalier, le bracelet ne peut se poser qu'en France. Il accepte et fait des allers-retours quotidiens pour conserver son emploi, son salaire et sa vie conjugale. Il subit pour éviter l'incarcération, les ruptures de vie personnelle, professionnelles. Cet aménagement, utile, le met en danger d'accident. Il s'épuise. Se sent tout aussi coincé que s'il était incarcéré, et évoque cette issue comme un soulagement-échec possible. Divers aménagements des horaires de sorties en PSEM et des modalités de suivi (dans un temps un peu long) permettront de bien finaliser son travail personnel sur les modes de relations aux interdits, liens sociaux ...

Les rendez-vous ... « c'est rien »

Quand je l'interroge sur le poids que l'on sent sur ses épaules Mr M décrit chaque journée qui précède sa venue au SPIP ou au CMP : « tout remonte : l'affaire, la prison ». Il n'est pas bavard, son regard est le plus souvent fuyant, il a des difficultés relationnelles et tient les autres à distance. Il dit son « sentiment paradoxal de liberté en entrant en prison. En prison son but c'était de « s'en sortir plus que de sortir, puisque sortir arriverait quoi qu'il en soit ». Il a été incarcéré 7 ans. Dehors, « il s'en sera sorti quand il aura un contrat de travail ». Ce qu'il obtiendra.

La violence du regard des autres

Une ancienne cliente de cet artisan a porté plainte suite à un devis annulé. La gendarme qui lui téléphone est très agressive, le menace. Il a immédiatement peur du retour en prison. Il se considère comme une cible facile de tout plaignant potentiel, quel que soit le motif de la plainte, sa parole ayant perdu de la valeur aux yeux des acteurs de justice. Peut-il être sujet de droit ? Dans son précédent lieu de vie sa boîte aux lettres a été défoncée, la serrure de la maison bouchée au chewing-gum, des inscriptions, injures peintes sur sa voiture… et sur la route, une grande flèche peinte sur le sol indique la maison avec écrit « pédophile ».

La honte même sans les murs. Les murs du regard, le FIJAIS

Mr C va signer à la gendarmerie bien habillé, avec sa sacoche de documents pour « faire comme si » comme s'il venait pour travailler à la gendarmerie ou pour une expertise (géomètre) tout près de l'heure de fermeture, le plus discrètement possible. S'il voit quelqu'un de loin qu'il croit reconnaître, ou qui pourrait le reconnaître il ne rentre pas.

Mr D ne veut pas donner comme adresse un lieu dans lequel il emménagerait avec sa nouvelle compagne (relation depuis près d'un an) de peur de l'impliquer dans son histoire qu'il veut assumer seul, dans la disgrâce. Que personne ne sache qu'elle vit avec quelqu'un qui est inscrit au FIJAIS. Elle, il lui a dit.

III. La peine sans les murs : pour qui, à quel moment ? Avec quels moyens ?

La sortie de prison est un objectif toujours annoncé par les professionnels comme par les condamnés. Est-on toujours mieux dehors pour la peine ?

Dans mes patients rencontrés, ceux qui sont soulagés de faire la peine dehors sont :

- Pour partie, les plus « névrosés » avec accès à la « culpabilité » ou du moins la responsabilité.

- Les « comptables » : un certain nombre de rendez-vous témoigne de l'accomplissement de leur « peine », de leur « tâche », une dimension retributive.

- Pour d'autres, plus carencés, ils se trouvent encadrés, soutenus socialement par les acteurs du « suivi », regardés au sens positif du terme dans leurs difficultés comme leurs facultés. Leur besoin de montrer leur cheminement, leurs efforts pour se conformer à la norme, de pouvoir recueillir un satisfecit trouve un écho utile.

Cela donne l'occasion de souligner l'importance de rencontrer les individus, déçus si les rendez-vous sont espacés ou s'il suffit de « déposer le papier », d'un regard distant ou d'une attitude de « juge » – réprobateur.

La peine « dehors » demande la gestion d'un espace public, des rapprochements, et éloignements, d'aménagements des relations… Certains condamnés déménagent souvent avant de trouver leur équilibre. Le déménagement, souvent vu comme instabilité, peut être aussi un chemin afin de trouver une place sociale.

Nous aurons à interroger leur vécu dans les repères cités : limites géographiques et de temps. Les différentes contraintes sont souvent questionnées : à quoi sert l'interdiction de lieux, de rencontre, de travail : quelle en est l'intention ? Quel en est l'objectif ? réaliste ou pas ? Systématique ou individualisé pour leur situation ? Comment évaluer son impact ?

Les enjeux autour du corps sont très présents comme dans la peine en prison mais de manière différente : que ce soit le bracelet visible, leur autonomie à pouvoir demander des soins pour une maladie, à se sentir interdit de soins ou capable d'en demander, quitte à expliquer cette marque corporelle. Ils se retrouvent seuls à exposer leur situation dans un monde pas toujours prêt… et qui les accueille de mieux en mieux.

Comme souvent, ces peines en milieu ouvert vont permettre parfois que la loi prenne sens… et parfois non. Cela demande des accompagnements (qui font actuellement le plus souvent défaut) sur la place au sein du corps social. Et une information des acteurs sociaux peu informés des derniers aménagements de peine, qui peuvent ne pas se sentir compétents ou sécurisés et entraîner des situations vécues comme rejet. Les brigades de gendarmerie sont variablement informées et impliquées dans les attendus de ces fonctions qui s'ajoutent à leurs autres missions.

Sens de la peine pour qui ? Pour le justiciable : que la loi prenne sens ; Pour la société : qu'elle se sente protégée, que la peine soit juste ; Pour les acteurs de l'exécution des peines : quitter les discours sur la perte de sens du travail, et se sentir mandaté dans des missions utiles et humaines, et pouvoir prendre des repères dans des objectifs réalistes, respectueux du sujet ; Et pour les acteurs convoqués du soin : pouvoir être clair entre la prévention de la récidive et l'accès aux soins, l'accompagnement de l'évolution du sujet.

« La peine de prison une peine parmi d'autres [1] ne doit plus être la peine de référence ». Le chemin vers la « contrainte pénale », sortir de la référence

1. CCPR Conférence de Consensus Prévention de la Récidive , février 2013.

aux murs, est en cours timidement. Il nous demande à tous de revoir le(s) sens de la peine aujourd'hui.

Quel est le sens que nous donnons à une peine de probation : une insertion conforme à une norme, la prévention de la récidive ?

Ces nouvelles formes de peine s'appuient sur d'autres références que nous cherchons à asseoir au travers d'auditions publiques, travaux de recherches, échanges sur l'évolution vers la probation dans d'autres pays. Le tout en quête d'un nouvel équilibre sur les fonctions de la peine, qui nécessite une explicitation, une communication publique.

Nous avons vu l'évolution du métier de juge de l'application des peines, l'évolution dans les missions d'expertise du pré-sentenciel au post-sentenciel, le chamboulement dans les SPIP, service pénitentiaire d'insertion et de probation. La question du sens de la peine imprègne les réflexions des changements en cours : tenir compte des organisations existantes et les savoirs faire, des références différentes sur le sens de la peine, construire des articulations tenant compte de tout cela.

L'articulation avec le soin est bien sûr prise dans ce mouvement : quels espaces différenciés dans un espace commun, avec le sujet, justiciable ?

Si les moyens humains, la formation des professionnels sont des enjeux fondamentaux, des « outils » du changement seront nécessaires. C'est aujourd'hui une des questions qui domine les débats : quels outils ? Partagés ? Avec qui ? Jusqu'où ? Quels supports différenciés ? L'évaluation… de la personne, du processus, de l'effectivité ? Une évaluation des pratiques ?

La question du sens de la peine hors les murs de la prison interfère sur les enjeux immédiats de nombres de praticiens sollicités, du champ judiciaire, pénitentiaire. La définition de nos attentes partagées socialement et différenciées professionnellement, se confronte au sens qui pourra nous animer dans ce changement.

Le changement dans les références et dans les pratiques est incontournable : permettant la structuration du parcours da la personne sous main de justice (PSMJ) avec adaptation et utilisation d'outils de plus en plus diversifiés, de l'évaluation criminologique à la justice restaurative, groupes de soutien…

Je ne peux que souhaiter que les recherches criminologiques nous permettent de structurer l'interdiscipinarité existante et nous soutiennent dans une évolution respectueuse d'une émancipation du sujet.

Conclusion

Par Jean MOTTE dit FALISSE

Cette réflexion collective traite à l'évidence, de façon principale, du sens de la peine comprise au titre de la sanction pénale. Mais, tout au long des diverses contributions, on peut aussi y lire un débat concomitant sur le sens de la peine entendue comme une souffrance. Le rapprochement des significations particulières de ces deux acceptions d'un même mot en français est d'ailleurs la raison première pour laquelle il est utile et intéressant de susciter ce dialogue entre juristes, cliniciens, historiens, philosophes, sous le regard de la criminologie. Les implicites des concepts d'auteur et de victime, de faute et de défaut, d'acte criminel et de traumatisme..., trouvent ainsi des éclairages et reliefs nouveaux quant aux sens qui les relient.

Prenons de la sorte deux dictons populaires bien connus de notre langue, afin de les rapprocher l'un de l'autre. D'une part, « Les grandes peines (ou souffrances) sont muettes » et, d'autre part, « Qui aime bien châtie bien ». Nous y entendons alors que la peine, en tant que souffrance, serait silence tandis que, dans le même temps, la peine, en tant que sanction, serait amour. Cela pourrait-il signifier que la peine, en son sens générique et profond, soit celui d'un amour silencieux ? Qu'elle soit un amour en souffrance, en état de manque et d'absence ? Ou qu'elle soit tout simplement une souffrance amoureuse ? De ces rapprochements sémantiques, nous pouvons tirer deux constats élémentaires.

En premier lieu, il apparaît que la peine a à voir évidemment avec le manque, avec ce qui fait faute et défaut, tant pour le sujet placé au centre de la clinique que pour le socius, la communauté faisant valeur au cœur de la Loi.

Pour le sujet, la peine-souffrance est expérience de ce qui lui fait défaut. Elle est synonyme d'un mal ou, en d'autres mots, du manque de ce qui est bien. Elle est de même, en sa nature, une souffrance sans parole suffisante pour l'abolir, avant que d'en être le motif d'expression. Elle est une absence à soi en plénitude, une forme de passivation, d'objectivation, de réduction du moi..., avant que d'ouvrir à son contraire. Pour la société, la peine-sanction est réaction à la faute, en direction de celui ou celle qui a fait défaut à la loi. Elle est en cela synonyme de l'acte de privation, de limitation de liberté par exemple. Cette peine-sanction est alors un acte qui découle d'une parole visant à abolir la faute ou du moins ses effets. De ce fait aussi, cette peine est présence et activation. Elle se veut individualisation, subjectivation, généralisation...

En second lieu, il ressort que la peine a à voir avec l'autre, avec le tiers et l'altérité.

Pour le sujet, cet autre en est la cause et l'objet. « L'enfer, c'est les autres » écrivait Sartre. Le tiers est cet absent qui justifie le silence de ce sujet. Il est celui dont l'acte annule le sens de toute parole. Il est l'acteur de la privation, de la réduction... Tandis que pour la société, ce tiers est elle-même. Il est celui-là auquel elle s'identifie au titre d'une valeur absolue. Il devient alors la raison et le motif de son acte de sanction, tout comme il fut la justification de cette parole judiciaire qui prononça la sentence.

La peine est donc paradoxale puisqu'elle associe en elle-même l'autre et le manque, l'objet et son absence, le bien et le mal. Elle est de ce fait aussi duelle en sens : universelle et personnelle, logique et absurde, juste et révoltante, concrète et idéale... De telle sorte que, pour en retenir un de ses sens, il nous faut constamment la réinscrire dans la complexité de l'humain et des sciences qui le concernent.

C'est en raison de cela qu'on peut comprendre l'intérêt que présente ici le choix d'une organisation des textes en regard des trois fonctions traditionnellement dévolues à la peine judiciaire par la philosophie du droit : la rétribution, la réparation et la restauration. En effet, ces trois fonctions recouvrent implicitement d'autres dimensions épistémologiques qui rendent compte de cette complexité de l'humain à laquelle nous venons de faire référence.

On peut, en premier lieu, y entendre une dimension historique dès lors que chacune des fonctions a pris successivement une importance première dans la compréhension philosophique et sociale de la sanction pénale : la rationalité pénale a donné raison à la rétribution, l'expérimentalisme positiviste a placé le concept d'individualisation de la peine-sanction et de réparation de l'auteur autant que de la société au centre de ses préoccupations, la pensée contemporaine de la justice restaurative donne évidemment la priorité à cette fonction restaurative de la peine qui prend en compte l'intérêt bien compris de la victime, ainsi que nous l'explique parfaitement Robert Cario.

En second lieu, l'articulation des trois fonctions socio-judiciaires de la peine recouvre une dimension philosophique ouvrant, par définition, à une dialectique des valeurs et aux enjeux d'une définition de la morale. Ainsi, toute la question est de savoir si l'Homme est doté de libre-arbitre, ce qui justifie de la rationalité de la peine en vertu d'une responsabilité morale, ou s'il est l'objet d'un déterminisme susceptible de rendre compte de ses actes les plus horribles et, dans ce cas, il vaut mieux en revenir à la compréhension que donnait Enrico Ferri d'une responsabilité sociale.

En troisième lieu, on peut retrouver dans la référence aux fonctions de la peine-sanction une dimension de la clinique. Cette dernière donne toute priorité au sujet en souffrance, qu'il soit donc question de l'auteur sanctionné pour son crime, du condamné en voie de désistance et/ou objet d'un soin enjoint, de la victime engagée dans la résolution d'un traumatisme et/ou dans les liens de la médiation...

En quatrième et dernier lieu, les trois fonctions de la sanction pénale recouvrent en elles-mêmes une dimension sociologique. La sociologie nous convie en effet à entendre en quelle mesure la peine est affaire de normes et, dès lors, de normalité.

Néanmoins, chaque fonction de la peine demeure spécifique et irréductible aux deux autres. De même que chaque orientation épistémologique conserve son champ et son objet propre. De telle sorte que le questionnement du sens de la peine-sanction reste source de tensions, si ce n'est de conflits tant juridiques que sociaux et politiques. Le récent courant du populisme pénal est à l'évidence une conséquence de la persistance de telles tensions entre, d'une part, les attentes sociales en direction d'une justice rétributive et, d'autre part, des représentations sociales et morales de l'individu et de l'intérêt commun héritées du positivisme. Ces représentations ignorent en effet les significations philosophiques des deux autres fonctions de la peine. Les apports des philosophes et théologiens contributeurs de cet ouvrage sont éclairant à ce sujet.

Le discours des cliniciens, et plus particulièrement des psychiatres, laisse entendre toutes les difficultés persistantes d'une articulation entre Santé et Justice dans l'organisation des soins à partir et jusqu'à la suite de l'exécution de la sanction. Tandis que cette articulation est maintenant scientifiquement démontrée comme utile et nécessaire, chacun des deux partenaires, Justice et Santé, continue d'y rechercher un sens et un intérêt propre. Alors que la Justice requiert du soin un moyen efficace de prévenir la récidive, la Santé s'y emploie en vue de répondre à une problématique personnelle, à une souffrance très souvent tue ou déniée par celui qu'elle affecte. Pour le soignant, la question du passage à l'acte n'est donc finalement que la porte d'accès au sujet déjà en peine-souffrance. Pour la Justice, cette question est au contraire au centre de la détermination d'une peine-sanction à venir.

Quant aux dimensions sociologiques du débat relatif au sens de la peine-sanction, il est porteur de longs et anciens débats. On se souviendra que Durkheim déjà voyait en cette dernière la garantie d'un consensus social qui renforçait en lui-même cette conscience des consciences par laquelle il définissait la conscience sociale. De telle manière que le crime en devenait utile et nécessaire – dans le sens d'être inévitable, et non pas dans le sens qu'il serait l'objet d'un besoin social. Les propositions d'Enrico Ferri en vue de trouver et développer des substituts à la sanction pénale, en vue aussi d'individualiser cette dernière et de lui conférer a priori un caractère illimité dans le temps, faisaient écho aux conceptions libérales et philanthropiques de l'époque. Mais le bouleversement conceptuel le plus marquant d'une compréhension du sens de la peine-sanction, dans l'Histoire récente du moins, semble se trouver dans la rupture épistémologique qu'occasionnèrent les thèses du contrôle social en criminologie. Le renversement de la perspective causaliste, invitant à trouver dans l'organisation et le fonctionnement des instances sociales l'explication de la genèse, de la nature et du développement de la délinquance, laissait en effet entendre que la peine-sanction participe en elle-même au processus social criminogène.

La thématique de la peine-sanction n'a donc jamais cessé d'être au cœur des enjeux de la définition des valeurs sociales et, par conséquent, de l'identité propre de toute société. Dans le même temps, elle n'a cessé d'interroger le sens à donner à la peine-souffrance. La naissance et le développement de la victimologie dans le champ judiciaire, et de sa sœur jumelle, la psycho-traumatologie, dans le champ clinique en sont une illustration. La place sans cesse plus grande donnée à la partie civile dans le procès pénal, dans le même temps que la visibilité sociale et l'influence grandissantes des associations de victimes, peuvent expliquer grandement le sens du populisme pénal. Et si, dans le domaine des infractions sexuelles, le législateur a cherché à repousser le couperet de la prescription, s'il est maintenant question de rendre imprescriptibles les crimes sexuels commis sur des mineurs, cela laisse entendre évidemment un souci politique de garantir la peine-sanction des coupables en fonction précisément d'une reconnaissance de la souffrance des victimes.

En ramenant ces dernières sur le devant de la scène sociale et judiciaire, le politique apparaît comme l'instance qui confirme et renforce l'antagonisme entre auteur et victime en fonction précisément de la valeur première d'une forme de peine sur l'autre : la peine-souffrance de la victime justifie et conditionne la peine-sanction de l'auteur. Et la peine-souffrance de ce dernier est alors implicitement comprise comme une condition à la réparation de la première. Ce qui n'exclut pas cependant aussi que le politique puisse aussi prétendre vouloir la peine de l'auteur pour mieux manifester sa propre force et traîter son adversaire de laxiste et de faible face au mal. Les enjeux narcissiques deviennent alors les supports les plus profonds de la volonté de peine-sanction.

Bien sûr, la fonction rétributive de la peine-sanction implique la souffrance de l'auteur, mais de manière initialement indifférente à la victime elle-même. Cette souffrance vise l'amendement de cet auteur et, par voie de conséquence, sa possible réinsertion sociale. Cette peine-souffrance est donc à visée d'utilité pour la société, de même qu'elle est en seule proportion directe avec la gravité d'un acte ayant porté atteinte à cette société et à son autorité, par l'intermédiaire d'un de ses membres qu'est la victime.

Le sens de la peine se trouve donc en voie d'évolution et les auteurs de cet ouvrage en témoignent. Mais n'est-ce pas dans le sens d'un retour à la logique de la vengeance ? N'est-ce pas dans le sens de dissocier plus formellement encore la signification propre de chaque peine, sanction et souffrance, tandis que toutes deux sont par nature indissociables ? N'est-ce pas dans un recours renforcé à l'usage du sacrifice du bouc-émissaire en tant que moyen de mettre fin à une violence mimétique et anxiogène, supportée par l'obsession de la dangerosité ? Ces questions se posent aux acteurs du soin et de la justice. Elles se posent au législateur et au philosophe de la cité. Elles se posent à tout un chacun. Les réponses en sont complexes, si même cet ouvrage en est pour partie déjà porteur. Mais elles sont aussi vraisemblablement à chercher dans un au-délà de cette double notion de la peine, sanction et souffrance, tout comme il est nécessaire d'aller au-délà de la seule problématique de la faute et de questionner la peine pour donner sens à la transgression. Voici donc une invite à nous retrouver prochainement !

Table des matières

Questions juridiques aux éditions L'Harmattan

Dernières parutions

EXISTE-T-IL ENCORE UN SEUL « NON BIS IN IDEM » AUJOURD'HUI ?
Sous la direction de Delphine Brach-Thiel
«Nul ne doit pouvoir être jugé et condamné deux fois à raison des mêmes faits.» Si le principe est simple, c'est précisément son interprétation par de très nombreuses juridictions - pas toujours à l'unisson - qui pose question et explique le retour de ces interrogations sur le devant de la scène aujourd'hui. L'analyse ici présentée se veut riche et féconde de la rencontre entre universitaires belges et français, entre praticiens et chercheurs, entre européanistes, internationalistes ou pénalistes.
(Coll. Comité international des pénalistes francophones, 23.50 euros, 230 p.)
ISBN : 978-2-343-11828-4, ISBN EBOOK : 978-2-14-004143-3

ESSAI SUR LA NOTION D'EXÉCUTION CONTRACTUELLE
Alvarez Isabelle
L'exécution contractuelle constitue la cause impulsive de l'établissement du contrat qui, paradoxalement, est un mécanisme trop familier pour être bien connu. Adopter une méthode d'analyse alternative permet d'esquisser une définition de cette notion juridique. Est ici proposée une approche dynamique des échanges contractualisés, orientés vers la réalisation satisfactoire de l'opération économique, démontrant que cette phase exécutoire recèle un panel étendu de perspectives. (Étude à jour de l'ordonnance n° 2016-131 du 10 février 2016 portant réforme du droit des contrats, du régime général et de la preuve des obligations).
(Coll. Logiques Juridiques, 45.00 euros, 486 p.)
ISBN : 978-2-343-12604-3, ISBN EBOOK : 978-2-14-004271-3

LES ACCORDS COLLECTIFS DE GROUPE
Théodoropoulos Alexandra - Préface de Gérard Vachet
De simple expérimentation issue de la pratique, la négociation collective de groupe est devenue un véritable niveau de négociation collective reconnue par le législateur. L'accord de groupe est désormais consacré comme une norme créatrice de droits et d'obligations entre employeurs et salariés du groupe, mais sa place dans la hiérarchie des normes n'a pas été précisée. Cette situation génère de nombreuses interrogations quant à sa portée et à ses limites.
(Coll. Logiques Juridiques, 44.00 euros, 440 p.)
ISBN : 978-2-343-12269-4, ISBN EBOOK : 978-2-14-004330-7

LA SIMPLIFICATION DU DROIT DES SOCIÉTÉS À L'AUNE DU CAS HONGKONGAIS
L'exemple des SARL et SAS
Tortellier Nathalie - Préface de Mme le professeur Catherine Barreau
Cette étude comparative puise dans les règles et mécanismes de la société fermée à risque limité hongkongaise des techniques pouvant fortement contribuer à l'assouplissement et à

la simplification du droit des sociétés. L'analyse décortique la vie des SARL et SAS et propose l'application de la méthodologie pragmatique du droit hongkongais par thèmes dans un souci d'adaptabilité du droit français. Il ressort de cette analyse comparative 80 recommandations inspirées de la société hongkongaise pour développer une société outil au service de l'entreprise, une société adaptée et adaptable aux acteurs économiques contemporains.
(Coll. Logiques Juridiques, 49.00 euros, 638 p.)
ISBN : 978-2-343-11885-7, ISBN EBOOK : 978-2-14-004220-1

LE DROIT DE L'INFORMATIQUE
4e édition (2017)
Bismuth Yves
À travers l'étude des grands thèmes du droit de l'informatique (protection des logiciels et des données, contrats informatiques, protection des libertés, gestion du risque informatique), cet ouvrage permet au lecteur d'établir lui-même un diagnostic juridique des problèmes rencontrés à l'occasion de la mise en place d'un système informatique. Il est complété par des extraits de code, une bibliographie, un index et un lexique, et est à jour des dernières lois et décrets intervenus en la matière.
(38.00 euros, 436 p.)
ISBN : 978-2-343-11527-6, ISBN EBOOK : 978-2-14-004177-8

MÉTHODE ET ASPECTS FORMELS DE LA RECHERCHE
Petit manuel à l'usage des juristes (2e édition)
Marain Gaëtan
L'ouvrage propose un apprentissage de la recherche et de son formalisme qui doit permettre aux étudiants confrontés à la rédaction d'une thèse ou d'un mémoire en droit d'aborder ce travail avec sérénité. L'auteur donne ainsi une méthode pour définir le sujet, échafauder un plan et trouver la documentation utile. Est également abordée, entre autres, la question du référencement des sources et de la citation d'auteur. Des recommandations propres à l'organisation de la soutenance et à son bon déroulement sont prodiguées. Voici un guide à même d'éclairer les premiers pas du jeune chercheur en droit.
(15.50 euros, 138 p.)
ISBN : 978-2-343-12682-1, ISBN EBOOK : 978-2-14-004300-0

LA PROCÉDURE DE LIBÉRATION CONDITIONNELLE COMME OUTIL DE GESTION DU RISQUE
Ben Gadi Amélie - Préface de Joana Falxa
La procédure d'octroi de la libération conditionnelle des longues peines témoigne d'une sévérité accrue à leur égard. En imposant une évaluation de dangerosité, le législateur a souhaité «verrouiller» la procédure. Cependant, la notion de dangerosité est très complexe à définir et ne fait l'objet d'aucune définition légale. Elle introduit la notion de gestion du risque, ouvrant le chemin vers une justice de précaution. La présente étude éclaire la problématique de la réinsertion des longues peines.
(Coll. Bibliothèques de droit, 15.00 euros, 132 p.)
ISBN : 978-2-343-11550-4, ISBN EBOOK : 978-2-14-004296-6

LETTRE À TOUS CEUX QUI PERSISTENT À VOULOIR FAIRE LEUR DROIT
Charles Thierry
Le droit court derrière la «révolution numérique». Les algorithmes nous espionnent et restreignent les libertés publiques, ils calculent les indemnités au service des compagnies d'assurances. La diminution lente et continue des services chargés de veiller à l'application du droit affaiblit et parfois anéantit l'efficacité de ces lois. L'échec de la loi Hadopi est significatif à cet égard. Le mal est en fait bien plus profond et ne date pas d'hier. Nous vivons une époque de démolition des codes établis. Si le droit est partout, en définitive il n'est nulle part...
(20.50 euros, 204 p.)
ISBN : 978-2-343-12343-1, ISBN EBOOK : 978-2-14-004306-2

FÊTE ET DROIT PUBLIC

Sous la direction d'Adrien Azarete, Elie Guerrero et Thomas Moretto

S'inscrivant dans une approche globale et élargi à tout le droit public, le présent ouvrage, issu du colloque « Fête du Droit Public », a pour objet l'étude de l'application du droit public dans la fête par les différents acteurs de cette branche du droit. De l'autorisation de la fête à sa responsabilité, en passant par son organisation, son coût et sa sécurité, le droit public est présent partout, de par l'évidente présence et implication de la puissance publique et des collectivités territoriales.

(Coll. Bibliothèques de droit, 20.00 euros, 192 p.)

ISBN : 978-2-343-11018-9, ISBN EBOOK : 978-2-14-003946-1

LA DÉMOCRATIE EN DROIT INTERNATIONAL

Étude critique sur le statut juridique de la démocratie en droit international et la légitimité de l'imposer par la force

Alshiabani Abuhamoud

En droit international, la démocratie était jusqu'à très récemment absente. Malgré les appels lancés au début du 20e siècle, celui-ci a toujours considéré la démocratie comme une idéologie dans laquelle il ne doit pas s'impliquer. Après la fin de la Guerre froide et la victoire de la démocratie libérale, la démocratie s'est renforcée au plan international. Elle a exercé une pression considérable sur le droit international pour qu'il s'adapte aux nouvelles exigences des réalités politiques. Cet ouvrage traite de ce sujet et montre le contexte dans lequel se sont développés la démocratie et le concept d'ingérence démocratique.

(Coll. Logiques Juridiques, 39.00 euros, 408 p.)

ISBN : 978-2-343-10818-6, ISBN EBOOK : 978-2-14-003833-4

LES PRINCIPES GÉNÉRAUX DANS LA JURISPRUDENCE DE L'ORGANE DE RÈGLEMENT DES DIFFÉRENDS DE L'OMC

Aydi Ghozzi Mariem - Préface de Slim Laghmani

Représentant la justice marchande, le Système de règlement des différends de l'organisation Mondiale du Commerce (OMC) est censé rendre une meilleure justice. Bien qu'il ne constitue pas une véritable juridiction, il chemine sur les traces du juge international dans la détermination et la régulation du sens du droit de cette organisation, les principes généraux devraient en constituer des instruments de moralisation et de développement. Cependant, la méthode par laquelle l'organe de règlement des différends appréhende lesdits principes mérite une attention particulière.

(Coll. Droit aujourd'hui, 37.50 euros, 368 p.)

ISBN : 978-2-343-12079-9, ISBN EBOOK : 978-2-14-004047-4

LA RESPONSABILITÉ DES ENTREPRISES MULTINATIONALES POUR LES VIOLATIONS DES DROITS DE L'HOMME EN AFRIQUE

Opportunités et défis

Belporo Christelle

La question de la responsabilité des entreprises multinationales pour les violations des droits de l'homme est d'une actualité brûlante. Alors qu'à travers le monde les scandales se multiplient, sur le continent africain, des voix s'élèvent pour dénoncer les nombreuses violations des droits internationalement protégés. Cet ouvrage évalue les réponses offertes par le droit pour l'encadrement de la responsabilité juridique des entreprises multinationales à l'aune des instruments internationaux et africains.

(Coll. Études africaines, 20.50 euros, 200 p.)

ISBN : 978-2-343-11365-4, ISBN EBOOK : 978-2-14-004005-4

CONCEPTS ET PRATIQUES PROFESSIONNELLES EN DOUANES

Origines, procédures, régimes et valeur

Bouga Boukari Dan

Ce livre explique d'abord les concepts, c'est-à-dire le vocabulaire douanier de façon à ne saisir que l'essentiel. Il expose ensuite les exigences des pratiques douanières pour tous les scénarios du

commerce international. Il procède enfin à des illustrations pour une meilleure compréhension des droits et obligations des opérateurs en douane.
(Harmattan Côte-d'Ivoire, 20.00 euros, 184 p.)
ISBN : 978-2-343-11805-5, ISBN EBOOK : 978-2-14-004075-7

LE DROIT POSTMODERNE
Une introduction
Barraud Boris
Au XIXe siècle le droit a changé d'ère passant du droit moderne au droit postmoderne. Sa principale caractéristique résiderait dans le développement d'une forme de concurrence juridique entre puissances publiques et puissances privées. La révolution copernicienne de la pensée juridique serait ainsi la rupture du lien consubstantiel entre droit et État que la modernité avait noué. La société civile serait désormais au cœur du jeu juridique. Ce livre propose quelques pistes et une grille de lecture afin de comprendre le nouveau droit que la globalisation modèle.
(Coll. Droit aujourd'hui, 32.00 euros, 320 p.)
ISBN : 978-2-343-12077-5, ISBN EBOOK : 978-2-14-003633-0

LE CONSEIL DE L'EUROPE ET LES COLLECTIVITÉS TERRITORIALES
Contribution à l'étude de l'autonomie locale
Kalimeri Vasiliki
Le Conseil de l'Europe est la première organisation internationale à avoir intégré l'acteur infra-étatique dans son action. La Charte européenne de l'autonomie locale et le Cadre de référence pour la démocratie régionale ont cristallisé la conception de la notion d'autonomie locale en Europe, élargie désormais à deux niveaux : le local et le régional. Au niveau extérieur, le traité de Maastricht intègre également les collectivités locales dans la reformulation du fonctionnement de l'Europe.
(Coll. Logiques Juridiques, 49.00 euros, 664 p.)
ISBN : 978-2-343-12019-5, ISBN EBOOK : 978-2-14-003697-2

GUIDE PRATIQUE DU CAPITAL INVESTISSEMENT ET DES AIDES PUBLIQUES
Créer, développer, transmettre son entreprise
Battini Pierre - Préface d'Olivier Millet
Cet ouvrage entend démystifier le capital investissement et répondre concrètement aux questions que se posent les entrepreneurs, leur donner les clés pour être efficaces, gagner du temps et avoir plus de chances de réussir leur projet. Beaucoup d'exemples et de cas concrets sont exposés. Ce livre traite la question des fonds d'investissements et des aides publiques sous différents angles : finance et outils financiers, juridique et montage des opérations, valorisations et accompagnement.
(30.00 euros, 292 p.)
ISBN : 978-2-343-12074-4, ISBN EBOOK : 978-2-14-003636-1

ET COMMENT VONT LES ENFANTS ?
Réflexions d'un notaire sur l'évolution de la parentalité des années 60 à nos jours
Dauptain Pierre
PMA, GPA, adoption, statut du beau-parent, familles homoparentales, ces sujets sont au cœur des débats contemporains et témoignent de l'évolution de la parentalité sur les cinquante dernières années. Avec un regard impartial, l'auteur inscrit sa réflexion dans les mouvements de la société tout entière. Fidèle à la méthode qui a fait le succès de son premier essai, il nous parle de droit en termes simples pour exposer les changements que la famille a connus en cinq décennies.
(Éditions Pepper/Harmattan, 22.50 euros, 218 p.)
ISBN : 978-2-343-12076-8, ISBN EBOOK : 978-2-14-003757-3

L'HARMATTAN ITALIA
Via Degli Artisti 15; 10124 Torino
harmattan.italia@gmail.com

L'HARMATTAN HONGRIE
Könyvesbolt ; Kossuth L. u. 14-16
1053 Budapest

L'HARMATTAN KINSHASA
185, avenue Nyangwe
Commune de Lingwala
Kinshasa, R.D. Congo
(00243) 998697603 ou (00243) 999229662

L'HARMATTAN CONGO
67, av. E. P. Lumumba
Bât. – Congo Pharmacie (Bib. Nat.)
BP2874 Brazzaville
harmattan.congo@yahoo.fr

L'HARMATTAN GUINÉE
Almamya Rue KA 028, en face
du restaurant Le Cèdre
OKB agency BP 3470 Conakry
(00224) 657 20 85 08 / 664 28 91 96
harmattanguinee@yahoo.fr

L'HARMATTAN MALI
Rue 73, Porte 536, Niamakoro,
Cité Unicef, Bamako
Tél. 00 (223) 20205724 / +(223) 76378082
poudiougopaul@yahoo.fr
pp.harmattan@gmail.com

L'HARMATTAN CAMEROUN
TSINGA/FECAFOOT
BP 11486 Yaoundé
699198028/675441949
harmattancam@yahoo.com

L'HARMATTAN CÔTE D'IVOIRE
Résidence Karl / cité des arts
Abidjan-Cocody 03 BP 1588 Abidjan 03
(00225) 05 77 87 31
etien_nda@yahoo.fr

L'HARMATTAN BURKINA
Penou Achille Some
Ouagadougou
(+226) 70 26 88 27

L'HARMATTAN SÉNÉGAL
10 VDN en face Mermoz, après le pont de Fann
BP 45034 Dakar Fann
33 825 98 58 / 33 860 9858
senharmattan@gmail.com / senlibraire@gmail.com
www.harmattansenegal.com

www.ingramcontent.com/pod-product-compliance
Lightning Source LLC
LaVergne TN
LVHW021149061026
849535LV00002B/399
9782343131535